高等院校社会工作专业
精编通用教材

社会学概论

主　编　李　芹
副主编　赵新彦
　　　　孙静琴

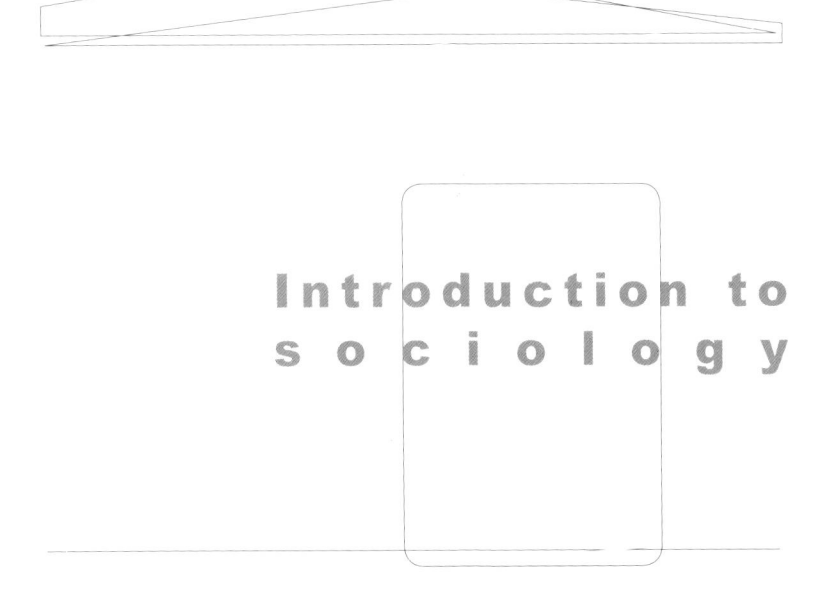

Introduction to sociology

山东人民出版社
全国百佳图书出版单位 一级出版社

《高等院校社会工作专业精编通用教材》编委会

学术顾问： 徐永祥　关信平　史柏年
　　　　　　曾家达　殷妙仲　黄智雄
总 主 编： 高鉴国
编委会成员（按姓氏音序排列）：
　　　　陈　爽　程胜利　董云芳　李晨光　李　景　李彦志　梁丽霞
　　　　刘永策　秦克寅　权福军　孙静琴　孙远方　王蕾蕾　修彩波
　　　　徐从德　邢学敏　杨焕鹏　张　乐　张仁玺　赵新彦　赵振军

总 序

社会工作作为专门化职业和专业学科,致力于实现社会福利、社会进步和社会正义。社会工作实务和研究有助于改善生活质量,发展个人、团体和社区的潜能。社会工作者把直接服务、社区发展、政策倡导、教育和研究作为介入方法,促进人们与社会环境的互动。随着中国经济的快速发展和社会转型的逐步深入,社会问题和社会需求日趋复杂化和多样化,建立一支专业化的社会工作人才队伍成为必然选择。在这一时代背景下,社会工作专业方法的优势凸显,社会工作专业教育快速发展起来。特别是从2000年到2010年,社会工作专业教育在数量和质量上都有很大突破,由教育部批准和予以备案的开设社会工作专业的院校从27所增加到252所,另有几十所院校开办专科、高职层次的专业教育。[①] 自2009年社会工作专业硕士(MSW)教育被正式纳入高校研究生专业教育体系以来,共有58所大学和研究机构开设了社会工作专业硕士研究生课程计划。同时,社会工作专业博士点的设置也被纳入国家学科规划和建设的议事日程。在这一阶段,社会工作专业学科和教育体系开始在中国逐渐建立起来。

中国专业社会工作事业在很大程度上是从专业教育起步的。由于整体上专业化社会服务事业的弱小甚至缺失,专业教育长期缺少坚实的社会基础。然而,中国学者和教学工作者立足于中国社会的现实基础,努力学习和借鉴国际上社会工作的发展成果,初步建构了具有科学性和系统性的社会工作专业知识。比如,在一个很长时间内,中国社会工作的视角曾经局限于社会问题和社会管理取向,随着社会工作专业理论知识的引用和普及,越来越多的教育和服务工作者开始自觉地掌握"能力"、"增权"、"权利"、"福利"、"公正"等更广阔的视角和方法。由于国情和文化的差异,借鉴国外现代知识体系和教育方法需要一个本土化的过程,不断编写和更新适合国情的专业教材,是逐步提高社会工作教育和专业化(职业化)水平的必由之路。

[①] 中国社会工作教育协会:《中国社会工作教育通讯》,2004年第21期;中国社会工作教育协会:《关于开展社会工作专业评估的通知》(协会文〔2001〕001),2010年2月28日。

在过去十几年中,社会工作专业教材建设经历了一个不断提升的过程。在专业教育出现早期,国内同仁在文献资料极为有限的条件下编写出版了一些教材,初步介绍社会工作专业理论和知识,填补了专业教材的空白。随着高校社会工作专业教育规模的日益扩大,需要加快教材建设,以应对课程开设的急需。于是,中国社会工作教育协会组织国内最早开办社会工作专业的高校骨干老师,编写出版了普通高等学院社会工作专业主干和实务课程系列教材,代表着专业教材建设系列化、规范化的新开端,并全面展示了当时中国社会工作专业教学和研究的水平。此后,国内陆续出版了多套社会工作专业教材以及国外经典译丛,在社会工作教育和学科建设中发挥了积极作用。当前社会工作职业化进程加快的大环境对高校专业学生培养和教材建设提出了更高要求:即在已有教材建设基础上,不断更新、充实专业内容,编写出理论知识体系更全、更新和实务操作性更强的教材。在这种情况下,山东人民出版社策划并组织了这套"高等院校社会工作专业精编通用教材"的编写,以期出版一套更接近时代需要和专业教育要求的教材。

教材的编写力求遵循以下原则:

1. 通用性。其中基础课教材主要根据《社会工作专业主干课程教学基本要求》(教育部高教司,2004)、《全国社会工作师职业水平考试大纲》(教材编写组,2010)、《全国MSW考试指导范围》(2010)等指导性文件规定的大纲编写,教材内容在较大程度上与国内已经发布的指导性大纲相吻合,可满足全国社会工作师职业水平考试和社会工作专业硕士入学考试的需要。

2. 完整性。在编写过程中,要求参编老师充分掌握现有国内同类教材的出版信息,借鉴和吸收已有成果,注重学科知识体系涵盖全面,保证学科体系的相对完整性,避免以不同院校的教学时数限制和编写者的个人偏好对大纲内容进行取舍。各教材的章节内容相互衔接和协调,知识要点齐全。

3. 专业性。准确和全面体现社会工作专业视角,避免仅以"问题"、"案主"、"管理"为取向,而忽视"需求"、"环境"、"结构"、"过程"以及"能力"、"增权"等多重视角。内容设计有所遵行,基于充分和可靠的文献依据。对理论、问题和工作模式等内容方面的编写,根据专业视角进行层次和类型划分或展开设计,避免简单罗列其他学科教材或出版物上的内容。

4. 实务性。比国内已有教材更加注重介绍相关实务模式和操作技巧,并加大实务技巧内容篇幅。在体例设计上,力求突出实务知识,特别是那些在本土化过程中积累的经验知识。在教材文本上,增加本土的适当案例介绍和扩展阅读,并且在练习题部分中提供本土的场景设计,引导对学生专业方法能力的训练。

5. 先进性。尽量吸收国内外最新教材的优点,反映最新的实务模式或方法。

在实务模式和方法介绍中,努力将理论、过程、社会工作者的角色与技巧、以证据为基础的成效评估等内容有机衔接、整合。

社会工作是一个新兴专业,需要对很多理论和实务知识进行不断研究和探索。中国社会工作教育协会会长、北京大学王思斌教授曾指出,编写高水平的专业教材谈何容易。毕竟中国内地的社会工作专业教育恢复重建时间不久,要拿出相对成熟的教材,需要众多学者同仁的不懈努力。但是学无止境,社会工作专业的快速发展使得人们又不能再等下去[①]。本套教材的编者大都是社会工作专业的中青年教师,他们结合已有的教学和实践经验,对相关问题进行了有益探索。在各分册教材主编的悉心统稿和具体组织下,多易其稿,反复修订。教材编者们通过查阅大量专业文献和相互切磋,大都经历了一个新的专业提升和积累的过程,并将所收获的知识信息和技能再转化为新的教科书文本。当对社会工作知识和技能所知不多时,编者们往往对专业上的"学无止境"没有更深的体会和敬畏心理;在更多地了解和掌握社会工作知识的时候,编者们反而更加清楚地体会到自身的专业知识水平与先进的专业知识水平之间所存在的差距。由于能力积累和资料收集等方面的局限,本套教材难免存在许多不足之处,希望专业同仁、学生和其他读者能够给予批评指正,以期不断改进教材的内容和质量。

中国社会工作教育协会会长、北京大学王思斌教授认真审阅了本套教材的部分初稿,提出一系列体现社会工作专业本质要求的指导意见。加拿大多伦多大学社会工作学院曾家达教授、不列颠哥伦比亚大学社会工作学院殷妙仲教授对部分教材大纲的修订和充实提出诸多建设性建议,使编者们受益匪浅。山东人民出版社原社长金明善先生、现任社长郭海涛先生和副总编辑丁莉女士对于本套教材的编写始终给予大力支持。本套教材的出版策划和责任编辑王海玲和马洁女士怀着对社会工作的满腔热情,积极参与整套教材编写的组织协调工作,认真细致地对待每一个细节,每一章教材的完稿都浸透着她们辛勤的汗水。总之,本套教材的面世是大家共同协作和努力的结果,愿它成为中国社会工作教育和实务事业的一块新铺路石。

高鉴国
2011 年 8 月于山东大学

[①] 王思斌主编:《社会工作导论》,北京:高等教育出版社,2004 年,《总序》。

目 录

总 序 · 1
第一章 绪 论 · 1
  第一节 什么是社会学 · 1
    一、社会学的研究对象 · 1
    二、社会学的学科特征 · 4
    三、社会学的研究领域 · 6
  第二节 社会学的学科地位 · 10
    一、社会学学科地位的演变 · 10
    二、社会学与历史唯物主义的关系 · 11
    三、社会学与其他社会科学的关系 · 12
  第三节 社会学的基本功能 · 13
    一、认识功能 · 14
    二、管理功能 · 15
    三、教育功能 · 16
  第四节 社会学的研究方法 · 16
    一、社会学研究方法论 · 16
    二、社会学研究的具体方法 · 17
    三、社会学研究的一般程序 · 22
  本章小结 · 24
  主要术语 · 24
  练习题 · 25
  思考题 · 26
  阅读文献 · 26

第二章 社会学发展简史 ... 27
第一节 西方社会学的创立与形成 ... 27
一、西方社会学创立的背景 ... 27
二、西方社会学的创立 ... 30
三、西方社会学的形成 ... 32
四、马克思主义社会学 ... 37
第二节 现代西方社会学的发展 ... 38
一、现代西方社会学发展的特点 ... 38
二、现代西方社会学主要理论派别 ... 39
第三节 社会学在中国的发展 ... 46
一、社会学在中国的传入与传播 ... 46
二、社会学在中国的成长与建设 ... 48
三、新时期中国社会学的恢复与重建 ... 50
本章小结 ... 52
主要术语 ... 53
练习题 ... 54
思考题 ... 54
阅读文献 ... 54

第三章 社会及其构成要素 ... 56
第一节 什么是社会 ... 56
一、"社会"概念的由来 ... 56
二、西方社会学的社会观 ... 57
三、马克思主义的社会观 ... 57
四、社会研究的基本视角 ... 59
第二节 社会结构与功能 ... 62
一、社会结构 ... 62
二、社会的功能 ... 64
第三节 社会的构成要素 ... 65
一、自然环境 ... 65
二、人口 ... 68
三、文化 ... 73
本章小结 ... 78
主要术语 ... 79
练习题 ... 80

  思考题 … 80
  阅读文献 … 80
第四章 人的社会化 … 82
 第一节 人的社会化概述 … 82
  一、社会化的界定 … 82
  二、社会化的特征 … 85
  三、社会化的类型 … 87
 第二节 人的社会化的条件与过程 … 88
  一、社会化的条件 … 88
  二、社会化的过程 … 94
  三、社会化的途径 … 97
 第三节 社会角色 … 98
  一、社会角色的含义 … 98
  二、社会角色的类型 … 99
  三、社会角色的扮演 … 101
 本章小结 … 104
 主要术语 … 104
 练习题 … 105
 思考题 … 105
 阅读文献 … 105

第五章 社会互动 … 106
 第一节 社会互动概述 … 106
  一、社会互动的含义 … 106
  二、社会互动的条件 … 107
  三、社会互动的功能 … 108
  四、社会互动的基本形式 … 109
 第二节 社会互动的理论 … 114
  一、符号互动论 … 114
  二、拟剧论 … 117
  三、本土方法论 … 118
 第三节 集体行为 … 119
  一、集体行为的含义与特征 … 120
  二、集体行为产生的条件 … 121

三、集体行为的主要类型 …………………………… 123
　第四节　网络互动 ……………………………………… 127
　　一、网络互动的含义 ………………………………… 127
　　二、网络互动的基本特点 …………………………… 128
　　三、网络互动中的社会问题 ………………………… 129
　本章小结 ………………………………………………… 131
　主要术语 ………………………………………………… 131
　练习题 …………………………………………………… 132
　思考题 …………………………………………………… 132
　阅读文献 ………………………………………………… 133

第六章　社会群体 ………………………………………… 134
　第一节　社会群体概述 ………………………………… 134
　　一、人类生活的群体性 ……………………………… 134
　　二、社会群体的含义与特征 ………………………… 135
　　三、社会群体的基本类型 …………………………… 137
　第二节　社会群体的内部结构 ………………………… 139
　　一、社会群体的规模 ………………………………… 139
　　二、群体规范 ………………………………………… 140
　　三、群体内部的人际关系 …………………………… 141
　　四、群体领导与决策 ………………………………… 142
　　五、群体凝聚力 ……………………………………… 143
　第三节　初级群体 ……………………………………… 146
　　一、初级群体的含义与特征 ………………………… 146
　　二、初级群体的形成条件 …………………………… 147
　　三、初级群体的主要功能 …………………………… 148
　　四、初级群体的变化及其影响 ……………………… 149
　第四节　家庭 …………………………………………… 151
　　一、婚姻—家庭的基础 ……………………………… 151
　　二、家庭的历史演变 ………………………………… 152
　　三、家庭结构与功能 ………………………………… 154
　　四、当代家庭的发展趋势 …………………………… 156
　本章小结 ………………………………………………… 158
　主要术语 ………………………………………………… 159

练习题 159
　　思考题 160
　　阅读文献 160

第七章　社会组织 161
　第一节　社会组织概述 161
　　一、社会组织的含义与特征 161
　　二、社会组织的主要类型 162
　　三、社会组织的目标 165
　第二节　社会组织的结构与管理方式 166
　　一、社会组织的结构 166
　　二、社会组织的管理方式 171
　第三节　中国社会转型期的社会组织 174
　　一、单位组织 174
　　二、非营利组织 175
　　三、家族企业 177
　　本章小结 178
　　主要术语 179
　　练习题 180
　　思考题 180
　　阅读文献 180

第八章　社会分层与社会流动 182
　第一节　社会分层 182
　　一、社会分层的含义与特征 182
　　二、社会分化与社会不平等 184
　　三、社会分层的标准与方法 187
　　四、社会分层的理论研究 190
　　五、人类社会有关分层制度的简介 195
　第二节　社会流动 198
　　一、社会流动的含义 198
　　二、社会流动的类型 199
　　三、影响社会流动的主要因素 201
　　四、社会流动的作用与价值 203
　第三节　中国的社会分层与社会流动 205

一、当代中国的社会分层结构 ………………………………………… 205
　　二、当代中国的社会流动 …………………………………………… 206
本章小结 ……………………………………………………………………… 210
主要术语 ……………………………………………………………………… 210
练习题 ………………………………………………………………………… 211
思考题 ………………………………………………………………………… 212
阅读文献 ……………………………………………………………………… 212

第九章　社区与城市化 …………………………………………………… 213
　第一节　社区概述 ………………………………………………………… 213
　　一、社区概念的由来和含义 ………………………………………… 213
　　二、社区的构成要素 ………………………………………………… 215
　　三、社区的类型 ……………………………………………………… 217
　　四、社区研究 ………………………………………………………… 219
　第二节　农村社区与城市社区 …………………………………………… 224
　　一、农村社区 ………………………………………………………… 224
　　二、城市社区 ………………………………………………………… 227
　第三节　城市化 …………………………………………………………… 230
　　一、什么是城市化 …………………………………………………… 230
　　二、城市化的影响 …………………………………………………… 232
　　三、中国的城市化 …………………………………………………… 234
本章小结 ……………………………………………………………………… 237
主要术语 ……………………………………………………………………… 237
练习题 ………………………………………………………………………… 238
思考题 ………………………………………………………………………… 239
阅读文献 ……………………………………………………………………… 239

第十章　社会制度 ………………………………………………………… 240
　第一节　社会制度的含义与特征 ………………………………………… 240
　　一、社会制度的含义 ………………………………………………… 240
　　二、社会制度的起源 ………………………………………………… 242
　　三、社会制度的特征 ………………………………………………… 244
　第二节　社会制度的构成与功能 ………………………………………… 246
　　一、社会制度的构成 ………………………………………………… 246
　　二、社会制度的功能 ………………………………………………… 248

第三节　社会的基本制度 …………………………………………… 251
　　　　一、社会制度的分类 ………………………………………… 251
　　　　二、几种基本的社会制度 …………………………………… 253
　　第四节　制度化与制度的生命周期 …………………………………… 257
　　　　一、制度化 …………………………………………………… 257
　　　　二、制度的生命周期 ………………………………………… 259
　　本章小结 …………………………………………………………………… 262
　　主要术语 …………………………………………………………………… 263
　　练习题 ……………………………………………………………………… 263
　　思考题 ……………………………………………………………………… 265
　　阅读文献 …………………………………………………………………… 265

第十一章　社会变迁与社会现代化 ………………………………………… 266
　　第一节　社会变迁 ……………………………………………………… 266
　　　　一、社会变迁的含义 ………………………………………… 266
　　　　二、社会变迁的原因和过程 ………………………………… 269
　　　　三、社会变迁理论 …………………………………………… 273
　　第二节　社会现代化 …………………………………………………… 276
　　　　一、社会现代化的概念及由来 ……………………………… 276
　　　　二、社会现代化的内容 ……………………………………… 280
　　　　三、西方关于社会现代化的理论 …………………………… 282
　　　　四、发展中国家的现代化 …………………………………… 286
　　第三节　全球化 ………………………………………………………… 289
　　　　一、什么是全球化 …………………………………………… 290
　　　　二、全球化的表现 …………………………………………… 291
　　　　三、全球化的矛盾 …………………………………………… 293
　　本章小结 …………………………………………………………………… 295
　　主要术语 …………………………………………………………………… 296
　　练习题 ……………………………………………………………………… 297
　　思考题 ……………………………………………………………………… 298
　　阅读文献 …………………………………………………………………… 298

第十二章　社会问题 ………………………………………………………… 299
　　第一节　社会问题概述 ………………………………………………… 299
　　　　一、什么是社会问题 ………………………………………… 299

二、社会问题的一般特征 …………………………………………… 301
　　三、社会问题的认定 ………………………………………………… 303
　第二节　社会问题的基本理论 ………………………………………… 304
　　一、社会整合论 ……………………………………………………… 304
　　二、社会病理学 ……………………………………………………… 305
　　三、社会解组论 ……………………………………………………… 305
　　四、价值冲突论 ……………………………………………………… 306
　第三节　当前中国的社会问题 ………………………………………… 308
　　一、当前中国社会问题的基本状况 ………………………………… 308
　　二、当前中国社会问题的成因 ……………………………………… 311
　　三、当前中国社会问题的解决途径 ………………………………… 313
本章小结 …………………………………………………………………… 316
主要术语 …………………………………………………………………… 316
练习题 ……………………………………………………………………… 317
思考题 ……………………………………………………………………… 317
阅读文献 …………………………………………………………………… 318

第十三章　社会控制 ……………………………………………………… 319
　第一节　社会控制概述 ………………………………………………… 319
　　一、社会控制的含义及特征 ………………………………………… 319
　　二、社会控制的基本类型 …………………………………………… 321
　　三、社会控制的功能 ………………………………………………… 323
　第二节　社会控制的基本方式 ………………………………………… 324
　　一、政权控制 ………………………………………………………… 325
　　二、法律控制 ………………………………………………………… 325
　　三、纪律控制 ………………………………………………………… 326
　　四、习俗控制 ………………………………………………………… 326
　　五、道德控制 ………………………………………………………… 327
　　六、社会舆论控制 …………………………………………………… 328
　　七、宗教控制 ………………………………………………………… 328
　第三节　越轨行为与社会控制 ………………………………………… 329
　　一、越轨行为的含义与类型 ………………………………………… 329
　　二、越轨行为产生的原因 …………………………………………… 333
　　三、越轨行为的社会控制 …………………………………………… 339

本章小结 …………………………………………………… 340
　　主要术语 …………………………………………………… 340
　　练习题 ……………………………………………………… 341
　　思考题 ……………………………………………………… 341
　　阅读文献 …………………………………………………… 341

参考文献 ………………………………………………………… 342
后　记 …………………………………………………………… 345

第一章 绪 论

社会学是一门综合性和应用性很强的社会科学,创立于19世纪30年代,经过170多年的演变与发展,社会学不仅在现代科学知识体系中占据独特的地位,而且在全球范围内已发展成为一门包括众多分支、具有独立知识结构的社会科学。那么,社会学研究什么?它与其他社会科学有何区别?社会学具有怎样的学科性质和社会功能?它的研究方法是什么?这些都是初次接触社会学的人首先需要了解的基本问题。

第一节 什么是社会学

什么是社会学?社会学的研究对象是什么?对这一问题,迄今社会学家们仍存在着争议,有着多种多样的理解。

一、社会学的研究对象

"社会学"一词,法语为sociologie,英文为sociology,它由两部分组成,前半部分来源于拉丁文societas(社会)或socius(社会中的个人),后半部分来源于希腊文logos(论述、学说),合在一起就是关于社会的学说。一般认为,"社会学"一词最早是由法国实证主义哲学家、社会学家奥古斯特·孔德(Auguste Comte,1798～1857)1838年在《实证哲学教程》第四卷中提出来的。他的意图是建立一门用实证方法研究社会现象基本规律的学科,以区别于过去那种思辨的社会哲学或历史哲学。

社会学这一概念的提出有一个过程。法国思想家圣西门(Saint Simon,1760～1852)在1832年发表的《应用于社会改善的生理学》一文中,使用了"社会生理学"一词,这是社会学的最早提法。1835年9月,孔德在《实证哲学教程》第三卷中,将实证哲学分为五种基础科学,即天文学、物理学、化学、生物学、社会物理学,并指出社会物理学就是研究社会的学问。1838年10月,孔德在《实证哲学教程》第四卷中,抛弃了社会物理学的用法,直接改用"社会学"这一新名词。有社会学家认为,孔德改用"社会学"而放弃"社会物理学"概念并不是针对圣西门,而是针对凯特莱(A. Quetelet,1796~1874)。1835 年比利时统计学家凯特莱出版《论人及其特性发展:社会物理学论》一书。孔德为了避免他的"社会物理学"与凯特莱的"社会统计学"混淆,才把自己致力的学问称为"社会学"。

从孔德提出社会学一词算起,至今已有 170 多年了。社会学经过各国学者的努力,已发展成为当代社会科学体系中具有较大影响的一门学科。但"社会学研究什么"、"什么是社会学",一直是社会学创始人以及后辈社会学家们力图明确回答而又不容易说清楚的问题。由于各国国情不同,学者们各自强调的重点不同,答案也各不相同。不仅不同历史时期的社会学家意见有分歧,即使同一时期的社会学家也众说纷纭、争论不休。

归纳起来,社会学家关于社会学研究对象的争论主要表现在两个层次上:其一,社会学有没有自己的研究对象?其二,社会学如果有自己的研究对象,那么这一研究对象是什么?关于第一个层次,根本否认社会学有特定研究对象的观点一直存在,其看法主要有两个方面:一是把社会学归结为方法科学,认为社会学是一门关于社会调查的科学,是关于社会调查系统化、学科化的方法论。二是把社会学当做"剩余社会科学"或"科学群",主张社会学的研究对象是其他社会科学尚未研究或无法研究的"剩余领域"。前者从根本上否认社会学有研究对象的可能性,后者则把社会学的研究对象归结为一种变动不居的东西或成了某种大杂烩。显然这就否认了社会学的独立性和应有地位,绝大多数社会学家并不赞成这些看法,而肯定社会学有独特的研究对象。

承认社会学有其独特的研究对象,就要回答"是什么",对此国内外学术界又各持己见,归结起来有三种观点:(1) 侧重以社会及社会现象为研究对象,这种观点在西方社会学传统中的主要代表有孔德、斯宾塞(Herbert Spencer,1820~1903)、迪尔凯姆(Emile Durkheim,1858~1917,也译做涂尔干)等人,形成了社会学中的实证主义路线。在这种倾向中,也有不同的看法,有的学者主张社会学应研究社会群体,代表人物是美国社会学家斯莫尔(Albion Woodbury Small,1854~1926);有的主张应研究社会关系,代表人物是美国社会学家索罗金(P. A. Sorokin,1889~1968);也有的认为应研究人类生态和社会问题,如美国芝加哥学派;还有的倾向于研究社会文化等。(2) 侧重以作为社会主体的个人及其社会行动为研究对象,这种观点在西方社会学传统中的主要代表为德国社会学家马克斯·韦伯(Max Weber,1864~1920)等人,在中国以孙本文(1891~1979)为代表,形成社会学中的反实证主义路线。在这种倾向中,也有认识上的差别,有的学者主张社会学应研究人与人之间的社会互动,如美国符号互动学派;有的主张应研究人的心理活动,如法国社会心理学家塔尔德(G. Tarde, 1843~1904)等。上述两种观点影响至深,后世的许多定义多为这两种观点的变形或混成。中国大多数社会学者更赞成第一种观点,但又力图对二者进行一定的综合。

由此可见,学者们对社会学研究对象的认识是见仁见智,甚至有人说有多少个社会学家就有多少种社会学定义。关于社会学研究对象的看法之所以存在着很大分歧,其原因是复杂而多样的。首先,社会学作为一门学科还比较年轻,资料的积累和理论的概括尚未达到成熟阶段,各种意见并存,没有哪一种意见占绝对优势,也没有哪一种意见被彻底否定,这常常是一门新兴学科发展过程中的必然现象。其次,各国的社会学界差不多都在从事"本土化"的研究,它们不但注重本国社会发展的现实需要,而且继承了本民族的文化传统和思想方式,因此,社会学家在解决社会学研究什么的问题上,也就不得不受其影响,产生各自"独特"的意见。再次,社会学研究领域十分宽广,各派社会学家往往只能涉及其中某些领域,并依据自己的研究方向和侧重点为社会学下定义。最后,随着学科研究的深入,学者们的认识也会发生变化。一门学科对象的界定并非是一成不变的,这一方面在于人的认识能力是一个不断深化的发展过程,其知识会随着认识能力的发展而不断得到修正而日臻完善;另一方面,客观实践的需要要求学科对象和研究范围及时作出相应的调整与改变,以适应客观形势的发展。在这种情况下,学者们会不断对前人概括的定义加以修正,从而呈现出多种不同的表述。

事实上,社会学的研究对象是极为广泛的,社会生活中没有哪一个领域不被它涉及,也没有哪一种社会现象不被纳入社会学的研究范围。就目前情况而言,要想给社会学的研究对象规定一个确定不移的、边缘十分清晰的界限还有一定困难。为了学习的需要,综合学术界的主要看法,这里提出一个工作性定义,即社会学是一门把社会作为整体,研究社会的构成及其运行规律的社会科学。这个定义主要表达了三方面的含义:一是社会学的研究角度。社会学研究必须从社会整体这一角度出发,以避免那种孤立、静止地研究社会的弊端。二是社会学的研究对象。人类社会是所有社会科学学科共同面对的领域,社会学学科的侧重点在于研究社会的结构以及社会运行过程,尤其要研究社会运行过程中的规律性,以便服务于社会。三是社会学的学科性质。尽管社会学研究社会的构成与运行规律时不可能回避自然现象与社会现象之间的联系,但这并未改变其社会科学的性质。

二、社会学的学科特征

社会学在一百多年的历史发展中,逐步形成了区别于其他学科的基本特征。

(一) 整体性

用社会学的观点来看,社会是由各个相关的部分构成的一个有机整体,研究社会就要把它作为一个有机的整体加以分析。社会学与其他社会科学的不同之点,并不在于它们有着全然不同的研究客体,而在于对同一客体的不同角度的研究,这在自然科学中也是常见的现象。比如解剖学、医学、心理学均以人体为研究客体,但角度不同,得出的结论也大不相同。社会科学也存在着同样情形。在社会学看来,社会是个有机整体,在其发展过程中,经济、政治、法律、文化、家庭以及存在的各种社会问题等密切地联系在一起。只有从这个角度出发,将社会看成一个整体,研究社会各部分之间、部分与整体之间的相互联系和相互作用,才能全面地科学地认识社会以及各种特殊的社会现象。

社会学的整体性特征,并非要求社会学对社会现实的一切方面都进行包罗万象的研究,也不是忽略对社会现象、社会问题作具体分析,而是强调社会学在研究社会的过程中,始终把社会看做一个由诸多元素、诸多领域、诸多部分按特定结构生成的有机整体,从整体出发去研究社会的结构与功能、研究社会的运行与调整。即使是研究社会的具体现象、具体问题,也力求把它们置于社会系统中去考察,时时处处注意从整体出发,联系整体研究部分,着眼于整体综合而立足于局部分析。例如,要研究婚姻和家庭问题,就要把它当做社会结构的一个组成部分,考察它与社会、经济、政治、文化等相互之间的关系,它与社会变迁的相互影响。可以说,整体性角度是社会学区别于其他社会科学学科的最基本特点,因而常被称为"社会学的思维方式"或"社会学的世界观"。

社会学的整体性,要求人们在认识社会与改造社会时要从整体出发,注重各方面因素的联系与协调,无论是想问题、作决策,还是处理日常事务,都必须把具体的社会现象放到社会整体中全面地、有机地加以考虑。

> **拓展阅读**
>
> **米尔斯论社会学的想象力**
>
> "个人只有通过置身于所处的时代之中,才能够理解他们自己的经历并把握自身的命运,他只有变得知晓他所身处的环境中所有个人的生活机遇,才能明了他自己的生活机遇。"
>
> "通过它,原来思维活动只局限于狭小范围的人们会突然对所置身的狭小空间产生新奇的感觉,而他们原本以为自己对此早已熟悉。不论正确与否,他们慢慢觉得可以给自己一个完整的总结,协调的评价和总体性的定位。"
>
> "每一个自觉的思想家都必须始终了解,从而能够控制他所研究东西的抽象层次。轻松而有条不紊地在不同抽象层次间穿梭的能力,是一位富有想象力和系统性的思想家的显著标志。"
>
> 摘自〔美〕C.赖特·米尔斯著,陈强等译:《社会学的想象力》,北京:三联书店,2001年,第4~6页。

(二) 综合性

社会学以社会整体及其各个部分之间的联系为研究对象,这就决定了它在研究内容上具有综合性的特点。在不少社会学家看来,要研究社会的构成和变迁,必须研究人的行动及其互动。社会是人群特定方式的组合,一切社会现象及其过程都是人类活动的结果。在人与社会的关系上,人际互动是沟通的中介,它既涉及作为行动主体的人和群体的主观方面(生理、心理、意识、情感、动机、愿望、价值观念等),又涉及行动者所处的客观环境(自然环境、人际关系、制度体系及文化传统、历史氛围等)。这些主观因素和客观环境之间的交互作用,为人的实践行动提供了条件,也对人们行动的规模和范围构成了限制。在这些社会行动的基础上,出现了各种纷繁复杂和变动不居的社会现象及其过程,社会学必须对此作出综合性分析。

社会学综合性的特征,一方面突出表现在社会学研究任何一种社会现象、社会过程或社会问题,总是联系多种有关的社会因素以至自然因素来加以考察。例如,社会学在研究社会现代化时,不仅注意经济方面,而且还重视历史文化背景、民族心理与民族精神、教育状况与观念意识,甚至对自然资源与生态环境等也进行系统的考察。另一方面,社会学在研究社会现象与社会问题时往往借助于不同学科(包括社会科学、自然科学)的知识作交叉学科或跨学科的分析。社会学这种注重综合、注重联系的特点要求在研究社会现象或社会问题时,绝不能就现象研究现象,而是联系多种相关的社会因素并进行多方面和多角度的考察,同时还要参考和依据其他学科的成果。由于社会学强调多因素的综合分析和多学科知识的综合利用,以致有人把社会学称之为研究社会的"广角镜"。

(三)实证性

从广度上看,对古今中外的人类社会均可以进行社会学研究,但研究重点首先是现实社会。社会学对现实社会的研究更多的是一种实证研究。"实证"这一概念最早是由社会学创始人孔德提出来的,其本义是"确实的",指知识来源于具体的经验研究。社会学研究虽然同其他学科一样离不开理论分析、比较、推演等一般的逻辑方法,但它的知识主要是依靠对社会事实进行的具体的经验研究获得的,通过观察、调查、实验等等途径获得"第一手"资料,以检验理论假设,分析概括出理论知识。作为一门实证性、基础性的社会科学,社会学研究社会结构以及社会运行规律,既不是凭主观想象,也不是凭经验直觉,而是借助一整套的社会研究方法,通过系统、周密的理论分析达到认识的目的。它的研究范式主要是:从生活出发,形成理论,再回到生活中去。社会学并不排除必要的"从理论到理论"的研究,但它总是要与实际相联系的。

社会学的实证研究传统包括三方面的含义:(1)在研究社会系统及其各个要素时,要保持科学性。也就是说,社会学的研究不能建立在无确凿根据的信念和道听途说的基础上。(2)社会学要用类似自然科学的研究技术和科学方法进行研究。(3)社会学研究要做到客观性,不能受个人感情、偏好的影响。社会学研究的这种实证性特点充分表现在它对实地调查的重视上。社会学家们通过广泛的社会调查和论证,积累了许多有价值的资料,发表了大量有意义的研究成果,从而丰富和发展了社会学理论,使实证性成为社会学研究的基本特色。

三、社会学的研究领域

社会学的研究领域相当广阔,不同时代的社会学家们对此作了多样的划分,如孔德把社会学的研究范围划分为社会静力学和社会动力学两大部分。前者主要研究社会结构或社会制度,后者主要研究社会变化或社会进步。美国社会学家沃德(Lester. F. Ward,1841~1913)曾把社会学划分为纯理社会学和应用社会学两部分。纯理社会学是诊断性的,关心人类的成果,偏重于社会功能的研究。应用社会学是治疗性的,关心人类生活的改善,偏重于人类未来的研究。前苏联社会学协会曾把社会学的研究范围确定为三个层次:一般社会学理论(即作为社会学的历史唯物主义)、专门社会学理论(即各种分支社会学)和具体社会学研究(指那些收集、整理和统计分析社会现象、社会事实和社会过程的经验材料的知识)。社会学在中国内地恢复之后,不少学者对社会学的研究领域与范围也提出了各自不同的看法。比如,有的以研究对象的规模为依据,把社会学研究领域分为宏观社会学与微观社会学,前者研究社会总体现象,后者则研究社会个体或社会细胞。有的按照研究的理论层次把社会学研究领域分为普通社会学和分科社会学,前者研究总体理论,揭示社会整体发展规律;后者研究社会的各个构成部分和构成要素。还有的按其知识结构把社会学分为理论社会学、应用社会学和经验研究(社会调查研究)等。下面重点阐述第三种看法。

(一) 理论社会学

理论社会学从理论的角度探讨人类社会各个时期的社会结构和社会变化的动力以及变化的一般规律与特殊规律。如,不同学派的社会学理论,发达或发展中国家的社会学理论、比较社会学等。理论社会学是社会学诞生以来颇受重视的领域,从孔德开始,斯宾塞、迪尔凯姆、韦伯等后继学者以及二战以后的许多学者,其研究均侧重理论社会学的领域。

(二) 应用社会学

应用社会学是把社会学的理论知识(包括观点、方法、原理以及一些新的研究结论)应用于社会实际生活、社会现象和社会问题的研究,如对家庭、教育、犯罪、宗教、社会工作等方面的研究。由于社会学的研究领域十分广泛,其触角伸向社会的每一个领域、每一个层次,从而构成了众多的分支社会学,如政治社会学、经济社会学、教育社会学、人口社会学、劳动社会学等。根据联合国教科文组织于 20 世纪 80 年代的统计,现代社会学的分支学科多达 100 多种,而且有逐年增加的趋势。分支社会学的具体研究领域包括:(1) 社会某一领域与社会整体的关系,如经济社会学、法律社会学、政治社会学;(2) 某一自然现象与社会的关系,如地震社会学、生态社会学、生物社会学;(3) 某一精神现象与社会的关系,如文艺社会学、科学社会学、宗教社会学;(4) 特定人群与社会的关系,如儿童社会学、青年社会学、老年社会学;(5) 各社会结构单位与社会的关系,如家庭社会学、组织社会学、城市社会学、乡村社会学;(6) 各种社会问题与社会的关系,如越轨社会学、犯罪社会学、老年问题;(7)社会学的具体方法、技术与应用的研究;(8)社会学学说史的研究。[1]分支社会学的大量涌现,是社会学研究不断深入与繁荣的重要标志。

(三) 经验研究

经验研究是以历史或现实中具体的社会现象和社会问题为对象,采用科学的手段收集资料,用定性或定量的方法描述社会事实以推导出社会事实的因果联系或相关联系。经验研究最突出的特征是重视感性资料的收集,注重使用数理统计的方法,注重社会现象的文献、历史资料和人种志等。目前,更注重使用当代新兴科学成果以及电子计算机等来丰富社会学的方法知识体系。经验研究是社会学学科体系中非常重要的一个环节,缺少这一环节,社会学学科体系的完整性难以保证,社会学理论也就没有了生机与活力。

在社会学研究领域中,除了上述谈到的科学体系外,社会学的理论体系一直被视为影响其学科发展的重大问题而引起众多学者的关注。所谓社会学的理论体系,是指社会学概念的逻辑关系,由一系列概念、范畴、规律按一定逻辑关系组合而成,从总体上反映了社会学这门学科的发展水平。但遗憾的是,目前社会学的发展尚未建立一个能为学术界所公认并可以与其他学科相媲美的理论体系。各个学派,甚至同一学派的不同学者力图按照自己对社会的理解去构建自己独特的理论体系,因而出现了理论体系纷呈多样的状况。即使在公认的西方社会学中心——美国,情形也大体一样。西方社会学界关于社会学的理论教科书很多,但并无严密的逻辑体系,再加上学派林立、观点分歧,没有一种看法能得到学术界的公认。在这种情况下,有的学者干脆从实用主义出发,把人们感兴趣的一些问题罗列起来,称之为社会学的理论体系,并把这种罗列方法当做理论体系的建构方法。美国的霍内尔·哈特(Hornell Hart)教授通过对美国20世纪50年代出版的24种社会学教科书的研究,发现85%的教科书集中讨论了12个题目,即:社会学的科学方法,社会中形成的人格、文化、人群、人口、种姓和阶级、种族,社会变迁,经济制度,家庭,教育,宗教等[2]。此外,人类生态、城市与农村生活、社会互动与社会交往、社会问题等也是许多社会学教科书讨论的问题。

---

[1] 范和生:《现代社会学》,合肥:安徽大学出版社,2005年,第8页。
[2] 〔美〕亚历克斯·英克尔斯著,陈观胜、李培荣译:《社会学是什么?——对这门学科和职业的介绍》,北京:中国社会科学出版社,1981年,第11页。

> ### 拓展阅读
>
> #### 美国学者眼中的"社会学主题"
>
> 美国社会学家亚历克斯·英克尔斯在《社会学是什么?》一书中提出了社会学主题的总纲要。
>
> Ⅰ.社会学分析
>
> 实际人类文化与社会;社会学的透视;社会科学中的科学方法
>
> Ⅱ.社会生活的基本单位
>
> 社会行为和社会关系;个人的人格;人群(包括民族和阶级);社区:城市的和农村的;社团和组织;人口;社会
>
> Ⅲ.基本社会制度
>
> 家庭和亲属制度;经济制度;政治和法律制度;宗教制度;教育和科学制度;娱乐和福利制度;美学和表现制度
>
> Ⅳ.基本的社会过程
>
> 分化和分层;合作、调节、同化;社会冲突(包括革命和战争);沟通(包括意见的形成、表达和变化);社会化和教育;社会评价(价值的研究);社会控制;社会过失(犯罪、自杀等);社会整合;社会变迁。
>
> 资料来源:〔美〕亚历克斯·英克尔斯著,陈观胜,李培荣译:《社会学是什么——对这门学科和职业的介绍》,北京:中国社会科学出版社,1981年,第16页。

在中国,对社会学理论体系的建构同样没有统一的看法。早期社会学家孙本文以社会行为为基本出发点和主线,构建了一个较合逻辑的社会学理论体系。静的方面包括:(1)社会行为的要素问题:地理要素、生理要素、心理要素、文化要素。(2)社会行为的过程问题:接触与互动、暗示与模仿、竞争与冲突、顺应与同化、合作与互助。(3)社会行为的组织问题:行为规则、制度、组织、社会解组。(4)社会行为的控制问题:有计划控制、无计划控制。动的方面主要是关于社会行为的变迁问题,包括异常变迁、非常变迁、变迁障碍、社会进步等。

从目前的研究成果看,中国社会学者大体按照两种方式构建社会学的理论体系。一是并列式,即将社会学历史地形成的研究内容加以并列。例如,有的学者将社会学研究内容归为社会及其发展的条件、人的社会化、初级社会群体、社会组织、阶级与阶层、社会制度、社会控制、城乡社区、社会变迁、社会现代化、社会问题、社会工作等等。二是分块式,有的分成两块,即社会学论和社会论;有的分成三块,即社会结构、社会行为、社会变迁;还有的分成四块或更多。

第二节 社会学的学科地位

社会学是一门基础性社会科学,它与历史唯物主义以及各门社会科学存在着密切的关系,认清这些关系可以帮助大家进一步认识社会学的学科性质。

一、社会学学科地位的演变

社会学在社会科学中的地位是社会学历史上一直争论不休的问题,从社会学的发展进程看,关于社会学的学科地位主要有"中心论"、"平列论"和"特殊论"三种不同观点。

(一) 中心论

所谓中心论,就是把社会学置于其他社会科学之上,社会学创始人孔德、斯宾塞就持这种观点,中国社会学家孙本文也有类似的看法。在社会学刚刚创立时期,由于社会学还没有完全从哲学的襁褓中分化出来,在一定程度上还保留着历史哲学和社会哲学的印记,因而人们把社会学当做一门总体社会科学,具有凌驾于其他各门社会科学之上包揽一切社会事物的性质和地位。

(二) 平列论

所谓平列论,是指社会学与其他社会科学处于平等位置上。随着社会学研究对象的不断明确,人们对社会学的性质和地位的看法也发生了根本变化。19世纪末,一些社会学家逐步抛弃了把社会学凌驾于其他社会科学之上的观点,认为社会学与其他社会科学一样,都是研究人类社会的某个方面,因此,社会学与其他各门社会科学处于平等并列的地位,它们共同构成了人类社会科学知识的完整体系。

(三) 特殊论

所谓特殊论,是从社会学处在哲学社会科学的特殊层次上来讲的。中国社会学者郑杭生认为,全部哲学社会科学可以分为一般、特殊和个别三个层次:属于第一层次的是社会哲学,如历史唯物主义;属于第二层次的是综合性社会科学,如社会学、历史学;属于第三层次的是专门社会科学,如经济学、政治学、教育学。

目前关于社会学在社会科学中的地位问题,学术界仍有不同的看法,但人们普遍认为,社会学是一门独立的基础性的社会科学。社会学的研究领域,是由其研究对象决定的。人类社会是一个复杂的有机整体，它包含有许多既相互联系、又相互独立的不同组成部分。通常，人们把这些部分区分为经济的、政治的、思想的、社会的等若干社会生活领域，各门社会科学从不同角度对特定社会领域的具体现象和过程进行分门别类的研究，以不同方式从不同方面反映社会现实和作用于社会现实。由此，也必然产生既相互联系又互不相同的众多学科。在庞大而众多的社会科学群中，社会学不仅是一门独立的社会科学，而且还是一门基础性的社会科学。

二、社会学与历史唯物主义的关系

社会学从哲学分化出来的170多年的历史，可以看做是逐步摆脱思辨的历史哲学和社会哲学的影响，不断用现代科学方法武装自己，日益增加经验研究和应用研究的比重，从而成为一门独立的经验科学的发展过程。社会学成为经验科学，并不意味着与哲学完全无关，更不意味着社会学可以抛弃哲学理论或轻视哲学理论；相反，社会学与其他社会科学一样，必须接受哲学的影响和指导。

在中国，社会学与社会哲学的关系具体表现为社会学与历史唯物主义的关系。历史唯物主义是人类社会发展一般规律的科学，是马克思主义哲学的重要组成部分。由于社会主义国家在过去很长一段时间内取消了社会学，以历史唯物主义代行了一部分社会学的职能，使社会学与历史唯物主义的关系变得十分复杂，并成为社会主义国家特有的理论难题。世界各国社会学的不同派别，对社会学和历史唯物主义相互关系的理解大致有下列不同看法：第一，否定论。根本否认社会学与历史唯物主义有任何关系。第二，代替论。即以历史唯物主义代替社会学，只承认历史唯物主义的作用，而否认社会学存在的价值。第三，部分代替论。即把历史唯物主义理论全部搬到社会学基本理论中去，使其成为社会学知识体系的一个内在层次。第四，指导论。这种观点认为，作为哲学形态的历史唯物主义不属于作为专门科学的社会学的范围，而只是社会学研究（同时也是其他具体社会科学研究）的方法论基础，它给社会学的研究以指导，但不能代替社会学，社会学不断以自己的实证研究成果来验证和丰富历史唯物主义。

目前中国学术界一般认为，社会学与历史唯物主义既相互区别，又相互联系。一方面，社会学与历史唯物主义是有区别的：第一，从研究对象来说，历史唯物主义研究的是人类社会发展的一般规律，是人类历史的全过程。而社会学着眼于特定的社会结构和社会运行过程，研究的是具体规律和特殊规律。第二，从研究方法来看，历史唯物主义作为一种社会哲学，其研究方法主要有概括、演绎、推理的方法。它的知识多是间接知识，主要来源于对各门社会科学知识的概括与总结。社会学作为一门具体的经验科学，其方法主要是一系列的经验研究方法和分析综合方法，因而它的知识主要来自对经验知识的直接综合、概括，即对现实社会的实证研究。第三，从作用上看，历史唯物主义是考察整个社会的具有普遍意义的世界观和方法论，其功能是为人们提供一种科学认识社会历史的方法，因此，它对每一门具体的社会科学都具有指导意义。而社会学则是帮助人们直接认识社会及其发展的规律，为促进社会发展、解决社会问题等提供具体的科学帮助，以便指导人们按规律办事。

另一方面，社会学与历史唯物主义又是密切联系的。历史唯物主义对社会学具有理论指导作用，它从生产力和生产关系、经济基础和上层建筑的相互关系上去考察、分析社会生活与社会关系，给社会学研究提供了科学的世界观和方法论指导。同时，社会学的科学研究成果也为历史唯物主义的丰富和发展作出贡献。

三、社会学与其他社会科学的关系

人类社会包含既相互联系、又相互独立的不同组成部分，通常人们把这些部分区分为经济的、政治的、思想的、社会的等若干领域。各门社会科学从不同角度对特定社会生活领域的具体现象和过程进行分门别类的研究，它们以不同方式从不同方面反映社会现实和作用于社会现实，彼此之间相互联系、相互作用。在庞大的社会科学群中，社会学与其他各门社会科学既有联系，又有区别。社会学在对社会特定领域的现象和过程进行研究时，要依靠其他社会科学已经取得的研究成果，同时在选用研究方法时也会受到其他社会科学的影响和制约。

政治学主要研究国家、政府及权力的分配等问题，凡是社会生活中与政治有关的侧面或领域都属于政治学研究的范围。社会学对政治的关注，更着重政治的社会基础以及政治行为。比如人们参加政治运动的理由，政治机构与其他社会机构、社会组织的关系，政治问题的社会性等等。近年来，两者在研究对象、内容和方法上越来越接近，已经形成了社会学中的一门分支学科——政治社会学。

经济学主要研究商品和服务的生产、分配和消费等问题，但任何单纯的经济规律都是不存在的，它总会受到社会各种因素的影响，这就决定了经济学与社会学之间存在着密切的联系，经济行为的社会基础以及社会行为的经济基础都是这种关系的深刻反映。经济社会学即是把经济生活的社会方面作为自己研究领域而产生的一门分支学科。

社会学与历史学涉及的范围虽然都是人类整个的社会生活，但研究的侧重点有很大的区别。历史学面向过去，目的是总结历史经验，供今人借鉴；社会学则面向现在和未来,目的是发现规律,预测未来。历史学研究各个国家、社会领域的发生、发展、衰落、灭亡的规律,尽管也研究社会的横断面,但研究横断面是为了纵向地说明社会,因此,历史学是一种纵向学科,以叙述为主。社会学研究社会的构成与运行过程,尽管也研究社会的纵剖面,但研究纵剖面是为了横向地说明现实社会,因此,社会学主要是一门横向学科,以分析为主。但社会学与历史学也有很密切的联系,它们的研究范围几乎一致,凡是社会学研究的问题,历史学也应该进行研究。过去历史学重点研究的是政治史、军事史,研究的是"大事",多重视帝王将相、社会精英;在现代,历史学也开始重视普通社会生活,重视对生活方式、婚姻家庭、伦理风俗等社会史的研究,正如有学者所指出的,历史学正在"社会学化"。

人类学是一门研究人类的体质和文化的特征、类型及其变化规律的科学。它与社会学在观点、方法和研究内容上有相互接近、融合的趋势,许多人类学家同时也是社会学家,但两门学科各自的侧重点还是比较明确的。人类学的研究重点是远古人类或比较落后的民族的体质和社会文化生活,虽然其触角已渐渐引申到现代人类社会,但目的仍在于探讨人类文化的过去、现在和未来,研究现存的过去文化,以便了解人类的本质和命运。而社会学研究的重点则是具体的现实社会,研究具体的社会如何运行、如何发展、如何变迁,研究当代的文化。随着落后地区与民族地区的变迁,越来越多的人类学家开始把关注点放在当代的文明社会和文化,使得社会学与人类学的界限变得模糊,甚至有人认为社会学与人类学存在合流的趋势。

心理学是一门研究心理现象发生、发展和活动规律的科学。一般而言,社会学注重人与人之间的互动关系与相互影响,不太注重研究人们心里想什么,或者人们的行为动机以及人格等,而这些题目则是心理学常常讨论的。比如说,社会学不会对一个独自在房间里发呆的人有兴趣,一旦有人进来跟他说话、关心他,社会学就会探讨他们之间的互动情形。尽管心理学与社会学有区别,但两者仍然有密切的联系。人的任何心理都不可能离开一定社会环境的影响,而作为社会组成部分的个体一定是具有特定心理活动的现实的人。社会心理学、心理社会学等学科正是在两者相互连接的层面上发展起来的。

第三节 社会学的基本功能

社会学是一门应用性很强的社会科学,能够增进我们对身边事物的认识,可以成为改造社会的重要工具。

一、认识功能

社会学是研究社会结构与运行规律的，可以直接帮助人们认识社会，具体表现为三个方面：

第一，描述功能。社会学的描述功能是指通过客观而完整地收集、整理和记录事物发展的具体过程和现状资料，真实地再现社会生活图景的过程，是那些为了解和掌握发生了什么事、什么情况而进行的探索性研究。任何实证科学，首先都要求能够忠实地描述事物的本来面貌。社会学作为一门实证科学，研究社会的起点就是借助于一定的技术手段和方法收集社会生活各个领域的实际资料，探明并详细描述社会事物与现象发生、变化的具体情况，为认识社会构成及其运行规律并有效地管理社会提供准确可靠的感性经验资料。这是社会学最基本的功能。如果没有对社会发生了什么事、什么情况所进行的这种描述，不能占有大量的合乎实际的感性资料，则无法揭示事物的本质联系，不能上升为理性认识。比如：这些年在中国城市谈论较多的问题是工人下岗，那么哪些企业的工人下岗？下岗的人数有多少？他们占就业人数的比例怎样？年龄、性别、文化程度、工龄各有什么特点？他们对大中企业改革持何态度？下岗对他们的家庭生活带来了怎样的影响？社会大众对此有什么看法？等等。社会学对此可以通过有计划、有系统的社会调查，借助社会统计分析技术，收集相关的资料和信息，从而为认识并解决这些现象和问题提供最基本的依据。虽然其他社会科学都以不同的形式传输各种专门的社会信息，但社会学的学科特征决定了它向人们传输的社会信息是其他学科所无法代替的。当然社会学描述现实社会的信息与情况必须具有代表性、可靠性、稳定性和及时性，任何片面的、虚假的、无效的、过时的信息都可能造成认识上的混乱和决策上的失误。

第二，解释功能。认识社会不能停留在"是什么"这一经验层次上，而应该把经验作为向导，深入到社会现象的背后，回答"为什么"，这就需要对社会事实作出理论上的解释。社会学的解释功能是指社会学在研究过程中借助概念和范畴，对影响社会事实发生、变化的主客观因素，从其因果联系上或相关联系上作出理论说明。它包括对社会现象进行客观的因果性考察和人的社会行动动机的意义理解。人类社会是一个复杂的有机整体，社会中的各种现象和过程都是相互联系、相互依存、相互作用的，每一种社会现象的发生都必然受到各种内部条件和周围环境条件的制约，只有深入到社会现象内部，对其发生、变化的实际情况进行因果分析和说明，才能抓住本质，认识其规律性。例如，关于工人下岗问题，解释功能的任务就是通过收集到的感性资料，深入分析整个国有企业改革与工人下岗之间的关系，分析中国产业结构调整、就业制度改革、科技进步以及劳动者素质对工人下岗问题的影响。社会学对社会现象的解释不仅包括因果性解释，而且还包括相关解释、功能解释、意向解释等等。需要说明的是，解释社会现象必须借助于一些科学的概念、范畴、理论，如果解释不了，则必须创立新的概念、范畴乃至新的理论，以帮助人们更清晰地认识社会。

第三，预测功能。社会学不仅可以描述现实社会、解释社会现象之间的联系，而且可以预测社会生活未来发展的前景。这种在调查研究基础上，根据已知因素，运用现有知识、经验和科学方法对将来可能的发展趋势作出预计和推测的过程，就是社会学的预测功能。它所揭示的是社会事件和状态将来怎样。预测的关键是在详细占有资料的基础上，依据正确的理论和研究程序，运用严格科学的方法，把纷繁复杂的社会现象中具有本质的、相对稳定的、重复性的联系或关系揭示出来，从而把握未来事物变化的必然性，以达到指导人们社会实践的目的。例如，对未来人口老龄问题的预测、未来家庭结构与功能的预测、现代化对社会生活影响的预测等等。现代社会结构和功能的分化，社会生活节奏的日益加快，必然会对社会学的预测功能提出越来越高的要求，而科学技术的飞速发展和新兴边缘交叉学科的不断涌现，也为进一步从整体上管理社会过程提供了先进手段，促使社会学预测水平日臻完善和提高。社会预测在当前中国社会现代化建设中的意义重大，因为，对中国现代化的建设者们来说，他们所面临的多是未知的领域，很多重大的建设项目或社会政策、措施都需要预测其近期和远期的社会后果，从而提出更合理的合乎社会发展需要的对策。

二、管理功能

社会学不仅可以帮助人们更好地认识社会，还可以为人们改造社会提供科学的依据和有效的指导，让人们知道"应该怎样"。而这是社会学的管理功能所指向的。所谓管理功能，是指社会学在帮助人们掌握科学的社会知识的基础上，进而确定社会目标及其达到目标所采取的行动与手段，以便使自己的社会行动更加合理、更加符合规律性。在中国，社会学的这一功能具体表现为：第一，参与社会发展计划和规划，为政府部门决策提供科学依据；第二，为社会管理、行政管理、企业管理以及做好社会工作提供科学的理论和方法；第三，参与社会问题研究，为解决社会问题提供具体可行的方案；第四，开展社会咨询，为制定科学的、符合国情的、有效的社会政策提供基础和参考；第五，社会批评，是指对旧的思想、旧的观念和阻碍社会进步的事物、行为进行揭露，实事求是地进行理论分析，同时提出克服和解决问题的意见和建议。社会学的管理功能在中国已经有了良好发挥的实践，比如针对现代化进程中的小城镇发展、区域合作与边区开发、农村发展模式、城市社区建设等问题，不但提出了一些新的思路，而且在规划蓝图的设计上还提出了不少建设性方案。

三、教育功能

现代社会不同于传统社会，传统社会的人们在生活中积累起来的生活经验足以帮助人们适应社会，而在现代社会，结构复杂、规范繁多、变化迅速，人们再靠以前所具有的零星的、片面的，有时甚至是歪曲了的常识是远远不够的。因此，必须不断学习、熟悉并具备现代社会的科学知识，自觉适应不断变化了的社会环境。那么，社会学可以给人们提供哪些基本社会知识呢？起码有这样几个方面值得关注：第一，了解自己。帮助人们正确认识自己在该社会中的地位、作用、义务、责任，树立正确的社会理想、人生目标和生活方式。第二，职业准备。为人们提供就业或职业选择的社会知识与技能。第三，日常决策。帮助人们对面临的日常生活问题与机遇，如家庭、婚姻、人际关系等作出比较合理的决定，使个人在生活和事业中更加成功。当代比较发达的国家普遍开设了社会学课程，不但综合性大学建立了社会学系，有的理工学院也建立了社会学系或社会学专业，面向所有学科的大学生讲授社会学的知识。

第四节 社会学的研究方法

任何科学都有自己独特的研究方法，社会学当然也不例外。由于社会学把人以及由人组成的社会作为核心研究内容，所以其研究方法对于人们认识社会、了解社会，分析社会问题，解释与预测社会发展变化尤其重要。

一、社会学研究方法论

社会学研究方法论是社会学研究方法的理论，是对研究方法的系统研究和评价，在社会学方法体系中处于最高层次。它主要从哲学角度指导研究的思想体系，包括基本的理论假定、研究原则、研究逻辑等，所解决的是"如何看待和解释社会现象"。在方法论层次上，西方社会学界存在着实证主义和人文主义两种倾向。

实证主义方法论的基本观点可以概括为：第一，与自然现象一样，社会现象也是客观的，有其内在的规律性。第二，社会现象是可以被感知、被概括的，经验是科学知识的唯一来源，只有被经验证实的知识才是科学。第三，作为一门科学的社会学，其任务在于说明社会现象"是什么"，而不是"应该或必须是什么"。主张通过对大量样本的调查和统计或通过实验来研究社会现象，坚持"价值中立"的原则，以经验作为检验理论的标准。第四，认为自然科学的方法可以适合于研究社会。第五，强调定量研究的重要性，主张对社会现象在动态分析和数量分析的基础上进行客观的解释。

人文主义方法论认为，对人和社会不能用自然科学的方法来研究，而只能以人文学科的主观方法对具体的个人和事件进行解释和说明。其基本观点可以概括为：第一，要在自然现象与社会现象之间作出区分，认为社会历史事件都是独特的、非重复的，因而无规律可循，只能在微观层次上通过深入的实地调查，联系社会现象发生的地理、历史环境来理解具体的社会现象。第二，突出社会行动者的主体性、意识性和创造性，反对把人当做非人的物化现象。第三，主张借助"价值关联"理解人的主观意识在社会认识上的重要作用，强调对社会现象的解释要联系人的价值判断。第四，强调通过定性分析和动态分析去判定事物的性质，说明事物之间的联系。

实证主义方法论和人文主义方法论均包含正确和偏颇的成分，前者肯定社会现象的客观性，重视经验在认识中的作用，并致力于搜集资料和分析资料的科学性研究，但是它把社会现象简单等同于自然现象，忽略了社会主体——人及其主观意识和价值取向在社会活动中的作用。后者强调社会现象与自然现象的区别，突出了人的主体性、意识性和创造性，强调价值关联，主张用理解的方法去研究人的行为，但又过分强调主观意识的特殊性和不可证实性。

历史唯物主义方法论是马克思主义创造的一种方法论，提供了将这两者以及各种对立面统一起来的理论。其基本观点可以概括为：第一，在分析和认识社会现象时，要从实际出发，不能主观臆测。第二，要把一切社会现象都放到社会环境的大背景中来研究，各种社会现象都存在着普遍联系。第三，人类社会总是变化发展的。第四，社会是一个不以人的意志为转移的自然历史过程，同时人们在社会规律面前又不是无能为力的，人们可以认识和利用社会规律。

二、社会学研究的具体方法

社会学研究的具体方法是社会学研究过程中获取资料的基本方法，主要包括实验法、调查法、观察法、文献法等。这些方法各有利弊，人们可根据需要选择其中的一种或几种。一项研究计划的成功与否与研究者能否选择合适的研究方法有直接关系。

(一) 实验法

实验法是根据一定的研究假设，在严格的控制条件下，系统地操纵一个或多个变量，观察、测量并记录这种操纵对其他变量的影响，以探求变量之间因果关系的方法。因为有严格的控制，实验法所得的资料不仅比较准确和真实，而且能够消除其他变量对我们所要研究的关系的影响，以揭示变量之间的真实关系。通过对变量的人为操纵，可以判定所研究变量之间的因果关系。实验法可在实验室内进行，也可在实地进行，分别称之为实验室实验和实地实验。在实验室实验中，实验对象和一切必要的材料均被置于一个被人为安排好的、可以被研究者精心控制的环境之中。在这种环境中，研究者有效排除了外在变量对实验对象的影响，使其只受研究者感兴趣的变量的影响，从而使研究具有更明确的针对性和有效性。其缺点是实验室环境的人为性往往会干扰被研究者正常的自然的反应，使研究结果不能推论到日常生活中去。实地实验一般在实验室之外自然真实的生活环境中进行，实验场所可以是一个家庭，一所医院，一个工厂或一座监狱。在这种自然环境中，研究者通过对变量的操纵和对其他变量的控制达到研究变量之间关系的目的。这种实验方法的优点是人们的反应比较真实自然，因而有更大的真实性，其缺点表现为环境中的很多因素不能人为控制，可能会干扰研究者所研究变量间关系的"纯洁"性。

(二) 调查法

调查法是社会学研究中最基本也最常用的方法，一般运用询问（口头或书面）手段，系统地、直接地从一个取自总体的样本那里收集资料，并通过分析这些资料来认识社会现象的过程或活动。作为人们了解社会现实、认识社会现象的一种方式，社会调查法不仅应用于社会学研究中，也应用于其他各门社会科学，如市场研究、政策研究、舆论研究和民意测验等不同领域。由于研究对象的复杂性以及缺乏完备和成熟的统计指标和统计体系，社会学研究所需要的资料主要靠社会学工作者自己去搜集，所以，社会调查法在社会学研究中有着十分重要的意义。

就资料收集而言，社会调查法包括相互联系的两个方面：一是如何确定调查对象，二是如何收集资料。从确定调查对象方面来看，主要有四类：

第一，普查，是指对某一调查总体的所有对象逐一进行调查，所以又叫全面调查。如人口普查、农业普查、工业普查等。其优点表现为收集的信息资料比较全面、系统、准确可靠。不足之处在于涉及面广、工作量大、时间较长，而且需要大量的人力和物力,组织工作较为繁重。

第二,典型调查,是指从众多的调查对象中,有意识地选择若干个具有代表性的个体作为典型,进行深入、周密、系统的调查。其优点在于调查范围小,调查单位少,灵活机动,具体深入,节省人力、财力和物力等。不足之处是在实际操作中选择真正有代表性的典型个体比较困难,还容易受人为因素的干扰,可能会导致调查结论有一定的倾向性,且典型调查的结果一般情况下不易推断总体。

第三,抽样调查,是指从调查总体中按照一定的方法选取部分对象进行调查。被选取的对象叫样本。相对于普查,抽样调查具有节省时间、人力和财力,迅速获得资料数据,应用较为广泛等优点。抽样调查的关键是如何保证样本对于总体的代表性。在一般情况下人们期望抽样调查的数据能够代表总体的特征,否则,调查结论就不能很好地推断总体。

影响样本代表性的因素是多方面的,包括总体的范围、抽取的方式、样本的规模等。一般而言,样本随机抽取比非随机抽取代表性要好。随机抽取的方法有简单随机抽样、等距抽样、分层抽样、整群抽样、多段抽样等。

选取调查对象后,就可以实施调查、收集资料了。收集资料可以使用问卷法和访问法两种。问卷法指的是在社会调查中,采用问卷作为工具收集资料的方法。问卷的形式是一份精心设计的问题表格,其用途主要用来了解被调查者的行为、态度和社会特征等。依据填答或使用方式的不同,问卷分为自填问卷和访问问卷两种。前者是指由调查者本人填答的问卷,后者是指由访问员根据被调查者的回答填写的问卷。访问法是研究者采取同被调查者进行口头交谈的方式收集有关资料的调查方法。研究者可直接提问,也可以就问卷上的问题逐项提问,并记录答案。前一种访问称为非结构式访问,后一种访问称为结构式访问。

第四,个案调查,是指从整体上对一个研究对象进行详细考察的方法。这一调查对象称为个案。"个案"一词,源出医学。医学上的个案调查研究是对个别病例作详尽的临床检查和病史考察,以判断其病理和诊断过程中的变化。在社会学研究中,指通过对个案来了解这一个案所属的整类个体的情况。个案可以是个人,也可以是家庭组织、社会群体或社区。个案调查的主要价值在于从个案的详细描述与分析中,发现重要的变项以及提供有用的范畴,以帮助形成假设。个案调查的主要优点是:可对调查对象作深入的质性研究,彻底把握调查对象的全貌,并具有抽样方法无法做到的社会实在性;重视把调查对象放在社会的、经济的、文化以及历史的背景中去观察、分析和判断;调查过程是一个详细了解事实的过程,得到的资料十分丰富、生动、细致。缺点是:个案调查资料往往缺乏代表性,难以推论到有关总体。在个案调查中,一般采用参与观察、访问和文献研究等方法来搜集资料。

> **拓展阅读**
>
> **中国乡村协商民主的个案研究**
>
> 对浙江省温岭市泽国镇扁屿村的民主恳谈与协商的过程和内容的分析中,采用了随机抽样的方法。恳谈会参加人员的代表性,不仅表现在本村户籍人口中具有不同社会地位人群的分布,而且还要体现生活在本村的外来人口以及其他人员的分布问题。也就是说参加人员中不仅有本村不同群体的代表,还要有外来人口的代表。为了体现公正和公平,根据分类按人口比例随机抽样的原则,确定各类人群的样本数以及抽取方式。村里制作了抽样工具,即0~9号号码球3套、十进位制(百、十、个)玻璃箱3只,从而抽出了85位参加人员,具体分布见表1。参加人员基本覆盖了扁屿村的不同人群和阶层,且不仅仅限于村民代表。之所以在村民代表之外还选择其他人员,是因为村民代表大多是各村民小组的组长或副组长,在代表性上会有问题,特别是许多弱势人员的声音需要在民主恳谈会上得到反映。另外需要指出的是该村把外来人口称为"新民",不称他们为"外来人口",以示对他们的平等,至于事实上他们是否得到平等对待,还有待研究。
>
> 表　　　　　　　抽样获得的参会人员分布情况
>
> | 村民代表 | 村民 | 妇女 | 团员 | 老年协会成员 | 企业主 | 低保困难户 | 驻地部队人员 | 外来人口 | 总计 |
> |---|---|---|---|---|---|---|---|---|---|
> | 47人 | 9人 | 7人 | 3人 | 3人 | 3人 | 3人 | 2人 | 8人 | 85人 |
>
> 摘自何包钢,王春光:《中国乡村协商民主:个案研究》,《社会学研究》,2007年第3期。

(三) 观察法

观察法是科学研究的基本方法之一。社会学研究中的观察法就是研究者根据研究课题需要,利用眼睛、耳朵等感觉器官和其他辅助观察设备,有目的地对研究对象进行考察,以取得研究所需要的第一手资料的方法。社会学研究中的观察不同于日常生活中的观察,它具有高度的目的性和计划性,要求观察者对观察结果作出系统描述和实质性解释。社会学的观察也不同于自然科学中的观察:(1) 在对社会现象进行观察时,观察者与被观察者之间存在某种社会联系和相互影响;(2) 社会现象很少有完全相同的重复,很难进行反复观察并精确地比较观察结果;(3) 观察者的情感、思想观念和社会学理论素养会影响人们对社会现象的理解。

在社会学研究中,观察法常用来研究特定环境中群体或个人的行为表现,以及用来进行探索性研究。

根据观察者与被观察者的关系可分为参与观察和非参与观察。所谓参与观察,指观察者参与到被观察者的活动或团体之内,作为被观察者中的一员所进行的观察,又称局内观察。参与观察能获取较多的较深层次的资料,但容易对被观察者产生干扰;非参与观察指观察者置身于被观察活动或团体之外,以局外人的身份所进行的观察,又称局外观察。非参与观察能获得比较客观真实的资料,但往往不能获取深层次的信息。

观察法可以实时地观察到社会现象或行为的发生,能够得到不能直接报道或不便直接报道对象的资料。比如针对婴儿、神经异常者的行为或心理感受,就无法通过访问调查而得到,运用观察法则比较适合。但观察法也有其自身无法克服的缺点:第一,观察法可获取最生动真实的资料,但真正碰到所要观察的事件有时是可遇不可求的。第二,社会中有许多现象是不适宜或不可能被直接观察到,特别是涉及人的隐私行为,如夫妻间的吵架或亲密行为。第三,研究事物或现象在长时间内发展变化的历程或趋势,观察法具有很大的局限性。观察者无法跟踪一个人的生活来研究他的成长史,也无法亲身经历一种文化去研究其文化的变迁。

(四) 文献法

社会学家在从事社会学研究时常会遇到某些特殊的问题,这些问题既无法用实验或者观察加以验证,又不能通过社会调查寻求答案,其解决的办法就是分析既有的文献资料。这种利用各种文献所记录的大量资料进行社会学研究的方法就是文献法。适用文献法进行研究的问题包括:(1) 历史性问题。例如,研究"文革"期间中国政治、经济发展模式,以探求其发生的原因。社会学家根本不能期望"文革"再现,而只能从当时记载的大量文献资料、统计数据和"文革"过后很多当事人的回忆录中寻求有关的研究资料。(2) 难以用调查和实验验证的问题。例如,研究影响离婚的原因与社会变迁的关系。因为是涉及较长时间的社会现象,人们不可能对每一对离婚夫妇进行调查,也不可能进行相关实验,最便捷的方法就是查阅民政部门和法院的离婚档案。(3) 比较实用的问题。社会学研究者如果想将其研究结果用以解决实际问题,在撰写研究报告时,必须对这一社会问题提供翔实可靠的背景资料,这些资料的最大来源就是现成的文献。

现实社会中有大量有用的信息都是可以获取到的,有些是公开发表的,有些是尚未发表的,它们或是由政府公布的统计资料、新闻短片、日记、信件、法庭记录、文艺作品,或是其他社会学家的研究成果。社会学家通常应用的现有资料主要有三个来源:一是政府和各种机构的统计资料和档案。二是大众传播媒介,包括电影、电视、广播、报纸杂志等所刊登的信息。三是在实践中积累的社会学的研究资料。

文献法有很多优点:首先,由于资料是现成的,研究者不必耗用大批经费去收集资料,可以节省开支。其次,大多数资料,特别是政府、组织的统计资料都是长期积累的,对此加以研究,可以看出事物变化发展的趋势。第三,用文献法研究不必争取研究对象的合作,减少了常常由于研究对象不合作而造成的误差。尽管如此,文献法也有缺点:文献的保存者不愿提供相关资料;既有的资料不能够完全满足研究者特殊的研究目的;利用传媒的资料必须考察其来源及其可靠性、真实性,而这些又常常是难以做到的。

三、社会学研究的一般程序

社会学研究的程序是指整个研究过程中包含的各个步骤,以及这些步骤的先后顺序。虽然社会学研究的内容各不相同,但一般都会遵守大致相同的基本程序。

(一) 确定研究课题

社会学研究的第一步就是要选择并确定一个研究课题。课题选择不当不仅会使整个研究工作失去意义,还会使研究工作难以进行。关于课题选择人们常依据下列标准进行:一是课题研究的必要性,即课题必须具有理论价值或现实意义,能够回答理论上的重要问题或是现实中亟须解决的社会问题。二是课题研究的创新性,即课题必须超越前人的研究,提出新的理论、观点或方法,为社会学增添新的知识。三是课题研究的可行性,即具有完成研究课题所必需的主、客观条件,包括人力、物力和财力。

(二) 查阅文献

当课题初步确定之后,应该进行一定的文献查阅。查阅文献可以发现前人有关该问题的研究成果,启发研究者在此基础上提出新的有创意的思想和有关该问题的解决方案;同时,还能提供前人在研究该问题时所使用的方法,使研究者能够评价各种方法的优点和缺点,为自己的研究提供必要的指导。另外,查阅文献可以使研究者避免重复他人的研究,从而减少人、财、物的巨大浪费。查阅文献的主要途径有:利用图书馆和资料室的索引工具;利用已掌握的文献,通过滚雪球的方法,逐步扩充文献来源;到相关的研究机构或专家那里借阅有关资料。

(三) 设计研究方案

设计研究方案是社会学研究过程中的必要环节,也是整个研究过程中最关键的阶段,其具体的工作包括:

第一,提出研究假设。研究假设是有关研究对象的特征(概念)之间关系的推测性判断或设想,是对所研究问题的尝试性问答。研究假设具有以下特征:它是对社会现象的尝试性理论解释,因而是需要验证的;它必须是能够为经验所验证的;它必须是以明确的概念为基础的;它必须与有效的观测技术相联系。

第二,选择研究方法。在确定了研究假设后,研究者必须根据研究目标、研究方式、研究对象的特点等因素选取合适的研究方法。研究者可以选择收集资料方法中的一种或几种,比如实验法、调查法、观察法、文献法,这几种方法也可以并用,以达到最佳研究效果。

第三,制定研究计划。包括有关研究人员的组织、研究对象的选取、研究工具的准备、研究经费的筹划与使用、研究进度的安排等。研究计划要具有周密性。

第四,试验性研究。即在正式展开研究之前,在一个较小的范围内,对研究的主要方法、内容、对象、工具等先进行尝试性工作,目的在于发现并及时修订研究计划中可能存在的问题与不足。

(四) 收集和整理资料

不论选取何种研究方法,研究者必须根据研究假设的要求认真、细致地收集资料。它是整个研究过程中最为艰苦的阶段,也是最容易出现和产生各种误差的阶段,因此必须精心地组织,严格按所制定的研究方案实施,以保证资料的真实性和有效性。整理资料阶段的主要工作是对资料进行审查、核实、复查、登录等,以保证资料的客观性、准确性和全面性,使资料更加系统化、条理化,为下一步的资料分析打好基础。

(五) 分析和阐释结果

资料分析工作可以从定量和定性两个方面进行。定量分析是运用统计工具和手段进行的数量分析,它可以简化、揭示和推论研究总体的各种数量特征、数量关系和事物发展过程中的数量变化,从而揭示规律性。定性分析则是以现有的文献资料或经验材料为依据,运用分类、比较、概括、归纳、推理等手段和方法,发掘事物或现象的内在机制及相互联系,寻找事物各种数量特征背后所蕴含的意义,对现象和事物作出质的研究。

在对资料整理分析并对研究假设进行检验之后,就可以阐释研究结果,得到研究结论。研究者最后的任务就是将研究结论以文字的形式表现出来,即撰写研究报告。研究报告是反映研究成果的书面报告,它以文字、图表的形式将研究的过程、方法和结果表现出来,并对研究的结论加以论证。最后还应对调查研究报告及其成果进行评估,检查本项调查研究在方法、程序、事实、数据、统计分析、逻辑推理、研究结论等方面是否有错误,对研究成果的理论价值和应用价值进行客观评价。

本章小结

1. 从1838年孔德提出社会学一词算起,社会学已经走过了170多年的历程,目前已成为当代社会科学体系中具有较大影响的一门学科。

2. 社会学的学科特征有整体性、综合性和实证性,其研究领域相当广阔,包括理论社会学、应用社会学和经验研究。

3. 关于社会学在科学地位,主要有"中心论"、"平列论"和"特殊论"三种不同的观点。

4. 作为哲学形态的历史唯物主义是社会学研究的方法论基础,给社会学的研究以指导,社会学则以自己的实证研究成果来验证和丰富历史唯物主义。

5. 社会学在对社会特定领域的现象和过程进行研究时,要依靠其他社会科学已经取得的研究成果,同时在选用研究方法时也要受到其他社会科学的影响和制约。

6. 社会学作为一门应用性很强的社会科学,具有认识功能、管理功能和教育功能。

7. 社会学研究方法论是指导研究的思想体系,包括基本的理论假定、研究原则、研究逻辑等。

8. 社会学研究的具体方法包括实验法、调查法、观察法、文献法等。研究程序包括确定研究课题、查阅文献、设计研究方案、收集和整理资料、分析和阐释结果。

主要术语

社会学(Sociology):是一门把社会作为整体,研究社会的构成及其运行规律的社会科学。

理论社会学(Theoretical Sociology):侧重于从理论的角度探讨人类社会各个时期的社会结构和社会变化的动力以及变化的一般规律与特殊规律。

应用社会学(Applied Sociology)：把社会学的理论知识应用于社会实际生活、社会现象和社会问题的研究。

经验研究(Empirical Research)：以历史或现实中具体的社会现象和社会问题为对象，采用科学的手段收集资料，用定性或定量的方法描述社会事实以推导出社会事实的因果联系或相关联系。

历史唯物主义(Historical Materialism)：从哲学的角度研究生产力和生产关系、上层建筑和经济基础的矛盾运动，揭示人类社会发展的根本动因和基本规律。

社会学研究方法论(Research Methodology of Sociology)：人们思维方式和科学的一般方法在社会学研究中的体现和应用。

实验法(Experimental Method)：根据一定的研究假设，在严格的控制条件下，系统地操纵一个或多个变量，观察、测量并记录这种操纵对其他变量的影响，以探求变量之间因果关系的方法。

调查法(Survey Method)：运用询问（口头或书面）的方法，系统地、直接地从一个取自总体的样本那里收集资料，并通过分析这些资料来认识社会现象的方法。

观察法(Observation Method)：利用感觉器官和其他辅助观察设备，有目的地对研究对象进行考察，以取得研究所需要的第一手资料的一种方法。

文献法(Method of Literature)：利用各种文献记录所隐藏的大量资料进行社会学研究的方法。

练习题

1. 台湾社会学者魏镛在70年代提出了一种以人为中心的社会科学分类，认为社会学与其他社会科学处在并列的地位。他在《社会科学的性质及发展趋势》一文中指出，事实上，各种社会科学家研究的最后目标都是人，不过他们是从不同的角度去研究人罢了。体质人类学家是从人类的身体特征去研究人，文化人类学家是从人类的生活方式去研究人，心理学家是从人类的思想（即头脑）去研究人，社会学家是从人类的群居生活中去研究人，经济学家是从人类的交换行为中去研究人，政治学家是从人类的权力关系中去研究人，地理学家是从人类与环境的关系中去研究人，历史学家是从人类的"记忆"中去研究人，法律学家是从人类社会中的强制性的规范上去研究人。

（1）你如何理解各门社会科学的这种区别？
（2）你认为社会学是从什么角度去研究人的？

2. 迪尔凯姆主张科学理论的价值只在于能说明或解释社会组织,而不在于改造社会;帕雷托认为社会学者不要因为个人的宗教、道德、爱国主义和人道主义感情,不去报道"是什么",而去报道"应当是什么"。在中国社会学界,有人赞成"价值中立"的提法,有人则主张"实事求是"的提法,认为这种提法既保留了"价值中立"包含的客观性的要求,又能避免"价值中立"在理解上的分歧和矛盾。

(1) 你认为社会学能否成为一门价值中立的学科?
(2) 在社会研究过程中,社会学家能够做到"价值中立"吗?

思考题

1. 什么是社会学? 如何认识社会学的研究对象?
2. 简述社会学的学科性质与特征。
3. 简述社会学与其他社会科学的关系。怎样理解社会学与历史唯物主义的关系?
4. 社会学有哪些基本功能? 社会学如何为社会建设服务?
5. 实证主义方法论与人文主义方法论的主要区别是什么?
6. 简述资料收集的主要方法。
7. 运用一个案例说明抽样调查方法的应用。

阅读文献

1. 〔美〕戴维·波普诺著,李强等译:《社会学(第十版)》,北京:中国人民大学出版社,1999年,第1~50页。
2. 风笑天:《社会学方法二十年:应用与研究》,《社会学研究》,2000年第1期。
3. 林南:《社会学理论与方法》,《社会》,2003年第7期。
4. 阮新邦:《社会研究的本质》,载中国社会科学院社会学所编:《中国社会学(第三卷)》,上海:上海人民出版社,2003年,第27~51页。
5. 邱泽奇:《社会学是什么》,北京:北京大学出版社,2002年,第1~32页。
6. 〔美〕亚历克斯·英克尔斯著,陈观胜等译:《社会学是什么?——对这门学科和职业的介绍》,北京:中国社会科学出版社,1981年。

第二章 社会学发展简史

自19世纪30年代孔德首先使用"社会学"概念开始,社会学迄今已有170余年的历史。纵观其发展历程,大致可分为创立、形成和发展三个阶段,每个阶段各有不同特点、理论派别和代表人物。社会学大约在19世纪末从西方传入中国,社会学在中国历经成长与建设、艰难与曲折,在当代也进入了快速发展阶段。本章主要对社会学在西方及在中国的发展历程作简要介绍。

第一节 西方社会学的创立与形成

从19世纪30年代末到20世纪30年代,社会学在西方国家经历了从最初的学科设想到变成一门独立学科的发展过程。

一、西方社会学创立的背景

西方社会学创立于19世纪中叶,这并非偶然,而是有着特定的历史背景的。社会学在西方的出现,既是西方近代社会变迁的产物,也是人们对社会认识不断深化的结果。具体而言,如下几方面因素对社会学的创立具有直接推动作用。

(一) 自然科学取得发展

17世纪科学革命之后,伴随资本主义生产方式的确立,自然科学取得了较大发展,数学、地质学、物理学、化学、生物学、天文学等都取得了重大突破。自然科学所取得的令人瞩目的成就及其在生产中的成功运用,让社会思想家感到赞叹,受此启发,他们开始运用自然科学的研究方法来考察和认识社会,试图对社会现象作出经验的、精确的描述,而不再局限于以往对社会完全思辨的、定性的研究,这为西方社会学的创立奠定了方法论前提。

(二) 经验社会研究开始起步

从18世纪下半叶到19世纪初,在近代自然科学特别是数学方法的影响下,西欧各国普遍开始了以社会调查统计来研究社会现象的尝试。社会调查活动大量出现，既有政府主持的，也有社会团体和个人举办的，内容涉及人口、资源、消费水平、住房、贫困、死亡、童工、自杀、犯罪等多个方面。这一时期比较有代表性的社会调查，如英国监狱改革的先驱J. 霍华德的《英国及威尔士之监狱现状》(1777)、英国F. 伊顿爵士的《贫民的状况》(1797)、J. 辛克列尔爵士的21卷本《苏格兰统计报告》(1791~1799)、法国维列尔麦关于纺织工人状况调查以及P. 杜沙特列在1834年发表的两卷本《关于巴黎城里的卖淫》等，为即将诞生的社会学提供了重要的内容和方法。[1]

(三) 直接思想来源

社会学作为研究社会发展规律的科学，其思想渊源最早可追溯到古希腊的柏拉图(Plato，公元前427~前347)、亚里士多德(Aristotle，前384年~前322年)等人的社会观，但不管怎样，社会学毕竟是西方近代社会变迁的产物，"在思想上、方法上确曾有助于形成孔德的社会学概念的，是孔德自己说的孟德斯鸠、孔多塞，也应该提到稍早于孟德斯鸠的意大利的维柯"[2]。另外，圣西门的思想对孔德也有较大影响。

维柯(Giovanni Battista Vico，1668~1744)，意大利历史哲学家，1725年出版著作《新科学》。他提出，应从历史角度、应用历史方法研究人类社会，研究人类生活的各个方面，从中发现某种规律或得出某种论点和结论；他赞同将人类社会发展划分为三个时代：神的时代、英雄的时代和人的时代，并对不同时代作了比较，表述了关于人类社会进步的历史观。这些都对孔德的思想产生了重要影响。[3]

孟德斯鸠(Charles Louis Montesquieu，1689~1755)，法国启蒙思想家，著有《波斯人信札》、《罗马盛衰原因论》、《论法的精神》等，其中《论法的精神》对孔德影响较大。孟德斯鸠所论述的"法的精神"指的是人为法的精神，他认为人为法必须同公民社会的历史相适应，同自然的结构、气候、土地的性质、位置、幅员的大小、人民的生活样式、公民社会组织所容许的自由程度、居民的宗教信仰以及贫富、人口、贸易、习惯等因素有关，还同法与法的关系、立法者的意图、立法时的状况等因素有关，在书中他历史地、分区域地详细论述了各种影响力对法、政体等所产生的影响。尽管他所用的材料并不都是可靠的，不少论断也并不正确，但这是他对自己提出的各个项目所作的调查，是他对人类社会生活各个方面形成的原因和过程进行考察的结果，"它教人丢掉种种形而上学的无益的空想，走到实证精神、实证方法的道路

---

[1] 参见郑杭生，李迎生：《中国社会学史新编》，北京：高等教育出版社，2000年，第16~17页。
[2] 王养冲：《西方近代社会学思想的演进》，上海：华东师范大学出版社，1996年，第7页。
[3] 同上书，第9~10页。

上来"。孔德确认,到那时为止,只有孟德斯鸠为社会学的基本概念跨出了重要的一步,他的著作是最早和最重要的,显得直接有助于"社会的科学"的建立。[①]

孔多塞(M. J. A. Condorcet,1743~1794),18世纪法国最后一位启蒙思想家,著有《人类精神进步史概观》。他较早地称社会物理学为"社会的科学",意为"社会之学",在圣西门和孔德之前就已经把这门科学奠立在了实证主义方法的基础上,他排斥神学和形而上学,只接受以事实、法则和计算为根据的说明。他还提出,这门新的科学应从历史入手,从观察历史上的社会事件入手来进行研究。这些观点都对孔德有重要影响,孔德承认:他建立社会学,首先得益于孟德斯鸠,其次就是孔多塞。[②]

圣西门,法国空想社会主义者,社会改革家。"他最先提出使'社会哲学'置于科学体系之首,赋予它实证的性质,使其成为真正的科学。"[③]他相信社会是不断进步的,这源于人的理性的不断进步;他主张通过改良,通过建立一种新的道德教义来调整人们在新的社会环境——工业社会中的关系,以缓和社会矛盾,稳定社会秩序等。孔德曾经是圣西门的秘书和合作者,所以受其思想影响较大。

拓展阅读

社会学的先驱:孔德? 孟德斯鸠?

一部社会学思想史,由研究孟德斯鸠开始,可能会使人感到迷惑。在法国,人们通常把他视做社会学的先驱,而认为奥古斯特·孔德是社会学的创始人,因为,按理说,只有创立社会学这个词的人才是创始人。但是,如果有科学地、如实地认识社会这样一个特定志向的人算是社会学家的话,那么,依我看孟德斯鸠和孔德一样,也是一个社会学家。《论法的精神》一书对社会学的解释虽然尚不清晰,但实际上,在某些方面却比孔德所作的解释更"新"。这并不是说孟德斯鸠反孔德反得对,而只是说,在我的眼里,孟德斯鸠不是一个先驱,而是社会学的理论家之一。

摘自〔法〕R.阿隆著,葛智强等译:《社会学主要思潮》,北京:华夏出版社,2000年,第12页。

(四) 社会变革的现实需要

18世纪末19世纪初,伴随工业革命、法国大革命的发生,欧洲社会经历了有史

---

① 参见王养冲:《西方近代社会学思想的演进》,上海:华东师范大学出版社,1996年,第11~13页。
② 同上书,第13~18页。
③ 贾春增主编:《外国社会学史(修订本)》,北京:中国人民大学出版社,2000年,第16页。

以来最为广泛和深刻的社会变革。随着资本主义的发展,资本主义社会的基本矛盾和阶级矛盾开始显露出来并且趋于激化,经济危机爆发、阶级斗争加剧,这样的社会现实使人们对资产阶级革命所宣告建立的"理想王国"普遍感到怀疑和失望。同时,农民破产、工人失业、环境污染、犯罪、自杀等大量的社会问题也困扰着社会生活,使得社会在急剧的变革中动荡不安。为了克服当时面临的种种危机,资产阶级和知识分子开始关注这些社会问题,积极寻找解决问题的途径和办法,这种现实的社会需要,推动了西方社会学的产生。

二、西方社会学的创立

学术界一般把19世纪30年代至19世纪末看做西方社会学的创立时期,这一时期社会学与哲学的关系较为密切,带有包罗万象的性质,从严格意义上说,它还未形成独立的学科,只是与以往对社会进行思辨的研究不同,出现了一种新的研究社会的方法即实证的方法。这一时期的主要代表人物是法国的孔德和英国的斯宾塞。

(一) 孔德

孔德,法国实证主义哲学家,他最先提出并使用"社会学"名称,被西方学术界视为社会学的创始人,他的主要著作有《实证哲学教程》(共6卷)、《实证政治体系》(共4卷)。孔德试图创建一门自然主义的社会学,他认为社会学就是对于社会现象所固有的全部基本规律的实证研究。孔德的社会学思想主要体现在:

1. 科学的分类与层次

孔德认为,整个宇宙现象是统一的、相互关联的整体,按其性质可具体分为五类:天体现象、物理

孔德

现象、化学现象、生理现象和社会现象,前四种现象已有专门的研究,并形成了专门的学科,即天文学、物理学、化学和生物学,只有对社会现象的研究还是空白,由于受形而上学思想的束缚,尚未进入实证阶段,孔德给自己提出的任务,就是要建立这样一门科学,这就是社会学。

另外,孔德还认为科学知识的发展是由简单到复杂的,天文学作为最普遍、最简单的学科最先得到发展,以后依次是物理学、化学和生物学,最后是社会学。他

认为,社会学在科学发展中居于最高层次。

2. 社会学研究方法

孔德提出了四种基本的社会学研究方法,即观察法、实验法、比较法和历史法。他认为,自然界和社会现象并无本质不同,研究自然界的方法同样可以用于研究社会现象。在他提出的四种研究方法中,前三种是从自然科学中直接引进的,而历史法则是社会学研究的专门方法,它是从事物的先后和连续性上考察社会现象,其本质也是一种比较方法,在孔德看来,贯穿于人类社会发展全过程的历史比较是社会学研究的核心。

3. 社会静力学和社会动力学

这是孔德社会学思想的两大支柱,二者的区分对应于两个基本概念:秩序和进步,其中社会静力学是关于社会秩序、组织、和谐的理论,它研究的是社会整体内各个组成部分之间的平衡关系与相互协调的规律;社会动力学是关于社会进步的理论,它研究的是社会体系发展和变化的规律。孔德在运用历史比较法分析欧洲文明的历史演变过程后,提出了关于人类理性和社会进步的三阶段法则。他认为,人类理性的发展经历了三个阶段:神学的或虚构的阶段、形而上学的或抽象的阶段、科学的或实证的阶段,与此相应,社会的发展也经历了三个阶段:军事阶段、过渡阶段和工业阶段。在军事阶段,奴役和军事形成了社会的主要结构,由血缘关系结成的群体是社会的基本单位;在过渡阶段,政治和法律思想占据社会首位,国家是社会的基本单位;在工业阶段,社会将由工业管理者和科学的道德指导者去统治,工业组织是社会的基本单位。在孔德看来,当时的法国社会已进入到工业阶段,虽然社会有弊端,但可以通过一种新的道德观即"以爱为原则,以秩序为基础,以进步为动力"予以消除,工业阶段是社会最理想的发展阶段。

孔德是"社会学综合理论的创始人"[1],他对于社会学的贡献,在于他在科学分类中提出了建立社会学的学科设想,明确了从整体角度研究社会的秩序和进步,提出了社会学研究的实证主义方法论和四种基本研究方法。作为创始人,孔德在社会学发展过程中的地位和作用是不可否认的。

(二) 斯宾塞

斯宾塞,英国社会学的奠基人,是继孔德之后最著名的早期社会学家,主要著作有:《社会静力学》、《社会学研究》、《社会学原理》(共 3 卷)等。他的社会学思想主要由社会有机体论和社会进化论两部分组成的。

---

[1] 〔美〕L. 科塞著,石人译:《社会学思想名家》,北京:中国社会科学出版社,1990 年,第 45 页。

1. 社会有机体论

斯宾塞认为，同生物有机体一样，社会也是一个有机体，二者有许多相似之处，例如，都是由相互联系的各个部分构成的，都在不断变化，功能都随结构的分化而分化等。

但社会又不同于生物有机体，它是一个"超有机体"，二者的区别主要表现在：(1) 生物有机体的各个组成部分紧密结合，社会则是一个松散的整体，作为组成部分的个体或多或少是自由的和分散的；(2) 生物有机体的功能分化使感觉和反应能力仅仅集中在有机体的一个部分，而在社会有机体中，社会的意识则散布在整个集合体里，它的全部个体都能感到快乐和痛苦；(3) 在生物有机体中，部分是为了整体而生存，而社会有机体则要为成员个体的幸福而存在。

斯宾塞

2. 社会进化论

斯宾塞认为，宇宙各个部分都要受进化规律的支配，这是一条公理。由此出发，他认为社会也是一个不断进化的过程。尽管斯宾塞比达尔文更早地提出了进化的思想，但他仍然深受达尔文生物进化论影响，将生存竞争、自然选择等原则移植到社会理论中，认为社会进化也是一个优胜劣汰、适者生存的过程。

斯宾塞还认为，尽管社会进化过程存在着矛盾，但在总体上却是平稳的、进步的，均衡是进化的必然特性。而且社会进化过程是渐进的、自然的，人们不能有意识地加快或延缓，他反对任何违反进化规律的社会革命或改造。

3. 军事社会与工业社会

斯宾塞从社会有机体论和社会进化论出发，将社会划分为军事社会和工业社会两大类型，二者的管理方式不同、内部协调与整合的基础不同。军事社会的最突出特点是强制，各部分之间的协调并非自动的，而是以武力配合的，在这种社会里人民和政府的合作是一种被强迫的合作。工业社会则是建立在自愿合作与个人自我节制的基础上的，权力并不是集中在政府或某一单位里而是分散于各部门中，国家为个人的利益而存在，对自由、财产和流动较少限制。在斯宾塞看来，社会进化也就是从军事社会向工业社会的演变。

三、西方社会学的形成

19世纪末到20世纪30年代是西方社会学的形成时期，这一时期的主要特点是:社会学有了自己确定的研究范围和研究方法,研究的问题越来越具体,与其他学科的区分也越来越明显,社会学成了一门独立学科。这一时期的主要代表人物有法国的 E. 迪尔凯姆和德国的 M. 韦伯。另外,美国的芝加哥学派也为社会学的学科化作出了重大贡献。

(一) 迪尔凯姆

迪尔凯姆,法国著名社会学家,他是"现代社会学的真正创始人之一:他使现代社会学成为正式的大学课程"[①]。1896 年,为扩大社会学学科影响,他创办了《社会学年鉴》杂志,以此为中心,形成了一个影响较大的社会学学派,对当时法国社会学的发展起到了很大的推动作用。迪尔凯姆的著作主要有《社会分工论》、《社会学方法论》、《自杀论》等。

迪尔凯姆

1. 社会学研究对象

迪尔凯姆认为,社会学要成为一门独立学科,就必须从那种关于社会包罗万象的一般性解释中走出来。他认为,社会学研究的特殊对象是社会事实。所谓社会事实,是"存在于人们自身以外的行为方式、思想方式和感觉方式,同时通过一种强制力,施之于每个个人"[②]。社会事实不同于个体事实,它是一种个人之外的存在,个人的思想和行为"只有通过某种方式或过程成为多数人的共同思想和行为时才获得社会事实的性质"[③]。迪尔凯姆还认为,对社会进行研究,应从感性材料出发,用社会事实说明社会事实。他强调社会结构的决定作用,反对将社会现象作心理学的或生物还原论的解释。

2. 社会团结论

迪尔凯姆认为,社会团结是一种基本社会事实,它是把个体结合在一起的社会纽带,是一种建立在共同情感、道德或价值观基础上的个体与个体、个体与群体、群体与群体之间的以结合或吸引为特征的联系状态,是维系和控制社会成员的力量,是建立社会秩序的保证。

迪尔凯姆在《社会分工论》中把社会团结分为两种类型:机械团结和有机团结。机械团结出现在不发达的和古代的社会中,由于社会分工不发达,人们的活动、经

---

① 〔美〕L. 科塞著,石人译:《社会学思想名家》,北京:中国社会科学出版社,1990 年,第 145 页。
② 〔法〕E. 迪尔凯姆著,胡伟译:《社会学研究方法论》,北京:华夏出版社,1988 年,第 5 页。
③ 贾春增主编:《外国社会学史(修订本)》,北京:中国人民大学出版社,2000 年,第 129 页。

历和生活方式大体相同,成员之间的同质性程度很高,这会形成一种约束力,约束每一个社会成员,以此维系成员之间的关系,构成社会秩序的基础。有机团结则出现在发达的和现代的社会中,它建立在社会分工的基础上。由于社会分工,成员之间的异质性增强,彼此的相互依赖也日益增强。在这样的社会中,共同意识的约束力趋于减少,人们有较多的思想和信仰自由,个性可获得较大发展,社会的这种异质性及个人的特殊性并不代表社会的瓦解,而是一种新形式的社会整合。

3. 自杀论

自杀也是一种基本的社会事实。迪尔凯姆在《自杀论》一书中,通过大量的统计资料分析了自杀与宗教信仰、家庭规模、婚姻状况、政治生活、民族、职业等因素关系,提出了利己型、利他型和失范型三种自杀类型划分。

利己式自杀是由于个人同社会的隔离增加、社会的整合程度薄弱造成的。通常独身者和离婚者的自杀率要高于结婚者;在社会运动和战争期间,个人能够较多地接触社会,而脱离他们的孤寂生活,从而这一类型的自杀减少。

利他式自杀是在社会的整合程度较高的情况下出现的,有时个人处在群体的支配下或个人与群体融为一体,为了群体的利益,即使付出生命也在所不惜。这一自杀类型又分为义务性自杀和负疚性自杀两种情况,前者如有些民族要求丧失了劳动能力和战斗能力的老年人自杀,后者如打了败仗的军人以身殉国的行为等。

失范式自杀,又称变态式自杀,是由于社会均衡结构遭到破坏引起的,当社会在某一时期突然失去控制,社会秩序处于一种混乱状态,人们感到迷惘、混乱、幻灭、不满,行为无所适从,于是自杀就成为一种可以考虑的逃避或解脱手段。

经过分析,迪尔凯姆认为自杀是一种社会现象,尽管不排除有个人心理方面的因素,如个人心理不健全、神经脆弱或错乱等,但自杀的主要原因不在个人而在社会,社会现象在支配着个人现象。影响自杀率的两个基本因素:一是表明社会凝聚力的社会整合,二是表明社会制约力的社会规范,二者只有在适度的范围内,自杀率才能维持在一个正常的或最低的水平上,否则都会引起自杀率的上升。

(二) 韦伯

韦伯,德国社会学家,研究兴趣十分广泛,著作颇丰。早年主要从事历史学和法学研究,后来涉足社会学,1909 年他与 F. 滕尼斯(Ferdinand Tonnies, 1855~1936)、G. 齐美尔(Georg Simmel, 1858~1918)等人一起成立了德国社会学学会,并成为学会的核心人物。其著作主要有《新教伦理与资本主义精神》、《经济与社会》等。

1. "理解社会学"

与实证主义社会学的研究传统不同,韦伯深受当时德国流行的以新康德主义为代表的历史学派的影响,重视理解方法在社会和文化现象研究中的作用,反对把自然科学研究方法绝对化,由此开创了一种新的社会学传统。

韦伯认为,社会学的研究对象是人的社会行动,社会学就是对人的社会行动做出解释性理解的科学,他强调人的社会行动的主观动机和意义,认为只有对此作出解释,才能更好地理解社会行动的过程和结果,他的社会学因此被人们称为"理解社会学"。

韦伯

"合理性"是韦伯社会学的核心概念。从合理性出发,韦伯将社会行动分为四种类型:(1)目标合理行动,即能够达到目标,取得成效的行动;(2)价值合理行动,即按照自己信奉的价值观进行的行动,不管有无成效;(3)情感行动,即由感情冲动而引起的行动;(4)传统行动,即受传统思维方式引导,按照习惯而进行的行动。在这四种类型中,韦伯认为,后两种行动严格说来都不属于社会行动,因为它们并不包含行动者明确的主观意义,从合理性角度,只有前两种行动才是严格意义上的社会行动。韦伯还认为,我们生活于其中的世界的首要特征就是合理化,这种合理化通过目标合理行动的不断扩展而表现出来。

2. 政治社会学

韦伯对统治的合法形式即权威进行了深入研究,他将权威分为三种类型:一是传统型权威,即统治的维持依靠被统治者对传统和世袭的因循;二是个人魅力型权威,统治的维持建立在对具有出色感召力的领袖的拥戴和信仰的基础上,这种权威通常比较脆弱、不能持久;三是法理型权威,统治的维持建立在既定规则合法性的基础上,统治形式只是由于法律的认可才是有效的,统治者只是根据法律的规定而暂时拥有权力,服从者所服从的是法律,而不是具体的个人。

韦伯认为,法理型权威是最符合世界合理化趋势的。科层制是这种权威最普遍、最典型的表现形式,同时它也是现代社会的组织结构形式和管理方式。韦伯在《经济与社会》一书中,对科层制的特征、优点及缺点作了深刻分析,对西方组织社会学及管理学产生了巨大影响。

3. 宗教社会学

韦伯通过对儒教、道教、印度教、佛教、基督教、伊斯兰教和犹太教等世界宗教的经济伦理性质进行对比分析,试图确立宗教与经济现象的相互联系,说明宗教伦理对现代资本主义起源及整个西方合理化进程的影响。

《新教伦理与资本主义精神》是韦伯关于"世界诸宗教经济伦理"系列研究的第一部著作,影响较大,特别是他的"劳动天职观"。在韦伯看来,宗教改革抛弃了原来天主教那种禁欲主义的修行和超越尘世的空洞的劝诫与训令,而把个人在尘世中完成上帝所赋予他的义务当做一种"天职"。德语中的天职"Beruf"暗含着某种由上帝安排的任务的意思。韦伯认为,在加尔文教"预定论"的威慑下,新教徒把做好世俗的职业工作视为增加上帝荣耀之举,视为自己被上帝预先选择获救的手段,这为人世俗活动的意义找到了答案。韦伯认为,近代资本主义的产生和新教伦理有着内在的契合关系。

(三) 美国芝加哥学派

19世纪末,欧洲社会学传入美国,并在美国得到较快发展。1876年,W. G. 萨姆纳(William Graham Sumner,1840～1910)率先以斯宾塞的《社会学研究》为教材在耶鲁大学开设课程,其后十余年时间里,美国相继有18所大学开设社会学课程。1892年,A. W. 斯莫尔(Albion Woodbury Small,1854～1926)在刚刚成立的芝加哥大学创建了第一个社会学系,1895年他又创办了学术性刊物《美国社会学杂志》。1905年美国社会学学会成立。大学开课、建系、出版刊物、成立学会等,这些都是社会学成为一门独立学科的重要标志,独立的学科地位为其后的发展铺平了道路。到20世纪二三十年代,世界社会学的中心从欧洲转移到了美国。

社会学在美国得到迅速发展有着多方面的原因。第一,社会的现实需要。19世纪末20世纪初,美国社会正经历重大变化,现实中的许多问题迫切需要社会学加以回答。第二,方法上的促进。欧洲社会学的实证主义与产生于19世纪70年代的美国实用主义,都非常重视经验研究,重视理论的应用性或实用性,二者在本质上具有相通性。第三,欧洲移民的作用。两次世界大战使原本处于领先地位的欧洲社会学出现中断,期间西欧有不少优秀的社会学家为了逃避战乱而来到美国,这为美国社会学的发展提供了大量人才。

在美国社会学发展初期,斯莫尔、萨姆纳等人努力将欧洲社会学"美国化"并用于指导实践,他们认为社会学家的活动场所是社会舞台而不是图书馆,社会学研究应结合现实社会问题。在他们的影响下,芝加哥大学社会学系的W. I. 托马斯(William Isaac Thomas,1863～1947)和R. E. 帕克(Robert Ezra Park,1864～1944)等人在芝加哥城广泛地开展了有关移民、盗贼、舞女、流浪汉等问题的社会调查,由此开创了城市社会学研究。美国的芝加哥学派对于社会学学科化也作出了重要贡献。

四、马克思主义社会学

马克思(Karl Marx,1818～1883)、恩格斯(Friedrich Engels,1820～1895)是马克思主义社会学的创始人。虽然在马克思和恩格斯的著作中,都没有使用过"社会学"这一名称,但是在他们的理论体系中却包含着丰富的社会学思想,无论是他们的支持者还是反对者都不能不承认这一点。法国当代著名社会学家 R. 阿隆(Raymond Aron,1905～1983)将马克思视为社会学创立时期的杰出人物,"他首先是一位社会学家和资本主义制度的经济学家。他对这一制度、对人类的命运和所感到的变化都有一套理论"[1]。英国当代社会学家 A. 吉登斯(Anthony Giddens,1938～)在《资本主义和现代社会理论——对马克思、迪尔凯姆和韦伯著作的分析》一书中也指出,马克思的著作跨越了三个世纪,尽管他生活在 19 世纪,但他的著作在 20 世纪产生了很大的影响。不管是否同意马克思的观点,在社会学界人们普遍公认马克思是一个有持续影响的社会学奠基人。[2]

马克思主义的唯物史观和科学社会主义学说创立的时间与孔德提出"社会学"学科设想的时间大体相同,同为 19 世纪上半叶。面对当时的社会现实,马克思、恩格斯有着自己的独到见解,他们认为,资本主义社会所出现的问题是其自身的内部矛盾所导致的,是制度所固有的,"冲突成为不可避免的了,而且,因为它在把资本主义生产方式本身炸毁以前不能使矛盾得到解决,所以它就成为周期性的了"[3]。他们还认为,只有推翻资本主义社会,代之以社会主义社会,才能最终克服资本主义社会的弊端,实现社会的良性运行和协调发展。所以,马

---

[1] 〔法〕R. 阿隆著,葛智强等译:《社会学主要思潮》,北京:华夏出版社,2000 年,第 91 页。
[2] 转引自李芹:《社会学概论》,济南:山东大学出版社,2009 年,第 29 页。
[3] 《马克思恩格斯选集》第 3 卷,北京:人民出版社,1995 年,第 626 页。

克思主义社会学从一开始就与旨在维护资本主义社会的孔德社会学存在对立,如马克思说:"我作为一个有党派的人,是同孔德主义势不两立的,而作为一个学者,我对他的评价也很低。"[①]马克思主义社会学首先是以"革命批判性的形态"表现出来的。[②]

马克思、恩格斯创立的唯物史观,揭示了人类社会发展的一般规律,这为科学地看待社会现象和社会问题提供了理论基础和方法论指导,如列宁所指出的,像"达尔文第一次把生物学放在完全科学的基础上"一样,马克思批判了种种历史唯心主义,探求了作为一定生产关系总和的社会经济形态,阐明了这种形态的发展规律,"从而第一次把社会学放在科学的基础之上"。[③]

马克思、恩格斯不仅对社会发展的一般规律作出了科学的揭示,而且还身体力行、深入实际,对当时英、法、德等国的社会状况进行了大量的经验研究,并以此为基础对社会关系、社会结构、社会制度、生活方式、婚姻家庭、城乡差别等社会学课题作了深入的探讨,他们的许多著作,如马克思的《法兰西内战》、《资本论》,恩格斯的《英国工人阶级状况》等都是根据亲身观察和可靠材料写成的著名的社会学著作。

尽管马克思、恩格斯并未对社会学的学科体系作出完整严密的论述,但是他们在社会学中的地位和作用是不容忽视的。

第二节 现代西方社会学的发展

第二次世界大战以后,社会学在世界各国得到了蓬勃发展,除了欧美等国家外,前苏联、东欧等国家的社会学也开始恢复并迅速发展,日本、以色列、加拿大、澳大利亚、新西兰以及许多发展中国家也开始了社会学的传播与研究。1949年9月11日,在联合国教科文组织的主持下,"国际社会学协会(International Sociological Association,简称ISA)"成立,协会在促进世界各国社会学交流、推动社会学发展等方面发挥了积极作用。本节主要介绍现代西方社会学的特点及主要理论派别。

一、现代西方社会学发展的特点

第二次世界大战以后,西方社会学的发展总体而言呈现出如下特点:

---

① 《马克思恩格斯全集》第33卷,北京:人民出版社,1972年,第227~228页。
② 郑杭生:《论马克思主义社会学的两种形态》,《光明日报》,1985年7月29日。
③ 列宁:《列宁全集》第1卷,北京:人民出版社,1984年,第111~112页。

第一,研究领域的广泛性和理论的多样性。一方面,社会学的研究领域越来越广泛,出现了众多的分支社会学。另一方面,社会学的理论派别也呈现出多样性,当然这是理论繁荣的重要标志。

第二,理论研究和应用研究并重。社会学在开展理论研究的同时,也表现出强烈的实用化倾向,对战后恢复和建设期间的各种社会问题都非常关注,社会学在经验研究的基础上试图对这些问题的解决提供对策建议。

第三,定量研究方法广泛运用。二战后,电子计算机的应用和普及使得在较短时间内处理大量的调查资料成为可能,于是定量分析方法得到了广泛应用并且越来越完善。

第四,本土化与国际化相结合。各国社会学研究在走向国际化的同时,也表现出了明显的"本土化"发展趋势:一方面注意吸收、消化国外社会学研究的理论和方法;另一方面又积极探索建立具有自己国家和民族特点的理论体系,解决自己面临的社会问题。

二、现代西方社会学主要理论派别

(一) 结构功能主义

结构功能主义是第二次世界大战以后在美国出现的著名社会学派别,其主要代表人物是 T. 帕森斯(Talcott Parsons,1902～1979)和 R. K. 默顿(Robert King Merton,1910～2002)。帕森斯是该理论的创始人,1945 年,他首次正式提出"结构功能主义"这一名称,其主要著作有《社会行动结构》、《社会系统》等。默顿是帕森斯的学生,其代表作有《社会理论和社会结构》、《论理论社会学》等。

结构功能主义的思想主要来源于早期社会学家关于社会有机体的思想,以及英国文化人类学家拉德克利夫·布朗(Alfred Radcliffe-Brown,1881～1955)和 B. K. 马林诺夫斯基(Bronislaw Kaspar Malinowski,1884～1942)等人发展起来的功能分析方法,他们把社会与有机体相类比,认为社会也是由相互依存的各个部分构成的,各个部分都在系统中承担一定的作用和功能,功能分析的任务就是确定不同的功能事项,解决社会系统的功能需要问题。

1. 帕森斯

帕森斯的结构功能主义思想分为以社会行动理论为中心的早期阶段和以社会系统理论为中心的后期阶段。

(1) 社会行动论。社会行动是帕森斯分析社会的出发点。他认为,人的社会行动的最基本特征是具有意志性和目标导向,每个单位行动都包括四个方面的要素:行动者、目标、情境和规范。行动者,即社会行动的主体;目标,即行动者希望达到的预期状态;情境,即行动者实现目标时可供选择的手段和面临的各种环境条件;规范,即影响和支配行动者的各种价值观、规范和其他观念等。帕森斯认为,社会行动系统是一个由各单位行动互相关联形成的复杂系统,它由四个子系统组成,即行为有机体系统、人格系统、社会系统和文化系统。行为有机体系统与行动者的生物特性有关,人格系统包括个体的动机、欲望和目标,社会系统由各个行动主体通过制度化关系联结而成,文化系统由价值观、信仰及其他一切与行动相关联的观念构成。这些系统之间相互依存、相互影响,各自执行不同的功能,从而维持着整个系统的运行。

帕森斯

(2) AGIL功能分析框架。帕森斯认为,社会系统乃至整个行动系统为了保证其存在、持续性以及有效性,都必须满足一定的功能要求。在一般意义上,主要有四种必要功能:适应功能(A),即系统要生存和发展,必须拥有从外部环境中获取资源的手段和能力;目标实现功能(G),即系统必须有能力确定自己的目标次序并调动系统内部的能量来促进目标的实现;整合功能(I),即系统必须协调内部各个部分之间的关系,以维持整体功能的发挥;模式维持功能(L),即系统必须拥有特定机制经常维护处于潜在状态的模式。帕森斯认为,上述四种功能要求在各层次的子系统中都存在。一个系统是否稳定,不仅取决于它是否具有满足一般功能要求的子系统,而且还取决于这些子系统之间是否存在着跨越边界的对流式交换关系。

(3) 均衡论。帕森斯系统功能理论的核心是强调社会系统的整合与均衡。他认为,任何社会都具有某种程度的自给自足,这主要依赖于社会内部的整合以及各部分之间的和谐关系。在一般情况下,系统总是趋于稳定与均衡状态,一旦产生反常现象,原有的均衡遭到破坏,社会系统就会通过反馈机制进行自我调节,自发地返回到均衡,均衡是社会系统运行的最终目标。

2. 默顿

帕森斯的理论在20世纪60年代以前一直在美国社会学中占有主导地位。但是,进入60年代后,美国社会内部动荡不安,反战运动、学生运动、妇女运动、种族问题等,严重困扰着社会生活,帕森斯的理论特别是其均衡论无法对社会现实作出合理的解释,于是受到了来自各方面的怀疑和责难。在这种背景下,默顿较早地对传统的功能分析理论进行了反思,并且对之进行了完善和发展。

首先，默顿不赞成老师试图建立一种无所不包的、普遍适用的社会学理论体系的努力，他认为这是徒劳的，因为目前建立这种宏观理论框架的时机还未成熟。当然他也不赞同社会学只进行低层次的经验研究的做法，而是主张建立一个介于两者之间的"中层理论"，用以分析一系列有限的经验现象。

其次，默顿对结构功能主义理论中的一些含糊不清、未经验证的假设提出了质疑：(1)"功能统一性假设"，即认为社会中各种社会活动与文化项目都和谐地相互联系着，并且对整个的社会整合与运行作出贡献；(2)"功能普遍性假设"，即认为所有标准化了的社会或文化的形式都具有正功能；(3)"功能不可或缺性假设"，即认为特定的社会结构与制度化形式的功能是不可缺少的。默顿认为，这一假设可以表述为两种意思：一是指功能不可缺少，二是指履行功能的事项即结构不可缺少。对于第一种意思，他认为功能需求不能随意确定，在将某种功能纳入理论以前，必须用经验加以检验。对于第二种意思，他认为没有什么证据支持某一文化项目对于满足特定功能需求来说是必不可少的这一观点。经验表明，尽管有些社会系统具有大体相同的功能需求，但用来满足功能需求的具体项目却可能迥然有别，某些功能需求的满足可以通过功能替代来实现。

再次，默顿对社会行动的主观动机和客观后果作了区分，认为功能分析的重点应放在客观后果上，而以往的理论往往只从主观动机的角度考察功能问题，这是不恰当的。默顿用"显功能"与"潜功能"来说明社会行动的主观动机与客观后果之间的关系。他认为，显功能是有助于系统调整和适应的客观后果，这种调整和适应是系统中参与者所预料、所认可的；反之，潜功能则是没有被预料、没有被认可的。

尽管默顿对结构功能主义理论提出了质疑，但他并没有背离这一理论，强调社会均衡仍然是其理论的基点。

(二) 社会冲突论

社会冲突论在20世纪50年代中后期形成，流行于美国和部分西欧国家。该理论反对帕森斯关于社会均衡、整合的观点，认为冲突是每个社会都无法避免的，是社会生活的普遍现象，权力分配和社会报酬分配不均是社会冲突的主要根源，冲突对社会的作用不仅具有破坏性的一面，而且还有建设性的一面。社会冲突论具体包括两个派别：以 L. 科塞（Lewis Coser,1913～2003）为代表的功能冲突论和以 R. 达伦多夫（Ralf Dahrendorf,1929～2009）为代表的辩证冲突论。

1. 科塞

科塞是默顿的学生，其理论既有冲突论的立场，又有功能论的背景，他试图论证冲突对于社会结构的建立与维持具有潜在的、积极的贡献。科塞的主要著作有《社会冲突的功能》、《社会学思想名家》等。

科塞将冲突解释为价值观、信仰以及稀少的地位、权力和资源分配上的斗争。由此他将冲突的原因分为非物质性的和物质性的两方面。他认为，冲突只要不直接涉及基本价值观或共同信念等非物质性的方面，其性质就不是破坏性的，而只会对社会有好处。他将冲突分为内部冲突和外部冲突，一般地说，外部冲突有助于明确群体之间的界限，强化群体的共同意识，加强群体内部的整合；而群体内部冲突，也可以在一定程度上增强群体的整合和稳定。冲突可以使积累的敌对情绪得到发泄，在这里，冲突具有安全阀的功能。科塞认为，弹性比较大、比较灵活的社会结构容易出现冲突，但它对社会没有破坏作用。相反，僵硬的社会结构采取压制手段，不允许或难以出现冲突，冲突一旦积累和爆发，其程度势必会更加严重，将对社会产生破坏作用。为此他提出要建立"社会安全阀"制度，以助于社会结构的稳定。

科塞

2. 达伦多夫

达伦多夫，德国著名社会学家，自称受马克思的理论影响较大，其主要著作有《社会冲突理论探讨》、《工业社会中的阶级冲突》、《走出乌托邦》等。

达伦多夫认为，社会现象本身充满着辩证性，往往同时呈现出两个相互矛盾的方面：稳定与变迁、整合与冲突、功能与反功能、价值共享与利益对立等。因此，对社会现象既要从社会均衡的角度进行研究，也要从社会冲突的角度进行研究，片面强调均衡和稳定的功能主义社会观只能是一种"乌托邦"。

在《工业社会中的阶级冲突》一书中，达伦多夫

达伦多夫

把社会冲突分为两大类:一类为外来的冲突,如战争;一类为内在冲突,如政党间的斗争。他特别注意分析社会组织内部由权力分配不均造成冲突的过程。他认为,社会组织不是寻求均衡的系统,而是强制性的协调联合体。社会组织内部权力的再分配使社会暂时趋于稳定与和谐,但其中潜伏着冲突的危机,一旦时机成熟,制度化为被统治角色的社会成员就会重新组织起来,进入新一轮争夺权力的冲突。社会的现实就是冲突与和谐的循环过程,而"权力和抵制的辩证法乃是历史的推动力"。

(三) 社会交换论

社会交换论研究的重点是人际关系中的交换现象,该理论将人与人之间的交往视为一种计算得失的理性行为,认为所有社会关系的变化与稳定都可以通过行为者之间物力交换的失调与平衡得到解释。该理论的主要代表人物是 G. C. 霍曼斯(George Casper Homans,1910～1989)和 P. M. 布劳(Peter Michael Blau,1918～2002)。

1. 霍曼斯

霍曼斯是社会交换论的创始人,他以经济学和心理学为基础,对人的社会行为作了探讨,代表性著作有:《社会行为:它的基本形式》、《社会交换的性质》等。

霍曼斯认为,利己主义、趋利避害是人类行为的基本原则,人与人之间的互动实质上是一种交换过程,这种交换包括情感、报酬、资源、公正性期待等,每个人在交换中都想获得最大利益。

霍曼斯提出了一组对人的行为进行解释的理论命题:(1) 成功命题,一个人的某种特定行为越是经常受到

霍曼斯

奖励,那他就越有可能采取这种行动。(2) 刺激命题,相同的刺激可能会带来相同或相似的行为。如果过去某个特定刺激的出现,总是伴随着对某人行为的奖励或惩罚,而在出现相同的情况下,他就会重复或不重复此类行为。(3) 价值命题,某种行为的结果对一个人越有价值,那么他就越有可能采取该种行为。(4) 剥夺——满足命题,一个人在近期越是经常得到某一特定报酬,那么该报酬对他的价值也就愈小。(5) 攻击——赞同命题,当一个人的行动没有得到他期望的报酬,或得到他没有预料的惩罚时,他将感到气愤,并可能采取攻击行为。当一个人的行动得到了他期望的报酬,特别是得到比他期望的报酬还多,或者没有受到意料中的惩罚时,他就会感到高兴,就会赞同这种行为。(6) 理性命题,一个人在采取何种行

动时,会选择当时他所认识到的结果与获得此结果概率的乘积最大的一种行为。霍曼斯指出,这些命题是相互联系的一个整体,单个命题只能对人类行为作出部分解释,整个命题系统却能全面解释社会结构、社会制度。

2. 布劳

布劳主张从社会结构角度研究人的交往过程,是结构主义交换论的代表人物,主要著作有:《社会生活中的交换与权力》、《互动:社会交换》等。布劳的社会交换理论受霍曼斯影响,但又与之不同。

首先,与霍曼斯把一切人类行为都看做交换不同,布劳认为,社会交换只是人们行为的一部分,不属于社会交换的行为有两种:一是没有目标取向、由无理性的情绪冲动所引起的社会行为,二是追求理想与终极价值的表现性社会行为。布劳将社会交换定义为:"当别人做出报答性反应就发生,当别人不做出报答性反应就停止的行动。"[①]也就是说,交换关系仅仅指行动者与他们期待能给自己的行动以适当回报的他人之间的关系。此外,布劳还对社会交换和经济交换作了区分:从经济交换中得到的利益是可以准确计算和预测的,而从社会交换中得到的利益则没有明确的价格,没有统一的衡量标准;社会交换相对于经济交换更能引起个人的责任、感激和信任感,经济交换是根据明文规定的契约合同进行的,而社会交换则不作具体的规定和明文的承诺等。

布劳

其次,与霍曼斯完全用对等性原则解释社会交换不同,布劳则用对等性原则解释部分社会交换,用不对等性原则解释另外一些社会交换,他认为,正是不对等的交换造成了社会的权力差异与分层现象。

再次,霍曼斯倾向于"个人主义方法论"与心理还原论,即以个人的心理的解释推导所有群体的行为。布劳则更多地倾向于"集体主义方法论"与整体结构论,其理论的重点不是个人之间的交换关系,而是社会结构的交换基础;不是探讨影响个人之间交换过程的心理因素,而是考察基本交换过程对形成和发展社会结构的影响。因此,布劳的交换论被称为"结构交换论"。

---

① 〔美〕P. M. 布劳著,孙非,张黎勤译:《社会生活中的交换与权力》,北京:华夏出版社,1988年,第5页。

(四) 符号互动论

符号互动论侧重于从心理学角度研究社会,认为社会现象和社会行为只有通过人际互动才能得到解释,而人际互动是以符号为媒介的,行动者要通过符号解释和确定相互间行动的意义,社会是个人借助符号互动的产物。该理论强调行动者对互动过程的主观理解以及这一理解对进一步互动产生的影响。该理论的主要代表人物有 G. H. 米德(George Herbert Mead,1863~1931)、H. 布鲁默(Herbert Blumer,1900~1987)和 E. 戈夫曼(Erving Goffman,1922~1982)。

1. 米德

米德,符号互动论的奠基人,代表作是《心灵、自我和社会》,其基本观点包括以上几个方面:

(1) 象征符号是人际互动的中介,是社会生活的基础,人们通过语言、文字、手势、表情等象征符号进行交往,交往的社会意义建立在对他人行为作出反应的基础上,而要对他人的行为作出反应,首先需要对行为者赋予符号的意义作出理解。

(2) 人的行为并不是对外部刺激因素的简单反应,而是会根据环境中的客体加以调整。

(3) 人们对自己行为的调整主要依赖其自我观念,而自我观念是在社会互动中产生的,必须从他人的评价中获得。语言符号使得一个人有可能站在他人的立场上,从他人的角度将自己视为一个客体,进行自我观察、自我反省,因此,自我与社会是不可分的。

米德

(4) 人们的互动与自我观念的形成依赖于心灵的存在,因为有了心灵,人们才具有理解和运用象征符号的能力,因为有了心灵,人们才能对外界的反应有所选择。

2. 布鲁默

布鲁默最早明确提出了"符号互动论"这一名称,并将理论体系化,他是继米德之后该理论最重要的代表人物,代表性著作是《符号互动:观点与方法》。

布鲁默

布鲁默对"符号互动论"作了全面归纳,他的理

论有三个前提:(1) 人们对于某一事物所采取的行动,主要是根据他们对该事物赋予的意义;(2) 人们赋予事物的意义产生于人们的互动之中;(3) 事物的意义不是一成不变的,而是在解释的过程中随时加以修正的。由此出发,他认为,社会是由处于符号互动过程中的人构成的,是人际间互动的结果;人类交往是理解和定义的过程,人们通过对符号的定义与理解进行互动;这种互动是能动的、可变的;理解与定义的共同性是社会组织存在的先决条件,群体成员的共同行动是可重复的、稳定的;社会结构是行动者情境定义的客体之一,它是社会互动的产物而不是相反,由于行动者所下的定义和他们的行为经常变化,因而社会结构也在不断变化。

3. 戈夫曼

戈夫曼是布鲁默的学生,他的研究兴趣也在于社会互动,他专门研究人们日常生活中的互动现象、互动时的角色扮演等,着重分析个人在与他人交往中如何获得社会效果及其策略,其代表性著作是《日常生活的自我表演》。由于戈夫曼把人们的活动比作剧院里的演出,从戏剧的角度研究社会互动,因而他的理论也被称为"戏剧论"或"拟剧论"。

戈夫曼

第三节 社会学在中国的发展

社会学在中国走过了曲折的发展历程,这一历程大致可分为传入、传播、成长、建设、中断、恢复重建等几个阶段。

一、社会学在中国的传入与传播

19 世纪末,在救国维新、西学东渐的背景下,西方社会学传入中国。孔德的实证主义、斯宾塞的社会进化论思想与维新派的改良主义思想相吻合,因此西方社会学在当时得到了迅速而又广泛的传播。五四运动前后,马克思主义的社会学思想也传入中国,由此形成了两种不同传统的社会学并存的格局。人们一般把 19 世纪末到 1919 年视为社会学在中国的传入时期,把 20 世纪 20 年代视为社会学在中国的传播时期。

社会学在中国最早以"群学"命名。1891 年康有为在教学大纲的学科分类中首先提出了"群学"之名,并将其作为在万木草堂讲学的课程。1896年谭嗣同在《仁学》一书中,首先提出了"社会学"这一名称。梁启超在《说群自序》《进化论革命者颉德之学说》等文章中也多次提到"人群学"与"社会学"等。一般观点认为,康有为等人的上述活动是西方社会学初传中国的标志。但是,也应该看到,康有为等人提到的"群学"、"社会学"与严格而完整的学科意义上的"社会学"还是有区别的。丁乙先生在《西方社会学初传中国考》一文中,经过详尽考证认为,康氏等人的群学理论,"与其说是中国的西方社会学,毋宁说这只是康梁谭他们自己的'群学'"①。韩明谟在《中国社会学史》一书中也认为,康梁所讲的"群学",就是在资产阶级的民主政治思想基础上,如何管理、教育、组织群众之学,是一门"经世致用"之学。② 另外,韩先生还认为,谭氏"所理解的社会学,也如同19世纪很多学者的看法一样,即把社会学与社会科学是同等看待的"③。

在中国社会学史上,严复当推西方社会学初传中国的第一人,早在1895年3月,他在天津《直报》所连载的《原强》一文中,即开始完整地介绍斯宾塞的社会学理论,并在此后将其《社会学研究》译为《群学肄言》,于1903年出版。这是西方社会学著作直接传入中国之始。至于最早正式使用确切学科意义上"社会学"这一名称的,一般认为是章太炎。他于1902年翻译出版日本学者岸本能武太的《社会学》一书,中文名也就定为"社会学"。

西方社会学在中国早期的传入主要有三个途径:(1)译著,(2)教会学校,(3)中国留学生。社会学思想的传入,继而带动了社会学的教学、理论研究和调查活动的开展。20世纪20年代,社会学在中国的传播,逐步实现了制度化,并发展成为一门相对独立的学科。

严复

首先,大学开设社会学课程并成立了社会学系。1905年上海圣约翰大学首先开设社会学课程。1912年京师大学堂正式改名为国立北京大学,首任校长严复在文科课程中设置了社会学。1913年上海浸洗学院(后称沪江大学)最早设立社会学系。1921年中国自办的厦门大学也设立了社会学系。其后,燕京大学、复旦大

---

① 丁乙:《西方社会学初传中国考》,《社会学研究》,1988年第6期。
② 韩明谟:《中国社会学史》,天津:天津人民出版社,1987年,第22页。
③ 同上书,第25~26页。

学、清华大学、中央大学等 10 余所大学相继设立社会学系。虽然这一时期社会学的教学内容多是西方早期的社会学理论,但社会学毕竟作为一门全新的学科进入了中国。

其次,社会学团体成立。1913 年"社会实进会"在北京成立,这是我国最早传播社会学的团体,该会联合北京学界以从事社会服务、改良风俗为宗旨,其会刊为《新社会》。1922 年余天休先生发起成立了中国社会学会,并亲自主编《社会学杂志》。

再次,社会调查活动开展。早期社会调查活动多是在外籍教授指导下进行的。比较有代表性的,如 1917 年 C. 狄德莫指导清华学生对北京西郊居民生活费用的调查,1918 年~1919 年间燕京大学社会学系主任步济时和美籍传教士甘博在北京开展的都市调查。当然,也有一些调查完全是由本土学者主持的,如 1923 年清华大学陈达先生指导学生对北京生活费的调查、李景汉先生对北京人力车夫生活费的调查及在北京郊外进行的农村调查等。

最后,大量译著及专著出版。20 世纪 20 年代后,直接译自西方的社会学著作大量增加,这为中国早期社会学专业教育提供了丰富的资料。与此同时,国内学者自著的社会学教材已出现,如 1922 年陶孟和先生自著《社会与教育》出版,这是我国第一部教育社会学方面的教材,影响较大。另外还有 1924 年陆志韦先生的《社会心理学新论》、顾复先生的《农村社会学》、1927 年樊弘先生的《社会调查方法》等专著出版。

马克思主义社会学在"五四运动"前后传入中国。我国早期的马克思主义者李大钊、蔡和森、李达、瞿秋白等人为马克思主义社会学在中国的传播作出了积极贡献。1922 年由中国共产党领导的上海大学设立了社会学系,由瞿秋白先生担任系主任。该系注重以历史唯物主义为指导,强调研究中国社会的现实问题。任课教师多数受过系统的马克思主义教育。1927 年蒋介石发动"四一二政变",第一次国共合作破裂,上海大学被国民党军警占领,社会学系被查封。

二、社会学在中国的成长与建设

20 世纪 30 至 40 年代,中国社会学逐步走上了独立发展的道路。"社会学中国化"被作为一项中心任务提了出来,理论研究注意结合中国社会的历史和现实,应用研究则深入到工厂、农村、边陲地区进行实地调查,取得了丰富的调查资料,这些都为社会学中国化作出了积极贡献。理论界一般又将这一时期进一步划分为成长时期(1928~1937 年)和建设时期(1938~1951 年)两个阶段,比较有代表性的活动与理论成果有：

第一，全国性社会学团体成立。1930 年 2 月"中国社会学社"成立，它是在 1928 年孙本文、吴泽霖等人发起创立"东南社会学会"的基础上创立的，出版刊物《社会学刊》。学社规定每年召开一次年会，自 1930 年到 1947 年共召开了 8 次年会，每次一个中心主题。1931 年孙本文在第二届年会宣读的论文《中国社会学之过去、现在及将来》中提出，"中国社会学界的学者们采用欧美社会学之方法，根据欧美社会学家精密而有效的学理，整理中国固有的社会思想和社会制度，并依据全国社会实际情况，综合而有系统有组织的中国化的社会学"，这是有关社会学中国化的最早表述。

孙本文

第二，社会调查活动广泛开展。30 年代出现了许多专门的调查研究机构，如北平陶孟和、李景汉先生主持的社会调查所，南京陈翰生、王际昌先生主持的中央研究院社会科学研究所，以及西南联大社会学系主任陈达先生主持的清华大学国情普查研究所等，这一时期具有代表性的社会调查研究成果有：陶孟和先生的《北平生活费之分析》，吴景超先生的《定县社会概况调查》，陈翰生先生 1929~1934 年间主持的对河北、江苏及广东等省农村的调查，出版了《现今中国的土地问题》及《广东农村生产关系与生产力》等著作，国情普查所对云南呈贡县进行的人口普查等。除此之外，其他由高校、社会团体及个人组织的实地调查研究活动还有很多。

第三，"乡村建设运动"。这一运动与中国社会学的发展有着密切的关系，它是由一批知识分子倡导并参加的以建设和复兴中国农村和解决中国农民问题为宗旨的社会改良运动，先后参加这一运动的团体有 600 多个，其中影响较大、持续时间较长的是梁漱溟主办的山东邹平乡村建设学院和晏阳初主办的河北定县平民教育实验区。乡村建设运动尽管最终以失败告终，没有从根本上解决中国的农村问题，但它在中国社会学发展史上却有着较大影响，在一定程度上推动了中国农村社会学的发展。

梁漱溟

第四，理论研究取得较大发展。进入 30 年代后，中国社会学研究不再以翻译、介绍西方社会学为主，而是着手创立自己的学说体系，于是出现了一个中国社会学史上理论比较繁荣的时期，影响较大的有 4 个学派，即乡村建设学派、综合学派、社区学派和马克思主义学派。① （1）乡村建设学派。代表人物有梁漱溟、晏阳初等。他们在从事乡村建设实验前以及在实验过程中,对当时中国社会所存在的问题及其出路进行了理论探索,如梁漱溟先生的"中国文化失调与重建理论",主张由农业引发工业,以农村振兴城市,提高乡村建设,重建中国"伦理本位"的传统文化,其著作有《中国民族自救运动之最后觉悟》、《乡村建设理论》等。晏阳初认为,中国社会的问题主要是农村问题,而农村问题的根本在于农民的"愚、穷、弱、私",主张开展"平民教育",以达到拯救农村、复兴民族的目的,其著作有《平民

费孝通

教育概论》、《农村运动的使命》等。（2）综合学派。该学派主张从多方面对社会现象进行综合研究,可以说代表了中国早期社会学理论研究的最高成就,代表人物有孙本文、朱亦松、龙冠海、柯象峰等,其中孙本文先生可以看做这一学派的集大成者。（3）社区学派。该学派以认识中国现实社会为宗旨,应用社会学、人类学方法,进行大量的社区实地研究,并以此为基础对中国社会结构及其变迁进行理论探索,主要代表人物及研究成果有费孝通先生的《江村经济》、《禄村农田》、《生育制度》、《乡土中国》,张之毅先生的《易村手工业》,史国衡先生的《昆厂劳工》,蒋之昂先生的《战时的乡村社区政治》和林耀华先生的《凉山夷家》等。（4）马克思主义学派。代表人物有瞿秋白、李达、许德珩等,他们在社会学基础理论研究、应用研究及有关社会结构的理论与实证探讨等方面都取得了不少成就,如李达先生的《现代社会学》、《社会学大纲》,许德珩先生的《社会学讲话》等,都是从唯物史观出发,系统阐述马克思主义社会学原理的重要著作。

三、新时期中国社会学的恢复与重建

1952年全国高等学校院系调整时,由于简单抄袭前苏联模式,错误地理解历史唯物主义与社会学的关系,再加上对资产阶级社会学的片面认识,社会学专业及相关课程,如社会人类学、社会心理学、社会工作与人口学等相继被取消,社会学研究机构停止活动。由此开始,中国内地社会学研究中断了近30年。

1978年中共十一届三中全会召开,把中国社会推向了一个新的历史时期。

---

① 参阅郑杭生,李迎生:《中国社会学史新编》,北京:高等教育出版社,2000年,第100页。

1979年3月15日,全国哲学社会科学规划会议筹备处在北京召开"社会学座谈会",共同探讨社会学的恢复与重建问题。在座谈会上,时任中国社会科学院院长的胡乔木先生做了重要讲话,他首先为社会学平反,恢复名誉,指出禁止社会学的存在是一个错误,表示愿尽力支持社会学界成立社会学研究会,开展理论的和实际问题的调查研究。他还针对过去否定社会学的一些看法提出了明确意见:(1)明确历史唯物主义与社会学是一种指导关系,但前者不能代替后者;(2)明确任何形态的社会都有社会问题,社会主义社会也不例外;(3)明确提出要科学地对待社会学这门科学;(4)明确提出要借鉴国外社会学的研究成果。经过与会者的讨论和有关方面的支持,1979年3月18日,"中国社会学研究会"成立,标志着中国社会学正式恢复,踏上了学科重建的旅途。

社会学宣布恢复不久,1979年3月30日邓小平在《坚持四项基本原则》的重要讲话中指出:"政治学、法学、社会学以及世界政治的研究,我们过去多年忽视了,现在也需要赶快补课。"[①]补课的首要任务是开展学科建设,尽快培养人才。1980年中国社会科学院首先成立社会学研究所,同年上海大学成立了社会学重建后的第一个社会学系,1982年南开大学成立社会学系并招收研究生。之后,北京大学、中山大学、中国人民大学等也相继成立了社会学系。截止到2011年,根据教育部公布的最新学位授权学科名单,内地高校和科研机构现有社会学硕士点94个,其中一级学科硕士点25个,其中不包括体育人文社会学和教育社会学;现有社会学博士点19个,其中一级学科博士点15个,博士后流动站12个,教育部高校人文社科重点研究基地两个。

中国内地社会学恢复重建30多年来,无论是理论研究还是应用研究都取得了较大发展。社会学学科性质、学科地位、研究对象、基本问题、研究方法、社会学史、社会思想史等学科基础方面研究不断从表层向深层推进;面对改革开放、经济和社会深刻转型,特别是社会主义和谐社会构建的宏观背景,社会学在理论上都作出了积极回应,社会运行论、社会转型论、社会机构研究、现代性研究、全球化研究、风险社会与社会安全研究、制度研究、社会公正研究、社会建设研究等,可以说,本土化社会学理论建构取得了新的进展;社会学的研究领域不断扩展,而且不断"专化"和细化,形成了各个分支领域,社会学应用研究走向深入。总体而言,恢复重建30多年来,中国社会学日趋成熟。[②]

[①] 《邓小平文选》,北京:人民出版社,1983年,第167页。
[②] 参见郑杭生:《快速转型中的中国社会与日趋成熟中的中国社会学》,载《中国社会学30年》(1978~2008),北京:中国社会科学出版社,2008年,第1~32页。

> **拓展阅读**
>
> **中国社会学百年发展轨迹**
>
> 中国社会学在一百多年的历史中走过了曲折的道路。在这百年的曲折过程中,它无时无刻、自觉不自觉地在处理着与中国社会现实、与中国学术传统特别是中国历来的社会思想、与外国社会学和社会思想的关系,并且正是在这种关系处理中实现了并且还在实现着自己创新的作用和具有自己中国特色的发展。从这一方面来看,中国社会学百年的发展轨迹,可以简明地概括为四句话,这就是"立足现实,开发传统,借鉴国外,创造特色"。所谓立足现实,就是中国社会学把现实的中国社会作为自己的立足点、出发点和归宿点。所谓开发传统,就是中国社会学注意吸取几千年历史上丰富的社会思想,特别是关于社会治乱兴衰的思想,以此来观察现实的中国社会,并对西方传入的社会学给以带有中国特色的解释。社会学的中国化,首先当然是立足现实,同时也是与开发传统分不开的。所谓借鉴外国,就是中国社会学界注意借鉴国外社会学,其中包括欧洲、美国和日本的一些理论和方法。所谓创造特色,就是在立足现实、弘扬传统和借鉴外国的基础上,中国社会学进行自己的创造。这里,"立足现实,开发传统,借鉴国外,创造特色",是统一的整体,不能相互分割。缺少其中之一,就会这样或那样地影响中国社会学的健康发展与成熟。
>
> 摘编自郑杭生主编:《中国社会学 30 年》(1978~2008),北京:中国社会科学出版社,2008 年,第 30 页。

本章小结

1. 西方社会学创立于 19 世纪中叶,这与当时特定的历史背景有关,特别是自然科学发展、经验社会研究基础、直接的思想来源和社会变革的现实需要等。

2. 19 世纪 30 年代至 19 世纪末是西方社会学的创立时期,这一时期虽然提出了"社会学"的学科设想,但社会学还未成为一门独立学科。

3. 大约在 19 世纪末到 20 世纪 30 年代,社会学有了自己确定的研究范围和研究方法,成为一门独立的学科。

4. 马克思、恩格斯理论体系中包含着丰富的社会学思想。与旨在维护资本主义社会的改良主义社会学传统不同,马克思主义社会学首先以"革命批判性的形态"表现出来。

5. 第二次世界大战后,社会学在世界各国都得到了蓬勃发展。现代西方社会学在总体上呈现出了研究领域广泛和理论多样、理论研究和应用研究并重、定量方法广泛运用、本土化与国际化相结合等特点。

6. 第二次世界大战后,西方国家出现了结构功能主义、社会冲突论、社会交换论、符合互动论等多样的理论派别。

7. 社会学在中国走过了曲折的发展历程,大致可分为传入、传播、成长、建设、中断、恢复重建等几个阶段。改革开放以来,在经济和社会深刻转型、构建社会主义和谐社会的大背景下,中国社会学日趋成熟。

主要术语

实证主义(Positivism):强调感觉经验,排斥形而上学的哲学派别,又称实证哲学,最早由法国哲学家、社会学家孔德提出。

社会事实(Social Fact):是迪尔凯姆关于社会学研究对象的中心概念,指不同于个体事实的一种个人之外的社会存在。

机械团结(Mechanical Solidarity):社会团结类型之一,成员之间因为同质性较强,依靠由此所产生的约束力来维系彼此的结合关系。

有机团结(Organic Solidarity):社会团结类型之一,社会分工带来成员之间异质性增强,成员之间相互依赖从而维系彼此的结合关系。

理解社会学(Interpretive Sociology):韦伯强调人的行动的主观动机和意义,认为社会学就是对人的社会行动作出解释性理解的科学。

结构功能主义(Structural Functionalism):认为社会各组成部分以有序的方式相互关联,并对社会整体发挥必要的功能,均衡是社会运行的基本状态。

中层理论(Middle Range Theory):默顿主张建立一种介于宏观理论和低层次经验研究之间的理论,用以分析一系列有限的经验现象。

社会冲突论(Social Conflict Theory):该理论认为冲突是社会生活的普遍现象,权力分配和社会报酬分配不均是社会冲突的主要根源。

社会交换论(Social Exchange Theory):该理论将人与人的交往视为一种交换行为,认为所有社会关系都可以通过行为者之间的物力交换状况得到解释。

符号互动论(Symbolic Interactionism):该理论认为人际互动是以符号为媒介进行的,社会是个人借助符号互动的产物。

拟剧论(Dramaturgical Theory):又称"戏剧论",是指借助戏剧的类比而对日常生活进行的研究。

练习题

1. "社会和谐"在西方社会学那里是以"社会秩序"、"社会团结"、"社会均衡"和"社会整合"等概念出现的,这些概念本身就有"稳定"、"协调"和"和谐"的内在之义。纵观西方社会学近170年的发展历程,不同学派从不同视角直接或间接地论述了"社会和谐"问题。〔参见蒋逸民:《西方社会学视野中的"和谐社会"及其启示》,《华东师范大学学报(哲学社会科学版)》,2010年第4期〕

请问:西方社会学关于社会均衡、整合、秩序等理论对于中国目前的社会主义和谐社会建设有哪些启示?

2. 目前,中国社会正处于快速转型期,由于社会结构的调整和社会机制的转变,社会冲突层出不穷;新的冲突形式不断出现,无直接利益冲突增加、群体性事件频发、表达方式多元化等。转型时期导致社会冲突的原因也是多方面的,社会利益分化的日趋严重、民生建设步伐的滞后、基层政府对群众权益的漠视等。(资料来源:杨淑琴:《转型时期中国社会冲突问题研究》,《理论探讨》,2010年第4期)

请结合西方社会学的社会冲突理论,对当前中国社会转型时期所存在冲突现象的成因、功能与解决对策进行分析。

思考题

1. 简述西方社会学创立的条件。
2. 社会学在创立和形成时期的代表人物有哪些?其主要思想是什么?
3. 当代社会学的发展有哪些新特点?
4. 马克思、恩格斯在社会学创立过程中的地位和作用是什么?
5. 简述社会学在中国的传播与发展。

阅读文献

1. 〔法〕A. 阿隆著,葛智强等译:《社会学主要思潮》,北京:华夏出版社,2000年。
2. 王养冲:《西方近代社会学思想的演进》,上海:华东师范大学出版社,

1996年。

3. 于海:《西方社会思想史》,上海:复旦大学出版社,2007年。

4. 郑杭生主编:《中国社会学30年》(1978～2008),北京:中国社会科学出版社,2008年。

5. 郑杭生,李迎生:《中国社会学史新编》,北京:高等教育出版社,2000年。

第三章 社会及其构成要素

社会是人类生活的共同体。社会学研究社会,首先需要对社会的本质、特征、类型、结构、构成要素等内容做出回答,这些内容也是社会学的学习者首先所需要了解的。

第一节 什么是社会

社会是由人构成的,但绝不是单个人的简单相加。关于社会的本质,西方社会学及马克思主义理论有着不同的解释。

一、"社会"概念的由来

在中国古代典籍中,"社"和"会"分别具有不同的含义。"社"最初是指用来祭神的地方,据《孝经·纬》记载:"社,土地之主也,土地阔不可尽敬,故封土为社,以报功也。"《白虎通·社稷》中谈道:"封土立社,示有土也",后来"社"又用于指人群聚居的地方,如"周礼二十五家为社"(《春秋传》),"方六里,名之曰社"(《管子·乘马》),顾炎武在《日知录》中指出:"社之名起于古之国社、里社,故古人以乡为社"等。"会"是聚集、集合的意思,进而引申为人们的聚集体、集合体,如集会、庙会等。

据考证,"社会"一词最早出现在《旧唐书·玄宗上》(本纪第八),其中记载"礼部奏请千秋节休假三日,及村间社会,并就千秋节先赛白帝,报田祖,然后坐饮,散之",这里的"社会"已有村民集会的意思。另外,宋代孟元老在《东京梦华录·秋社》中,"八月秋社……市学先生预敛诸生钱作社会……春社、重午、重九,亦是如此"。明代冯梦龙在《醒世恒言·郑使节立功神臂弓》中,"原来张员外在日,起这个社会,朋友十人。近来死了一两人,不成社会"等,这些"社会"都有"志趣相同者共同体"的意思。此后,"社会"概念已逐步引申为一些人为了共同的目的而聚集在一个地方进行某种活动,这基本上已是我们今天所理解的"社会"的含义。

在西方,英文 society 源于拉丁语 socius,意为"伙伴"。大约在明治维新年间,日本学者最早将英文的 society 一词译成日文中的汉字"社会",近代中国学者在翻译日本社会学著作时,也采用了这种译法。

二、西方社会学的社会观

关于社会的本质,人类世代思考,作出过许多解释。但是直到近代,资本主义建立的世界历史性联系,才使人们有可能将其当做有别于自然界的统一过程来考察,并探究其规律性,从而形成了一系列较为系统的社会观。概括而言,西方社会学关于社会的解释主要有两大派别:社会唯名论和社会唯实论。

社会唯名论认为,社会是具有同样特征的许多人集合的名称,是单纯的空名,而非实体,只有个人才是真实的存在。因此,该派别一般将个人行为及其细节作为社会学的研究对象。例如法国早期社会心理学家 G. 塔德认为,社会是具有共同心理的人们的集合,不存在任何超越个人心理体验的实体;美国学者 F. H. 吉丁斯(Franklin Henry Giddings)认为,个人是社会学研究的基本单位,主张通过个人来透视社会,社会是由同类意识结合在一起的人群。德国社会学家 M. 韦伯强调个人动机和主观意义,认为个人是有目的行动的最高限度和唯一载体,诸如国家、社会等概念指的是人类相互作用的某些范畴,社会学的任务就是把这些概念一律简化为"可理解的行动",简化为参与者个人的行动。

社会唯实论认为,社会是超越人类个体的客观存在物,是真实存在的实体,它先于个人而存在,并且事先规定了个人的存在。因此,该派别强调从实体出发,把社会作为一个具体事物来描述。代表性的观点,如英国早期社会学家斯宾塞认为社会同生物机体一样也是一个有机体,但它并不是简单的有机体而是"超有机体";法国的迪尔凯姆认为,社会是一种建立在个人意识之上的独立实体,社会高于个人,社会事实无法用研究个体的方法来解释,而必须用社会学的方法、观点解释。

上述两大派别各执一端,它们的观点虽然包含了某些合理因素,但未免都失之偏颇。实际上,社会的本质既不在整体之中,也不在个人之中,而只能在人与人的关系、个人与整体的关系中去寻找。

三、马克思主义的社会观

马克思主义理论科学揭示了社会的本质。早在 100 多年前,马克思就以独特的眼光,对社会的构成和本质提出了自己的见解,他指出:"社会——不管其形式如何——究竟是什么呢？是人们交互作用的产物。"①马克思还指出："生产关系总合起来就构成为所谓社会关系，构成所谓社会，并且是构成为一个处于一定历史发展阶段上的社会，具有独特的特征的社会。"②

按照马克思的观点，没有人们之间的交往，便没有社会。而人们之间的交往首先是在生产、分配和交换过程中发生的经济交往，通过经济交往建立生产关系。人们在生产过程中的交往，乃是任何另一种交往的基础，在经济交往的基础上发生政治交往和思想沟通，从而建立与生产相适应的政治关系和意识形态，所有这些关系总合起来就构成了社会。

社会无疑是由一群人组成的，但它并不是一个偶然产生的、机械的集合体，而是由人们依一定关系彼此结合而成的生活共同体，在多种多样的关系中，人们在物质资料生产活动中所形成的生产关系是最基本的。

社会与其他动物的群体有着本质的区别，动物的群体是出于本能，是一种遗传行为，是一种生物现象。人类的群体生活则是建立在物质资料生产的基础上，恩格斯在《自然辩证法》中作了说明："人类社会区别于猿群的特征在我们看来又是什么呢？是劳动。"③"动物仅仅利用外部自然界，简单地通过自身的存在在自然界中引起变化；而人则通过他所做出的改变来使自然界为自己的目的服务，来支配自然界。这便是人同其它动物的最终的本质的差别，而造成这一差别的又是劳动。"④在强大的自然面前单个人的力量是不能维持自己的生存的，所以当人们开始生产他们所必需的物质生活资料的时候，就必须和他人合作，因而也就产生了与其他一切动物不同的生活群体，如马克思所言："人们在生产中不仅仅影响自然界，而且也互相影响。他们只有以一定的方式共同活动和互相交换其活动，才能进行生产。为了进行生产，人们相互之间便发生一定的联系和关系；只有在这些社会联系和社会关系的范围内，才会有他们对自然界的影响，才会有生产。"⑤也正因为如此，恩格斯提到"在劳动发展史中找到了理解全部社会史的锁钥"⑥。

人类社会是一种特殊的关系形态，它的存在、发展和更替，是一种不依人的意志为转移的、必然的、合乎规律的客观发展过程，列宁指出："只有把社会关系归结于生产关系，把生产关系归结于生产力的水平，才能有可靠的根据把社会形态的发

---

① 《马克思恩格斯选集》第4卷,北京:人民出版社,1995年,第532页。
② 《马克思恩格斯选集》第1卷,北京:人民出版社,1995年,第345页。
③ 《马克思恩格斯选集》第4卷,北京:人民出版社,1995年,第378页。
④ 同上书,第383页。
⑤ 《马克思恩格斯选集》第1卷,北京:人民出版社,1995年,第344页。
⑥ 《马克思恩格斯选集》第4卷,北京:人民出版社,1995年,第258页。

展看作自然历史过程。不言而喻,没有这种观点,也就不会有社会科学。"[1]人类社会的发展归根结底是由生产力决定的,因而它是一种不同于自然界的特殊而复杂的物质形态与发展过程。

根据马克思主义社会观,本书对社会概念作出如下界定:社会是人类生活的共同体,是以特定物质资料生产活动为基础,人们相互交往、相互作用而形成的关系体系。

社会的基本特征表现在:

(1) 它以物质资料的生产活动为基础。物质资料生产活动一旦停止,社会非但不能发展,就连基本的生存也不可能。

(2) 它以群体的形式表现出来。社会是人们共同生活的结合体,单个的人是不能称其为社会的。

(3) 它以人与人的交往为纽带。社会不是人与人的机械结合,而是通过各种关系联结形成的。人与人交互作用的层次越深、联系的范围越广,社会系统的内容也就越丰富。从原始的部落到现在的"地球村"无不是人与人交往范围不断扩大的结果。

(4) 它是有文化、有组织的系统。社会创造出了原来自然界所没有的文化,从而以一定的文化模式组织起来。文化作为社会的主要构成要素,体现着人类群体生活与动物群体生活的不同。

(5) 它是具有主动性、创造性和改造能力的活的有机体。人是社会的主体,具有认识世界与改造世界的能力,人的这种能动性决定了社会具有主动性、创造性和改造能力。社会能够主动地发现自身内部以及自身与自然之间的不平衡,并进行调整、设法实现平衡;社会还不断创造着维持自身生存和发展的物质条件,从而具有自我再创造的能力。

需要特别说明的是,社会学对"社会"概念的使用,也存在广义和狭义之分。广义的社会是指与自然界相区别的物质世界的一个组成部分;狭义的社会则指各种具体的人类生活共同体,如家庭、学校、城市、阶层、组织等。

四、 社会研究的基本视角

所谓视角是指观察事务的角度或着眼点。在社会学历史上,社会学家对纷繁复杂、变动不居的社会现象进行研究,概括而言,主要有四种基本视角:宏观与微

---

[1] 《列宁全集》第1卷,北京:人民出版社,1984年,第8页。

观、整体与个体、均衡与冲突、结构与过程。

（一）宏观与微观

宏观与微观研究所着眼的范围存在不同。宏观研究着眼于较大范围的群体与社会关系，如考察社会的人口结构、民族结构、阶级结构、职业结构等。在最为宏观的意义上，社会哲学所探讨的是整个社会发展的一般规律；微观研究所关注的是较小范围的群体与社会关系，着重于考察社会中的具体现象和日常生活中的人际互动模式。

社会学重视对社会的宏观研究，它可以使人们站在较高的层次上考察社会，而不被繁杂的个别现象所蒙蔽；社会学也重视对社会的微观研究，它有助于人们更深入地了解社会的具体情况，了解人们多样化的实际生活。如果说早期的社会学家比较重视宏观视角的社会研究的话，那么在 20 世纪 60 年代后，微观视角的社会研究也开始得到关注。

当然，宏观研究和微观研究并不是截然对立的，二者的区分是相对而言的。另外，过分偏重于宏观或微观也都存在着不足，美国社会学家 R. K. 默顿认为，宏观过于抽象，而微观过于具体，主张社会学应侧重与中观的社会研究，研究一些有限的社会现象，建立中等规模的理论即"中层理论"，既可以用于指导经验研究，又可以在此基础上发展出更具普遍性的理论。

（二）整体与个体

个体与整体或者个人与社会的关系问题，是社会学的基本问题，内容涉及社会与个体以什么样的方式相互作用，社会如何塑造个体，作为个体怎样相互联系去创造、维系和改变社会等。对于个体与整体关系的不同处理带来了社会研究的个体与整体视角的区分。

整体视角强调社会本位，把社会作为一个整体进行研究，认为社会整体高于个体、社会本质决定个体行为，表现为社会观上的"社会唯实论"，如迪尔凯姆把社会学的研究对象确定为社会事实，认为此种社会事实具有客观的外在性、对个人的强制性和存在的普遍性等特征，个人的主观意识、行为、态度和价值观念等都是社会环境的产物。

个体视角强调个体本位，重视研究社会中的个体，认为只有个体才是真实的、有解释力的，这在社会观上表现为"社会唯名论"，如德国社会学家韦伯主张把个体的社会行动作为社会研究的起点。

整体视角与个体视角的社会研究既存在差异，也存在联系，有社会学家试图调和二者的对立,强调二者的结合,如英国当代社会学家吉登斯提出了"结构二重性"的概念,即社会结构不仅对人的行动具有制约作用,而且也是行动得以进行的前提和中介,行动者的行动既维系着结构,又改变着结构。

(三) 均衡与冲突

社会是均衡与冲突的统一。均衡与冲突研究视角对于社会内部关系状态和总体功能发挥状况的关注点存在不同。西方社会学中的功能论和冲突论分别是两种视角研究的典型。

均衡视角强调社会的均衡与整合,认为社会是一个整体,是由各个部分构成的,每一部分都发挥着一定的功能,以维持整体的均衡与秩序,均衡是社会的常态与本质特征,当社会因外部环境的干扰或内部发生变化使得原有的均衡被打破时,它会通过重新调整以达到新的均衡。

冲突视角强调社会冲突,认为社会的各个部分并非处于一种均衡状态,而是处在不断冲突中,均衡是暂时的,冲突是社会的常态与本质特征,社会秩序是各部分相互冲突的产物,冲突视角更为关注社会各部分对于权力的占有及相互之间的制约。

均衡与冲突无疑是社会研究的两个重要视角,但二者也不是截然对立的,注重二者的结合有利于社会研究的全面性。辩证冲突论的代表达伦多夫尽管持冲突视角,但已认识到社会是辩证的统一;功能冲突论的代表科塞既有冲突论的立场,又有功能论的背景,冲突的功能是其研究的重要内容。

(四) 结构与过程

社会是稳定与变迁的统一。结构与过程视角分别体现为对社会的静态和动态研究。

结构视角侧重于对社会的静态分析,主要考察社会的各个组成部分及各个部分之间的相互关系。如孔德的社会静力学、斯宾塞的社会有机体论、帕森斯的社会行动系统分析等。

过程视角侧重于对社会的动态分析,主要关注社会各部分之间如何相互作用,重点探讨社会的运行、变迁与社会发展的规律,如孔德的社会动力学研究、斯宾塞的社会有进化论、帕森斯的社会现代化研究等。

相比而言,结构与过程的社会研究视角,二者并无明显的对立。大多数社会学家也都非常重视二者的结合,以加深对社会现象的认识。

第二节　社会结构与功能

社会是一个复杂的整体,各个部分之间存在着相对稳定的关系模式,这表现为社会结构;另外,社会一经形成就会发挥特定的作用,这表现为社会的功能。

一、社会结构

(一) 社会结构的含义

"结构"这一概念,一般具有两层相互联系的意思:第一,任何一个具有完整意义的事物都是由一定的要素、成分组合而成的;第二,组成事物的要素、成分并非杂乱无章的,而是按照确定的方式组合起来的,彼此之间具有相对稳定的关系。

在社会学中,社会结构常被用来作为描述社会构成部分之间的相互关系及其构成方式的概念。美国学者波普诺(David Popenoe)在其所著的《社会学》一书中指出:"'结构'这个术语指的是任何事务的基本构成部分之间相互关联的方式。社会结构指的是群体或社会的构成部分之间相互关联的方式。"[1]陆学艺主编的《社会学》将社会结构界定为:"社会诸要素及其相互关系按照一定的秩序所构成的相对稳定的网络。"[2]综合上述理解,所谓社会结构,就一般意义而言,是指社会诸要素在相互作用过程中所形成的社会关系的稳定模式。

社会结构是社会学的一个重要范畴。在早期创始人那里,它是对生物有机体结构的类比。家庭是社会有机体的细胞,而政府、企业、教会等机构则是社会有机体的内部组织。研究社会结构,就是要了解这些细胞和组织的有机组合形式,以便说明它们是如何相互协调和维持生存的。

(二) 结构功能主义的社会结构理论

社会结构也是结构功能主义的中心概念之一。结构功能主义把社会看做各个行动者相互作用的体系,主张从静态和过程两个角度对这一体系进行研究。静态的角度即分析社会的结构,过程的角度即分析社会的功能。

该理论认为,社会中行动者所处的地位和承担的角色是社会结构最基本的分析单位,社会结构就是各个地位、角色之间稳定的关系。承担角色、参与互动的行

---

[1] 转引自李芹:《社会学概论》,济南:山东人民出版社,2009年,第55页。
[2] 陆学艺主编:《社会学》,北京:知识出版社,1991年,第184页。

动者认同于共同的价值规范体系,是社会结构得以建立和维持的前提。因此,社会结构实质上是制约特定类型角色互动的抽象规范模式。

另外,结构功能主义还把社会体系维持生存必须满足的功能要求,作为确定结构要素的依据。那些满足某项功能要求的特定部分,被看做社会体系的功能性亚体系,社会体系正是靠着若干亚体系相互依存、互为条件的关系维持其存在的。在此基础上,结构功能主义发展了关于社会结构层次性的观点。结构功能分析的基本任务就是识别社会体系的基本功能要求,以及解释由亚体系之间关系构成的社会结构是如何满足社会体系所提出的这些功能要求的。

结构功能主义在西方社会学中影响较大,不过,在 20 世纪 60 年代末,该理论因为过分强调价值的一致性、夸大了亚体系之间的整合性、忽视了社会结构的冲突而受到了批评。

(三) 马克思主义的社会结构理论

马克思主义理论主张对社会结构做广义和狭义两种理解。

广义的社会结构是指社会各个基本领域之间相互联系的一般状态,是对整个社会体系的基本特征和本质属性的静态概括,是相对于社会变迁和事实过程而言的。马克思从人类需求结构中的物质生活需求以及由此产生的物质生产活动出发,从社会生活的各个领域中划分出经济领域,从一切社会关系中划分出生产关系,并把它当做决定其他一切关系的基本的原始的社会关系,从而把社会划分为经济基础和上层建筑两大部分,科学地揭示了社会的基本结构。

狭义的社会结构是社会学研究的重点,是指由社会分化所产生的各社会地位群体之间相互联系的状态,这些地位群体主要有阶级、阶层、民族、职业群体、宗教团体等。

基于上述理解,目前关于社会结构的研究主要有以下三个角度:

(1) 从社会存在和社会发展的最基本的物质生活条件和精神生活条件的角度考察。社会的基本要素是自然环境、人口因素和文化因素,社会学并不研究这些专门领域各自的发展规律,而是综合地研究这些要素之间以及这些要素与社会整体之间的相互影响、相互作用的机制和协调发展的规律性。

(2) 从社会形态的角度考察。可以把社会的要素划分为经济基础、政治上层建筑和意识形态,社会学也不研究这些专门领域的内部结构,而是着眼于研究这些领域之间以及这些领域与社会整体之间相互影响、相互作用的机制和协调发展的规律性。

(3) 从构成社会的人群共同体的不同层次和不同类型考察。群体是社会的基本单位,是社会关系的实体。不同层次和类型的群体是社会学进一步分析的对象。社会学不仅要考察这些社会子系统的结构,而且要将它们放到整个社会系统中综合地考察其与社会的经济、政治、文化等要素之间的相互关系。

二、社会的功能

社会作为人们交互作用的特定关系体系和生活共同体,其存在对于其成员以及更为一般意义上的人类历史都具有重要作用,这就是具体探讨的社会的功能,主要表现在:

(一) 物质生活需要满足功能

物质生活需要的满足是人们生存和发展的前提,按照马克思的分析,人们只有结成一定的联系和关系,"只有在这些社会联系和社会关系的范围内,才会有他们对自然界的影响,才会有生产"。只有在社会中,人们通过劳动才能取得必要的生活资料。

(二) 整合功能

社会中人们的交往、社会各个组成部分之间的关系并不总是和谐的,可能会存在着矛盾、冲突与对立。那么,社会要得以存在和发展,就必须有一种力量或能力,将其控制在一定的范围之内,以维护社会的统一与稳定,这表现为社会的整合功能。

(三) 交往功能

社会创造了语言、文字、符号等交往工具,为人与人之间的交往提供了条件;社会也为人与人之间的交往提供了具体的场所和途径,使得交往活动能够顺利进行。社会交往是人们精神生活需要满足的前提和关键。

(四) 行为导向功能

在社会中,每个人的行为都不是任意的,都要受社会规范的约束。社会为了维持正常的秩序,也制定了一整套的行为规范,用来指导和约束成员的行为,协调彼此之间的关系。社会规范是人们行为的定型。

(五) 继承与发展的功能

时代在更替,人类社会在发展。每个时代的人们在社会中所创造的物质和精神财富通过文化的形式得以积累或继承,推动着整个人类社会的延续与发展。

第三节　社会的构成要素

社会是由诸多要素构成的,经济(生产方式)、人口、自然环境、文化等都是社会赖以存在的具有基础性的构成要素。其中,经济(生产方式)要素对社会所起的作用是决定性的、根本性的,它需要通过哲学的抽象去把握,不是社会学研究的重点。本节主要介绍自然环境、人口和文化三个基本要素。

一、自然环境

(一) 自然环境的概念

自然环境,又称为地理环境,是指与人类生存和发展密切相关的各种自然条件的总和,它包括地形、地貌、气候、土壤、山林、河流、陆地和地下矿藏、动植物等等。自然环境不等于自然界,它只是自然界的一个特殊部分,是指直接或间接地影响人类社会的那些自然条件的总和。

自然环境有时也称为生态环境,但这两个概念存在着一定区别,作为社会的生态环境,它侧重于人类与自然环境之间的相互作用。生态系统概念最早是由英国植物学家 A. G. 坦斯莱(Arthur George Tansley)提出的,指在一定的空间内,生物和非生物成分通过物质的循环和能量的流动,而相互作用、相互依存所形成的一个生态学功能单位。在人类出现时,生态系统最初表现为自然生态系统,由不包括人类在内的动物与纯自然环境构成,一般动物只能适应自然,而不能改造自然。人类出现后,情况发生了变化。人类作为生物进化的产物,并没有失去生物属性,从这一点上说,人类是自然生态系统的组成部分。但是,人又不同于一般生物。人的社会性,使作为生物个体的人的力量,变成了社会的力量。人类为满足生存和发展的需要,逐渐从接受自然界的赐予,走向对自然界的征服和改造,由此形成了以人为中心的人类生态系统,即社会生态系统。在社会生态系统中,自然环境越来越带有人类加工改造的特征,被称为生态环境。

自然环境也不同于自然资源或资源环境。根据联合国环境规划署的定义:"所谓资源,特别是自然资源,是指在一定时间、地点的条件下能够产生经济价值,以提高人类当前和未来福利的自然环境因素和条件。"资源环境可以看做自然环境的一个组成部分。一般说来,自然环境中的一切都可以看做资源,但任何一种自然物,只有在被人们认识并加以开发利用之后,才真正成为资源。资源总是与人的利用相联系。自然资源可以分为恒定资源、可再生资源和不可再生资源三大类。恒定资源包括太阳辐射、潮汐、大气、水和土地,其绝对量基本上是固定的;可再生资源是由植物、动物和微生物组成的生物资源,可再生资源因为有再生能力,在合理开发的条件下,是可以永续利用的;不可再生资源是指矿物资源,包括金属矿物和非金属矿物,开采的最后结果是走向枯竭。

(二) 自然环境与社会的关系

自然环境与社会有着密不可分的关系。一方面,社会要受自然环境的影响和制约,另一方面,社会又在改造和利用自然环境,二者相互影响、相互制约。

一方面,自然环境影响着社会的存在和发展。主要表现在:(1)自然环境影响着社会中人口的分布和密度,特别是在人类社会早期,任何一个人类生活的积聚点都出现于自然环境适宜的地方。(2)自然环境为社会提供了生产资料和生活资料的来源,这是社会赖以生存的物质前提。(3)自然环境影响着社会生产部门的布局和生产发展的方向,所谓"靠山吃山,靠水吃水",一般说来,河流三角洲地区的农业比较发达,草原广阔的地区有利于畜牧业的发展,交通便利的地区有利于发展商业和加工业。而像瑞士那样的多山而交通不便的国家,则选择发展精密度高、运输量小的钟表工业等。(4)自然环境能够影响社会发展的速度。社会的发展速度归根到底取决于生产力水平的高低,但在劳动的其他条件相同的情况下,自然条件不同,人们所创造的劳动生产率是不同的。有利的自然条件,能使人们获得较高的劳动生产率,从而促进社会的发展;相反,不利的自然条件则会延缓劳动生产率的提高,从而延缓社会的发展。总之,自然环境是社会存在和发展的必要前提,它对社会的发展过程起着重要的影响作用。

另一方面,社会也在改变和作用自然环境。人类社会一经产生,就作为一个能动的主体作用于自然环境。这种作用主要表现在:(1)人类的生产活动改变着自然环境的面貌。自然环境是人类生存的物质条件,又是人类改造的对象。在人类生产实践所涉及的范围内,自然界都在不同程度上成了"人化了的自然界"。(2)生产力的发展水平决定着人们对自然资源开发和利用的广度和深度。在人类社会早期,由于生产力发展水平低下,人类只能利用有限资源,以获取生活资料。随着生产力的发展和科学技术水平的提高,人们从自然界中获取资源的种类和范围在不断扩大,利用的程度也在不断加深。(3)不同的社会制度以及与之相应的环境政策对自然环境的利用和改造有重大影响。(4)人口规模会影响生态平衡。在一定生产力水平上,人口稀少,大批自然资源得不到利用;反之,人口增长过快,人口规模与自然资源之间就会失去平衡,甚至会危及人类的生存,产生社会危机。

总之,自然环境的状况明显要受到社会因素特别是社会发展程度的制约。随着社会的不断发展,人类改造和利用自然环境的能力在不断增强,当然,这要建立在尊重自然规律的基础上的,如果违背了自然规律,严重破坏了生态平衡,势必会遭到大自然的无情报复。

人类社会与自然环境的关系是不断变化的,大致可分为四个阶段:(1)依赖关系。距今约200万年,原始的人类出现,尽管他们会制造和利用简单的工具,通过采集和狩猎获取天然的动植物作为食物,维持生存,但此时,人类对自然环境完全是一种依赖关系。(2)顺应关系。距今约1万年,人类进入了农业社会,人类学会了栽培植物、驯养动物,食物的来源主要靠农作物和家畜、家禽来提供,但农业收成的好坏取决于自然环境的恩赐,人类更主要的是要顺应自然,此时的自然观是"天命论"。(3)掠夺关系。距今约200多年,人类进入工业社会。人类发明了机器,开始了对各种资源的掠夺性开采,此时,人类片面地强调改造自然,在自然观上奉行"改造论"。(4)和谐关系。第二次世界大战以后,随着世界人口的增长,生活水平的提高,对资源的需求猛增,于是出现了资源相对短缺的局面。到20世纪70年代初,发生了能源危机,环境污染问题日趋严重。人们开始认识到,片面追求经济增长和片面强调改造自然有可能带来灾难性后果,人类只有与环境、资源保持和谐的关系,保持生态系统的动态平衡,才有可能更好地生存和发展,此时的自然观是"协调论"。

(三)可持续发展观

20世纪70年代后,在环境问题日益突出的背景下,环境保护开始受到人们的重视,"可持续发展"概念被提出。这一概念最先是在1972年在斯德哥尔摩举行的联合国人类环境研讨会上被正式讨论。1987年,联合国世界环境与发展委员会在《我们共同的未来》报告中,首次对"可持续发展"概念作了明确阐述,得到了国际社会的广泛认同。所谓可持续发展,是指既满足当代人的需要,又不对后代人满足其需要的能力构成危害的发展。这一概念的提出彻底改变了人们传统发展观的思维方式,对建立经济、社会、资源和环境协调与持续发展的新模式充满了期待。

> **拓展阅读**
>
> **人类社会发展有极限吗?**
>
> 《增长的极限》是 1972 年著名环境组织罗马俱乐部发表的关于地球极限和人类社会发展极限的报告,该书对人类社会不断追求增长的发展模式提出了质疑和警告。当时正是世界经济特别是西方社会经历了"第二次世界大战"以来经济增长的黄金时期而达到这一轮增长的顶峰,也正处于"石油危机"的前夜,整个世界特别是西方社会所弥漫的乐观情绪远比我们在 20 世纪 90 年代时的乐观情绪更为强烈。《增长的极限》一书的问世不啻当头棒喝,本该把人们从梦中惊醒。然而,随之而来的更多是各种批判和质疑,经济学家们更是对此大加鞭挞。但是随着实践的发展,人们逐渐发现人类在许多方面已经超出了地球的承载能力之外,已经超越了极限,也的确出现了一些令人担忧的危险征兆,例如粮食短缺、气候变暖、臭氧层被破坏等。正是这些因素的影响,1992 年召开了第一次全球环境与发展峰会,尽管会议没有取得什么真正有意义的成果,但从那以后,国际社会对资源与环境问题的忧患意识明显增强,努力实现可持续发展逐渐成为国际社会的共识。
>
> 摘编自李涛:《〈增长的极限〉译者序》,北京:机械工业出版社,2006 年。

二、人口

人是社会的主体,没有人就没有社会。人口因素与社会也是相互影响、相互制约的关系。人口是社会学研究的重要内容。

(一) 人口的基本概念

所谓人口,是指在一定时间、一定地域范围内,由一定社会关系联系起来的、具有一定数量和质量的有生命的个人所组成的总体。

人口同时具有自然属性和社会属性。其自然属性表现在,人是自然界的一部分,是自然界长期发展的产物。作为自然界的一个物种,它具有生物的出生、成长、衰老、死亡的生命过程,具有生物的有机体组织以及生理机能、生理需要、遗传变异等特征。人口的自然属性是人口存在和发展的基础;人口的社会属性表现在,人口总是处在一定的社会关系中,"是一个具有许多规定和关系的丰富的总体"[①]。人类个体不是孤立的存在物,它总要与其他个体或社会组织结成一定的社会关系,

---

[①] 《马克思恩格斯选集》第 2 卷,北京:人民出版社,1995 年,第 18 页。

"人口即在一定关系中进行生产的人口"①,社会属性是人口的本质属性。

人口兼具数量和质量两方面特征。人口数量是指人口总体的量的规定性,主要反映人口规模,包括人口总数、人口的各种组合数、人口密度、性比例、出生率、死亡率等。人口数量可以通过统计的方法准确地得到。人口质量,也称人口素质,包括身体素质、智能、文化素质和思想道德素质等方面。

(二) 人口状况

人口状况也就是人口的基本情况,可以从静态和动态两个方面进行考察。

从静态方面主要考察某一时点上的人口数、人口密度和人口构成。人口构成又分为自然构成、社会构成和地域构成三个方面:人口的自然构成是指人口在年龄、性别等自然属性方面的结合状况,包括年龄构成、性别构成等;人口的社会构成是指人口在某一社会属性方面的结合状况,包括民族构成、阶级构成、职业构成、文化教育程度构成、宗教信仰构成等;人口的地域构成既包括人口的空间分布如自然地理分布、行政区域分布等,又包括与地域特征有关的人口构成,如出生地构成、常住地构成、现住地构成等。

从动态方面主要考察人口在一定时期内的变动情况。人口变动可分为自然变动、机械变动和社会变动。人口的自然变动是指因人口出生与死亡而引起的人数增减变动,其绝对数为一定时期内人口出生数和死亡数之差。人口的机械变动是指人口在空间上的移动,是因人口的地区迁移而引起的人数的增减变动,其绝对数为一定时期内迁入人口数和迁出人口数之差。一个社会或地区的总人口总是有生有死、有进有出,从而使它在数量上表现为一个变化的过程。某一地区在一定时期内人口的数量变化可以通过下列公式来计算:$P_t = P_0 + (B - D) + (I - E) + e$,公式中 P_t 指某一特定时间阶段结束时的人口总数,P_0 指这一阶段开始时的人口数,B、D 分别指这一时间段的出生人数和死亡人数,I、E 分别指这一时间段的迁入和迁出人数,e 表示人口统计时的误差。人口的社会变动是指人口各种社会结合状况的变动,如职业变动、阶级结构变动等。

(三) 人口与社会的相互依存关系

人口与社会的相互依存关系主要表现在三个方面:

首先,任何社会的存在和发展都必须以一定数量的人口的存在为前提。没有一定数量的人口,也就没有在物质生产活动基础上相应的社会关系体系,也就没有

---

① 《马克思恩格斯全集》第46卷上册,北京:人民出版社,1979年,第38页。

社会的存在。正如马克思所言:"全部人类历史的第一个前提无疑是有生命的个人的存在。因此,第一个需要确认的事实就是这些个人的肉体组织以及由此产生的个人对其他自然的关系。"①

其次,人口的数量和质量对社会发展起着重要的影响作用。一般说来,人口的数量存在着一个适度的问题,过多与过少都对社会的发展不利。当然这一适度点的确定本身要受社会发展状况的制约。人口既是生产者,又是消费者。作为消费者,其总量和增长速度要同社会所拥有的生活资料的总量和增长速度相适应;作为生产者,其总量和增长速度要同社会所拥有的生产资料的总量和增长速度相适应。人口数量过多或人口增长过快,都会形成人口与生产和消费的矛盾。表现为:经济的增长为新增的人口消费所削弱或抵消,从而降低经济的投入,减缓经济发展的速度;现实的和潜在的劳动力供给过剩,使人口与生产资料的关系恶化,进而阻碍技术的进步;人均消费水平低下,生活质量的提高缓慢,教育的投入赶不上人口的增长,从而阻碍人口质量的提高等等。反之,如果人口过少甚至负增长也会导致一系列的社会问题,如人口老龄化、劳动力供给不足、抚养比上升、消费需求的减少和市场的萎缩等。关于人口质量对社会发展的作用,一般说来,人口的质量越高,越会对社会发展起积极的推动作用;人口质量越低,对社会发展越不利。在现代社会中,提高人口质量越来越成为推动生产发展和社会进步的首要条件。

最后,人口的状况不仅要受自然因素的制约,而且更重要的是要受社会因素的制约。社会的经济、政治、婚姻家庭、科学技术、教育、文化观念等因素都对人口有着重大的制约作用。(1)经济发展是制约人口过程的决定性因素。生产力为整个社会的人口提供了物质生活保证,它决定着人口的需要量和可能的最高数量界限;生产力的发展、生活水平的提高,使死亡率呈逐渐下降的态势;从一个长远的趋势来看,生产力的发展,特别是由此带来的社会保障水平的提高等,会使生育率呈下降趋势。(2)政治制度稳定、社会生活安定,会有利于人口的增长;反之,政治制度不稳定、社会生活不安定,甚至发生战乱,就会抑制人口的增长甚至造成大批人口死亡。另外,一定政治制度下的政府会通过一定的人口政策,对人口过程进行干预,使人口朝着社会所希望的方向发展。(3)与动物的增殖只是两性的简单结合的结果不同,人类增殖需通过一定的婚姻制度,在家庭中实现。所以,社会的婚姻家庭状况对人口过程有着直接的影响。例如从生育动机来看,在传统社会中,人们结婚多是为了生孩子;而在现代社会中,人们结婚则是为了寻求生活伴侣。从家庭功能来看,在传统社会中,家庭具有生产功能,往往具有较高的生育率;而在现代社

---

① 《马克思恩格斯选集》第1卷,北京:人民出版社,1995年,第67页。

会中,家庭功能日益简单化,多子女所带来的家庭经济优势日益被削弱,因而人们也就倾向于少育、优育。从家庭成员的关系来看,在传统社会中,生育的决策者往往是家庭中的男性长者,随着现代社会妇女地位的提高,生育决策往往由夫妇共同决定,于是,夫妻关系成为家庭成员中影响生育率的最重要因素。(4)科学技术的进步与经济的发展也是导致死亡率下降的决定因素。另外,各种节制生育的手段和措施越来越有效和简单易行,使得性生活与生育可以分开,从而影响人口出生率。(5)人的受教育程度与人口的出生率也有很大的关系,一般说来,这两者成反比例关系,即受教育程度较高的群体生育率较低;受教育程度较低的群体,生育率较高。(6)传统习俗、道德观念、社会心理以及宗教观念等都对人口出生率有一定影响。如中国传统的男尊女卑、传宗接代、多子多福等旧观念,长期以来一直支配着人们生育观,但现在一些青年人中奉行的个人利己主义和享乐主义思想在一定程度上会影响他们的生育意愿。总之,影响人口过程的社会因素是多方面的,要使人口过程成为自觉控制的过程,就必须研究和分析影响人口过程的各种社会因素,探讨人口发展变化的规律性,从而找到有效控制人口过程的措施和手段。

(四) 人口社会思想简介

1. 马尔萨斯的人口抑制论

T. R. 马尔萨斯(Thomas Robert Malthus)是西方近代人口研究的先驱,1798年他匿名出版了《论影响社会改良前途的人口原理,并论葛德文、孔多塞和其他作家的推测》,简称《人口原理》。1803年以真名出版第二版。

在这部著作中,马尔萨斯从两个抽象的前提出发论述其人口理论:(1)食物为人的生存所必需;(2)两性之间的情欲是必然的,由此带来了人口数量的增加。他认为,人口在无妨碍的情况下会以几何级数增长,而生活资料只能以算术级数增长。当人口增长超过生活资料的增长时,就会导致饥荒、瘟疫、战争的发生,从而使死亡率上升,出生率下降,抑制人口的增长,从而使人口与生活资料保持平衡。马尔萨斯将其理论归结为三个命题:(1)人口增加必然受生活资料的限制;(2)生活资料增加,人口必然增加;(3)占优势的人口增加力为饥荒、瘟疫、战争所抑制,致使现实人口与生活资料相平衡。在《人口原理》第二版中,他除了强调饥荒、瘟疫、战争等抑制人口增长之外,又提出了所谓道德抑制即推迟结婚、无力抚养子女者要终身不婚不育。

马尔萨斯的理论较早地、系统地论述了人口增长与生活资料增长以及社会发展之间的制约关系,这对于人们重视认识人口发展的规律、自觉保持人口与社会的协调,具有积极的意义。但是他的理论也存在着明显的局限,它抛开社会制度,抽象地从生物属性和脱离现实的假说来说明人口规律,没有看到社会生产方式对人口的决定作用。实际上,"不同的社会生产方式,有不同的人口增长规律和过剩人口增长规律,过剩人口同赤贫是一回事,这些不同的规律可以简单地归结为同生产条件发生关系的种种不同方式,或者就活的个体来说,可以简单地归结为同他作为社会成员(因为他只能在社会中从事劳动和占有)的再生产条件发生关系的种种不同方式"①。

2. 适度人口论

该理论主要探讨一个国家在现有的资源、经济、科学技术水平下最适宜的人口规模,又称为"适中人口论"或"最优人口论"。

最早系统论述适度人口思想的是英国的 E. 坎南(Edwin Cannan),其代表作是 1914 年出版的《财富论》。他认为,适度人口是处于"最大收益点"的人口规模。二战后,法国人口学家 A. 索维(Alfred Sauvy)在《人口通论》一书中发展了这一理论,其基本观点是:(1) 所谓"适度人口就是以最令人满意的方式达到某项特定目标的人口"②。他把如下 9 个方面列为可能的特定目标:个人福利、增加财富、就业、实力、健康长寿、文化知识、福利总和、寿命总和、居民人数等。在这些目标中,他认为最重要的是对个人福利的考虑。他把获得最大福利的人口称为"经济适度人口",把一国达到最大实力时的人口称为"实力适度人口"。(2) 主张对适度人口从静态研究发展到动态研究,他把适度人口的概念扩展到探讨适度人口增长率。(3) 主张联系影响人口变动的经济、社会因素进行探讨,提出应采取的措施,以防止人口的过剩和不足。

从理论上讲,适度人口是存在的,但它难于精确计算,也不可能实现,因此这一理论带有抽象性。

3. 人口转变论

人口转变论又称人口过渡论,主要是对人口变化的趋势进行描述。人口转变论的创始人是法国人口学家 A. 兰德里(Adolphe Landry)。他最先分阶段论述人口转变,认为人口存在一个从高出生和高死亡到低出生和低死亡时期的转变过程。他把生产看做影响人口变动的主要因素。

20 世纪西方人口转变论的主要代表人物是美国人口学家 F. W. 诺特斯坦(Frank W. Notestein),其代表作是 1953 年写成的《人口经济学与食物供给》。他把农业社会向工业社会过渡的人口转变过程分为四个阶段并对每个阶段的特点作

---

① 《马克思恩格斯全集》第 46 卷下册,北京:人民出版社,1980 年,第 104 页。
② 〔法〕A. 索维著,查瑞传等译:《人口通论》,北京:商务印书馆,1978 年,第 53 页。

了分析:(1)在前工业化时期,人口的出生率和死亡率较高,人口自然增长率较低。(2)在初期工业化阶段,科技的发展使死亡率下降,而出生率仍保持在较高水平上。(3)在进一步工业化阶段,工业化的初步成就使死亡率进一步下降,出生率也开始下降,但降速慢于死亡率,人口自然增长率达到了最高水平。(4)在后工业化时期,经济发达和高水平的生活,促进了人的生育观的模塑和转变,人口的出生率和死亡率都降到了很低水平,人口自然增长率很低,甚至趋于零增长或出现负增长。

4. 马寅初的新人口论

20世纪50年代,面对我国人口多、增长快与经济发展之间的矛盾,许多社会科学工作者对人口进行了研究,如社会学家陈达、陈长蘅、孙本文、吴景超、费孝通等都提出了各自的见解,试图探讨我国的适度人口问题,指出人口增长过快不利于解决就业问题和改善人民生活,建议采取相应的社会政策来控制我国人口的增长。其中,以经济学家马寅初提出的"新人口论"最具代表性。

1957年7月5日,马寅初在《人民日报》上发表了《新人口论》一文。这篇文章是他在第一届全国人民代表大会第四次会议上的书面发言。文章明确提出,中国人口增殖太快,人口问题十分严重,我国人口问题主要是"人口多,资金少"的矛盾。马寅初在文章中列举并分析了人口问题引发出来的种种矛盾:人口发展的快和多与资金积累的慢和少的矛盾,人口迅速增长与生产设备不足的矛盾,人口迅速增长与工业原料增长之间的矛盾,人口增长与粮食增产的矛盾,人口发展与就业之间的矛盾,人口发展与教育事业落后的矛盾,人口增长与科学技术水平之间的矛盾以及人口增长与提高人民生活水平之间的矛盾等,那么,怎样解决上述矛盾呢?马寅初认为,其根本途径就是发展生产,提高人口的质量,控制人口的数量。为此他主张实行计划生育,提倡晚婚晚育,定期举行人口普查,广泛宣传控制人口增长的必要性,并运用行政和经济手段推行计划生育。

实践证明,马寅初先生的主张是合理的,但不幸的是,这些合理的主张却被当做马尔萨斯人口抑制论的翻版而受到了严厉批评,使得当时中国人口数量快速增加的问题没有得到及时控制,带来了后来一系列社会问题的发生。

三、文化

人类社会改造环境和自身的同时创造了文化。文化是人类所特有的现象,没有文化,就没有社会。

(一) 文化的含义与特征

在中国古籍中,"文化"是"文治教化"的意思,指用一定的道德、礼乐去教化百姓。如汉代的刘向在《说苑》中讲:"凡武之兴,谓不服也,文化不改,然后加诛。"在西方,"文化"一词,英文为 culture,来源于拉丁文 cultura,原意是指农耕和对植物的栽培。15世纪以后,逐渐引申为将对人的品德和能力的培养也称为文化。

关于文化的含义,人们的理解是多种多样的。在学术上,最早对"文化"明确定义的是英国人类学家 E. B. 泰勒(Edward Bernatt Tylor),他在 1871 年出版的《原始文化》中指出,据人种志学的观点来看,文化或文明是一个复杂的整体,它包括知识、信仰、艺术、伦理道德、法律、风俗和作为一个成员的人通过学习而获得的任何其他能力和习惯。泰勒的定义是描述性的,他只是指出文化包括什么,并没有回答文化是什么,而且将文化仅仅界定为精神文化。另一位英国人类学家马林诺夫斯基(Bronislaw Kaspar Malinowski)发展了泰勒的定义,他于 20 世纪 30 年代著《文化论》一书,认为文化不仅包括人的观念形态,还包括由人造出来的器物,还特意把社会组织也看做文化的一部分。马林诺夫斯基把文化区分为物质的和精神的两部分,认为物质的是指"已改造了的环境",精神的是指"已变更了的人类有机体"。英国人类学家 A. R. 拉德克列夫—布朗(Alfred Reginald Radcliffe-Brown)试图从社会结构体系方面来解释文化,他认为,文化只有在社会结构发挥功能时才能显现出来,如果离开社会结构就观察不到文化。法国人类学家列维—施特劳斯(Claude Levi-Strauss)从行为规范和模式的角度给文化下定义。英国人类学家 R. 弗思(Raymond Firth)认为,文化就是社会,社会是什么,文化就是什么。当然,关于文化的定义还有很多,1952 年美国人类学家 A. L. 克罗伯(Alfred Louis Krober)和 K. 克拉克洪(Klyd Cluckhohn)在《文化:一个概念定义的考评》一书中,统计了 1871~1951 年间关于文化的 164 种定义,并提出了他们自己的看法:"文化存在于各种内隐的和外显的模式之中,借助符号的运用得以学习和传播,并构成人类群体的特殊成就,这些成就包括他们制造物品的各种具体式样,文化的基本要素是传统(通过历史衍生和由选择得到的)思想概念和价值,其中尤以价值观最为重要。"[1]这一定义为现代西方学者所接受。

现在,关于文化的含义一般界定为:文化是与自然现象不同的人类社会活动的全部成果,包括人类创造的一切物质和非物质的东西。

根据上述关于文化的界定,文化具有如下几方面特征:

---

[1] 参见《中国大百科全书·社会学卷》,北京:中国大百科全书出版社,1991 年,第 409 页。

(1) 文化是在人们社会生活中创造出来的并可以通过学习获得的。未经改造的自然物和生来具有的不需要学习的先天遗传本能都不是文化。

(2) 文化是一个群体或社会全体成员共同享有的,而不是个人所独有的。"社会学家与人类学家对文化的共同定义是,文化是人类群体或社会的共享成果,这些共有产物不仅仅包括价值观、语言、知识,而且包括物质对象。"[①]任何一种人类创造,只有当它得到社会的承认时,才能成为文化。

(3) 文化具有传递性。这种传递性既表现为在横向上的文化传播,也表现为在纵向上的文化继承。如果没有传递性,也就无法实现文化的社会共享。

(4) 文化具有变迁性。文化不是静止不动的,而是时刻处于变化之中。在研究文化变迁的特性时,美国社会学家 W. F. 奥格本(William Fielding Ogburn)提出了"文化堕距"理论。该理论认为,文化在发生变迁时,其相互依赖的各组成部分的变迁速度是不一致的,有的部分变化快,有的部分变化慢,结果就会造成各部分之间的不平衡和差距。该理论认为,一般说来,总是"物质文化"先于"非物质文化"发生变迁,就非物质文化而言,一般说来总是制度首先变迁,或变迁速度较快,其次是风俗、民德变迁,最后才是价值观念变迁。

(5) 文化是多样性和共同性的统一。一方面,文化都是具体的、特殊的,不同时期、不同地区的文化具有差异性,从而表现为文化多样性。如果看不到文化的多样性,就会走向种族中心主义,即以自己民族的价值标准去判断别的民族发生的一切,以我族为中心。另一方面,文化又具有共同性,正因为文化具有共同性,所以不同文化之间才可以进行交流和沟通。如果看不到不同文化之间具有共同性的一面,就会导致文化相对主义,它认为各种不同的文化之间是不能评价和比较的。种族中心主义和文化相对主义在处理不同文化之间的关系时都是片面的。

(二) 文化的构成

文化是一个复杂的总体,其构成要素大致可以分为四类:

第一,物质要素。即文化的物质部分,包括人类改造的自然环境和人类创造出来的一切物质产品,如建筑物、水坝、公园、器皿、衣服等。其中以生产工具最为重要。改造自然所使用的生产工具,反映了人的需要和技术发展水平,也反映了人类改造自然的能力,因此,它在文化的各种物质要素中具有核心地位。

---

① 〔美〕D. 波普诺著,李强等译:《社会学(第十版)》,北京:中国人民大学出版社,1999 年,第 63 页。

第二，精神要素。即观念文化，包括哲学、科学、宗教、艺术以及各种思想观念，其中以价值观念最为重要，它是观念形态文化的核心要素。价值观念是一个社会的成员评价行为和事物以及从各种可能的目标中选择何以目标的标准。它是在社会共同生活中培养起来的，所以一个群体或社会形成大体一致的价值观，它决定着这个群体或社会特有的生活式样。

第三，规范体系。规范是人们行为的准则，其表现形式多种多样，既有约定俗成的风俗习惯以及道德等，也有正式的、明文规定的法律、规章制度等。规范是人们在社会互动过程中根据需要制定出来或衍生出来的，它是一定价值观念的具体化。各种规范互相配合共同调节人们各种行为，以维护社会秩序。规范是一个群体和社会文化的外部表现。

第四，语言和象征符号。语言是一种精致的符号，符号是一种无声的语言，二者具有共同的特征即表意性，它们在人类的社会交往活动中起着沟通的作用，而人类只有沟通和互动才能创造文化。另外，语言和象征符号还是文化积淀和储存的手段。文化的各方面特别是精神和规范文化，只有通过语言和象征符号才能反映和传授、继承和传递。能够使用语言和象征符号从事生产和社会活动，创造丰富多彩的文化是人类特有的属性。

(三) 文化的类型区分

根据不同标准，可以对文化作多种类型划分。

1. 物质文化和非物质文化

从文化构成的角度，可以将文化从总体上区分为物质文化和非物质文化两大类。物质文化也就是文化的物质部分，除此之外，可以统称为非物质文化。

2. 主文化、亚文化和反文化

这是根据文化在社会中的地位和作用而作的区分。主文化是在社会中占主导地位、为社会上多数人所接受的文化。主文化对社会上大多数成员的价值观、行为方式、思维方式影响极大。亚文化指在社会中不占主导地位、仅为社会上一部分成员所接受的或为某一社会群体特有的文化。从发展的角度看，主文化与亚文化的区分不是绝对的，二者在一定条件下可以互相转化。

在一般情况下，主文化和亚文化并不抵触和对抗，二者可以共存，如我国汉文化和各少数民族文化之间的关系。但有时主文化和亚文化也有可能相互对立、相互排斥。当亚文化处于与主文化相对立的地位时，它就成了反文化，表现为对现存主文化的抵制和对抗。反文化并不都是应当否定的，这要看它是否代表着社会的发展方向,是否有利于推动社会的进步,如20世纪初,我国的新文化运动提倡科学、民主,反对封建专制、旧礼教,这种反文化具有进步意义,应当得到肯定。

3. 评比性文化和非评比性文化

这是从文化比较的角度而对文化所作的区分。所谓评比性文化是指有好坏、高下之分的文化,这种文化的价值一般比较容易鉴别。如先进的科学技术,奋斗、进取的精神,互助、正义的道德规范等都是社会所崇尚的优性文化,而吸毒、卖淫、赌博、思想颓废等则属于劣性文化。所谓非评比性文化,也称作中性文化,是指在文化比较中没有明显的优劣、高下之分的文化。这类文化多与人们的行为方式、习惯、风俗相联系。属于这类文化的有:庆典方式、拜访方式、赠礼方式以及礼仪、禁忌、姿态等等。

(四) 文化的内部结构

任何一个社会的文化都是一个系统的整体,对于这一系统,可以从三个层次上分析其内部结构。

第一,文化特质。又称为文化元素,它是组成文化的最小单位,能够独立地发挥一定的文化功能。由于最小单位的确定是相对的,故文化特质亦有其不确定性。如果将文化特质界定为文化的一个最小的功能单位,把它视为一个较大的文化复合体的基本元素,则只有能够发挥一定文化功能的元素才是文化特质,而组成它的更小的元素就不能视为文化特质。如在茶文化中,一只茶杯是文化特质,而制造茶杯用的原料则不是文化特质。

第二,文化集丛。又称为文化丛,它是由功能上相互联系的一组文化特质组成的一个更大的文化功能单位。如我国春节的民间庆祝活动可以视为一个文化丛,在庆祝活动中,各种文化特质以一定方式结合起来,放爆竹、贴春联、吃饺子、串亲戚等。文化集丛是文化具体表现的一个方面,而不是文化的全部。

第三,文化模式。它是指各种文化特质和文化集丛在功能上互相关联、相互依存而构成的文化整体。它可以指一个国家或民族的文化模式;也可以指一种具有独特特征的地域性文化;也可以指一种更大范围的跨民族地域文化,甚至不同社会群体都可以有其特殊的文化模式。研究文化模式可以获得对于一定社会文化的总体认识。

(五) 文化的功能

文化在社会中发挥着重大作用,对此可以从三个层面上分析:从个人层面上,文化起着塑造个人人格、实现社会化的功能；从团体层面上，文化起着目标、规范、意见和行动整合的作用；从整个社会层面上，文化具有社会整合和社会导进作用。以上三个层面的功能发挥是相互联系的。

文化的社会整合功能是民族团结和社会秩序的基础，主要表现在：(1) 价值整合。一个社会中的人们，价值观会有差异，但经过统一的文化熏陶，必然在社会生活的基本方面形成大体一致的观念。例如被一个社会文化肯定的事物与行为，必定是社会绝大多数成员所追求的，被社会文化所否定的事物或行为，也是为大多数人所鄙弃的。(2) 规范整合。规范因价值需要而产生，文化的整合使之系统化和协调一致，并内化为个人的行为准则，进而将社会成员的行为纳入一定的轨道和模式，以维持一定的社会秩序。(3) 社会结构整合。社会是一个多元的结构，它由众多互相分离而又互相联结的部分和单位组成，每一个部分和单位都具有自己的功能，但这种功能的发挥，必须和其他部分的功能联结起来才能实现，才能对整个社会的运行发挥作用。

文化的社会导进功能，表现为文化对于社会发展和社会进步的基础与推动作用：(1) 已有的文化为社会的进步提供必要的基础；(2) 文化能使社会系统的各部分和社会发展的不同阶段，在社会进步的过程中做到协调配合；(3) 文化作为逐步积累的文化遗产，能使社会进步的成果得到不断巩固。

当然，文化并非在任何时候都发挥着正向功能，有时它也会破坏社会体系的均衡，阻碍着社会的进步，这是文化的反向功能。文化的反向功能一般在两种情况下发生：一是发生于文化滞后时，因为存在着"文化堕距"，那么文化的滞后部分对于整体功能的发挥是非整合的反向功能；二是发生于一些反文化之中，一些对社会发展起消极作用的反文化所发挥的功能，对于整个文化来说也是反向的。

本章小结

1. 马克思主义的社会观科学地揭示了社会的本质。社会是人们交互作用的产物，社会的发展和更替，是一个自然的历史的过程。

2. 在社会学发展历史上，社会学家对社会现象进行研究，主要有四种基本视角：宏观与微观、整体与个体、均衡与冲突、结构与过程。

3. 社会是一个复杂的整体，各个部分之间存在着相对稳定的关系模式，这表现为社会结构；社会一经形成就会发挥特定的作用，这表现为社会的功能。

4. 社会的功能主要表现在：物质生活需要满足功能、整合功能、交往功能、行为导向功能、继承与发展的功能等。

5. 社会是由诸多要素构成的,经济(生产方式)、人口、自然环境、文化等都是社会赖以存在的具有基础性的构成要素。

6. 自然环境与社会有着密不可分的关系。一方面,社会要受自然环境的影响和制约;另一方面,社会又在改造和利用自然环境,二者相互影响、相互制约。

7. 人是社会的主体,没有人就没有社会。人口因素与社会也是相互影响、相互制约的关系。任何社会的存在和发展都必须以一定数量的人口的存在为前提;人口的数量和质量对社会发展起着重要的影响作用;人口的状况不仅要受自然因素的制约,而且更要受社会因素的制约。

8. 人类社会改造环境和自身的同时创造了文化。文化是人类所特有的现象,没有文化,就没有社会。

主要术语

社会(Society):社会是人类生活的共同体,是以特定物质资料生产活动为基础,人们相互交往、相互作用而形成的关系体系。

社会唯名论(Social Nominalism):认为社会是具有同样特征的许多人集合的名称,是单纯的空名,而非实体,只有个人才是真实的存在。

社会唯实论(Social Realism):认为社会是超越人类个体的客观存在物,是真实存在的实体,它先于个人而存在,并且事先规定了个人的存在。

社会结构(Social Structure):就一般意义而言,是指社会诸要素在相互作用过程中所形成的社会关系的稳定模式。

自然环境(Natural Environment):又称地理环境(Geographical Environment),指与人类生存和发展密切相关的各种自然条件的总和。

可持续发展(Sustainable Development):既满足当代人的需要,又不对后代人满足其需要的能力构成危害的发展。

人口(Population):在一定时间、一定地域范围内,由一定社会关系联系起来的、具有一定数量和质量的有生命的个人所组成的总体。

文化(Culture):与自然现象不同的人类社会活动的全部成果,包括人类创造的一切物质和非物质的东西。

文化堕距(Culture Lag):由美国学者威廉·奥格本提出,指文化在发生变迁时,其相互依赖的各组成部分的变迁速度是不一致的,由此会造成各部分之间的不平衡和差距。

主文化(Main Culture)：在社会中占主导地位、为社会上多数人所接受的文化。

亚文化(Subculture)：在社会中不占主导地位、仅为社会上一部分成员所接受的或为某一社会群体特有的文化。

反文化(Counterculture)：与现存主文化抵制和对抗的文化。

文化特质(Cultural Trait)：文化组成的最小单位，能够独立发挥一定文化功能。

文化集丛(Cultural Complex)：由功能上相互联系的一组文化特质组成的一个更大的文化功能单位。

文化模式(Cultural Pattern)：各种文化特质和文化集丛在功能上互相关联、依存而构成的文化整体。

练习题

1. 讨论人口、自然环境对于人类社会发展的影响作用。
2. 《菊与刀》是美国人类学家本尼迪克特的代表作之一，书中对日本社会和日本民族性格做了剖析，"菊"是日本皇室的家徽，"刀"是日本武士道精神的象征，作者用"菊"与"刀"来形容日本人的双重性格。请从文化构成要素的角度分析作者的观点。

思考题

1. 谈谈你对社会本质的理解。
2. 简述社会的基本特征。
3. 如何把握社会研究的各个基本视角。
4. 简述人口对社会发展的影响。
5. 简述文化的功能。

阅读文献

1. 〔日〕横山宁夫著，毛良鸿等译：《社会学概论》，上海：上海译文出版社，1983年。

2.〔英〕安东尼·吉登斯著,李康,李猛译:《社会的构成》,上海:三联书店,1998年。

3.〔法〕皮埃尔·布迪厄,〔美〕华康德著,李猛,李康译:《实践与反思:反思社会学导引》,北京:中央编译出版社,2004年。

4.《中国大百科全书·社会学》,北京:中国大百科全书出版社,1991年。

第四章 人的社会化

社会化一词在社会生活中被广泛地应用。但社会学所探讨的社会化是人的社会化,其含义不同于生产社会化、后勤社会化等。那么什么是人的社会化,人的社会化的条件和过程是什么,与人的社会化紧密联系的社会角色的含义是什么,就成为本章所要探讨的主要内容。

第一节 人的社会化概述

社会化对于每个人的生存和发展都具有重要的意义,也是每一个生活在社会中的人必须要经历的过程。

一、社会化的界定

社会学所探讨的社会化,有着特殊的含义,此种含义在侧重点与关注点方面与其他学科存在差别。首先介绍一下不同的学科对社会化的理解。

表 4-1　　　　　　　　不同学科对社会化的理解比较表

学科	对社会化的理解
社会学	侧重:人与社会的互动和社会对人的规范作用
	关注:社会规范内化、社会角色形成
文化人类学	侧重:文化继承,把社会化看成文化的延续和传递的过程
	关注:民族文化模式对其成员人格、社会行为的影响
教育学	侧重:社会系统化教育过程对人的社会影响
	关注:个体适应社会和社会影响个体发展的教育体制设计
社会心理学	侧重:个体社会化,强调个人与社会环境的相互作用
	关注:个体特点、学习经验和人格差异在社会化中的作用及社会心理经验在自我形成中的影响

(资料来源:金盛华.《社会心理学》,北京:高等教育出版社,2005年,第59页)

可以看出,社会学者是从人与社会互动的角度来考察社会化的,并关注到此种社会化过程中社会规范得以内化,社会角色得以形成。不过在此出现了三个方面的问题:(1)社会化的时间问题,即人的社会化是在一定时间段内就能完成还是贯穿个人一生?(2)社会化的主体问题,即人的社会化的主体是个体还是群体或者其他?(3)社会化的内容问题,即人的社会化涉及哪些内容?

(一) 社会化的时间

关于社会化的时间问题,20世纪50年代前后是有截然差别的。20世纪50年代以前,社会化主要是以少年儿童为研究对象,所以社会化的过程就是指个体在未成年期所经历的学习的过程,个体到了成年期之后,社会化的过程也就完成了,即社会化是个体实现从"生物人"向"社会人"的转变,社会化是在一定时间段内即可完成的。20世纪50年代以后,社会化的研究对象开始拓展,不仅关注少年儿童从"生物人"向"社会人"的转变,而且还关注成年人的社会化,认识到社会化是一个长期而复杂的过程,其中涉及学习、内化社会价值标准,学习角色技能,适应社会生活等,社会化贯穿人的一生。

(二) 社会化的主体

近年来,随着社会化研究的深入,社会化的主体也发生了变化,社会化扩大了个体概念的内涵。如果说以往的社会化研究中的"个体"一般指处于不同年龄阶段的生物意义上的个体,即我们在日常生活中常见的一个个具体的人,那么现在"个体"的内涵不仅仅包括具体的个人,还可以扩展为社会意义上的群体或单元。社会化主体的拓展,导致越来越强调社会化的社会意义。在以往的研究中,关注的是社会化对于个体的意义,忽视了社会化的社会意义,即社会化对于整个社会良性运行和协调发展所具有的意义,而现在这两个方面的意义均受到了重视。

(三) 社会化的内容

从社会化研究的历史看,社会学研究社会化主要有三个角度:个性发展的角度、文化的角度和社会结构的角度,不同的研究角度侧重点各有不同。

一是从个性发展的角度对社会化进行研究。社会化被认为是人的个性的形成与发展的过程,社会人就是经由社会化过程而形成的有个性的人。此种研究角度属于社会心理学的立场。其研究历史最悠久,影响也最深广,代表人物有美国社会学家C. 库利和美国社会心理学家G. 米德等。

二是从文化角度对社会化进行研究。社会化被看做文化传递和延续的过程,社会化的实质是社会文化(核心是价值标准)的内化。其属于社会学研究中的文化学派。代表人物有W. 萨姆纳、W. 托马斯(William Isaac Thomas)和W. 奥格本(William Fielding Ogburn)等。特别值得一提的是W. 奥格本,他十分重视对社会现象中文化因素的探讨,系统确立了社会化研究的文化角度,并且为社会化提出了重要的解释:人的社会化过程就是接受时代积累的遗产,保持社会文化的传递和社会生活的延续。

三是从社会结构的角度对社会化进行研究。社会化被看做是使人变得具有社会性的过程,结果是培养合格的社会角色。代表人物有美国社会学家S. 萨金特(Stefanie Sargent)和T. 帕森斯等。其中萨金特在20世纪50年代出版的《社会心理学:综合的解释》一书中,首次把角色概念引入到社会化研究中,认为社会化的本质就是角色承担。帕森斯则进一步发展了此观点,认为社会化过程就是角色学习的过程,在此过程中,个体逐渐了解自己在群体和社会结构中的地位,领悟并遵守群体和社会对这一地位的角色期待,并学会如何顺利地完成角色义务。社会化的功能在于维持和发展社会结构。

基于此,可以认为,社会化是"个体通过与社会交互作用,学习社会技能与规范,适应社会生活,创造社会文化,成长为社会人的过程"[1]。对于这个概念需要从三个方面把握:(1)从时间上看,社会化贯穿于人生发展始终的过程;(2)从主体上看,个体有着多重含义,不仅指涉个人,还包括一个群体、某个单元或者某种文化传统,与之相对应的是,社会化既是社会对个体的影响、教化与控制,又是个体参与社会,对社会产生影响并发挥作用的过程;(3)从内容上看,社会化要求社会成员必须学习与掌握社会的文化遗产,同时还要创造新的文化。

拓展阅读

狼孩——错失社会化的结果

2007年,俄罗斯警方在俄罗斯中部一个山区发现一名"狼孩",他具有狼的生活习性:像狼那样嗥叫,像狼那样吃东西,手指甲和脚趾甲就像狼爪,而且爱咬人(下图为狼孩以及他与狼爪相似的脚趾甲)。从小被狼攫取并由狼抚育长大的人类幼童,被称为"狼孩",他们的生活习性和行为方式与狼一样,对人类同样充满危险。

---

[1] 李芹:《社会学概论》,济南:山东大学出版社,2009年,第98页。

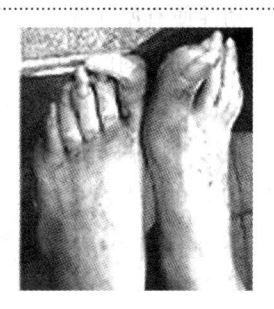

其实，这类狼孩的例子在俄罗斯并不罕见，据说有很多不幸的孩子被父母抛弃，又很幸运地被狼群收养照料。他们被称为"莫格利"，是根据迪士尼《森林王子》中的主角名字而来的。这些"莫格利"大多用四肢行走；白天睡觉，晚上出来活动，怕火、光和水；只知道饿了找吃的，吃饱了就睡；不吃素食而要吃肉，并且不用手拿，放在地上用牙齿撕开吃；他们不会讲话，每到午夜后像狼似的引颈长嚎；大多数"莫格利"的智力只相当三四岁的孩子。此外，人们还发现过熊孩、豹孩、猴孩以及绵羊所哺育的小孩。他们也和狼一样，具有抚育过他们的野兽的那些生活习性。

资料摘编自李金良：《莫斯科惊现狼孩　手脚像狼爪常嗥叫》，http://tech.sina.com.cn/d/2007-12-22/09071930129.shtml。

二、社会化的特征

社会化的特征包括社会强制性与个体能动性的统一、终身持续性与阶段性的统一、正向性与反向性的统一。

（一）社会强制性与个体能动性的统一

社会化过程是人类社会的文化、规范等对新生人口、移民等进行教化的过程，强迫他们接受社会所规定的行为模式，凸显社会强制性。事实上，个体从出生开始就置身于复杂的社会环境中，接受社会环境的影响和制约，个体的思维与行为方式表现出一种无意识地、被动地、潜移默化地被塑造的过程。随着个体的成长和生活经验的增多，社会化的被动性逐渐减弱，不过在不同的阶段和时期，仍然不自觉地接受着社会的影响。

不过需要注意的是，个体在社会化的过程中，并非完全被动地接受社会的影响和制约，其还会主动地认识社会、控制社会、改造社会，凸显个体能动性。事实上，在婴儿阶段,此种能动性便有所体现。为了自己生理或者心理需求的满足,婴儿往往会通过哭、笑等方式达到和周围环境的互动。随着年龄的增长和身心的发展,个体的社会化越来越表现出能动性,主要表现在两个方面:一是在自身的知识、经验、价值观、人格特质等因素的影响和引导下,个体有选择地认识文化、接受文化并内化文化,同时还将内化的社会价值文化创造性地外化;二是在社会化的不同个体的相互作用中,个体既被他人影响,也会影响他人,也就是说,个体既是社会化的客体,又是社会化的主体。

(二) 终身持续性与阶段性的统一

个体社会化是个体与社会相互作用的结果。个体在适应社会、认识社会、改造社会的过程中,不断发展自己的社会性,完善自己的人格。不过社会始终处于变动之中,人的认识也是在不断地深化的,人和社会的相互作用,无法保持某种固定不变的模式,而必须跟随社会的变化,随时调整自己以适应环境变化的要求。特别是在快速转型的现代社会中,个体必须不断地调整、学习,才能更好地适应社会。这就决定了人的社会化是一个不间断地学习和积累知识的过程,是贯穿个体一生的过程。

不过在贯穿一生的社会化过程中,由于生理发育、心理发展及社会化的要求,社会化又体现出阶段性的特征,其具体表现为:处于不同阶段的个体,其社会化的目标、内容、方式与技巧等存在较大的差异。比如处于儿童阶段的个体,主要是学习基础文化知识;而处于青年阶段的个体,既要学习应用技能,又要能够运用技能进行实际操作。当然,不同阶段的社会化之间是相互链接、相互影响的。

(三) 正向性与反向性的统一

正向性与反向性的统一侧重于不同辈分、不同地位之间的人的相互作用。一般说来,长辈对于晚辈的教化与影响属于正向社会化,而晚辈对于长辈的教化和影响则属于反向社会化。在正向社会化中,社会化的主体往往是有目的、有意识地去教化与影响客体;而在反向社会化中,社会化的主体往往是无意识地、无明确目的地对客体产生影响。因此,反向社会化不易被察觉。在传统社会,大多数情况下父辈把知识、经验、技能、规范等传递给子辈,子辈再传递给孙辈,基本都属于正向社会化,反向社会化较为少见。而在现代社会,由于社会的发展和科学技术的进步,反向社会化变得越来越明显、普遍,晚辈经常用新的知识、技能和规范等影响长辈。

三、社会化的类型

社会化的类型涉及初始社会化、预期社会化、发展社会化、逆向社会化和再社会化。这五种类型的社会化,有的是人生必须经历的,比如初始社会化;有的则是不一定经历的,比如再社会化。

(一) 初始社会化

初始社会化是发生在个体生命早期的社会化,社会化的内容涉及儿童学习语言与其他认知本领、内化社会规范和价值标准、正确理解社会关于各种角色的期望和要求等。社会化的场所主要发生在家庭和学校,父母、老师、亲朋好友等对于个体的初始社会化产生着重要的影响。初始社会化是整个社会化过程的基础。

(二) 预期社会化

预期社会化较大程度上属于发生在青年时期的社会化,其中个体所学习的并不是现在所要扮演的角色,而是将来要扮演的角色。比如:大学生的课外实习就是为其未来的角色扮演做准备的。社会化的场所主要发生在学校,课程设置、教师、同学关系、同辈群体等均对个体的预期社会化产生重要的影响。预期社会化是个体社会化过程的关键。

(三) 发展社会化

发展社会化一般是发生在成年时期的社会化,是相对于初始社会化而言并且在初始社会化基础之上进行的。发展社会化是个体为了适应新社会形势的要求而进行的学习过程。比如,当前政府重视官员的学习,提出要建设学习型政府,此种背景之下官员接受培训与继续教育的过程就是发展社会化的过程。社会化的场所与工作单位密切相关,工作单位的制度、工作内容、上下级关系等均对于个体的发展社会化产生重要的影响。

(四) 逆向社会化

逆向社会化是针对社会化的方向而提出的,一般说来,我们认为社会化是长辈向晚辈传递社会知识和文化规范的过程,但是在社会学家看来,社会化本身是双向的,不仅包括长辈向晚辈传递知识与文化规范的过程,还包括晚辈向长辈传递知识与文化规范的过程,而后一种过程就是逆向社会化。在当今社会,随着社会转型速度的加快与知识的更新速度的增长,一些成年人、老年人逐渐跟不上形势的需要,他们要想不落伍,必须接受逆向社会化。社会化的场所主要发生在家庭或者老年大学,家庭成员(子孙后代)、亲朋好友、老师等对于个体的逆向社会化产生重要的影响。

(五) 再社会化

再社会化是指个体全面放弃已经习得的价值规范和行为标准,确立新的价值规范和行为标准。一般说来,再社会化容易与发展社会化发生混淆,但事实上二者有着本质的区别:第一,目标不同,发展社会化着眼于人的完善,而再社会化则着眼于人的改造;第二,过程不同,发展社会化的过程一般属于循序渐进,而再社会化的过程则是迅速的改变,过程激烈。

也就是说,再社会化就是与过去断绝关系,超越原有的生活状态,进入一种新的生活方式。比如一个人因为犯罪判刑而进入监狱,其需要改变原有的行为方式,重新做人;一个生活懒散、毫无规律的人参军,其需要按照军队的要求,过有规律性的生活;一个人移民到其他国家,需要放弃已有的文化而接受新的文化。再社会化的场所对于个体来说是一个新的场所,监狱、精神病院、军队等一般说来都是再社会化的场所,老师、管教人员、制度设置等对于个体的再社会化产生重要的影响。

第二节 人的社会化的条件与过程

人的社会化受到诸多条件的影响与制约,具有阶段性特征,人的社会化的途径也是多样的。

一、社会化的条件

社会化的条件包括个体的生物基础和外界的社会环境,其中个体的生物基础属于社会化的内部条件,而外界的社会环境属于社会化的外部条件。

(一) 社会化的内部条件

人的社会化是以人的生物遗传素质为基础的,离开了人的生物素质,社会化的活动则无法进行。社会化所依赖的生物基础主要在于人类经生物进化和人类长期劳动实践而形成的高度发达的大脑。在此基础上,人类具备了进行社会化的一系列潜在能力,具体表现在以下几个方面:

1. 语言能力

语言是客观事物在人的大脑中形成的表象、概念和思想的外部表现，是人类表达思想和感情所使用的工具和符号。语言有多种表达形式，包括口头语言、书面语言、肢体语言等，人类通过语言进行信息沟通和思想交流。语言是人类在长期实践活动中形成的，人类社会所特有的现象，它是以人类高度进化的大脑机能为基础的，是其他动物所不具备的。就社会化而言，人们借助语言来学习社会文化，掌握社会规范和技能，参与社会生活，迅速、准确地接受社会现存的生活，同时也借助语言来表达自己的思想、情感与要求。

2. 思维能力

与人的语言能力联系在一起的是人的思维能力。思维能力是人类区别于其他动物的根本特征，也是人类个体能够接受社会化、适应社会生活的最重要的内在条件。人的思维能力包括形象思维、抽象思维和逻辑思维能力三种类型。人脑与动物脑在机能上相互区别的关键在于，动物脑只能在第一信号系统范围内活动，即只能对直接作用于各种感觉器官的具体刺激作出反应；而人脑不仅仅能够在第一信号系统内活动，而且更为主要和更大量的是在第二信号系统中活动，即对作为信号刺激的语言作出反应。在社会化的过程中，人可以运用自身的思维能力，对各种外界的信息进行分析、判断和推理，储存信息，并随时提取这些信息。

3. 学习能力

人不仅具有语言能力和思维能力，还具有人以外的其他动物无可比拟的学习能力。学习包括模仿、内化和创造三个递进的阶段。一般说来，人在幼年时期主要是模仿他人，而随着年龄的增长和阅历的增加，个体的学习能力会出现飞速的发展，创造则是学习能力的最高表现。就社会化而言，学习能力能够帮助人们更为迅速、准确、深刻地认识到客观事物的本质属性，理解外部社会环境的意义，确立自己的思想观念、态度和行为模式，指导自己的社会活动，提高自己适应社会的能力；使个体的社会化成为有目的、有计划、积极主动的活动。

4. 较长的依赖生活期

所谓依赖生活期，是指人类个体在出生后由于身心不健全，不能独立生活，需要在生活上、心理上依赖父母（或其他养育人）关怀和照顾的时期。此种依赖生活期大致经过乳儿期、少年期甚至青年期。较长时间的依赖生活期，使得个体一出生就要在一定的社会环境中生活，与他人发生互动，不得不接受周围的生活方式，并经过长时间的耳濡目染，潜移默化地接受特定的文化，养成与所处的社会环境相适应的行为习惯，为个体与社会建立终生的社会联系和情感联系以及接受现存的生活方式奠定必要的基础。

(二) 社会化的外部条件

社会化的外部条件涉及自然环境条件和社会环境条件。自然环境条件是个人社会化的重要条件,因为人总是在一定的自然环境中生活,人的社会化必然受到所处环境的影响,不同的自然环境会导致人的社会化的差异性,这就是人们日常生活中所说的"一方水土养一方人"。比如在海边出生并长大的人,心胸较为开阔;而在山区出生并长大的人,性格往往坚忍不拔。社会环境条件指的是对人的社会化产生影响和作用的全部社会因素,主要包括个人社会化过程中所涉及的一系列的个人、群体和机构,包括家庭、学校、同辈群体、工作单位、大众媒介等。个人社会化过程的完成依赖于其所处的环境中是否具备社会化所必需的这些社会条件。如果剥夺了某些必要的社会环境条件,社会化必然出现重大缺陷而无法达到正常的水平。我们主要关注的是人的社会化的社会环境条件。

1. 家庭

家庭是个体社会化的第一社会环境,是个体社会化因素中最重要、最直接的场所,家庭的教育和影响对于个体的早期社会化甚至一生的社会化都有十分重要的意义。一方面,童年期是个体社会化的关键时期,儿童在这一时期的智力水平、人格特征和社会品质的形成和发展,对其以后的社会化具有举足轻重的作用,而这一时期的社会化的主要责任者恰恰是家庭。在家庭中,个体学会认清自我、他人,了解自己能够和应该期望在生活中得到什么,并将社会规范与价值标准内化。另一方面,家庭在社会结构中处于特殊的位置,作为儿童人生旅途的第一站,父母是个体人生的第一任教师,从个体出生开始,家庭便赋予其种族、宗教、阶级、经济状况等多种特征,这些特征中的任何一个因素都可能对其日后的社会化产生重大的影响。

家庭影响个体社会化的因素主要包括三个方面:一是家庭的人际关系氛围。家庭的人际关系氛围包括和谐的人际关系和不和谐的人际关系两种,和谐的人际关系氛围有助于个人社会化的正常进行,并促进个体健康的社会化;而不和谐的人际关系氛围则不利于个体的身心健康发展,比如在一个父母吵架次数频繁的家庭氛围中长大的子女容易出现自卑的情绪与偏激的行为。二是家庭的教养方式。家庭的教养方式是多样的,有独裁型、溺爱型、民主型等,不同的教养方式之下,子女的行为也多表现出差异:独裁型教养方式之下的子女多表现出依赖、顺从,而溺爱型教养方式之下的子女多表现出任性。家庭的教养方式中,有一个重要的内容需要注意,即家庭权威的建立,如果父母对子女树立合理的家庭权威,那么父母能够利用权威对于子女的社会化进行有效的指导;而如果父母对于子女没有树立合理的权威,那么父母对于子女的影响则可能是不顺利的,甚至出现负面的影响。三是家庭结构。家庭结构包括完整的家庭结构和残缺的家庭结构。一般说来,完整的家庭结构有助于个人的健康成长,而残缺的家庭结构常常对个体社会化产生不利的影响。

目前,家庭在儿童社会化过程中的主导地位正面临着诸多的挑战:经济社会的发展、生活压力的加大,使得大多数父母需要外出工作,父母与子女待在一起的时间越来越少,父母对于子女照料的时间也越来越少;社会的变化也使得家庭发生了较多的变化,单亲家庭的数量增多,独生子女政策导致溺爱型教养方式越来越普遍;家庭之外的社会化机构比如学校、大众媒介等变得越来越强大,家庭在个体社会化中的作用在不断弱化。

2. 学校

学校是个体通往社会的桥梁,是有计划、有组织、有目的地向学生传授科学知识、进行道德教育的场所,也是国家和社会进行社会主导价值观念宣传的重要机构。随着个体年龄的增长,儿童开始进入学校接受正规教育,学校在个体社会化中所发挥的作用逐步取代家庭,成为儿童和青少年社会化的最重要的途径和社会环境因素。在现代社会,学校作为个体社会化的重要条件受到了足够的重视,主要原因有两个方面:一方面,青少年期在个体社会化过程中占据重要的位置。青少年期个体生理走上成熟,心理发生重要变化,如果成功实现正常的社会化,那么个体在以后的人生道路上就会沿着正确的轨迹前进;而青少年期的社会化一旦失败,个体的一生可能就会沿着错误的轨迹发展,无论对个体还是对社会,都会带来不好的结果。青少年的社会化主要是在学校度过的。在学校中,个体不但学习文化知识,而且逐渐明晰自我定位、形成朋友关系网络等,将社会规范与价值标准进一步内化。另一方面,学校在社会结构中处于特殊的位置。学校作为教育专设机构,是宣传国家制度规范与文化的重要场所,是培养个体专业技能的重要领地,是个体成功走向工作岗位的重要桥梁。教师作为个体人生的引航者,也是影响个体社会化的重要外部条件。

学校影响个体社会化的因素主要包括三个方面:一是学校为学生提供了有组织、有目的、系统化受教育的各种条件。学校强调专门的学习,学校的教师一般都是经过专门训练的专职人员,学校拥有严格的教育评价系统,这些因素都有助于培养德、智、体、美、劳全面发展的学生。二是学校具有全面系统的教育内容。学校的主要任务就是负责年青一代实现社会化,帮助他们学会适应未来的生活,所以学校的教育内容具有全面性、系统性的特点,不但有助于培养学生的各种技能,而且还有助于培养学生的政治意识和态度等。三是学校作为一个组织机构,有一套严格的规章制度。学生必须学习并遵守这些规章制度，按照要求扮演角色，在不同角色的互动中，正确理解和把握组织中的人际关系，并发展与他人交往的合作性与独立性，在互动中调整自我、发展自我。

在现代社会，学校作为社会化的重要场所虽然不断地被加强与强化，但社会化效果却受到较多的挑战。比如学校的应试教育受到较多批评。人们开始强调素质教育，但是素质教育到底采用何种方式是一个迄今没有明确答案的问题。针对大学生的就业问题，很多人把学校的教育内容陈旧、与社会脱节等看成是就业难的主要因素。

3. 同辈群体

同辈群体又称同伴群体、伙伴群体、友谊群体、同龄群体，是指由那些在年龄、兴趣爱好、家庭背景等方面比较接近的人自发结成的社会群体。同辈群体对于个体具有较强的吸引力和影响力，其群体规范和价值往往是个人社会化过程中的参照体系。所以，与家庭和学校一样，同辈群体也是个体社会化的重要社会环境。随着儿童的成长，他们与同辈群体一起度过的时间会越来越多，同辈群体对他们的影响也越来越大。

同辈群体影响个体社会化的因素主要包括三方面：一是同辈群体是一种非正式群体，个体可以自由地选择与组合，容易产生较高的心理认同感。在同辈群体中，大多数活动并不是某种权威事先安排好的，个体以独立的姿态，平等地与他人交往，建立或者中断某种人际关系，不仅可以提升个体的独立意识，而且还能够提高人际交往和解决人际冲突的能力。二是同辈群体具有相似性。同辈群体中，由于成员相似的社会背景、年龄、兴趣、爱好等，使得他们可以无拘无束地讨论自己感兴趣的话题，此种没有压力的沟通不仅有助于个体增长知识、了解社会，而且还有助于从沟通中得到安慰与支持。三是同辈群体拥有某种亚文化。每个同辈群体都有自己特定的价值标准、行为规范，甚至有的还拥有独特的符号系统，并拥有相应的奖惩体系，此种亚文化不仅可以满足个体的某种需求，而且还会要求个体按照此种文化行事，从而影响个体的行为。

在现代社会，同辈群体无疑仍然是个体社会化的重要因素，但是社会的快节奏发展、社会中功利主义的盛行、社会信任感的降低等状况使得同辈群体作用的发挥受到一定的挑战。

4. 工作单位

工作单位是个人在社会结构中从事某一职业所归属的社会组织。个体结束学校生活后，就会进入工作单位开始自己的职业生涯。这标志着个体社会化进入到一个新的阶段。

工作单位影响个体社会化的因素主要是与职业生活相关的价值观念、规范、职业文化等,这些因素不仅检验家庭社会化、学校社会化的成果,而且还会进一步修正社会化的内容,促进个体的职业化。所以在工作单位中,个体不仅把家庭、学校所学的知识、技能应用于实际工作中,还会发现许多书本上或者与书本上不相符合的文化因素、行为规范等,从而不断地修正已有的社会化的内容,同时通过熟悉和了解职业的工作程序和技能,掌握并内化职业的行为规范,纠正与职业规范不协调的习惯,调整自己的价值标准和行为方式,从而成功地扮演好职业角色。

现代社会,对于大多数人来说,人生的大部分时间是在工作单位度过的,工作单位在个体社会化过程中所扮演的角色越来越重要。现代社会,职业流动性越来越强,具体表现为社会中"跳槽"现象越来越普遍,此种现象反映出不同的工作单位对于个体社会化的影响存在着一定的差异。

5. 大众传播媒介

大众传播媒介是指社会组织为广大社会成员之间传递信息、互通情报所采用的各种通讯手段,如报纸、杂志、书籍、电视、广播、网络等。大众传播媒介在现代社会中占有重要地位,具有运行速度快、内容丰富、影响巨大、涉及面广等特点,通过新闻报道、舆论宣传、知识教育、生活娱乐等方式,为广大社会成员理解和接受社会所倡导的价值观念、奋斗目标、社会规范和行为方式等,提供重要的社会环境条件。

大众传播媒介影响个体社会化的因素主要包括三个方面:一是信息的内容。大众传播媒介宣传什么样的信息,直接影响个体的关注度、思考方式与判断标准等,并且随着这些信息内容的不断强化,使得个体形成固化的判断标准、分析角度。二是信息的表达方式。大众传播媒介采用何种方式宣传信息,比如利用图画解读、纪录片播放、电视剧展播、文字报道等,对于个体的影响存在较大的差异。文字报道对于个体的阅读理解水平就有一定的要求,那么文化水平低的人则难以获得直接的影响。三是信息的受众选择等,大众传播媒介在选择信息内容与信息表达时,一般会事先确定传播的受众,如果属于受众的范围,那么个体社会化就会受此影响较大,甚至会出现模仿大众传播媒介所宣传的榜样的行为;但是如果不属于受众的范围,个体所受的影响可能较小。

在现代社会,大众传播媒介在个体社会化过程中所扮演的角色越来越重要,但是大众传播媒介对于个体的影响差异很大。从好的方面讲,大众传播媒介可以使个体增长知识、开阔视野,提升技能,树立正确的世界观、人生观和价值观。从坏的方面讲,大众传播媒介所宣传的消极内容不利于个体的社会化,比如电影或者电视节目中的黄、暴、毒等不良因素会影响社会成员的行为,导致社会成员的模仿。特别是随着网络时代的到来,网络在带给个体便捷、及时、有效信息的同时,也会出现网瘾、网络犯罪、不良信息的传播等问题,特别是虚拟的网络使得部分青少年产生不切实际的幻想,即导致对现实社会的认同危机。因此,需要加强对于大众传播媒介的管理,使其在个体社会化中发挥积极的功能。

> **拓展阅读**
>
> **谈网络成瘾对青少年的影响**
>
> 2009年9月17日,中国青少年网络协会秘书长郝向宏和北京军区总医院成瘾医学中心主任陶然做客人民网,与广大网友共同探讨网瘾话题。
>
> 访谈中,郝向宏秘书长谈道,网络成瘾从身体方面会导致青少年产生很多不良反应,使他们视力下降,营养不良,吃饭不规律,睡眠不规律,还有颈椎病、胃炎、口腔溃疡病等。另外还会引起皮肤疾病,皮肤上长出一个个小米粒大小的小疙瘩。65%的孩子都有这种现象,这是辐射对皮肤造成的伤害。
>
> 从精神方面讲,网络成瘾对青少年的影响,主要是从他的成长和发展阶段考虑的。第一个影响就是他正处在社会化的关键阶段,有学习和人际交往,认识社会以及现实规则的强大需求。如果这时沉迷网络,很容易用网络空间的虚拟规则取代现实规则。一些青少年长时间沉迷于暴力游戏的杀人行为,在现实当中可能会置人生命于不顾。第二,青少年在网络中,往往是以娱乐代替他的创意和发明,人的大脑在青少年时期是最活跃的时候,如果在这个时候,仅仅是以娱乐代替他对于现实生活的认知和对于宇宙的认知,那么他将来发展的高度就被极大地限制了。因为他的创造力在黄金期的时候,没有得到发挥,而被娱乐代替了。最后,就是他跟他周边的环境产生了不良的互动和障碍,比如,在网上认识的群体跟现实当中的群体是不一样的。在网络中,习惯的生活和现实当中家庭的生活、学校的生活是不一致的,这样沉迷于其中,就会对现实生活产生逆反情绪,家长、老师的话听不进去,觉得学习和工作都不再重要,异性之间的交往也不再重要,就使人的生存和进化的规律走向了逆反的另一面。从这些方面来讲,青少年的网瘾和网络成瘾,影响的是青少年个体,但是它产生的最大影响,是对青少年未来发展和国家发展是一个损失。
>
> 资料摘编自杨虞波罗:《郝向宏谈网络成瘾对青少年的影响》,2009年9月17日,http://game.people.com.cn/GB/48644/48662/10075150.html。

二、社会化的过程

如前所述,社会化体现为终身持续性与阶段性的统一,随着社会化的持续进行,个体在不同的成长阶段上将面对不同的使命,产生不同的个人需求,从而使整个社会化过程呈现出不同的阶段性特征。不同的学者从不同的角度对这个过程进行了划分:美国社会学家乔治·米德把社会化的过程分为三个阶段——模仿阶段(Imitation Stage)、嬉戏阶段(Play Stage)和博弈阶段(Game Stage),个体在每一阶段的角色扮演能力是不同的;奥地利精神分析学家弗洛伊德(S. Freud,1856~1939)把社会化分为五个阶段——口腔期(0岁~1岁)、肛门期(1岁~3岁)、性器期(3岁~6岁)、潜伏期(7岁至青春期)和两性期(青春期以后),个体在每一阶段需要有效维持本我、自我和超我三者的平衡;美国心理学家哈维格斯特(R. J. Havighurst)把社会化分为六个阶段——幼儿期、儿童期、青年期、壮年期、中年期和老年期,每一阶段都依赖于生理水平、个人需要水平和社会要求水平而产生的任务;美国心理学家埃里克森(E. H. Erikson)把社会化分为八个阶段——信任不信任(婴儿时期)、自主与羞怯怀疑(幼儿时期)、主动与内疚(学前时期)、勤奋与自卑感(学龄期)、认同与角色混淆(青少年期)、亲密与孤独感(青年期或成年早期)、关注后代与关注自我(中年期或成年期)、完善与绝望(成熟期或老年期),在每一个阶段,个体都会遇到某种心理问题,都要对周围环境所提出的特定社会要求作出反应。

结合上述学者的阶段划分,根据生命周期理论和个体身心发展特点,本书把社会化的历程分为儿童社会化、青年社会化、成年社会化和老年社会化四个阶段,不同阶段有不同的任务和内容。

(一) 儿童社会化

儿童社会化是社会化过程的开端,在该阶段所进行的社会化主要是初始社会化。从人的社会化的总体历程看,初始社会化所占的比例虽然比较小,但却是个体社会化的基础。社会条件的不同可能导致儿童社会化的内容有较大差异,但是每一个特定社会都是按照特定的文化程序对儿童进行规范与行为模式的教化。儿童时期,个体的生理机能迅速完善,心理活动蓬勃发展,其社会化的场所主要是家庭和学校。瑞士学者让·皮亚杰(Jean Piaget,1896~1980)指出,儿童的主要认知方式是具象思维,主要靠感觉和模仿来认识整个世界,这就需要有效地布置儿童社会化的场所,重视家庭人际关系氛围、家庭教养方式、家庭结构、教师的教育方式与教育内容等对儿童社会化的影响。社会化的内容包括掌握基本的生活技能和谋生技能,学会并能够运用社会规范,逐步完善自我概念。

(二) 青年社会化

青年社会化是一个特殊的社会化过程,因为青年时期处于个体从儿童转向成人的转折期,个体的生理器官趋向成熟,而人的心理会发生较大的变化甚至产生诸多的困扰,在该阶段进行的社会化主要是预期社会化。不同的国家或者地区,对于青年期的具体界定有着较大的差异。青年社会化的场所主要是学校,埃里克森指出,青年期社会化的主要问题是"自我认同"问题。在这一时期,青年人开始思考"我是谁"、"我将走向何处"等一系列人生重大问题,这就决定了学校必须重视对青年人的引导教育,不仅关注其知识与技能的学习、规范的掌握,而且还要注重对其心理困惑的分析、解读与破解。社会化的内容包括掌握专业知识和劳动技能,确立人生的价值标准和道德标准,实现自身的真正独立,担负社会责任。

(三) 成年社会化

成年社会化是一个非常值得关注的社会化过程,因为这一时期,人的生理已经完全成熟,心理实现定型,不过这一阶段的人会面临很多人生重大事件的发生:恋爱、婚姻、生子、就业等,在该阶段所进行的社会化主要是初始社会化基础之上的继续社会化。社会的发展程度不同、职业的差异等都会影响成年社会化的具体内容。成年社会化的场所主要是工作单位,随着个体在工作单位中承担的角色不断加重,角色期望和角色要求也会明显提高,容易导致角色冲突和角色紧张,甚至出现"中年危机",这就决定了工作单位必须重视分工合理化,建立合理的组织结构与工作流程,形成完善的工作制度。该阶段人的社会化的内容包括继承、发展、传递、更新上一代人的科学文化知识、技能、经验和优良传统,对社会作出更大的贡献。

(四) 老年社会化

老年社会化是社会化走向终点的过程,这一阶段人的生理机能不断地衰退,自我认同不断弱化,思维方式越来越固化,人的角色转换也容易使个体产生多种问题,此阶段的社会化主要是逆向社会化。社会发展水平、文化传统等不同,对于老年人社会化的重视程度也存在差异。老年社会化的场所主要是家庭。经济社会的快速发展,致使原有的知识内容、技能要求、判断标准、交流方式均发生了较大的变化,随着老年人生理机能的下降,在家庭中停留的时间的增多,代际间、老人与社会要求之间的差距会不断加大,这就决定了家庭必须重视老年人的需求与再学习,设法满足老年人的需求并设置合理的学习制度,促进老年人在身体允许范围之内"与时俱进"。社会化的内容主要是学习并适应新的角色,学会适应人生的变化,向年轻人传授知识和经验。

三、社会化的途径

人的社会化不能脱离社会环境而自行实现,在外部条件和内部条件的相互作用下,个体不断适应与改造社会。一般说来,社会化的途径包括社会教化和个人内化两个方面。

(一) 社会教化

社会教化是指社会通过社会化的机构及其执行者实施的社会化的过程。社会教化的机构包括家庭、学校、社会团体、单位、大众媒介、监狱、劳教所等,社会教化的执行者是社会教化机构的组织者以及具体实施社会教化的人。社会教化的形式包括两种:一种是系统的、正规的教育,最典型的方式就是各级学校对学生的教育,还有监狱对于犯人的教育;另一种是非系统的、非正规的教育,如大众媒介、群体亚文化等对于社会公众的教育与影响。社会教化的具体方式包括正向的强化(包括肯定、赞扬、奖励等)和负向的强化(包括否定、批评、惩罚等)。无论哪种形式的社会教化,都会对社会成员的思想、心理、行为产生重要的影响,而且社会教化本身具有强制性的特点,它通过特定的社会教化机构实施其教化功能,所以不同时代、不同地域的人明显带有自己所生活的社会的痕迹与烙印。

(二) 个人内化

个人内化是指社会化的主体——人,经过一定方式的学习,接受社会教化,将社会目标、价值规范、行为规则和行为方式等转化为自身稳定的人格特质和行为模式的过程。它与社会教化一起构成了人的社会化过程中相辅相成的两个方面。社会教化属于社会化的外部机制,而个人内化属于社会化的内部机制。一般说来,个人内化的基本形式包括五种:一是模仿学习,即通过观察榜样人物的行为和态度,使自己的行为和态度与之相同或相似,从而习得这种行为和态度的过程;二是主观认同,一般说来,如果个体理解了模仿对象的内在意义,并再现模仿对象的行为时,就发展成为主观认同;三是角色扮演,其是指个人对社会的角色期待和自己所扮演的角色有所认识的基础上,完成角色行为的过程;四是自我强化,它属于一种较高层次的内化,往往是个人凭借理智而形成观点、信念的过程;五是实践活动,是个体内化社会文化与知识,形成自己独特的人生的重要途径。无论是何种形式的个人内化都会对于个体的思想、心理、行为产生重要的影响,而且个人内化本身具有主动性的特点,所以不同的个体能够显示出与他人的差异。

第三节 社会角色

人的社会化的目的,是培养合格的社会成员,使其在社会生活中能胜任多种社会角色。这个意义上说,人的社会化也是学习角色、领悟角色和扮演角色的过程。

一、社会角色的含义

"角色"一词本是戏剧和电影中经常使用的词语,是指演员在舞台上所扮演的剧中人物,20世纪20至30年代,一些西方学者(如S.萨金特)将其引入社会学,角色一词逐步发展成为社会学的重要术语。

美国芝加哥学派最早系统性地运用了这个概念,其中以乔治·米德最为著名。米德使用此概念旨在说明人们在交往中可以预见的互动行为模式以及说明个人与社会的关系,认为个人是各种角色的总和,它代表对占有一定社会地位的人所期望的行为。米德研究了儿童自我意识的发展,认为儿童自我意识的发展经过模仿阶段、嬉戏阶段和博弈阶段,其中的核心就是模仿和扮演角色,而此种角色表演并没有事先固定的剧本,文化只是为角色表演规定了大概的范围。

米德之后,美国人类学家拉尔夫·林顿(Ralph Linton,1893~1953)也对角色进行了深入的研究,认为角色是在任何特定场合作为文化构成部分提供给行为者的一组规范。在拉尔夫·林顿看来,社会角色与人们的社会地位是密切联系的,当地位所代表的权利和义务发生效果时就是角色扮演。因此角色本身是事先规定好的,角色表演本身是根据文化所规定的剧本进行的。

乔治·米德与拉尔夫·林顿关于角色的定义存在较大差别:前者认为角色扮演本身并无固定的剧本,而后者则认为角色扮演本身就是在文化规定的剧本下进行的。那么应该如何定义角色呢?

根据乔治·米德和拉尔夫·林顿关于角色的定义可以看出,角色概念中必然涉及角色与文化模式、地位等之间的关系。在此,本书对于社会角色的定义如下:社会角色是指与人们的某种社会地位、身份相一致的一整套权利、义务的规范与行为模式,它是人们对具有特定身份的人的行为期望,它构成社会群体或组织的基础[①]。具体说来,包括以下几个方面的含义:

第一,社会角色是社会地位的外在表现。社会地位是人们在特定社会关系体

---

① 郑杭生主编:《社会学概论新修》,北京:中国人民大学出版社,2003年,第107页。

系中所处的位置。人的社会关系是多方面的,主要有血缘关系、地缘关系、业缘关系等,与之相对应,人的社会地位也是多重化的,并随着社会关系的转变而转变。当个体处于一定社会关系中的某种社会地位时,必然要扮演与之相对应的社会角色。比如在师生关系中,处于教师地位的人需要扮演与教师相符的角色,而学生则需要扮演学生相符的角色。人们对于个体社会地位的判断也正是通过个体的角色扮演进行的。比如,大路中央站着一个穿着警察制服、吹着哨子、表现各种交通手势的人,人们便知道这个人是交警。

第二,社会角色是一整套权利、义务的规范和行为模式。任何一种社会角色总是与一系列规范和行为模式密切相连的。社会角色本身包括一定的权利,在此权利范围之内个体可以要求他人做一些事情,比如交警可以要求行人严格遵守道路交通法规,教师可以要求学生上课认真听讲;同时社会角色还包括一系列的义务,在此义务之下别人可以要求个体采取一定的行动,比如行人可向交警问路,而交警必须如实回答,学生可向教师请教问题,教师必须尽其所能答复。所有的社会角色均具有特殊的权利和义务,经过长期的社会生活,各种社会角色就会形成一整套各具特色的行为模式,这就要求承担某种社会角色的人学会并按照这一特定行为模式行事。

第三,社会角色是人们对处在特定地位上的人们的行为期待。承担某种社会角色的人,需要学习和掌握此种角色要求下的行为模式,比如教师要为人师表、医生要救死扶伤、法官要秉公执法等。当个体在某种社会角色下的行为不符合行为期待时,人们便会认为个体不称职,比如教师如果不能为人师表、医生不能救死扶伤、法官贪污受贿等。个人的素质、能力、水平与其所要扮演的角色之间的差异状况,可以称之为"角色距离"。

第四,社会角色是构成社会关系网络的基本单位。社会群体或社会组织是人与人之间形成的一种特定的社会关系网,此种社会关系网由与社会地位相对应的社会角色编织而成。如家庭是由父亲、母亲、子女等组成的社会群体,学校是由学生、教师、行政人员等组成的社会组织。社会角色是社会群体或社会组织的基础单位,如果失去了这些角色,社会群体或社会组织便不复存在。例如,如果学校中没有教师或者学生,便不再能称之为学校。

二、社会角色的类型

社会角色是多种多样的,按照不同的标准,社会角色可以分为不同的类型。

(一) 先赋角色和自致角色

依据人们获得角色的方式的差异,可将社会角色分为先赋角色和自致角色。先赋角色又称归属角色,是指建立在血缘、遗传等先天的或生理的因素基础上的社会角色。一个人出生之后便被赋予性别、种族、民族等角色,这些角色就是先赋角色,个体只有按照这些角色的要求去发展才是正常的。例如,一个男孩子必须按照社会对于男性的期待去发展才会被认为是正常,而如果浓妆艳抹、脚蹬高跟鞋,则很难被社会接受。

自致角色又称"自获角色"或"成就角色",是指个体在社会中通过自己的活动和努力而获得的角色,比如一个人通过努力成为大学生,获得大学学士学位,或者获得优秀大学生的荣誉称号等,这些角色均可称为自致角色。一般说来,一个人获得并扮演某种自致角色的过程是个体不断努力和学习的过程。

在传统社会,人们的许多角色都是由血缘关系决定的,贵族的孩子天生就是贵族,平民的孩子天生就是平民,这些是难以改变的,所以传统社会的角色大多属于先赋角色。不过工业社会以来,随着社会生产力的发展、社会流动速度的加快,特别是科学技术的发展,社会自致角色不断增多,不仅使得很多角色变成自致角色,比如职业角色、阶级角色等,而且很多在传统社会看来不可改变的角色也发生了变化,比如男性可以通过变性手术变成女性。

社会中自致角色的增多反映了社会的进步,不过需要注意的是,先赋角色和自致角色在任何社会都存在,只是两者所占的比例和程度不同而已。

(二) 规定性角色和开放性角色

根据社会角色的规范化程度,可将社会角色划分为规定性角色和开放性角色。规定性角色是指有比较严格和明确规定的角色,对此种角色的权利和义务、应该做什么、不应该做什么等都有明确的规定,处在这个地位的人必须按照这些规定行事,而不能按照自己的想法自行其是,比如:警察、法官、军人、教师、学生等均属于规定性角色。

开放性角色是指那些没有严格、明确规定的角色,对此角色的权利和义务、应该做什么、不应该做什么等都没有明确的规定,这类角色的承担者一般是根据自己对角色的领悟和判断从事相应的活动,比如,夫妻、亲戚、朋友、同学、顾客等均属于开放性角色,人们在扮演此种角色时,有很大的选择余地。

社会的发展,使得规定性角色中的规定变得越来越细致,比如教师行为守则对教师行为的规定越来越多;而且很多开放性角色也越来越具有规定性,比如夫妻双方的行为就受到了《婚姻法》等规定的约束。不过需要注意的是,绝对意义上的规定性角色和开放性角色是比较少的,大多角色都是这两种角色的综合,只是更倾向于规定性角色或者开放性角色而已。

(三) 功利性角色和表现性角色

根据社会角色追求的目标,可将社会角色划分为功利性角色和表现性角色。功利性角色是以追求效益和实际利益为目标的角色,这类角色行为的价值在于实际利益的获取,比如商人、企业家、经理等从事各种生产、经营活动,均属于功利性角色。功利性角色的成败在于其能否给组织带来经济效益。

表现性角色是指以表现社会制度与秩序、社会行为规范、社会价值观念、思想道德为目的的角色,其并不以获得经济效益和报酬为目的,比如党政干部、艺术家、教师、新闻记者等从事各种宣传教育性、表演性工作的角色,均属于表现性角色。表现性角色的扮演者可以获得个人的正当利益,但是目的不是着眼于报酬。

中国传统社会,表现性角色受到较多关注,对于功利性角色有着较多的"污名"色彩,比如强调"君子喻于义、小人喻于利"等,认为经商赚钱是一种小人的行为;现代社会,金钱作为衡量个人成就的重要标准,功利性角色受到了较多的关注,致使很多表现性角色也越来越功利化,比如出现的很多丑陋现象——教师、新闻记者收红包、党政干部贪污受贿等。从社会学的角度讲,无论是功利性角色还是表现性角色,均有其适用范围与活动规范,我们需要在强调功利性角色的领域,不要那么多的表现性色彩;在强调表现性角色的领域,不要那么多的功利性色彩。

三、社会角色的扮演

社会角色的扮演是指个体按照特定角色行为规范去履行角色的权利和义务的过程。在此主要从静态角度和动态角度两个方面对社会角色的扮演进行考察。

从静态角度考察社会角色扮演,需要关注三个方面的内容:(1) 布景与道具。布景与道具是表现社会角色的重要工具,它们具有两个方面的特点:一是象征性,即布景和道具象征着某种社会角色,比如在教室里,讲台象征着教师的角色,一般说来在讲台上口若悬河、侃侃而谈的人是教师;二是实用性,即布景和道具有助于个体开展实践活动,比如讲台的粉笔、板擦等有助于教师讲授课程。布景和道具的设置,可以简单一点,也可以复杂一点,不管怎样,均要适当、得体,与社会角色的特点相一致。(2) 衣着打扮与言谈举止。布景和道具仅是表现个体社会角色的背景和衬托,更为直接表现个体社会角色的是个体的衣着打扮与言谈举止。一个人的衣着打扮是个体的外在品质的表现。实践证明,一位穿上特制制服的门卫比一位穿便装的门卫更具有权威性,人们往往更乐于服从前者而不是后者,但是个体的衣着打扮仅仅是个体的外在表现,并没有涉及角色的内心世界,我们还需要关注个体的言谈举止。一个人的言谈举止是个体的内在品质的表现,人们认识某个角色,最主要的还是这些方面。例如对专家来说,尽管西装革履是表现角色的重要条件,但是,他们的专业知识的涵养与表达、实事求是的态度是其角色的更重要的表现。需要注意的是,有些言谈举止是所有角色共有的,比如人们习惯于在分别时说"再见";有些言谈举止是某些角色特有的,比如交警的举手礼、幼儿园学生的"小黄帽";有些言谈举止表示多种含义,比如哭泣可以代表伤心、兴奋、快乐、痛苦等。总之,无论是衣着打扮还是言谈举止,均要得体,与社会角色的特点相一致。(3)台前、台后角色表现上的配合与不同社会角色之间的配合。台前的表现是个体承担某种角色时的表演,而台后的表现是个体为表现某种角色所作的准备。比如个体在家休息时,如果突然有人来访,我们一般会整理衣着、修饰仪表,并且收拾家庭卫生,然后去迎接客人。随着客人的进来,我们表现出一种与台后不同的待客行为。正是由于一般情况下台前的表现与台后的表现差异很大,所以人们不希望台后的表现拿到台前展现。社会角色的成功扮演还需要不同社会角色的配合,如果大多数人的角色扮演比较成功,而个别人的角色扮演漏洞百出,就会影响角色扮演的实际成效。比如在家庭中,如果夫妻关系不好,尽管父子关系、母子关系非常和谐,那么整个家庭也难以给人以和谐的感觉。

　　从动态角度考察社会角色扮演,需要关注三个方面的内容:(1)角色期待。角色期待是社会或者他人对某一角色的期望。人们在承担某一社会角色时,首先感觉到社会或者他人对这一角色的期望,无论是承担丈夫、妻子等家庭角色,还是承担干部、工人等职业角色,均会感受到此种期待,个体正是从此种期待中,感知到个体的权利与义务。个体要想成功地承担某种角色,必须设法全面、准确地了解此种期待。(2)角色领悟。角色领悟是角色扮演者对于角色的认识和理解。如果说角色期待是一种外在的力量,那么角色领悟则是一种内在的力量,人们如何扮演角色虽然受到社会期待的影响,但是在更大程度上是受角色领悟影响的。角色领悟的状况受个体的知识水平、道德水平、价值观念、所处的环境等因素的影响而有所差异甚至是较大差异,比如同样是重点大学校长,有人主张大学应重在育人,有人主张大学应重在科研。在社会生活中,正是由于角色领悟的差异,造成千差万别的角色行为。(3)角色实践。角色实践是个体在履行特定社会地位规定的行为模式时的实际表现,即角色扮演的实际过程。一般说来,角色实践是角色领悟的进一步发展,大多数情况下,角色实践与角色领悟是一致的。不过由于受到主客观条件等的限制,在一些情况下,角色实践与角色领悟是不一致的,更与角色期望之间存在较大的差距。比如人们对于官员的期望是清正廉洁,但是部分官员却存在腐败、拉关系等问题。

在现实生活中,角色扮演的过程并非一帆风顺,常常会出现角色失调的状况,其主要表现为角色不清、角色混淆、角色冲突、角色中断和角色失败等状况。(1)角色不清主要是指角色扮演者并不了解某一角色的规范与行为模式,不知道应该做什么、不应该做什么和怎么做。社会失范常常是导致角色不清的最重要原因。比如现代社会产生的一些新职业还没有建立起相应的行为规范,较容易出现角色不清。(2)角色冲突主要是指角色扮演者在角色扮演过程中,角色内部或者是角色之间所发生的矛盾和冲突,包括角色内冲突和角色间冲突。角色内冲突是角色扮演者集多种角色于一身,在其自身内部产生的冲突,它又表现为两种情况:一种情况是个体所承担的多种社会角色同时对其提出角色要求,使其难以胜任,比如一个大学班干部,如果在上课过程中,辅导员要求其必须立即到办公室谈论事情,就产生角色内冲突。另一种情况是个体所承担的几种角色,其行为规范之间互不相容,比如一个被通缉追捕的嫌疑人,其父亲要在送孩子接受法律的严惩或者帮孩子逃脱法律的责任之间作出行为选择时,就会产生角色内冲突。角色间冲突是不同角色承担者之间的冲突,往往是由于角色利益、角色期望、角色领悟等之间的差异所引起的,比如邻里之间、夫妻之间、父子之间、干部与群众之间等,如果关系处理不当,也容易产生角色间的冲突。(3)角色中断是个体前后相继所承担的两种角色之间发生矛盾的现象。角色中断的产生主要是前一种角色并没有为后一种角色做好准备,或者是前一种角色的行为规范与后来的行为规范之间直接冲突。比如一个工作认真、对于工作单位有着高度归属感,但是个体水平有限的个体突然被解聘,就会出现角色中断,个体难以适应新的角色。(4)角色失败是角色扮演者难以进行成功表演的现象。角色失败一般来说分为两种情况:一种情况是角色承担者不得不中途退出角色,比如夫妻离婚;另一种情况是虽然个体还在承担某种角色,但是已经证明是失败的,比如醉酒驾车的司机、受到处分的干部等。角色失败的原因是多方面的,可能是社会要求的提升、个体的价值观念、能力水平等方面的原因所导致的。

所以,对于个体来说,为了有效地扮演社会角色,不仅需要关注布景和道具、衣着打扮和言谈举止、台前台后的角色表现的配合与社会角色间的配合,还需要重视了解角色期待、提升角色领悟、创新角色实践,采取合理的措施有效地应对角色扮演过程中可能出现的角色失调的状况,实现成功的角色扮演。

本章小结

1. 社会化的特征有社会强制性与个体能动性的统一,终身持续性与阶段性的统一,正向性与反向性的统一。
2. 社会化的类型有初始社会化、预期社会化、发展社会化、逆向社会化和再社会化。
3. 社会化的条件包括个体的生物基础和外界的社会环境。
4. 根据生命周期理论和个体身心发展特点,可以把社会化的历程分为儿童社会化、青年社会化、成年社会化和老年社会化四个阶段。
5. 社会化的途径包括社会教化和个人内化两个方面。
6. 社会角色是多种多样的,按照不同的标准,社会角色可以分为不同的类型。
7. 从静态角度考察社会角色扮演,需要关注三个方面的内容:(1) 布景和道具,(2) 衣着打扮与言谈举止,(3) 台前、台后角色表现上的配合与不同社会角色之间的配合。
8. 从动态角度考察社会角色扮演,需要关注三个方面的内容:(1) 角色期待,(2) 角色领悟,(3) 角色实践。

主要术语

社会化(Socialization):指个体通过与社会交互作用,学习社会技能与规范,适应社会生活,创造社会文化,成长为社会人的过程。

初始社会化(Primary Socialization):指发生在个体生命早期的社会化,社会化的内容涉及儿童学习语言与其他认知本领、内化社会规范和价值标准、正确理解社会关于各种角色的期望和要求等。

发展社会化(Developmental Socialization):一般是发生在成年时期的社会化,是相对于初始社会化而言并且在初始社会化基础之上进行的,是个体为了适应新社会形势的要求而进行的学习过程。

逆向社会化(Reversal Socialization):是晚辈向长辈传递知识与文化规范的过程。

再社会化(Resocialization):指个体全面放弃已经习得的价值规范和行为标准,确立新的价值规范和行为标准的过程。

社会角色(Social Role):指与人们的某种社会地位、身份相一致的一整套权利、义务的规范与行为模式,是人们对具有特定身份的人的行为期望。

先赋角色(Ascribed Role):又称归属角色,指建立在血缘、遗传等先天的或生理因素基础上的社会角色。

自致角色(Achieved Role):又称自获角色或成就角色,指个体在社会中通过自己的活动和努力而获得的角色。

角色冲突(Role Conflict):指角色扮演者在角色扮演过程中,角色内部或者是角色之间所发生的矛盾和冲突,包括角色内冲突和角色间冲突。

练习题

1. 回想一下个人的成长经历,谈谈影响你的社会化的诸因素。
2. 选一部你感兴趣的话剧与同学进行合作表演,在角色扮演的过程中比较不同社会角色的差异,通过情感体验加深对社会人物的观察和理解。然后思考以下问题:
(1) 日常生活中人们的角色与戏剧中的角色有什么不同?
(2) 你认为人们在日常生活中的角色扮演常会出现哪些问题?

思考题

1. 什么是社会化?人的社会化有什么特征?
2. 简述社会化的基本类型。
3. 简述人的社会化的条件。
4. 人的社会化的基本途径是什么?
5. 简述社会角色的含义与类型。
6. 谈谈你对角色扮演的看法。

阅读文献

1. 金盛华:《社会心理学》,北京:高等教育出版社,2005年,第四章。
2. 李芹:《社会学概论》,济南:山东大学出版社,2009年,第五章。
3. 杨淑琴主编:《社会学导论》,上海:上海交通大学出版社,2009年,第五章。
4. 郑杭生主编:《社会学概论新修》,北京:中国人民大学出版社,2003年,第五章。

第五章 社会互动

社会互动是人类社会生活的基础。所有的社会现象和社会过程,都是社会互动的产物,都可以从社会互动中得到说明。系统了解和把握社会互动,对于理解人类社会的本质,把握人的行动的规律,都具有重要意义。

第一节 社会互动概述

在社会生活中,人们的行为具有社会性,总要与他人或社会发生这样或那样的联系,既受着他人的影响,又影响着他人,我们把这种行为称之为社会行为,又称社会行动。在社会生活中,人们之间的行为是相互影响的,成员之间相互作用,当一方的社会行动触发了另一方的社会行动,社会行动在双方之间相互往来时,就产生了社会互动。德国社会学家齐美尔认为,社会是通过人们的互动而产生的,各种人际互动形式是构成宏观社会结构的基本材料,是社会学研究的独特主题。[1]

一、社会互动的含义

社会互动,又称社会交往。一般认为,"社会互动"一词是由齐美尔于 1908 年在《社会学》一书中首次提出的,后被社会学家广为使用。由于研究角度不同,社会学家对社会互动内涵的界定也不同。有的学者比较强调互动的结果,将人与人以及人与群体之间的交互影响称为社会互动。如英特(E. B. Reuter)和哈特(C. W. Hart)在其《社会学导论》一书中,强调社会因素的交互影响导致人性文化的产生,称为社会互动。有的学者比较强调互动的过程,认为人与人的相互接触和沟通就是社会互动。如美国社会学家米德的符号互动论就持这种观点。作为一个重要的社会的概念,尽管人们对它的解释有不同形式的表述,但它的意义却是非常明确

---

[1] 参见〔美〕D. 约翰逊著,南开大学社会学系译:《社会学理论》,北京:国际文化出版公司,1988年,第 320 页。

的,即人们由于接触产生的相互影响和相互作用。事实上,孙本文认为:"社会互动就是由接近而发生的相互作用。"①而美国社会心理学家巴克(K. W. Back)则更为具体地解释了这种相互作用:"一方或多方的反应,取决于或依赖于另一方所说、所做的程度,社会情境则随着这种程度而变化。"②综合各种观点,我们认为,社会互动是人们对他人采取社会行动、对方做出反应性的社会行动的过程;是发生在个人之间、群体之间,以及个人与群体之间相互的社会行动的过程。③

> **拓展阅读**
>
> **韦伯论社会行动**
>
> 在《经济与社会》中,韦伯对社会行动的含义作了详尽的阐述:"社会行为(包括不为和容忍)可能是以其他人过去的、当前的或未来所期待的举止为取向(复仇从前的进攻、抵御当前的进攻、对未来进攻的防御措施)。'其他人'可能是单个个人和熟人,或者人数不定的很多人和完全不认识的人(例如,货币意味着是一种交换的财富,行为者在交换时所以接受它,因为他的行为以这样的期望为取向,即为数众多的、然而不认识的和人数不定的其他人,将来在交换时乐意接受它)。"可见,社会行动本质上是以他人的举止为取向的个人的行动。何谓"以他人的举止为取向"呢?我的理解是"有着针对他人的主观动机",即社会行动具有针对他人的主观意义,只有具有主观意义的社会行动才是可理解的,才属于社会学的研究范围。韦伯在这里刻意把人的行动(action)与动物的刺激反应行为(behavior)区别开来。因此,判定一个行动是不是社会行动,就要看这个行动是不是"针对他人",有没有"主观意义"。
>
> 资料来源:侯钧生主编:《西方社会学理论教程(第二版)》,天津:南开大学出版社,2010年,第118~119页。

二、社会互动的条件

一般来说,社会互动的发生需要具备以下条件:

第一,社会互动必须发生在两个社会主体(个人或群体)之间,单独的个人无所

---

① 孙本文:《社会学原理》(下),北京:商务印书馆,1946年,第3页。转引自李芹:《社会学概论》,济南:山东大学出版社,2009年,第125页。
② 〔美〕克特·W. 巴克主编,南开大学社会学系译:《社会心理学》,天津:南开大学出版社,1984年,第76页。转引自李芹:《社会学概论》,济南:山东大学出版社,2009年,第125页。
③ 王思斌主编:《社会学教程》,北京:北京大学出版社,2010年,第69页。

谓社会互动。

第二，个人之间、群体之间只有发生相互作用的行为才存在互动，并不是任何两个社会主体的接近都能形成社会互动。

第三，社会互动以信息传播为基础。如果没有信息的交流，互动双方互不认识和理解，互动就无法进行。在大多数的互动过程中，人们不仅交流信息，还交流思想和情感。信息交流的手段和形式很多，如信件、电话、邮件、名片、身体语言等。

第四，社会互动包括直接互动和间接互动。社会互动并非一定要在面对面的场合下才能发生，借助各种手段和中介工具，也能够进行间接的社会互动。

第五，社会互动具有情境性。社会互动总是在特定的情境下进行的，同一行为在不同时间、不同场合具有不同的意义。

三、社会互动的功能

社会互动是社会生活的基本过程，对于人们的行为塑造，对于丰富的社会生活创造，对于复杂的社会现象以至整个社会面貌的形成，都具有重要的功能。

1. 社会互动是一切社会现象的基础

社会互动反映的是人们之间的动态关系。从社会学的立场看，构成社会的个体并不是孤立静止的存在物，人们总是通过各种各样的相互作用，使彼此之间产生这样那样的联系，并由此构成一个社会整体的动态图景。正是人与人之间的互动引起了千变万化的社会现象，产生了社会行为、社会关系、社会结构、社会变迁等。从这个意义上说，整个社会就是建立在社会互动基础之上的。或者说，社会互动是产生社会现象的元素和根源。

2. 社会互动是人类社会力量形成的条件

人们相互接触、相互交往、相互作用，在劳动生产和其他各种活动中就会形成一种社会合力，它是人类战胜自然、变革社会的巨大物质力量和精神力量，是人类特有的现象，是其他任何力量所不能比拟、不能代替的。社会生活中人们所期待产生的合力，超过和高于个人力量之和，有利于社会生活和社会发展。这种状况的达成，取决于互动者之间的种种配合，包括意志、思想、素质、能力等方面。

3. 社会互动是人的社会化的促进力量

人的社会化是在社会互动中完成的。任何一个人从自然人转变为社会人的过程都是与他人发生社会互动的过程，离开与他人的交往，个人的社会化是不可能的。社会学家库利认为，人的自我意识即一个人对自己的看法，是在社会互动中形成的。对此，他提出了"镜中自我"的概念。在他看来，人们都是以他人为镜子来认识自己的。在社会互动中人们通过对他人的态度和反应来反观自己,认识自己,就像从镜子里发现自己那样。库利认为,关于"镜中我"概念包括三层意思:第一,一个人要能够想象得出自己在别人眼中的形象。第二,他要能想象得出别人对这一想象所作的判断及评价。第三,他能对别人的判断及评价作出相应的反应。这样一个人就能够站在较为客观的角度来认识自己。按照库利的看法,一个人如果不同别人交往,不进行社会互动,他就无法客观地认识自己。因此,任何人都应自觉投入到火热的社会生活中,自觉与周围的人交往,在社会生活中提高自己的社会化水平。

四、社会互动的基本形式

在现实生活中,无论是个人之间的人际互动还是群体之间的群际互动,往往采用一种或多种不同的互动手段,同时采用多种不同的互动方式,以达到互动效果,这就使得社会互动呈现出千姿百态、多种多样的特点。齐美尔在他的形式社会学中,针对社会互动形式指出,社会学与其他社会科学的区别,不在于分析具体的社会互动内容,而在于着力分析具有一般性、不受时空限制的社会互动形式,诸如:人类互动中产生的竞争、合作、冲突、斗争、羡忌等;换言之,齐美尔认为这些社会互动形式构成社会的基本结构,是恒久不变的事实,是泛文化、超时空背景的,类似于一种几何学的研究。因此他认为,寻找社会生活的通则,以及最根本的社会互动形式,是社会学的任务。

(一) 对称性社会互动

1. 合作

作为一种重要的社会互动方式,合作是指个人或群体为了达到共同的目的而互相配合的互动方式。[①] 合作具有三大特征:(1) 两个或两个以上的人,(2) 共同目的,(3) 互相配合。人们之所以合作,主要是为了实现那些仅靠一方行动不能实现的目标。如在自然界的巨大力量面前,在某些敌对势力面前,都需要人们的合作,才能生存下来。从广义上说,人类的社会生活是建立在合作的基础上的,没有合作也就没有社会。

合作分为直接合作和间接合作。直接合作指合作者的行为之间没有任何中间环节,其行为与结果之间也没有中间环节。间接合作指合作者以其行为的结果互

---

① 李芹:《社会学概论》,济南:山东大学出版社,2009年,第133~134页。

相配合,或一部分人的行为结果与另一部分人的行为相配合,以达到一定的目的。合作还可以分为非正式合作与正式合作。非正式合作,又称为互助,它往往表现在初级群体或社区中,这种合作常常是自发的,而非契约上的义务,是人类社会最古老、最自然、最普遍的合作行为。非正式合作很少受到规范、传统或命令的规定,只在人类较有亲密的情感结合时,它才会存在。正式合作是有意识的、带有契约性质的人际间承担权利与义务的形式,通常发生在正式组织中。

合作无论对个人还是对社会,都具有十分重要的意义。自从人类社会产生以来,就有了合作这一互动形式,这一方面取决于人类生产与生存的需要。在原始社会,生产力水平很低,主要靠集体合作才能获得生活资料,在狩猎、捕鱼、采集等活动中,一个人的能力是不行的,必须联合起来共同完成。另一方面取决于社会的需要。越来越细的社会分工,使得合作的价值更加重要。在现代社会里,没有合作,人类将无法生存,社会便不能进步。学会与他人合作、如何组织更有效的合作,是一个现实的问题,也是社会学所关心的课题。

2. 竞争

竞争指的是社会上个人与个人、群体与群体之间对于一个共同目标的争夺,是一种互相反对的行为方式,这是狭义上的竞争。如,体育运动中运动员之间、运动队之间的冠军争夺,生产厂家对于同一个市场的争夺,人们在荣誉、成绩、权力等方面的争夺活动等。广义上的竞争是指生存竞争。本书使用的是狭义上的竞争概念。[1]

作为一种社会互动过程,竞争具有如下特点:第一,竞争必须有一个共同争夺的目标,这个目标可以是物质的东西,也可以是精神的东西,还可以是包括物质和精神在内的综合的目标。比如体育竞赛,主要是争夺一种荣誉;企业间的竞争,主要是争夺物质利益;争夺某种职位,既有物质利益的考虑,也有地位、权力、精神满足等方面的考虑。没有共同争夺的目标,是谈不上竞争的。第二,竞争必须有共同争夺的对象。如果两个或两个以上的个人或集团争夺的对象不同,那么他们之间是不会发生竞争的。比如篮球运动员不会和滑冰运动员发生竞争,皮货商人不会和面包商人发生竞争。第三,竞争双方其中一方获得成功,即足以剥夺另一方成功的机会,不可能双方之间同时获得成功与失败。第四,竞争必须遵守一定的规则。规则是普遍的、一致的,不能因人而异,不能相互矛盾,以保证竞争的公平性,同时,规则是相对稳定的,以保证竞争的秩序性。

竞争的种类繁多,根据竞争的对象,可以分为经济竞争、政治竞争、地位竞争、

---

[1] 李芹:《社会学概论》,济南:山东大学出版社,2009年,第130页。

文化竞争、配偶竞争等。按照参加竞争人数的多少，可以分为个人竞争和团体竞争，其中尤以团体竞争对社会生活的影响最大。

竞争者在竞争中要增强自己的力量，树立自己的优势，才能战胜对方。因此竞争的方法直接影响竞争的成功与否。通常使用的竞争方法有破坏法、宣传法、改革法、专业化法等。

不能简单地肯定或否定竞争行为的社会作用，作为一种社会互动方式，竞争的作用受到社会制度、具体环境及多种因素的影响，需要作具体的分析。一方面，竞争是社会存在和发展的基本法则，竞争有利于提高社会行动的效率，推动社会进步与发展；另一方面，竞争也可能导致社会关系的破坏，耗损并抵消不同的社会力量。

3. 冲突

冲突指的是个人与个人或群体与群体之间为了某种利益、目标等而互相斗争、压制、破坏以至消灭对方的方式与过程。冲突与竞争有相似之处，它也是一种互相反对的行为方式，是公开的行为，有些冲突与竞争很难分开，如辩论既是观点上、思想上的冲突，又是学术上的竞争；拳击既是力的冲突，又是体育竞争。但冲突与竞争还是有区别的：第一，冲突必须是直接接触，竞争则不一定要直接接触。第二，冲突带有情绪上的敌对，有的冲突双方甚至有刻骨的仇恨，而竞争则不一定有情绪上的敌对。第三，冲突双方力的作用是互相反对的，互相打击的，而竞争却不一定如此。第四，冲突的根源是个人或群体间在利益、意见或态度方面的根本对立，而竞争则不一定存在着利益、意见或态度的根本对立。第五，冲突在形式上要比竞争激烈得多。竞争一般是在一定规则的制约下进行的，但冲突往往要突破规章、规则甚至法律的限制。[1]

冲突的种类也是多种多样的。从性质上冲突分为经济冲突、政治冲突、思想冲突、文化冲突、宗教冲突、民族冲突、阶级冲突等。从冲突的规模上有个人间的冲突和集团之间的冲突。冲突是公开的互相反对的行为，是力量的交锋。在冲突中使用力量的大小和冲突的严重程度是成正比的，互相反对的力量越大，冲突越严重。按照从轻到重不同的程度，冲突方式依次是口角、拳斗、械斗、仇斗、战争。

冲突对社会的作用是巨大的。冲突最明显的作用特点是其破坏性，即冲突通常造成财富的毁灭和生命的丧失，但冲突也有某种激励作用，它会最大限度地刺激冲突参与者的能力，还可以起到加强群体内部团结的作用。冲突到底能起积极作用还是消极作用，要依冲突的性质而定。一般来说，符合人民群众利益和要求的冲

---

[1] 李芹：《社会学概论》，济南：山东大学出版社，2009年，第131页。

突,对社会的发展有积极的促进作用,而违背人民利益的冲突则对社会的发展产生阻碍和破坏作用。

(二) 非对称性社会互动

1. 暗示

所谓暗示,是指在无批评、无反抗的条件下,通过直接或间接的方式,迅速使他人的的心理或行为受到影响,进而作出反应的行为过程。暗示表现为通过刺激而引起反应的过程,它能够强化、改变或形成某种心理或行为倾向,但通常以无批判的接受为前提。暗示与命令、指示、教育不同,它不具有强制性,不诉诸社会压力。如老师在课堂上不点名地批评某些学生的不良行为。[①]

暗示是人类普遍的心理现象,但它的发生是有条件的。具体来说,暗示的产生取决于受暗示者主观的心理状态和暗示者客观刺激的状况两方面。

从主观方面看,能够产生暗示反应的条件有:(1) 具有接受暗示刺激的经验和习惯系统。一种刺激能够发生暗示作用并能引起反应,那么,这种刺激与受暗示者的习惯系统往往具有某种特定的联系。也就是说,受暗示者在具有与暗示刺激相适应的先前经验时,暗示作用才能发生。如懂音乐的人容易接受音乐的暗示。(2) 不存在与暗示刺激相冲突的行为习惯和心理状态。受暗示者如果存在着与暗示刺激相互冲突的经验与行为习惯,对于暗示刺激便会产生抵抗作用,这样,暗示刺激也就不能引起适当的行为反应。但暗示者发出的刺激与受暗示者当时的心理状态相联系时,容易产生暗示。如考试的学生更容易受到老师与其他学生的暗示。(3) 态度、价值观念等内在系统处于尚不稳固或不成熟状态。涉世不深、经验不多、缺乏独立见解的人,更容易接受他人的暗示,产生与暗示刺激相一致的行为。如儿童比成人更容易受到暗示。(4) 极端的情绪状态。如精神状态极端疲乏、情绪极端旺盛、精神变态等,都会使暗示"乘虚而入"。

主观心理状态是产生暗示作用的一个方面,而适当有效的刺激则是产生暗示作用的客观条件。从刺激作用的状况看,容易引起暗示的刺激主要有:(1) 有节奏或单纯的刺激;(2) 反复持久的刺激;(3) 具有特殊的暗示潜力的刺激,如神圣性、较高的社会地位及暗示者的丰富学识等,容易使他人接受暗示。

暗示可以分为直接暗示、间接暗示、反暗示和自我暗示等不同类型。直接暗示又称提示,是指暗示者给予受暗示者面对面的暗示。间接暗示是指用委婉曲折的表示或刺激对他人产生暗示作用。暗示刺激引起与暗示者的预期相反的反应就是

---

① 李芹:《社会学概论》,济南:山东大学出版社,2009年,第128~129页。

反暗示,如采用激将法来达到某种目的。自我暗示是指自己对自己发出刺激信息,以影响自己的认识、情绪、意志和行为,如自我激励。

2. 模仿

模仿是在有意识或无意识的条件下,对某种刺激作出相同或相似反应的行为过程。通常认为,暗示与模仿是一组对应的行为方式,引起模仿的刺激是暗示,而模仿是对暗示的反应。与暗示一样,模仿也是在无强制条件下发生的,模仿者的行为与受模仿者的行为相似,即别人干什么模仿者就干什么。当然,模仿并非仅表现为行为的模仿,事实上,模仿的范围很广泛,风俗、习惯、礼节、时尚、服装、风度、性格、思想、工作方式、生活方式以及行为方式等都可以模仿。[①]

模仿有不同的种类。通常根据模仿者是否有主动和自觉意识加入模仿过程,将模仿分为自动模仿与有意模仿。自动模仿是指模仿者在无意识状态下自动模仿他人的行为。如在大街上看见一群人在围观,自己不由自主地也去观看。有意模仿是指对他人的有意识的仿效,如模仿他人的行为或服装等。有意模仿又分为非合理模仿与合理模仿两种情况。非合理模仿是指那些只对行为的表面进行刻意模仿而不理解其意义,一些时尚模仿即属此类。合理模仿则是出于对模仿对象的深刻理解以及模仿者的理性思考,如吸收其他民族或地区的优秀文化就是一种合理的模仿。

模仿是有意或无意仿效他人的行为,使自己的行为与对方相似。模仿一词最早出现在贝告德所写的《构理与政治》一书中。其后塔尔德有《模仿定律》一书,倡导社会模仿论,主张社会就是彼此之间相互模仿的一群人,即所谓社会＝模仿。社会心理学经典教材把模仿类型分为三种:(1)惯例模仿,指同类人之间的相互模仿。(2)习俗模仿,指个体模仿社会风俗习惯的行为。(3)时尚模仿,指模仿他人时髦的服装、发型、打扮等式样。过去,塔德的理论认为,模仿是先天的,是我们生物特征的一部分。然而,经过米勒多拉德、班杜拉及其他许多学者的研究,模仿性行为犹如其他许多种类的行为一样,也是习得性的。模仿是社会学习的重要形式,在个体社会化过程中起着重要的作用。如婴幼儿就是因模仿而获得最初的知识的。模仿也是人们彼此之间相互影响的重要方式之一。

3. 调适

调适是社会学的一个重要概念,它是指人们调整自己的心理与行为以适应环境要求的互动方式。广义的调适包括人对自然环境的调适,这里所讲的调适主要是指人对社会环境变化的调适。最早使用调适这一概念的学者是英国社会学家斯

[①] 李芹:《社会学概论》,济南:山东大学出版社,2009年,第129页。

宾塞,他认为生活即是内在关系与外在关系的调适。人们为了适应某种环境,避免、减少或者消除对立冲突,以达到共同生活的目的,便部分地改变自己的行为模式和生活方式,这便是社会学上所说的调适过程。[①]

调适是人们改变自身的某些认识、态度、语言、行动、习惯的过程。发生调适的原因主要有:(1)由冲突引起的调适。无论最终冲突达到什么样的结局,人们都要调整自己的行为以适应冲突后形成的关系。(2)由社会变迁引起的调适。社会的变迁使得人们必须改变原有的行为方式以适应社会环境的需要。(3)由交流或迁移引起的调适。交流和迁移使得人们必须在不同的文化之下改变原有的习惯和生活方式,调整自己的行为。常用的调适方法有:(1)和解,即互动双方改变原有的敌对态度,彼此容纳,建立友好关系。(2)妥协,即互动双方通过订立一些条件而暂时平息冲突。(3)容忍,指暂时采取克制的态度以避免冲突的发生。(4)调解,即由第三者出面对双方的矛盾加以调停。(5)仲裁,即通过第三方的裁决来解决双方的矛盾,这种仲裁对双方都具有约束力。(6)权变,即越出正常规范的随机应变,这是一种积极顺应环境变化的行为方式。(7)突转,即突然转变其思想、态度、信仰、习惯以适应环境的行为方式。(8)顺从,即有意识地改变自己的行为习惯以适应社会需要的一种方式。

调适有积极作用,可以减少不必要的冲突,有助于社会的和谐稳定,有助于思想、文化的统一。在一定条件下,调适也有消极作用,如存在保守倾向、不利于思想文化的争鸣等。

第二节 社会互动的理论

一、符号互动论

符号互动论,也称"符号相互作用理论",是最重要的社会互动理论之一,创立于20世纪30年代的美国。它试图通过分析在日常生活环境中人们的互动来研究人类群体生活,主要研究了人们相互作用发生的方式、机制和规律,认为所有的东西都是符号,对符号认识越多,人们互动得越顺利。

(一)托马斯——早期符号互动理论的初创者

托马斯(W. I. Thomas,1863～1947)对符号互动论的主要贡献突出表现在两方

[①] 李芹:《社会学概论》,济南:山东大学出版社,2009年,第132页。

面:一是他与兹纳涅茨基的不朽巨著《欧洲和美国的波兰农民》,二是他所提出的著名的"情境定义"。前者的主要内容虽然是由移居芝加哥的波兰人的生活史所构成,但其核心却是对社会行为的主客观文化两方面进行的综合调查。在这部著作里,托马斯提出了他的"情境定义"的概念,强调只有把个人的主观态度和社会客观文化的价值综合起来考察,才能充分解释人的行为,用他自己的话来说,"如果人们把情境界定为真实的,那么它们在结果上也就是真实的"。这一被称为"托马斯公理"的假设向人们展示,情境的社会定义尽管是主观的,但却有其客观的结果。托马斯的这一思想随着他对"情境定义"及其基本原理的阐述逐步得到丰富和完善,并成为符号互动论的基本思想。

(二) 乔治·米德——符号互动理论的创始人

米德互动理论的内容主要有两点:

一是认为人类的相互作用是为文化意义所规定的,而许多文化意义是象征性的。米德认为行动是指一个人在特定情景下的主要反应,包括人们的实际行为、环境中特定事物和人的关注以及人们对那些事物或人的想法。人的行动是有社会意义的,人们之间的互动是以各种各样的符号为中介进行的。人们可以借助于符号理解他人的行为,也可以借此评估自己的行为对他人的影响。例如微笑意味着愿意接纳他人。在符号互动论那里,符号是指所有能代表人的某种意义的事物。比如语言、文字就是一种符号,它是认识或者使用该文字的人的沟通工具,可以实现人们之间的复杂交往;人们在交流中的姿态同样能传达一定的信息;物品也是重要的符号,如国旗是国家的象征;即使一定的社会情境也具有符号的意义。一个事物之所以成为符号是因为人们赋予了它某种意义,而这种意义是大家公认的。在米德的理论中,符号是社会生活的基础,人们就是通过各种符号象征进行相互作用的,或者说,人们必须通过符号进行互动。

二是认为自我也存在着互动的过程。米德最初沿用了由詹姆斯提出的两个概念,即"主格的我"与"宾格的我",前者指个体的冲动倾向,后者则代表行动完成后所获得的自我形象。米德运用这些概念,把自我分成两部分,即"主我"(主体我)与"客体"(客体我)。"主我"是有机体对其他有机体态度的无组织的反应,即行动的自发意向或冲动;"客我"是个人自我反思对其他有机体的有组织的态度,即个人已经从他人那里学到的有关自身的看法或观点,它指导着社会化个人的行为,自我的这种性质将他人的影响引进个人意识之中。个体既发挥着能动性,也受到他人的态度和期望的影响。在这里,米德既看到了个体受到社会环境制约的一面,也看到了个体主动创造社会环境的一面。米德认为人类具有自己与自己交流的能力,人们可以在自我互动中回复到自身并因此指导自己的信息交流过程。

　　总之，米德强调自我，认为我们经常与"自我"交流，认为人类互动在很大程度上受文化意义的影响，并且多数文化意义是有象征性的。他认为每个人都有自己与自己的交往过程，按照符号进行交往，所有符号都有文化意义上的特征，互动是以有意义的符号为基础的行动过程。尽管米德本人并没有首先使用"符号互动"这一概念，但是他提出了具有独到见解的关于人类精神、社会自我和社会结构的理论，在事实上完成了符号互动论的理论体系。在经过布鲁默等人进一步发展和完善后，符号互动论成为20世纪后半期在西方特别是在美国极具影响力的理论流派。

（三）布鲁默——符号互动理论的集大成者

　　20世纪60年代，曾受业于托马斯、库利和米德门下的赫伯特·布鲁默全面、系统地论证了符号互动论，总结了它的基本理论。布鲁默的符号互动论思想主要集中在他1969年出版的《符号互动论：观点与方法》一书中。

　　布鲁默认为人们所进行的符号互动是建立在三个基本前提之下的：

　　第一，人们根据他们赋予客观事物的意义来决定对其所采取的行动。也就是说，任何人都是根据自己对事物赋予的象征意义而对其采取行动，这样才能保证自己与互动形象在同一社会情境下的行动和思想一致。人们通过互动对象在交流中使用的语言、文字、图画、手势、姿态、表情等符号来解读他人行为的意义，领悟他人通过语言和行为所要传达的意思，然后相应地采取必要的行为。

　　第二，人们所赋予事物的意义是社会互动的结果，而不在于事物本身。也就是说，任何人赋予事物的意义源于社会互动。人们对事物包含意义的理解并不是凭空或主观作出的，而是根据他人的经验作出的。这些经验可能是直接经验，也可能是间接经验，但它们都是社会互动的结果。

　　第三，人们在应对他所遇到的事物时通过内部解释去运用和修改这些意义。也就是说，人们在相互作用的过程中，往往要经历一个自我解释、确定意义和决定怎样行动的过程。行为的象征意义植根于互动的社会情景中，社会情境不同，其中的行为意义也不同，因此要对不断出现的新情境进行某种创造性的定义和再定义才能决定怎样行动。

　　根据布鲁默的观点，人际互动的最大特征是：人类不只对彼此的行为作出反应，同时也在解释或"定义"他人的行为。换句话说，我们对他人行为所作出的反应，取决于我们对他人行为含义的解释。我们的认知、评估和定义决定了现实。举例来说，一个学生拿着请假条找老师请假。对于请假这个行动的定义基于他们对

"请假条"这个符号意义的理解。老师与学生这一互动的双方对请假条这一符号的意义是能够达成共识的,他们之所以都知道这一符号的定义,是他们通过以前很多类似的互动学习到的。老师看到这个请假条,就要解释这个情境的意义,比如判断学生请假的理由是否真实合理,课程的安排是否允许学生以这样的理由请假,这是互动者内在阐述的过程。接着,老师就要采取行动,决定是否同意学生的请假。

人们在互动中如何理解他人对某些符号所赋予的意义呢?在布鲁默看来,人们是以角色扮演为基础来判断对方行动的意义和自己所应采取的行动的,也就是通过设身处地的方式,站在对方立场上来阐释互动的情境,并决定自己应该如何行动。

总之,布鲁默的符号互动论特别强调符号和意义在人们互动中的重要性,认为在互动过程中,人们不是对别人的行动直接作出反应,而是根据他们对行动意义的理解作出反应。所以社会互动是以使用符号、通过彼此行动的意义作为媒介的。符号互动论对社会日常生活中的互动给予了细致的分析,对于充分认识社会微观结构和人们的行为有一定的启发。

拓展阅读

人类对事物的行动是建立在这些事物赋予行动以意义的基础之上的

人们意识到的任何东西都是能给自己预示的东西——钟表的滴答声、敲门声、朋友的出现、同事的谈话、感冒的辨识……要有所预示就要把它从环境中抽取出来、区分开来,赋予它一种意义……在他的无数行动当中——无论从小到穿衣服这样的行为,还是大到为了职业生涯而统筹安排——个体针对自身设计出不同的东西,并赋予它们意义,判断这些东西对于行动的可适性,并在判断的基础上得出结论。这就是在符号基础上进行诠释或行动的意涵。

资料来源:〔美〕鲁思·华莱士等著,刘少杰译:《当代社会学理论——对古典理论的扩展》,北京:中国人民大学出版社,2008年,第192页。

二、拟剧论

以美国社会学家欧文·戈夫曼为代表的拟剧论,其实是在符号互动理论的基础上发展形成的一种社会互动理论。戈夫曼把社会比做舞台,把社会成员比做演员来解释人们的日常生活,其代表作是《日常生活中的自我表演》。

拟剧论的基本观点是,社会是一个大舞台,全体社会成员是在这个舞台上扮演不同的角色。社会生活就是各种各样的人在不同的舞台上表演各自角色的过程。在互动中,每个人都无法摆脱别人的存在这样一个事实,因此都不可避免地根据别人的期望来塑造自己的形象,努力压抑别人不欣赏的某些方面,表现出别人欣赏的东西。所以,社会互动的过程就是一种戏剧过程。

根据人际互动发生的场合,戈夫曼将互动分为两种:一种是在"社会机构"内,也就是在一定的界限内发生的经常性、持久性的互动;另一种是没有界限的临时性互动,如人们在街头邂逅相遇。在《日常生活中的自我表演》一书中,戈夫曼集中研究了在社会机构内发生的互动。他认为,社会机构内的人际互动,恰如在舞台上的表演一样,是按照一定的程序进行的,将在表演中预先设计的模式(即剧本)逐渐展现出来。在这种表演中人们最关心和试图控制的就是自己给他人的印象问题,人们通过语言、姿态、手势等表现使他人对自己形成所希望的印象。戈夫曼把这个过程称做"印象整饰"。他的理论表明,在社会互动中,个人的行为已由满足自己的需要转变为满足他人的要求。例如,穿衣戴帽对个人来说是为蔽体御寒,但在互动中展示给他人观赏却成了主要目的。戈夫曼认为,印象整饰需要专门的技术,他的著作就是研究这些专门技术的。所以,他的理论又被称为"印象整饰理论"。在《公共场合中的行为》、《相遇》等著作中,戈夫曼对于没有明确界限的、临时性的互动作了详细的分析。戈夫曼认为,不管人们从事的是什么活动,只要在面对面的场合,在特定的时间里,人们之间发生了有意识的明确的关注,互动便发生了。戈夫曼把这种互动称之为"相遇"。他认为,虽然人们在街头、公园、会场等公共场所中的行为与人们在社会机构里的表演有所不同,但是印象整饰的原则在这里也是适用的,即人们总是在控制自己的行为以期给他人留下有利的、美好的印象。

戈夫曼的理论研究了人们日常生活中的一些互动现象与技巧,他的研究揭示了社会生活中的一些基本事实。因此,有人称赞他是"极富有洞察力的敏锐的观察家"。但也有人批评他没有提出完整的理论,没有提出经得起验证的一般假设或论断,而只是靠一些事例、轶事等来说明问题。但不管怎么说,他的理论在社会互动问题上给人以深刻的启发却是毋庸置疑的。

三、本土方法论

本土方法论又称常人方法学,是由美国社会学家哈罗德·加芬克尔(Harold Garfinkel,1917~2011)于20世纪60年代创立的。加芬克尔的代表作是《**本土方法论研究**》。本土方法论用约定俗成的民俗来解释社会互动的可能,因此,有人将它译为"俗民方法论"或"常人方法论"。本土方法论是加芬克尔在研究陪审团评议时杜撰出来的一个词,意思是一种力求分析人们在日常生活互动中遵循的全部规则的社会学方法。加芬克尔在研究陪审团评议时发现,陪审员之前彼此并不认识,并且对于法律专业技术并不了解,但他们能够一起工作然后作出决策,其中一定有什么规则在指导他们在陪审团中的互动,加芬克尔把这套规则称为"本土方法"。它使人们即使在彼此并不认识的情况下,也能有效地沟通和互动。

本土方法论的基本假设是:在现实生活中,社会成员依据一定的规则和程序来进行社会互动,这些日常生活中不成文的、大家公认的互动规则是一切社会生活的基础。加芬克尔认为,人们无论是否事先认识,在他们开始互动的时候,都遵循一些共同的规则,只是因为这些规则太习以为常了,所以平时人们都没注意到这些规则在互动中发生的作用。但是一旦这些规则被破坏的时候,大家就能够感觉到了。比如一个人穿着便服去参加婚礼,就严重违背了"婚礼上应注重穿着"这一公认的规则,一些客人就会对此人有失礼节而惊讶、迷惑,也有一些人因此而回避、疏远他。

加芬克尔发现,日常生活互动中人们遵循的规则主要有语言的索引式和省略原则。这两个相互联系的原则是说人们在互动时并不需要把所有的意思都解释清楚才行动,而只要提示一下,双方就能理解并作出相应的反应。同时,一个人在听对方谈话时,必须联系谈话人的背景和以前的互动以及当时当地的特殊情景,才能作出准确的解释和采取相应的态度,否则,就可能中止互动。为了证明规则对于社会互动的作用,加芬克尔和他的学生设计了许多违规实验,即故意违反规则,使那些平时不被人们注意的规则的作用显示出来。例如:在家庭饭桌上用最正规的宴会礼节对待家人;在学生与家长交谈时,让学生把爸爸叫做"先生",把妈妈叫做"夫人";在公共汽车上请别人站起来让你坐下来等。实验结果表明,一切不遵守规则的互动,将会引起情景定义的混乱,带来恼怒、焦虑或困惑的消极情绪,还会出现沟通障碍或中断的现象,这说明日常生活的秩序正是建立在一些约定俗成的规则基础上的,但是这些规则很少被人们意识到。

本土方法论作为一种新兴的理论学说,通过对日常生活世界的研究,更新了传统社会学的研究课题和方法,是社会互动理论的重大发展。但该理论的许多观点还有待于进一步发展和完善,需要建立起一套完整的概念体系。

第三节 集体行为

作为一种社会现象,集体行为普遍存在于每一个社会之中,"它包括人们成群向银行去挤兑;剧场里火警之声大作,观众仓皇逃脱;在一部分人中兴起的某种一时的爱好(比如跳呼啦圈舞和滑板风行一时);群体发财之梦(当年在法国与约翰·劳的密西西比开发公司有关的股票投机狂潮);充满敌忾且无组织的示威行动;暴乱;群体行为;服饰的流行以及宗教的狂热等"[1]。研究集体行为,对于认识社会现象和社会过程有重要的意义。

一、集体行为的含义与特征

(一) 集体行为的含义

集体行为译自英文 collective behavior,又译为"集群行为"、"集合行为"等。集体行为是社会学和社会心理学都十分关注的课题。最早对它进行研究的是法国社会心理学家古斯塔夫·勒庞(Gustave Le Bon,1841~1931)等人。美国社会学家帕克(Robert Ezra Park,1864~1944)在1921年出版的《社会学学科导论》一书中,最早从社会学角度界定了集体行为,认为它是"在公共和集体冲动的影响下发生的个人行为,换句话说,那是社会互动的结果"。随后的一些定义突出了集体行为的无组织性和自发性。如斯坦莱·米尔格拉姆(Stanley Milgram)指出:"集体行为是自发发生的,相对来说是没有组织的,甚至是不可预测的,它依赖于参加者的相互刺激。"[2]美国著名社会学家D.波普诺(David Popenoe)指出集体行为"是指那些相对自发的、无组织的以及不稳定的情况下,对某一共同影响和刺激产生反应的行为"[3]。迄今为止,关于集体行为,学术界还没有统一的看法。我们更倾向于认为,集体行为通常是指一种自发的、无组织的、不受正常社会规范约束的多数人的共同行为。

(二) 集体行为的特征

集体行为虽然发生原因和发展形态各异,但存在着一些共同的特征:

1. 自发性

集体行为不是有组织、有领导的群体行为,而是自发的聚众行为。自发性是其显著特点。比如骚乱、恐慌、抢购风等。

---

[1] 〔美〕詹姆斯·S.科尔曼著,邓方译:《社会理论的基础》,北京:社会科学文献出版社,1999年,第231~232页。

[2] 〔英〕克特·W.巴克主编,南开大学社会学系译:《社会心理学》,天津:南开大学出版社,1984年,第176页。

[3] 〔美〕戴维·波普诺著,李强等译:《社会学(第十版)》,北京:中国人民大学出版社,1999年,第594页。

2. 狂热性

卷入集体行为的人们,其目标和期望常常模糊不清,这就决定了集体行为带有强烈的狂热性。表现为参与者情绪异常激动,行为完全被情绪所支配,盲目行动,完全不考虑行为的后果。

3. 非常规性

卷入集体行为的人们,由于狂热和非理性,导致丧失理智,可能会做出反常的不受既存社会规范约束的、意想不到的行为。

4. 匿名性

集体行为发生时,参加者个体往往被群体所淹没,助长了个体的冒险心理,同时个体丧失了责任感,导致"去个人化"行为发生。

5. 短暂性

集体行为由于一时冲动所致,一般不会长久,往往在参与者发泄内心积怨、减轻心理紧张后,行为即告结束。如果持续下去被人利用,就成为有组织、有目的的活动,那就不是集体行动,而是群众运动了。所以,时间上的短暂性也是集体行为的显著特点。

二、集体行为产生的条件

集体行为的发生有着复杂的原因,也需要一定的条件。缺乏相应的条件,集体行为也是难以爆发的。拉尔夫·特纳(Ralph Terner)在《集体行为》一书中指出:从集群行为的性质来看,它只有(但非总是)在现在的组织不能为人们的行动指引方向和提供途径时才会发生。众多的研究发现,集体行为或多或少地与以下各种条件相联系。

1. 环境场所条件

集体行为的产生需要必要的环境场所,反过来说,有些特殊的场合便于促进人们对某种普遍刺激作出自发的反应,从而产生集群行为。这种环境场所最主要的特征就是便于人们之间面对面的互动,如广场、体育馆、大厅等等。在这些地方的群众聚会诱发集群行为的可能性最大。

除空间条件外,时间也是集体行为产生的关键性因素。根据美国克纳委员会对 20 世纪 60 年代美国城市骚乱的调查,大多数骚乱都开始于周末或傍晚。这说明在人们闲散无事的时间里容易出现集体行为。

2. 社会条件

主要指社会结构出现了问题,这种问题已经为人们所普遍知晓并构成了巨大的社会压力,所以又称做"结构性紧张"。结构性紧张在物价飞涨、腐败严重、金融危机、政治动荡、权威崩溃、信任丧失、安全性差、流行病蔓延等情况下最为突出。

3. 心理条件

主要是指潜在的信念或普遍的情绪。人们在面临社会压力与心理压力时,常常对自己的处境形成某种共同感受,对某些问题产生共同看法,甚至出现情绪的一致化和普遍化,这就为集体行为的出现奠定了心理基础。在这种条件下,任何事件只要能够发泄人们的不满情绪,都可能成为引发集体行为的导火索。

4. 诱发条件

这是指引发集体行为的导火索。偶尔引发的事件、一些传言等都可能成为具体的刺激,使普遍的情绪转化为现实的行动。

5. 控制条件

这是比较重要的促成集体行为的社会条件,因为许多集体行为是危害现存制度的,所以,维护这种制度的机构也自然会努力制止这类行为的发生。但是,一旦社会控制机制减弱并且要崩溃时,便为集体行为的产生创造了条件。因为此时的控制机构不能对将要爆发的集体行为施以严厉的制裁,它经不起任何骚动力量的冲击,所以集体行为常常在社会控制最薄弱的环节形成。另外,当社会控制的严厉措施突然放松时,也能产生集体行为。比如暴乱很可能会在控制机构让步或控制手段的缓解后突然爆发。当然,这些都是国家正式的控制机构(如警察和法庭等)没能适当地发挥它们的作用而发生的。还有一些非正式的社会控制机制的软弱也会引起其他的社会混乱,如维护公共场所秩序人员的失职、守护街道的人员的缺乏,甚至父母缺乏对孩子应有的管教等,都可能产生某个范围内的集体行为。

集体行为的形式多种多样,所以很难概括出引发和促使集体行为的全部条件,对于具体的某一集体行为的原因或条件只能作具体分析。以上这些条件未必是所有集体行为必不可少的,当然对于任何一个集体行为来说这些条件也不是同时出现的。

关于集体行为产生的条件,一直是许多社会学家关注的领域,由此出现过不少深刻的学说,其中美国社会学家内尔·斯梅尔瑟(Neil J. Smelser)的理论影响最大。1962年,斯梅尔瑟出版了《集体行为理论》一书,试图对集体行为进行综合解释。他认为,集体行为实质上是人们在受到威胁、紧张等压力的情况下,为改变自身的处境而进行的尝试。如时髦、狂热可视为对无聊状况的反应,恐慌是对威胁状况的反应,骚乱是对紧张和不满状况的反应。关于集体行为的发生条件,斯梅尔瑟提出了价值累加理论。这一理论被誉为集群行为研究领域半个世纪中"里程碑式的著作",其基本的理论基础来自经济学。它假定集体行为的发生都有一个确定的模式,可以把集体行为在发展的每一个阶段理解为"追加价值",其后才有最终产品,即集体行为的出现。决定集体行为的六个具体因素是:(1)结构性助长,即有利于产生集体行为的社会结构或周围环境。(2)结构性压抑,任何使人感到压抑的社会状态,如贫困、冲突、不公平的待遇、难以捉摸的前途等,都刺激人们通过集体行为来解决问题。(3)普遍信条,即人们通过对自己所处环境中问题的认定,形成的自己对问题的看法和信念,使得人们通过对形势的了解而做好了行动的准备。(4)突发因素,是集体行为的导火索,这种因素通常是一个戏剧性的事件,它创造了集体行为的具体环境,加速了集体行为的爆发。(5)行动动员,群体内的领袖人物或鼓动者的鼓励和口号,标志着集体行为的开始。(6)社会控制机制,即防止、抑制和疏导前五个因素的累积力量,集体行为最后是否发生就看这种控制手段是否成功。一旦控制失败,集体行为便在所难免了。斯梅尔瑟的理论为集体行为的分析提供了一种有益的视角与方法。

三、集体行为的主要类型

(一)群众

群众是所有集体行为中最普遍和最容易为人们所意识到的一种形式。集群是有着共同的关注点或共同利益而临时聚集在一起的能够面对面互动的人群。不确定感、紧迫感、结构松散以及所处情况的模糊不清是集群的重要特征。法国著名社会学家古斯塔夫·勒庞在其《乌合之众》一书中分析了群众的特点。按照勒庞的意见,"'群氓'或'群众'乃是集合在一个地方的受到共同感情鼓舞的一群人,他们准备跟随自己的头头到随便哪里去"[①]。

在社会学和社会心理学中,H.布鲁默对群众的划分被认为是最为经典的一种分类方法。布鲁默在《集群行为》一文中将群众分为四类:

第一,偶合群众,又叫"临时集群",这是结构最松散的集群形式。它仅仅是一群个人的集合体,其成员很少或没有共同的目标,个人很少受群体的感情约束。在这种集群中,人们随进随出。比如,人们对某些事件,如交通事故、商店的节日促销给予临时性的关注。他们可能相互交谈,也可能互不理睬。

第二,常规群众。这是经过有意计划集合在一起的人群。其结构相对来说比较严谨,如剧院里的观众和飞机上的乘客。这些情境都是事先安排好的。在这些情境中,人们遵照已经建立的社会准则或常规进行活动,但是集群成员之间的互动

---

① 〔苏〕科恩著,梁逸译:《十九世纪至二十世纪初资产阶级社会学史》,上海:上海译文出版社,1982年,第102页。

通常是最低程度的。

第三，行动群众。这是易受暗示并且其行为明确指向特定目标的人群。参加暴乱、骚乱或从事其他极端活动的集群属于这一类。行动群众往往集中于某种目的或问题，并且经常是愤怒且怀有敌意的。他们的活动一般冲破了通常的行为规范，对社会能产生较大的冲击作用。如参加闹事的暴民、球场上进行骚乱的球迷等都属于这一类。这类群众是最危险的，对社会造成的危害也最大。

行动群众有两种重要形式：一是暴乱，其成员是从感情上就倾向于暴力行动并实际从事或时刻准备从事暴力活动的人群。从事暴乱行动的暴民通常都有自己的领袖，他们一心想着自己的进犯目标，并强烈要求其成员保持一致行动。和暴动不同，尽管从事暴乱行动的暴民的行为具有某种组织性，但一般来说它是暂时的和不稳定的，并且也是难以把握的，所以从根本上来说它是一种集体行为。二是骚乱，这是一种暴力的和破坏欲的集体爆发。骚乱的产生常常是因为环境的突然刺激及愤怒、惊恐或其他基本冲动驱使所致。骚乱的程度常常因为环境刺激的性质及阻碍人们愿望满足的状况而定。如果刺激深切或环境状态严重，骚乱则有可能发展成为暴乱。

第四，表意群众。这类群众一般表现出手舞足蹈一类的身体活动，常见于举行各种宗教仪式的场合。表意群众通常是为了其成员的个人满足而组织起来的、可以提供感情表达和释放机会的群众。例如，一些原始文化部落中庆祝丰收的人群，从这里人们可以得到感情上的宣泄和松弛，这正是在平时无法得到的。因此，表意群众实际上是一种随着活动的结束而解散的群众。

在上述四类群众类型中，尽管每一类都有可能产生诸如骚乱或暴乱等形式的集群行为，但相比而言，后两类群众形式产生集群行为的可能性更大，并且也因此更为社会学家和社会心理学家所重视。

(二) 大众行为

集体行为并不都是发生在面对面互动群众中的，在互不相识、广泛分散的大众中，也会出现集体行为的一些特征。大众行为的基本表现形式有时尚、恐慌和谣言等。与集群相比，它们缺少集群行为的群聚特征，所以又称做"分散的集体行为"。

分散的集体行为类型十分广泛，这里主要介绍几种典型的集体行为。

1. 恐慌

恐慌是分散的人群中集群行为的另一种类型，它是公众乃至一般社会大众在社会危机状态下，面对现实的或想象的威胁作出的不合作和不合理的心理与行为反应。恐慌最重要的特征是它的不合作性和不合理性。所谓不合作，指的是相互合作的社会关系被打破了,结果反而使情境增加了对人们的威胁。例如,在火灾、洪水、地震或军事入侵时,危机突然发生,人们极度恐惧,正常的社会期望受到了干扰,每个人都在绝望中挣扎着要逃离危险地带,然而结果又常常是既妨碍了自己又挡住了别人,这正是正常合作陷入瘫痪所致。所谓不合理,指的是在恐慌态度下,大众的行为与他们期望达到的目的正好相反。就如上面所说的那些事件中,人们合理的行动应该是有组织、有秩序地疏散或撤退,混乱的拥挤、争抢显然是不合理的。但是在那样的情境中,几乎没有人想到或真的去这么做,似乎不争、不挤就是坐以待毙。

恐慌产生的原因比较复杂。一种情况缘自人们对某种现实的危机极度担忧、恐惧,每个人都想避开危险源而不顾正常的规范和必要的合作关系,结果使局势更加险恶。如股市下跌、物价上涨都可能成为威胁因素引发恐慌。另一种情况是出自某种耸人听闻的流言或传闻,它可能会使没有思想准备的大众陷入迷惘、危机和惊恐状态。再加上相互之间的感染和刺激使这种恐惧情绪急速上升,直至成为群体性的恐慌大发作。现代社会比传统社会发生恐慌的频率更高一些,主要因为现代社会人们相互联系得更紧密,人们的压力与焦虑更多,再加上信息传递的手段更发达,使得人们的神经比较脆弱,一旦出现危机,容易出现恐慌反应。还有一些恐慌的产生与某种文化背景有关。

2. 流言与谣言

流言也叫做"闲话"或"传闻",它起源于无名渠道的非正式消息。谣言是一种在非正式渠道中传播的消息,但通常人们更倾向于认为谣言出自有目的的制造。尽管如此,现实社会中要想把流言与谣言区分开来,几乎是不可能的,因为它们的传播渠道基本上是单线的,并且是匿名的,无法寻访它们的最初来源,所以,一般只能笼统地把流言与谣言都看做是在社会大众中相互传播的关于人或事的不确切的消息。

流言与谣言的产生,常常有一定的社会背景。或者说,在某种社会状态下更容易出现流言或谣言。一般而言,社会突然发生事变时是流言与谣言的易发时期。任何社会在和平稳定时代,流言、谣言相对来说比较稀少。一旦社会上突然发生某类事故,各类传闻会随之发生,所以流言和谣言也易于传播。另外,社会突然面临某种危急状态,即使尚未发生重大事故,但有发生的可能或征兆时,流言、谣言也容易发生。因为一个社会每当酝酿着某种重大变故时,人们都极力地对环境作出种种猜测,这最容易以讹传讹,致使一些无根据、不正确的消息不胫而走。

从流言与谣言产生的原因看,既在于某些人类固有的心理基础,也有其他一些实际的心理、社会因素。就人类的心理基础而言,流言与谣言的产生常常缘起于人们在观察、记忆、理解等方面的不足或偏差。也许还出于一些人的自圆其说：人们往往有这种倾向，即希望自己的话在别人听来是真实的、合理的，为了达到这个目的，发言者便可能有意无意地增补、删改事实，最后终成流言飞语。就流言发生的心理社会因素而言，流言和谣言往往出于以下几种原因：(1) 为了耸人听闻，发言者往往夸大其词。或者是为了附会以往的某种传说、民间的某种愿望以及为了满足某种因果关系，发言者可能会无中生有制造流言。(2) 正常的信息渠道受到阻碍，或缺乏信息、信息不清时，个人可能会依据猜测、想象，对事物作出自己的解释，这就难免产生流言或谣言。(3) 某些普遍涉及公众的人或事易成为人们的注意中心，对此类人或事情的议论便会增多，还有一些稀奇古怪的人或事，也易成为人们的兴趣焦点，再就是那些让人们感到憎恶的人或事，也常常被人们指指点点。所有这一切都是流言与谣言产生的客观基础。

流言与谣言有以下特征：(1) 流言与谣言的基础是不确切的消息；(2) 流言与谣言开始容易停止难；(3) 流言与谣言既是一种信息的传播过程，同时也是这一过程的产物。

流言与谣言的传播过程是一种自发的、无结构的、扩张性的过程。美国社会心理学家奥尔波特(Gordon Willard Allport, 1897～1967)认为，流言与谣言的传播过程一般都要经过以下三种方式的"加工"：(1) 磨尖。接受者传播时对原有信息断章取义，从全部内容中选择适合自己口味与兴趣的内容加以渲染，而其他的就舍弃或淡化了。(2) 削平。重新安排某些情节，把某些细节省去，使故事性加强，既易于向人传播，又易于吸引他人。(3) 同化。再传者根据自己的知识经验，对所接受的信息"添油加醋"，从而使信息更加带有传播者的个人色彩。就这样，一传十、十传百，越传越失真，直至面目全非。谣言是一种难以捉摸的、能造成严重伤害的集体行为，当人们无法获取信息或对正式传播渠道提供的信息不信任时，谣言就可能非常盛行。流言与谣言的终结有两种方式：一是很快出现有力的事实肯定或否定流言与谣言的内容，二是流言与谣言在长期得不到事实证明或否定后自行消失。

(三) 骚动

它是指集体在进行某项活动时，开始表现出的一种无目的、无秩序的行为状态。大多数集体行为开始发生时，往往有一个人们相互激励却盲目的骚动过程。比如，在等待一个迟迟不开演的演出时，观众往往会拖着沉重的脚步，离开自己的座位，四处闲逛。有时大家不约而同地跺脚或发出嘘声表示不满。再如在公共场合，当人们听到一个惊人的消息时，自然会发生相互交流，产生共同的情感和行为，甚或共同做出某种越轨的行为。

(四) 流行

流行是指在一定时期内社会上流传很广、盛行一时的外表和行为的风格,是一段时间内相当多的人崇尚、追随的生活模式或行为模式。① 流行作为一种集体行为,体现了人们个性表现和从众需求的统一。一方面,它可以满足人们希望自己与众不同、引人注目的心理需求,在竞争性强、地位意识较浓的现代社会里,它是人们向别人表明自己的社会特征和个性特点的一种手段。另一方面,追求流行又是对某种行为方式的仿效,是适应社会生活的从众行为。流行往往涉及服饰、音乐、美术、娱乐、语言、用品甚至行为方式等各个方面。

第四节 网络互动

在信息时代,由互联网构成的虚拟社区构成了人际互动的基本平台。网络互动成为社会互动一种不可忽视的方式或领域,对现实的社会关系和社会秩序产生重要影响。

一、网络互动的含义

网络互动,是一种以信息、网络技术为基础,以符号为中介的交往活动。其基本形式有:E-mail、网上可视或不可视电话、网上电子公告(BBS)、网上聊天(IRC)、电子商务、由个人或单位主页构成的虚拟社区以及通过局域网进行的其他网上传输等。② 作为一种新的人际交往方式,网络互动在保留了传统人际交往形式的一些特点的同时,还具有其自身独特的内在本质。网络互动与现实社会互动最大的不同在于:现实交往方式是人的亲身参与的交往,而网民的"交往方式"完全依赖电脑网络和虚拟符号。③ 这个"交往方式"先天缺乏所谓"社会面貌"这一在传统的面对面沟通中最重要的因素。虚拟网络互动过滤了现实社会中三个大的要素:面接交流中的非语言交流因素(如表情、身势和副语言等);交流中的行为"场"的因素,即交往情境因素;行为主体的社会属性(身份地位等)。虽然随着网络技术的发展,"网络可视性交流"、网络社区、网络身份认证等纷纷出现,部分地增加了虚拟互动

---

① 郑杭生主编:《社会学概论新修(精编版)》,北京:中国人民大学出版社,2009 年,第 145~146 页。
② 参见黄胜进:《网络社会交往行为问题的哲学反思》,《重庆社会科学》2006 年第 5 期,第 31 页。
③ 郭玉锦、王欢:《网络社会学》,北京:中国人民大学出版社,2005 年,第 141~142 页。

的社会性因素,但是虚拟互动的非现实性、虚拟性、符号化仍然存在。从这个意义上说,我们可以把虚拟网络互动称为互动双方通过网络技术和虚拟符号进行信息和资源交换的理性选择过程。

二、网络互动的基本特点

(一) 虚拟性

互联网的出现,改变了传统的面对面的社会互动方式,互动双方不再是直接接触的,但是依靠网络和虚拟符号仍然可以相互交流,形成虚拟的"面对面"的互动。网络互动的虚拟性表现在:(1) 互动双方通过虚拟符号的运用实现沟通,既形成了全新的沟通方式和符号系统,也容易造成互动信息的非现实性和失真。这一点造成了网络交往的匿名性。(2) 互动双方的现实社会面貌在网络上隐去了,虚拟化了,变成了信息符号。比如,人们通过QQ聊天进行交往,人们可以隐去自己的真实姓名、性别、年龄、职业、种族和国家等一切信息,随心所欲地选择交往对象,畅谈自己所感兴趣的一切话题。由于"身份的缺失"可以扮演任何自己所喜欢扮演的角色,而无须承担任何的责任。(3) 网络空间是由比特(BIT)构成的,是由0和1构成的数字化王国。人们常常很难感受到对方的反应、表情以及与自己相关利益的态度,这就使人们的交往行为或多或少也非人性化了。互动双方的互动场景失去了现实世界的真实性,需要重新进行情境定义,从而造成理解的虚拟性。

(二) 交互性

与传统的社会互动一样,虚拟网络互动仍然是以信息传递为基础的。虽然它的形式和内容都有别于传统的互动方式,但是人与人之间的相互依赖性并没有因此而减弱;相反,因为信息的获得相当大程度上来源于网络社区成员之间的相互配合,成员之间的相互关系因此变得更加紧密。因此,网络互动必然具有交互性。网络互动的交互性表现在:(1) 互动双方虽然不是直接的面对面的接触,但仍然存在紧密的相互联系。以信息"交流"为主,并以数字形式完成的联系,具有现实的社会基础和物质内容,并形成了相互依赖的结构系统。比如通过网络互动互换信息、交流情感、建立社会支持系统等等,使得网络社会成为现实社会的一部分。(2) 互动双方可以在不同的地点同时进行交流和互动,也可以在不同的时间间接进行交流和互动。网络形成的人——机——人的交互模式,虽然用机器把现实中的人分隔开,但是他们的互动仍然离不开人与人的交流与沟通,只不过这种交流与沟通增添了即时性和间接性并举的特点。

（三）开放性

互联网具有无限广大的空间和疆界，任意的割据与封闭都可能最终导致整个网络的解散。在网络世界里，已经消除了国与国之间传统意义上的物理边界。网络信息的传播不受国家和地域的约束，人们可以不受时空限制自由交往。由此，各种不同的价值取向、思想观念、宗教信仰、风俗习惯和生活方式等在网上发生冲撞与融合。网络具有全球性，可以连接起任何一个地域和个人，使得人与人之间的互动具有开放性。[①] 由于网络的开放性，人们可以省去面对面直接打交道，从而摆脱了传统"熟人社会"众多的道德约束，虚拟的网络社会为人们提供了一个"自由时空"，人们在网上可以自由下载、发布信息，其过程一般没有经过严格的审查和核实。另外，网络社会互动延伸的人际关系允许网络社会成员进行更广泛的社会交往，从而获得更加丰富的社会、信息资源；而网络社会互动的增加在一定程度上也增加了社会互动的可能性，从而使得互动更加充分、优化。

三、网络互动中的社会问题

网络互动成为社会互动的一个基本部分，也存在大量现实的社会问题，这里主要提出以下几个问题：

（一）诚信问题

随着互联网的蓬勃发展，各种网络行为中所表现出来的诚信问题也日益受到全社会的普遍关注，以网络为载体和手段，现实社会中的诚信问题也在虚拟的网络社会中普遍存在。

第一，网络的虚拟性使犯罪分子有机可乘。虚拟网络也许正是网络与其他媒体最大的区别。互联网的虚拟性使得很多犯罪分子有机可乘。网络的虚拟性使得人们只通过文字、图片等虚拟的事物就可以进行交流，使得犯罪分子能够利用网络虚拟性在网络上进行欺骗，从而进一步犯罪。

第二，电子商务的诚信影响了人们的消费心理。随着社会信息化的发展，网络成了人们工作生活中不可缺少的平台，电子商务的方便快捷也日益受到人们的喜爱。然而，目前我国的网络法制建设还不够完善、安全系数不高。诚信问题影响了人们的消费心理，同时也阻碍了电子商务的健康发展。

第三，普通网民和厂商的诚信引发道德问题。网络的隐蔽性和虚拟性，给众多

---

① 参见黄胜进：《网络社会交往行为问题的哲学反思》，《重庆社会科学》，2006年第5期。

网民带来了诚信问题,出现了诸如不负责任地制造虚假信息,充当电脑黑客等严重网络道德问题。

第四,侵犯个人隐私的问题越来越突出。通过电子邮件、远程登陆、远程文件传输、网上漫游等方式对个人隐私进行侵害、歪曲、传播的案件比比皆是。侵犯个人隐私的行为损害了当事人的利益,侵犯了公民的正当权益,也对社会环境和网络安全造成了恶劣影响。

(二) 犯罪问题

一系列犯罪案件表明,网络犯罪以计算机网络及其技术为作案工具,以互联网中的数据、信息以及运行的系统为犯罪目标。与传统犯罪相比,犯罪主体具有一定的智商和知识,一般都会精心策划、严密实施,并且互联网匿名性的特点,使得犯罪人刻意隐瞒真实身份,难以被人察觉;或者利用计算机技术,使作案信息不留痕迹,这些都造成了网络犯罪行为很难被发现,使得犯罪人的隐秘性较强。此外,犯罪多为团伙作案,年轻人居多。美国曾经在20世纪80年代作过一个调查,在100起网络犯罪中,有55%的人为15岁到28岁的青少年。另外,网络犯罪成本较低,短期获利较高。而犯罪行为的复杂性,使得罪行在判定和量刑上有很大的难度。因此,网络犯罪具有极大的社会危害性,往往给社会造成巨大的损失。

(三) "交往异化"的问题

人际情感需要人与人的社会交往来维持,但是网络本质上是一种间接交往,交往主体所直接面对的是电脑和网络,其次才是交往对象。因此,人与人之间面对面的交往机会大为减少,人际关系变成"人机"关系,从而阻碍了人们心灵深处的情感及精神交流,从而造成了交往的"异化"。① (1) 上网成瘾,极易导致心理疾病和情感异化,会患有各种心理病症。近几年,青少年网络成瘾问题正随着互联网的普及而日益突现出来,《人民日报》甚至用"网瘾"猛于虎来形容青少年网络成瘾社会问题的严重性。中国青少年网络协会通过对26个省(自治区)的省会城市和4个直辖市的调查,发现目前我国网瘾青少年约占青少年网民的13.2%,约800万;在非网瘾群体中约13%的网民有网瘾倾向。(2) 网络情感异化也是值得关注的问题之一。有的人还不愿直面现实,偏要到网络上去寻求感情的寄托,从而迷失了自我。在网络虚拟世界里,"虚拟结婚"、"虚拟情侣"、"虚拟朋友"等现象已经变得司空见惯,这些正是一些网络交往者所谓的"精神家园"。总之,如果过分依赖于网上交际

---

① 参见黄胜进:《网络社会交往行为问题的哲学反思》,《重庆社会科学》,2006年第5期。

而忽视社会交往,人际关系有可能会变得更加冷漠而缺乏人性。

本章小结

1. 社会互动是发生在个人之间、群体之间以及个人与群体之间相互的社会行动的过程。社会互动的产生需要具备一定的条件,包括互动主体、相互作用、信息传播、互动方式及其情境。

2. 社会互动对于人们的行为塑造、人类社会力量和整个社会面貌的形成具有重要的功能。

3. 社会互动的基本形式有对称性社会互动和非对称性社会互动两类,前者包括合作、竞争、冲突等,后者包括暗示、模仿、调适等。

4. 社会互动理论中最具影响的流派包括米德的符号互动理论、戈夫曼的拟剧论以及加芬克尔的本土方法论。

5. 集体行为普遍存在于每一个社会之中,其特征表现为自发性、狂热性、非常规性、匿名性和短暂性。

6. 集体行为的产生与许多条件有关,包括环境场所、社会结构、心理压力、导火索以及社会控制机制等。

7. 在信息时代,由互联网构成的虚拟社区构成了人际互动的基本平台。网络互动的基本特点表现为虚拟性、交互性、开放性等。网络互动在现实中存在一些社会问题,主要有诚信危机、犯罪和"交往异化"。

主要术语

社会互动(Social Interaction):是人们对他人采取社会行动,对方做出反应性的社会行动的过程;是发生在个人之间、群体之间,以及个人与群体之间相互的社会行动的过程。

社会行动(Social Action):在社会生活中,人们的行为具有社会性,这表现为人们的行为是有意识有目的的。这种指向他人、并以他人的符合自己预想的反应为目的的行为被称为社会行动。

合作(Cooperation):合作作为一种重要的社会互动方式,指个人或群体之间为了达到共同的目的而互相配合的互动方式。

集体行为(Collective Behavior):一种自发的、无组织的、不受正常社会规范约束的众多人的共同行为。

集群(Aggregate)：有着共同的关注点或共同利益而临时聚集在一起的能够面对面互动的人群。不确定感、紧迫感、结构松散以及所处情况的模糊不清是集群的重要特征。

网络互动(Social Interaction in Network)：一种以信息、网络技术为基础，以符号为中介的交往活动。

练习题

1. 齐美尔曾经分析道："人们相互凝视、相互嫉妒，人们交换信件、共进晚餐……对无私行为的感激之心使人们形成了不可分割的整体；大家见面时互相问候，人们为互相赏心悦目而穿衣打扮——这就是由人与人演奏的整个人际关系的音阶，这些关系可能是暂时的，也可能是永恒的，可能是有意识的，也可是无意识的，可能是无关紧要的，也可能是产生重大影响的。这一切将人们不断地联系在一起。这就是社会各原子之间的互动。这些互动说明了社会生活的坚固性与柔韧性，解释了社会生活的多姿多彩与前后一贯，他们是如此引人注目而又如此神秘。"①

问题：上面这段话描述的是什么场景？涉及什么样的社会学概念？包含了怎样的社会学意蕴？

2. "人们意识到的任何东西都是能给自己预示的东西——钟表的滴答声、敲门声、朋友的出现、同事的谈话、感冒的辨识……要有所预示就要把它从环境中抽取出来、区分开来，赋予它一种意义……在他的无数行动当中——无论从小到穿衣服这样的行为，还是大到为了职业生涯而统筹安排——个体针对自身设计出不同的东西，并赋予他们意义，判断这些东西对于行动的可适性，并在判断的基础上得出结论。这就是在符号基础上进行诠释或行动的意涵。"②

问题：上面这段话表达了什么样的社会学思想？属于什么样的社会学理论流派？这一流派的主要思想观点是什么？

思考题

1. 什么是社会互动？影响社会互动的因素有哪些？

---

① 引自〔美〕鲁思·华莱士等著，刘少杰译：《当代社会学理论——对古典理论的扩展》，北京：中国人民大学出版社，2008年，第179页。

② 同上书，第192页。

2. 谈谈你对社会互动的几种主要类型的理解。

3. 试述西方社会学理论不同理论流派对社会互动的主要观点。

4. 简述集体行为的含义与特征。集体行为产生的原因与条件有哪些?

5. 联系实际谈谈虚拟网络互动的特征。

阅读文献

1. 〔美〕D. 约翰逊著,南开大学社会学系译:《社会学理论》,北京:国际文化出版公司,1988年,第七章。

2. 郭玉锦,王欢:《网络社会学》,北京:中国人民大学出版社,2005年,第五章。

3. 〔美〕詹姆斯·S. 科尔曼著,邓方译:《社会理论的基础》,北京:社会科学文献出版社,1999年,第九章。

4. 李芹:《社会学概论》,济南:山东大学出版社,2009年,第六章。

5. 〔美〕鲁思·华莱士等著,刘少杰译:《当代社会学理论——对古典理论的扩展》,北京:中国人民大学出版社,2008年,第五章。

6. 王思斌主编:《社会学教程》,北京:北京大学出版社,2010年,第四章。

7. 郑杭生主编:《社会学概论新修(精编版)》,北京:中国人民大学出版社,2009年,第七章。

第六章　社会群体

社会群体是人类的基本活动方式之一。人类自产生之日起就合群而居,以群体的形式生活着。人是社会的人,人离不开群体。个人只有通过群体才能被纳入社会这个大体系中。所以,了解社会群体是了解人类生活及其行为的关键所在。

第一节　社会群体概述

不是所有的人类集群都是社会群体,社会群体有其区别于其他人类集群的独特特征。依据不同标准,社会群体可以分为不同类型。

一、人类生活的群体性

众所周知,人之所以为人,不是在于他是生物实体,而是在于他是社会实体,是社会存在物,群体生活是人类生活的本质反映。早在两千多年前,中国古代思想家荀子在《荀子·王制篇》中就断言,人之异于禽兽之处在于,"人能群,彼不能群也"。古希腊著名的思想家亚里士多德在其著作《政治学》一书中也曾说过,人在本质上是社会性存在物,"不能在社会中生存的东西或因为自足而无此需要的东西,就不是城邦的一个部分,它要么是只禽兽,要么是个神"[1]。也就是说,古人就已经认识到了人类生活的群体性。为什么人类自产生之日起就合群而居,以群体的形式生活着,也就是说社会群体产生的基础是什么,社会学一般从社会成员个体和社会两个方面进行分析。[2]

第一,从社会成员个体角度来看,社会成员个体的诸多需要都要通过群体生活

---

[1] 苗力田主编:《亚里士多德全集》第9卷,北京:中国人民大学出版社,1994年,第7页。
[2] 李芹:《社会学概论》,济南:山东大学出版社,2009年,第152~153页。

得到满足。首先是生命的需要。个人自身身体组织的维持和新生命的生产都不能依靠独立的个人来完成,而必须与他人发生一系列的联系和结合。其次,生产的需要。为了生活,衣食住行及其他各种生存资料必不可少,这就需要进行生产。人类的这种物质生产活动,从一开始就是共同性的群体活动,个人无力战胜自然,只有结群互助,才能获得基本的生存资料。再次,安全的需要。最初人类为了抵御自然环境的危害,需要把个人安全寄托群体。随着社会生活的发展,人们的安全需要不断增长,不仅要求人身的安全,而且要求心理上的安全、事业上的保障等,这些都需要在群体生活中才能获得。最后,精神上的需要。人们需要精神生活,需要在生活中进行感情、态度、观念、信仰等各方面的交流,如果离开群体,个人就没有表达交流的对象,精神生活无从发生,人的心理需要就得不到满足。

第二,从社会角度来看,群体是社会生产过程的产物,群体生活是社会生活的本质特征。社会存在的前提是物质资料的生产。正如马克思所言:"人们在生产中不仅仅影响自然界,而且也互相影响。他们只有以一定的方式共同活动和互相交换其活动,才能进行生产。为了进行生产,人们相互之间便发生一定的联系和关系;只有在这些社会联系和社会关系的范围内,才会有他们对自然界的影响,才会有生产。"[1]实际上,正是物质资料的生产以及人类自身生产的需要,促成了群体关系的产生和群体的形成,并形成了真正意义上的社会。所以,群体生活是人类生存的需要,也是人类生活的基本特征和普遍的事实。

二、社会群体的含义与特征

社会群体,也称社会团体或社会集体。自社会学创立以来,孔德、滕尼斯、迪尔凯姆等社会学家就把社会群体作为社会学研究的重要内容。对社会群体的界定,社会学界存在不同的观点。综合来看,主要有三种观点。一种观点认为社会群体是一个宽泛的概念,泛指一切通过持续的社会互动或社会关系结合起来进行共同活动,并有着共同利益的人类集合体,它包括家庭、乡村、城市、政党、国家乃至人类各种不同类型的集合体,德国社会学家滕尼斯和美国社会学家库利都坚持这样的观点。另一种观点认为,社会群体指人际关系亲密的初级群体或小群体,如家庭、邻里等。美国社会学家霍曼斯就把社会群体理解为直接面对面交往的小群体,社会组织或社团等群体是不包括在内的。第三种观点既不同意将社会群体定义得过于宽泛,也不赞成将它定义得过于狭小,认为社会群体是指人们通过一定的社会关

---

[1] 《马克思恩格斯选集》第1卷,北京:人民出版社,1995年,第344页。

系联结起来进行共同活动的集合体。① 对社会群体的定义本书认同第三种观点。

社会群体具有以下基本特征：

（一）具有相对稳定的成员关系

社会群体成员之间的关系不是临时性的，而具有一定的稳定性，通过相对稳定的社会关系，特定社会群体的成员与非该群体成员相区分。如家庭成员通常是由父母及子女组成，他们之间存在的夫妻关系、父子关系、母子关系、兄弟姐妹关系都是明确的，也是相对稳定的。

（二）具有持续的社会互动

社会群体成员之间保持着经常性的互动关系。不管是直接的互动还是间接的互动，都们都具有一定的持续性。人们之间仅仅发生一次或几次互动，无法构成社会群体。

（三）具有共同的行为规范

在社会群体形成初期，成员间可能只有简单的互相认同关系，随着群体的发展，往往会在内部形成稳定的交往方式，进而形成一定的公认的群体规范，用来协调和约束成员的行为，以保证群体目标的实现。

（四）具有共同的群体意识

群体要求成员在群体活动中保持一致并以此与群体以外的成员区分开来，这些独特的群体活动特征使成员能够明确区分群体内成员和群体外成员，并把本群体视为一个整体，形成共同的群体意识。具体说来，群体意识也就是一种群体归属感，就是成员认为自己属于某个群体。这种意识一旦建立起来，群体成员就对群体有了相应的期望和归属意识。

（五）具有一致行动的能力

在群体意识和规范的作用下，社会群体可以随时产生一致的行动。一般集群与社会群体的根本区别就在于没有一致的行动能力。

---

① 李芹：《社会学概论》，济南：山东大学出版社，2009年，第151~152页。

三、社会群体的基本类型

依据不同的划分标准可以将社会群体划分为不同类型。中国社会学界在近年来出版的社会学教科书中,主要介绍了以下几种分类:

(一) 初级群体和次级群体

依据群体成员间关系的亲密程度,可以将社会群体分为初级群体和次级群体。初级群体,也叫首属群体、直接群体或基本群体,它最早是由美国社会学家库利在《社会组织》一书中提出的。初级群体,一般是指由成员间经常性面对面互动所形成的、具有亲密的人际关系和浓厚的感情色彩的社会群体。典型的初级群体有家庭、邻里、朋友和亲属等等。初级群体反映着人们之间简单、初步的社会关系。

次级群体,又叫次属群体或间接群体,它指的是社会成员为了某种特定的目标集合在一起,通过明确的规章制度结成正规关系的社会群体。次级群体规模一般比较大,人数比较多,群体成员不能完全接触或接触比较少,群体成员间的感情联系相对不如初级群体。面对面的互动有限,成员之间关系的密切程度低。公司、政府机构、学校等都属于次级群体。

(二) 正式群体和非正式群体

依据群体的正规化程度,可以将社会群体分为正式群体和非正式群体。这种划分方法最早由美国学者乔治·埃尔顿·梅奥(G. E. Mayo)提出。

正式群体是指有明确的组织目标、正式的组织结构,成员有着具体的角色规定的群体,如现代社会的企业、机关、学校等。正式群体的组织化、正规化程度高,其成员间的互动采取制度化、规范化的方式,其成员的地位、角色和规范,以及权利、责任和义务都有明确的规定,并有相对固定的成员身份。

非正式群体是指人们在交往过程中,由于共同的兴趣、爱好或其他某种需要而自发形成的群体。这种群体的组织化、正规化程度低,其成员间的互动采取常规的或随意的方式进行,其成员的地位、角色和规范,以及权利、责任和义务等没有明确的规定。非正式群体可以是在正式群体之内,也可以是在正式群体之外,或是跨几个群体,其成员的联系和交往比较松散、自由。

(三) 内群体和外群体

依据成员对群体的心理归属,可以将社会群体划分为内群体和外群体。美国社会学家萨姆纳在1906年出版的《民俗论》中区分了内群体与外群体。内群体和外群体又称为"我群"和"他群"。

所谓内群体是指群体成员对该群体有团结、忠心、亲密及合作感觉的群体,即群体成员在心理上自觉认同并归属于其中的群体。人们的日常生活多半是以内群体为中心。

所谓外群体泛指内群体之外的其他群体,就是人们不属于、而由另外一些人组成的群体。对于个人而言,外群体无处不在。凡是不是自己所属的群体都是外群体,大到别的国家小到别的班级,都是外群体。

内群体和外群体常常相互隔离,乃至处于对立的地位。当彼此有严重的利益冲突时,比较容易导致抵制、争斗甚至是侵略等行为。在实际观察中,萨姆纳发现,每个人总是认为自己的群体具有外群体所不具有的优势,总是对自己的群体怀有特殊的感觉;与此同时,总是用怀疑甚至敌视的眼光看待外群体,并认为外群体具有某种极端的劣势或罪恶。

(四)所属群体和参照群体

依据成员对群体的身份归属,可以将群体划分为所属群体和参照群体。

所属群体指的是成员身份所属的群体,它规定着成员的身份及其日常活动。而参照群体并非某一(些)成员身份所属的群体,而是个人心目中想要加入或理想中的群体,是人们在决定其行为和态度时所参照的群体。美国社会学家海曼(H. Hyman)于1942年最先使用"参照群体"这一概念,用以表示在确定自己的地位时与之进行对比的群体。参照群体具有对照比较功能和价值规范功能。一般情况下,参照群体是与所属群体同类的群体,例如,学校中某班级成员选择另一班级作为其参照群体。有时,根据成员的不同需要,也会形成不同的参照群体,同一参照群体在不同时期的意义也会有所不同。

(五)血缘群体、地缘群体和业缘群体

依据群体内人际关系发生的缘由及其性质,可以将群体划分为血缘群体、地缘群体和业缘群体。

血缘群体,指依据血缘关系或生理联系而结成的群体,包括家庭、家族、氏族、部落等具体形式。血缘群体历史最为悠久,是个体学习和参与社会生活的出发点。地缘群体,指依据空间或地理位置关系而形成的群体,包括邻里、老乡等,这类群体比血缘群体出现得晚,比较稳定的地缘群体是人类采取定居形式生活后的产物。业缘群体,指基于成员间劳动与职业联系而形成的群体,包括各种社会经济组织、政治组织和文化艺术组织等。业缘群体的形成与发展是与生产力的发展、社会分工的扩大相联系的。在现代社会中,人们的血缘关系和地缘关系已退居次要地位,而业缘关系占据了主要地位。

> **拓展阅读**
>
> **"海盗海湾"实验**
>
> 在我们通常称之为"海盗海湾"的研究中(这一研究开展于40年代晚期和50年代初期),默扎菲尔和卡洛林·谢里夫表明了冲突是怎样影响内群体和外群体的社会关系的。
>
> 研究中的被试均是11岁的男孩,这些孩子认为将要参加的是一个普通的夏令营,从未知道他们正在做一场试验。在夏令营刚刚开始的几天中,研究者让小男孩自发地形成伙伴群体。然后又任意地将夏令营成员分成两半,将业已自发形成的伙伴群体人为地分离。这两个新群体很快就形成了彼此独特的社会结构,有领导者、有追随者,而且形成了群体界限符号,例如名字和特殊颜色。
>
> 当研究者将新群体分成两半,让他们参加体育比赛,他们之间的界限变得更加清楚。由于处于两个不同群体中,男孩子之间原来产生的友谊破裂了。当两个群体被强迫地组合在一起时,他们打架斗殴并且直呼其名。事实证明要回到原来和睦相处状态已十分困难。只有在研究时设计了一系列"紧急状态"时,两个群体面临着共同目标,他们不得不同心协力并肩战斗,这时敌对感才开始慢慢消失。
>
> 资料来源:〔美〕戴维·波普诺著,李强等译:《社会学(第十版)》,北京:中国人民大学出版社,1999年,第188页。

第二节 社会群体的内部结构

结构是指任何事物的基本构成部分之间的相互关联方式。涉及社会群体结构的要素包括群体规模、群体规范、群体内部关系以及群体领导与决策等。①

一、社会群体的规模

任何群体都是由一定数量的人所组成的。群体规模的大小直接影响群体成员

---

① 李芹:《社会学概论》,济南:山东大学出版社,2009年,第156页。

间关系的数量、形式以及质量。研究表明,规模小的群体比规模大的群体有更大的凝聚力,表现出较强的稳定性。因为,群体规模越小,成员间的相互作用就越频繁,个人关系就越密切;而群体规模越大,群体成员间的交往和沟通越少,关系越正式,责任也越分散,成员间形成派系的可能性越大。

二、群体规范

群体规范是影响和约束群体及其成员行为的重要因素。在现实生活中,能起到规范人们行为的因素很多,如价值观念、道德标准、风俗习惯等等。群体规范是指群体成员必须遵守的,大部分不是明文规定而是约定俗成的,为大家所公认、所接受的行为标准。群体规范为成员提供了日常行为的范围和准则,明确了成员行为的奖惩标准,有助于维持群体的稳定和发展。

美国社会心理学家谢里夫(Sherif)1935年用"暗室光点"实验证明了群体规范的形成过程。实验在一个暗室内进行,先让每一个被试者单独坐在里面,在他面前的一段距离内出现一个光点,几分钟后就消失了。然后,让被试者判断刚才的光点移动了没有,向哪个方向移动,移动了多远,但实际上光点根本没有移动。由于人在暗室里的视错觉现象,所以都感到光点似乎移动了。这样的实验反复进行了多次,结果被试者都很快建立了自己的反应模式。有的认为光点向上移动,有的认为向下移动,还有的认为向左或向右移动等等。谢里夫根据这些各不相同的反应标准,然后又多次让所有被试者同时在暗室里观看光点,其结果是所有被试者的反应标准逐次趋于一致,最后形成了共同的反应标准,这就是群体规范的形成。这种规范把小组成员们的判断限制在一个狭小范围之内。后来,谢里夫又把这些人分开单独实验,结果所有被试者都没有回到自己原来的反应模式上,仍然一致地保持着群体的反应标准。

这一实验说明,群体的规范取代了个人的反应标准或模式,这说明已经形成的群体规范具有一种无形的压力,约束着人们的行为表现,甚至这种约束力并没有被人们所意识到。因而,群体的规范一旦形成,就会成为群体成员的行为准则,自觉地或被迫地来遵守它。

从谢里夫的实验不难看出,群体规范的形成是受模仿、暗示、顺从等因素影响的。因为群体在讨论时,一个人会受到其他人意见的暗示,而影响自己的判断;或者少数人在大多数意见的压力下,为了避免自己被孤立而受到其他成员的另眼相看,而产生顺从,模仿他人,再现他人的行为和意见,从而形成统一的看法。正是这种一致性的意见,保障着群体活动的共同性。

另外,群体规范在群体成员的共同活动中一经形成,便具有一种公认的社会力量,并不断内化为人们的心理尺度,成为对各种言行的判断标准。群体规范由于能够促成群体成员行为的一致和协调,而发挥了维持群体生存的功能。

不过,群体规范的效力也有一定的范围。如果规范压力超出群体多数成员所能承受的程度,规范的效力就会减弱甚至消失。

三、群体内部的人际关系

群体内部的人际关系指成员间彼此交流与作用的状态和过程,是群体结构的重要组成部分。我们可以从不同角度分析群体内部关系状况。

首先,从群体规模入手分析群体成员间关系的数量和形式。群体规模的大小直接影响着群体成员之间关系的数量和形式。一个由三四个人组成的群体内部的相互关系,与一个由 50 人或 500 人组成的群体内部的相互关系是明显不同的。一般来说,群体中的潜在关系是以几何级数增长的,远远快于以算术级数增长的群体成员数。复杂的关系影响着群体的效率、生存和发展。不同性质的群体确定与自己相适应的群体规模。

其次,利用"社网图"分析群体成员间关系的状态及该群体结构的紧凑程度[1]。"社网图"是美国社会学家莫里诺(J. L. Moreno)使用的一种表示群体内成员间个人偏好的示意图,它由一个个圆圈及彼此间的联通线组成。每一个圆圈代表一个群体成员,联通线表示他们之间的社会关系。莫里诺曾在一个八个人的群体里做了如下实验,他根据成员彼此之间的好恶情况,提出了以下两个问题:

第一,你愿意和谁一起工作、学习和研究问题?假如你剩余一点做家具的木料,你打算让给谁?

第二,你最不愿意和谁在一起工作?你最不愿意和谁在一起交往?

根据回答,莫里诺将群体成员的关系分为"吸引"、"排斥"和"漠不关心"三类。并据此画出群体成员间的人际关系图,来说明 8 个成员之间的关系情况。从图 6-1 可知,A、B、C 是这 8 个人组成的群体中的非正式群体,B 是这 8 个人中的实际领袖,因为 A、C、D、G 都倾向于他。E、F 虽相互接近,但其他成员并不喜欢他们,H 是这个群体中最孤立的,E 和 D、F 和 D 彼此互不关心。

---

[1] 李芹:《社会学概论》,济南:山东大学出版社,2009 年,第 159 页。

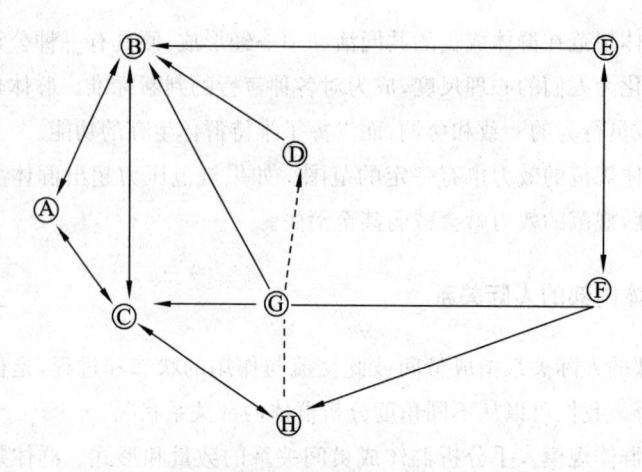

图 6-1　人际关系图

再次,从群体内部的信息沟通方式,分析群体成员的地位结构类型和凝聚力状况。一般而言,群体内部的信息沟通有两种形式:一种是星型或圈型结构,这种形式的群体结构是一种比较分散型的沟通网络,群体成员能够广泛参与沟通,平等地传递并享受信息。因此,民主气氛比较浓厚,但是凝聚力相对较差。与之相反的是,轮型或 Y 型的集中式沟通网络,多数成员之间不能直接沟通,只能通过第三者传递信息。在这种群体中,群体成员的地位不平等,甚至有较强的等级,民主气氛较弱。因此,比较难于以平等的方式传递并享受信息。

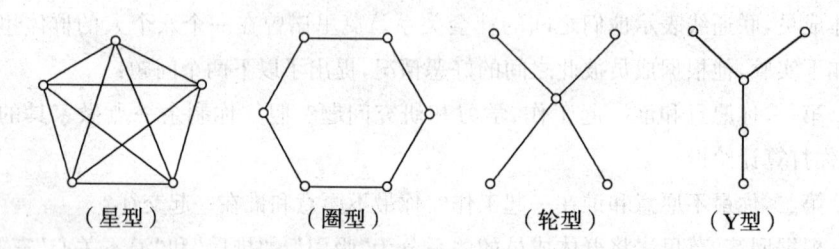

（星型）　　（圈型）　　（轮型）　　（Y型）

图 6-2　群体内部信息沟通方式图

四、群体领导与决策

群体中存在着领导者和一般成员,这是群体结构的一个重要特征。一个组织的成功发展,很大程度上要看群体的领导者。所谓群体领导,是指在群体内部关系网络中处于中心位置,并能对群体其他成员进行引导和施加影响的角色。承担这一角色的人,或者具有某些突出的品行,或者对群体活动积极参与并作出了实际贡献。

较早研究群体领导的社会学家是美国的罗伯特·贝尔斯,他认为在群体活动中有两种基本的领导方式:一种是工具性领导,即领导者提出目标并指导下属完成群体的任务;另一种是表意性领导,领导者的目的是创造和谐的群体气氛,使成员团结一致。当然,一个有效的群体应具备这两种基本的领导方式,这两种方式通常由不同的人承担,一个负责群体任务的完成,另一个则处理群体成员的情感冲突。

领导者的风格也影响着群体的发展。一般领导者有三种基本的类型:一是权威型(独裁型),独自决策,分布任务,只是发号施令;二是民主型,在决策时常与群体成员讨论,交流意见,最后确定政策和任务,从而保证群体成员行动的一致性;三是放任型,领导散漫怠惰,任其自由行动。

无论什么样的领导方式,在其决策时都要遵守决策的规律,这关系决策的正确性、可行性。领导方式与决策方式直接关系到群体的内部关系、群体的结构、群体自身的存在和发展。

所谓群体决策,指在群体活动中,群体针对遇到的问题而作出判断和决定的过程,是群体发挥作用的重要步骤。

群体决策一般经历以下几个连续的阶段:第一阶段是搜集信息,确认群体所面临问题的性质和问题产生的原因,群体成员通过分析这些信息来决定自己的态度。第二阶段是对搜集到的信息作出估价,找出可供选择的解决方法。此时,成员表明自己的看法,并对他人的意见作出反应。第三阶段是分析可选择的方法,通过群体讨论,比较并权衡各种办法的利弊,作出有可能获得最佳结果的决策。在这一阶段,随着联盟的组成和一个正在形成的多数派将其观点强加于少数人而会出现紧张情绪。一旦决定作出,就出现第四阶段,这时成员们普遍努力恢复他们之间的融洽关系,以保证群体继续团结。

群体决策是实现群体目标的有效手段,很好地运用群体决策,将有助于提高群体的效率。决策的效率在很大程度上取决于决策任务的复杂程度。决策要考虑时间和代价两个方面。群体决策常常比较费时间,但代价比个人决策低。从长远看,群体决策的效率高于个人决策。

五、群体凝聚力

群体凝聚力也称群体内聚力,指群体吸引其成员,把成员聚集于群体中并整合为一体的力量。群体凝聚力的发展一般表现为三个层次:第一是人际吸引,群体中尚未形成规范压力,或者成员尚未了解、接受规范;第二是成员对规范的遵从,把个人的目标与群体的目标相结合,自觉接受群体规范的约束,并在此基础上与其他成员建立更深的关系;第三是成员把群体的目标自觉地看成自己的目标,并将群体规范内化为自身的行为准则。各成员因此对群体有强烈的认同感与归属感,产生高度整合的一致行动,这是群体凝聚力的最高层次。

影响群体凝聚力的因素包括成员个人、群体自身以及环境等方面。

第一,从个人和群体的心理互动上看,群体自身是否对其成员具有吸引力和成员个人是否感受到这种吸引力,都对群体凝聚力发生重要影响。如果一个群体对其成员确实具有魅力,而其成员又自觉地意识到了这一点,就可能诱发出成员对群体的忠诚感,从而增强群体凝聚力。比如,一些男女在结婚成家后,夫妻间感情趋于平淡,一个重要原因就是不善于相互创造或相互发现新的魅力。

第二,从个人和群体间的利益关系看,个人与群体的利益能否保持一致,也关系到这种凝聚力的大小、强弱。成员与群体、成员与成员之间的关系必须遵循互惠性原则,即共同获得利益,才有可能长久维持。利益一致则使成员自觉遵守群体规范,刺激其积极性,提高群体的凝聚力。

第三,从成员在群体中的关系结构看,这一结构是否遵循一致性原则和互补性原则,也直接影响着群体凝聚力的高低。一方面,如果成员在年龄、职业、社会地位、文化背景等方面具有某种一致性或相似性,成员间的吸引力就强,容易形成紧密团结的群体。另一方面,如果成员在性别、年龄、性格、气质和能力等方面可以恰到好处地相互补偿,形成明显的互补关系,往往也会增强群体的凝聚力。

第四,从群体成员与其领导的关系看,群体成员是否了解和信任领导的才能,以及群体领导的资格取得是否具有合法性,甚至领导个人是否具有魅力,都会影响到群体的凝聚力。

第五,从群体与其环境的关系看,当一个群体面临环境的巨大压力与威胁时,其凝聚力也会大大增强。中华民族抗击日本侵略者的伟大斗争,就是一个典型的例子。

群体凝聚力对群体形成及维持的作用表现为:保持群体的整体性、协调性,控制群体成员,保证成员的自信心与安全感。群体凝聚力对社会的作用,视群体意识及其价值规范是否符合国家、社会的规范和利益而定。如果群体凝聚力符合国家、社会的规范和利益,就会促进社会的发展;反之,则会阻碍社会的发展。

拓展阅读

我应该与几个人住一个宿舍？

当学生开始上大学时，通常他们所作的第一个独立决定是住哪里。如果不是住家里，那么他们就有广泛的选择——他们可以独居，可以与一个室友住在一起，可以与两三个人共住一套公寓，或者与四个或更多的学生共租一座房子。显然，每一种选择既有长处又有局限。即使学生相互之间非常了解，也会发生一些问题，所以选择住的方式是一个很难的决定。

社会心理学的研究揭示了一些有趣的知识信息，它们可以帮助学生在居住安排方面作出合理的选择。这种知识可帮助学生了解：在选择居住方式时，哪些行为模式是可期望的。

最小的群体——两人群体，最大程度地提供了潜在可能的亲密关系，这可能为群体成员提供很大的满足之源。但因为二人群体依赖于一种单一的关系，当他们在一起时，为保持与另一个人连续的交流，每个人都有一种特殊的责任。

这对大学室友来说意味着什么呢？两人群体可以保证两个参与者的情感支持。然而，群体规模也可能是一种紧张之源，它可能使这样一种关系很难维持。两个群体成员间的亲密无间可能妨碍他们的隐私。他们也许因要常常检点自己的行为和感觉而感到有压力。那些想要扩大社会生活、去体验许多新事物的学生，也许会感到不得不经常与某个人在一起是一种紧张。但对那些想要开始努力学习并要取得好成绩的学生来说，只有一个室友也许会是件很有益的事，尤其是那些志同道合的室友。

当第三个人加入这个两人群体时（形成了一个三人群体），他们的关系就起了戏剧性的变化。如果第三个人起调解者的作用，就会加强群众的稳定性。若第三个人受人尊重、两人都对他或她很信任，当群体中两个成员间发生了触忤，他或她就可以帮助缓和气氛并弥合他们之间的差异。但社会学家注意到，第三个人如果试图成为主导者，他或她也可能就是关系紧张的来源。三人群体碰到的另一个问题是，如果其中的两个成员经常是意见一致的，则有可能将第三者晾在一边，使这个人感到受欺侮、被拒绝。

很明显，不会有对每个人都是最好的群体规模，因为没有哪两个人会有同样的需要。但研究表明，一个小群体最合适的规模是五个人。大多数人发现，在一个很小的群体中，经常面对面的互动又缺少平等，会显得太紧张。并且他们感到，如果群体超过五个人就太大，这也许是因为他们相信，在这样的群体中，每个人只能扮演一个很有限的角色。

> 五人群体似乎具有三个稳定的、令人满意的特征:(1) 奇数的成员数目使得角平衡成为可能;(2) 这样的群体倾向于分裂成一个三人的多数派和一个两人的少数派,因此没有人会完全感到被抛弃;(3) 这样的群体大小足可以使其成员轻易地从一种角色转到另一种角色,例如从领导者转变为协调者,而不会使某个人总处在一种位置。所以那些将选择在校园外同租一座房子或较大公寓的学生,可以考虑这样一种居住安排,因为它似乎提供了最好的机会,限制也最少。
>
> 资料来源:〔美〕戴维·波普诺著,李强等译:《社会学(第十版)》,北京:中国人民大学出版社,1999年,第180～181页。

第三节 初级群体

社会学研究初级群体具有重要意义。因为初级群体是个人参与社会生活的基础,在社会群体中占有重要的地位。

一、初级群体的含义与特征

初级群体的概念最早由美国社会学家库利提出。1909年他在《社会组织》一书中指出:"所谓初级群体,我这里指的是具有亲密的面对面交往与合作关系的群体。这些群体在多种意义上是初级的,但主要的意义在于,它们对于个人的社会性及其思想的形成是至关重要的。……是人性的养育所。"[1]库利这里所说的初级群体概念主要是指家庭、邻里和儿童游戏群伙,并强调这些群体在人的早期社会化过程中所发挥的重要作用,把它看做"人性的养育所"。后来的社会学家将这一概念扩大到人际关系亲密的一切群体。

初级群体反映了人们最简单、最初步的社会关系。以家庭、邻里等为代表的初级群体一般都具有如下基本特征。

(一) 成员有限,规模比较小

初级群体的规模一般较小,因为只有在小规模的群体里,成员才有可能进行全面深入的交往,才能建立起比较亲密的、具有浓厚感情色彩的人际关系。

---

[1] 转引自周晓虹:《现代社会心理学》,上海:上海人民出版社,1997年,第331页。

(二) 成员间有直接的、经常的、持久的面对面互动

在初级群体中,由于人数少,成员间可以直接交往而不需要中间环节。在直接的、面对面的交往中,相互之间可以加深了解,从而增进了彼此的感情。成员间的互动不仅是直接的而且需要经常性和持久性。

(三) 成员具有多重角色,表现了全部人格特征

在初级群体中,成员没有严格的分工,每个人都承担多种角色,表现出比较全面的人格特征。正是在多种角色的交往中,初级群体中的成员表现了他们的全部人格特征,包括兴趣、爱好、习惯、气质、生活技能、价值观等等。

(四) 成员关系带有浓厚的感情色彩,人际关系亲密

在初级群体中,由于长期的、深入的、面对面的交往,成员间能形成比较亲密的、具有感情交流的关系。成员们在生活的各个方面互相关心、互相帮助,有一种共同的心理维系。

(五) 成员地位和角色难以替代

在初级群体中,由于人们之间有自然形成的角色关系,具有强烈的感情联系,所以在彼此的心目中都具有独特地位,难以简单地替换。任何一个成员的缺损,都会给其他成员造成很大的心理震动,例如夫妻离异、亲人离世等总会给群体成员带来很大心理阴影。

(六) 群体控制依靠习惯、伦理道德和感情等非正式手段

初级群体一般不靠严格的规章、制度或法律等正式手段来维持。群体成员的行为、成员间的关系以及成员与群体的关系,主要依靠习惯、风俗、伦理道德和感情等非正式手段来控制和维持。正因为不采取正式的社会控制手段,人们在初级群体中生活感到比较自由,不太受约束。

二、初级群体的形成条件

初级群体的形成一般需要具备活动空间接近,经常性、持久性的交往以及情感交流等方面的条件。[①]

---

① 李芹:《社会学概论》,济南:山东大学出版社,2009年,第164页。

第一，活动空间接近。在现实生活中，地理位置上的接近便于相互接触与了解，彼此间容易变得熟悉。距离越接近，交往的频率可能就越高，越容易建立良好的人际关系。美国社会心理学家利昂·费斯汀格对麻省理工学院的已婚学生进行过关于接近效应的经典研究，结果发现他们与住在附近的人交往更多，更容易成为朋友。例如，在同一层楼上，更愿意与隔壁住户交往；与住在不同楼层的住户相比，住在同一层的住户更容易成为朋友。区位关系相同的人可能拥有相同或相近的观念或习惯，更能促使人们相互亲近和交往。当然，由于活动空间的接近，互动双方更容易发现彼此的缺点，也容易发生摩擦或冲突。因此，活动空间接近只是初级群体形成的必要条件，而非充分条件。

第二，经常性、持久性的交往。只有在经常性、持久性的人际互动中，个人的兴趣、爱好、能力等才可能充分展现，人们才可能比较深入全面地相互了解，也才可能在共同分享彼此经历的同时进行更加有效的合作，并在彼此之间建立稳定、亲密的人际关系。也只有在这种基础之上，才有可能建立富于感情色彩的初级关系。可以说，面对面的互动持续时间越长，形成的关系就越紧密，初级群体也就越巩固。像列车员与乘客之间那种短暂的接触，很难形成初级群体。

第三，情感交流。初级群体一般都是自发形成的，这种自发性主要表现在人与人之间感情的自然交流上。人的感情不仅作为一种内心体验而存在，而且也指向于人与人之间。人与人之间通过相互关心、相互爱护、相互理解，能够发生感情共鸣，达到心理上的相容。如此，交往便会逐渐对象化、固定化，形成一个小圈子，产生所谓的初级群体。无论是家庭、邻里还是朋友、老乡，都必须经历感情交流这一过程才能形成。如果仅仅是一群人，成员之间没有感情上的相互作用，没有形成亲密的人际关系，就不可能形成初级群体。

三、初级群体的主要功能

初级群体的功能是多重的，一般从它的正功能和负功能两个角度来分析。

（一）初级群体的正功能

1. 承担着个体社会化的任务

初级群体是人们进行社会化的最基本条件，为人们提供社会生活的最基本环境。初级群体是人们在生活过程中最早加入的社会群体，是一个人通向社会的桥梁。人们首先在初级群体中学习生活技能、内化社会价值观念和文化，形成自我个性。在个人走入社会的过程中初级群体起着中介、桥梁的作用。人们在这个群体中做好了进入社会、适应社会的准备。

2. 满足人们的感情需要

随着社会的发展,初级群体在历史上承担过许多功能,生产、教育、社会控制等功能逐步弱化或转移,而主要由专门化的社会组织承担。但是,在现代社会的转型中,人们面临着越来越多的社会以及其他方面的压力和紧张,人们的情感需求、心理需求有增无减,这种满足感情需要的功能始终要由初级群体承担,还没有任何其他一种社会组织能够替代。

3. 有助于维护社会秩序

初级群体既是整个大社会的缩影,也是组成大社会的细胞,是社会的最基本的单位。它是否健康、稳定的存在和发展,关系到整个社会的运行发展。在初级群体中,人们获得了诸多该社会占主导地位的思想、价值观和行为规范等文化的熏陶和影响,从而把自己一体化到社会整体中,有助于维护社会秩序,实现社会稳定。

(二) 初级群体的负功能

在特定的条件下,初级群体由于自身的封闭性和排他性,而在社会生活中产生负面影响,也即产生负功能。

第一,从微观心理角度看,初级群体可能压抑个性的形成和个人积极性的发挥,限制个人的社会发展。这主要表现在个人愿望与群体规范之间的协调和矛盾上。

第二,从宏观结构角度看,正规组织中偏离组织目标的初级群体,其规范与组织规范不一致时,有可能干扰正式组织关系,破坏组织结构,妨碍组织效率的提高和组织目标的实现。

四、初级群体的变化及其影响

当前,中国社会正处于从传统向现代的转型期。随着这一转型过程的推进,初级群体的性质和地位都将发生变化,出现新的发展态势,并对社会生活产生重要影响。这些变化主要表现在:

首先,伴随社会分化的加剧,家庭、邻里等初级群体的原有功能不断发生转移,被高度专门化的、功能单一的社会组织所取代。在传统的农业生产和手工业作坊中,人们主要以初级群体的形式结合起来参加生产劳动,但在今天的工厂、机关中,人们的主要社会身份是次级社会群体成员。居住环境的变化,以及社会保障部门、社会福利和社会服务部门的出现,为社会成员提供了各方面必要的支持和帮助。

这些都使邻里间的交往和相互扶持功能减弱。

其次,初级关系日趋松懈。现代社会是一个竞争激烈的社会,人们的工作和生活节奏加快,人们把主要精力放在了个人发展、工作及对利益的追求上,这导致了家庭、邻里、朋友等初级群体成员交往的减少。此外,社会成员的流动性加大,人们的交往机会增多,交往范围的扩大,社会成员交往的深度受到影响,更多地停留在次级关系层面。

再次,一些初级群体名存实亡。最典型的是城市中居住在楼房中的"邻居"。如前文所述,邻里是在地缘关系基础上结成的友好往来、守望相助的共同体。而现代城市中的"邻居"仅仅剩下了地缘关系的含义,其社会功能已基本消失。

最后,新的网络初级群体出现。随着大众传播的日益发达,特别是网络传播的发展,人们在社会和网络交往中逐渐形成了新的初级群体,比如 QQ 群。在传统初级群体衰落的形势下,网络群体的出现可以满足人们人际关系归属的心理需要,可以为人们提供交流思想和表达情感的虚拟平台,也确实给人们的工作、学习和生活带来实实在在的方便。

对初级群体的这些变化及其对社会发展的作用,需要从两方面来认识,从积极方面来看:第一,初级关系的日益松懈有可能提供更多的个人自由。许多初级群体持保守和传统的立场,过分干涉私人生活,从而妨碍了个性发挥以及个人作出有关的决定。摆脱传统初级群体的影响,可能扩大人们的私人空间,促进人们自主性的发挥。第二,初级群体的衰落,有可能促进更大范围的社会整合。第三,初级群体的衰落与初级关系的淡化,标志着人们更多地依靠正式分工及规章制度等次级关系来处理问题,从而有助于提高工作效率,实现组织目标。这是一个社会走向合理化的表现。第四,新的初级群体的出现为人们提供了新的交往方式和生活方式,是人们适应现代生活的必然趋势。

另一方面,初级群体的变化,也带来了一系列的消极影响。人们感情需求的难度加大,增加了初级群体的不安定因素。现代社会,社会组织为成员提供成就需要的同时,却难以保证成员感情需要的满足。生活和工作压力的增大,又使个人更需要有力的感情寄托。初级群体的衰落削弱了非正式控制手段的影响力,增强了社会控制的难度,并带来人际关系的疏远、冷漠,妨碍了人们的感情生活,导致一些不利于人的发展的社会问题。而人际关系的冷漠、疏远,又严重影响了人们的情感交流,互助关系变得松懈,从而带来了一系列社会问题。吸毒、自杀、单亲家庭的增多等都是初级社会衰弱的表现。同时,社会控制仅仅依靠正式的规章制度,而缺少道德的指引,也会增加社会整合的难度。

初级群体的衰弱是现代社会发展的一种趋势,但这是在与早期的初级群体比较基础上而言的。伴随着社会组织的发展,我们更要关注当代初级群体的各种变化,尽可能地发挥它在现代社会的重要基础作用。

第四节　家　庭

家庭是一种典型的初级群体,是人类社会生活的基本单位。无论对于个人还是对于社会来说,家庭都发挥着非常重要的作用。从个体角度来看,婚姻与家庭是个人选择与行为的结果,能够满足个体多方面的需求,表现为一种客观存在的生活实体;从社会的角度来看,婚姻与家庭又是社会运行的产物,表现为一种强制式的社会设置。

一、婚姻——家庭的基础

所谓婚姻,是男女两性依照一定的社会风俗或法律的规定建立夫妻关系的一种社会制度。婚姻是人类对自己的两性关系进行限制的结果。在原始人群中,由于只有杂乱的性交关系,没有正式的婚姻,因此,那时也没有家庭。家庭是从婚姻开始的,婚姻是家庭建立的基础,是家庭成立的标志。

婚姻是自然属性和社会属性的统一。男女两性的差别和人类固有的性本能是婚姻的自然基础和属性。但是,人的社会性又决定了人的性需求的满足必须接受社会的约束,要符合社会伦理、风俗或法律的规定。婚姻又是一种具有社会性的行为,它是男女的一种特殊的社会结合。

家庭与婚姻有着密不可分的联系,但两者又存在着显著的区别。家庭是建立在婚姻、血缘关系或收养关系基础上的,以夫妻子女为基本成员,亲密合作、共同生活的初级群体。婚姻是家庭的基本前提,家庭则是婚姻的必然结果,是人们社会生活的基本单位。作为生活实体,家庭可以看做实体婚姻、孩子、生活共同体三个部分的综合。

婚姻制度和家庭制度都是人类最早建立的社会制度。可是,按时间顺序排列,婚姻的产生早于家庭。从群体结构上看,婚姻代表了一个人的一种社会地位,家庭标志着几个人之间的多重社会角色;婚姻关系是线状关系,家庭关系是网状关系;婚姻关系容易变动,家庭关系却比较稳固。以群体生活的内容区分,婚姻由性别角色、男女交往、选择配偶、缔结婚姻、夫妻关系、婚姻变易等方面组成,家庭则由家庭关系、家庭结构、家庭功能、家庭管理、家庭问题、家庭发展等方面组成。此外,婚姻往往缔结为家庭,家庭未必包含婚姻。由此可见,婚姻与家庭是既有区别,又有联系的两种社会现象。

二、家庭的历史演变

家庭不是从来就有的,最早的原始人没有家庭,也没有婚姻制度。整个一群男人和整个一群女人互为所有,是一种血亲杂交,与动物没有什么区别。通常认为人类的婚姻家庭制度经历了血缘家庭、普那路亚家庭、对偶家庭、一夫一妻制家庭等四种主要形式。

(一)血缘家庭

在原始社会的旧石器时代,人类原始群在进化与自然选择规律的作用下,经过长期经验的积累,认识到不同年龄人的生理差别,在内部逐渐地选择了按辈分划分的婚姻,即年龄相近的青壮年兄弟姐妹相互通婚,排斥了上下辈之间的两性关系。这种在原始群中限制上下辈之间两性关系的群体就是所谓的血缘家庭。

血缘家庭是人类的第一个家庭形式,它产生于人类的蒙昧时代,是群婚制的早期阶段。按照马克思的观点,血缘家庭的出现主要与生产方式的变化有关。在蒙昧时代中期,生产力水平仍然十分低下,人们主要利用自然界现成的果实、根茎以及鱼虾等作为食物。随着人口的增加,一定地域内可供食用的东西会变得不足,于是,那些发展较快的原始群体不得不把一部分人分出去,到其他地方谋生,而分出去的一般都是身强力壮的年轻人。这种分散成较小觅食单位的过程,也就是在家庭中划分辈分的过程,不同辈分的界限也因不同辈分的人在生产过程中的作用不同而变得明显,这在客观上起到了限制不同辈分的人两性关系的作用。马克思认为:"一俟原始群体为了生计必须分成小集团,他们就不得不分成血缘家族,仍进行杂交。"[①]

血缘家庭的特征是,同辈份的男女互为夫妻,姐妹是兄弟的共同妻子,兄弟是姐妹的共同丈夫。在这种形式的家庭范围内,同胞兄弟姐妹间的性关系,并不是什么大逆不道的事情,而被视为自然而然的事情,它只是排除了不同辈分之间的婚姻关系。这是血缘家庭不同于血亲杂交的地方,也是人类走出动物状态的第一步。后来,人类逐渐认识到这种血亲婚姻给后代的体质和智力造成的不良影响,禁止了兄弟姐妹之间的婚姻关系,从而过渡到新的家庭形式。

(二)普那路亚家庭

原始社会发展到旧石器中晚期,由于人工取火的发明和石器的不断改进,人类

[①] 马克思:《摩尔根〈古代社会〉一书摘要》,北京:人民出版社,1965年,第47页。

狩猎活动和原始农业的进一步发展,促使了生产力水平的提高,人类居住地相对地稳定下来;又由于人口的繁衍,一个血缘家族不得不分裂成几个族团。为了扩大物质资料生产,满足日益增长的人口生活的需要,族团之间必须保持一定的经济合作和社会联系,于是便产生了各族团之间的互通婚姻。同时,人们逐渐认识到族外通婚对后代体质发育有益,并形成了同母所生子女间不应发生性关系的观念,于是在家庭内部开始排除兄弟姐妹间的婚姻关系,开始实行两个氏族之间的群婚。

普那路亚这一名称是摩尔根从实行这种家庭形式的夏威夷群岛的土著人那里来的,意思是亲密的伴侣。处在这一发展阶段上的家庭,是同血缘的一群兄弟和另一血缘的一群姐妹结成夫妻。其妻的兄弟之间和其夫的姐妹之间互称普那路亚。这种家庭制度是群婚制的最高发展阶段,它排除了同一血缘内的兄弟姐妹之间的婚姻关系,是一种非血亲家庭形式。这一过程是逐渐实现的,大概先从排除同胞的(即母方的)兄弟和姐妹之间的性交关系开始,最后逐步发展到也禁止旁系兄弟和姐妹之间的结婚。摩尔根说,这是"自然选择原则"的胜利。恩格斯也指出,限制血亲婚配是历史的进步,实行普那路亚家庭制度的部落,"其发展一定要比那些依然把兄弟姐妹之间的结婚当作惯例和义务的部落更加迅速,更加完全"[①]。

(三) 对偶家庭

这是从群婚制到一夫一妻制家庭形式的过渡,是原始社会母系氏族公社时期的一种家庭形式。这种家庭是由一对配偶短暂结合而成,所生子女属母系所有。一个男子在许多妻子中有一个主妻,而他对于这个女子来说也是她的许多丈夫中的一个主夫。早期对偶婚是夫对妻暮合晨离。晚期对偶婚发展为夫居妻家,但不是长久的,随时可以分开。家庭内男女平等,共同照料子女。对偶婚已从群婚时代单纯的性关系转变为一种广泛的社会联系,男子和女子一起劳动、消费,世袭仍按母系计算。

这种或长或短时期内的成对配偶是一种不牢固的家庭形式,双方婚姻关系很容易被一方撕毁,但是,由于开始摆脱群婚状态,一个较固定的男子和一个较固定的女子共同生活,生儿育女,从而为一夫一妻制准备了条件。

(四) 一夫一妻制家庭

这是人类有史以来的最后一种家庭形式,产生于原始社会末期。随着两次社会大分工的实现和生产力的发展,男子在生产和财富的分配中逐渐占据主导地位,

---

① 恩格斯:《家庭、私有制与国家的起源》,载《马克思恩格斯选集》第4卷,北京:人民出版社,1972年,第35页。

为把自己的财产转交给自己真正的后裔,必然要求女子保证贞操,只能有一个丈夫。一夫一妻制家庭具有夫权高于一切,婚姻关系较牢固的特点,双方不能任意解除婚姻关系,通常只有丈夫可以与妻子离异,而妻子则必须严守贞操。

一夫一妻制是建立在男子的统治基础之上的,其明显的目的就是为了确定出生自一个父亲的子女,以便子女将来继承他们父亲的财产。因此,一夫一妻制家庭的产生,同个人的性爱毫无共同之处,它"不是以自然条件为基础,而是以经济条件为基础"的。这种家庭与对偶家庭的不同地方,一是按规定一个男子只能拥有一个妻子;二是婚姻关系要坚固得多,不能由双方任意解除。

三、家庭结构与功能

(一) 家庭结构

家庭结构是指家庭成员的组合形式及其相互作用形成的关系状态。它通常包括三层含义:第一,家庭由多少成员组成,这反映了一个家庭规模的大小;第二,家庭由哪些成员组成,这规定了家庭成员之间的关系状态;第三,家庭成员按照哪种关系模式组织起来,这规定了成员之间相互作用的倾向,反映了家庭的不同特点。

家庭结构类型主要有:

1. 核心家庭

一般是指由一对夫妻及其未婚子女组成的家庭。这种家庭只有一对配偶,一代或两代人,结构简单,中心突出,家庭成员关系亲密,都是直接关系。因此,一般认为,这种家庭形式是一切家庭形式中最普遍,也是最稳定的一种形式。

2. 主干家庭

主干家庭又称扩大的核心家庭,它是由一对夫妇与父母(或一方)及未婚子女或未婚的兄弟姐妹组成的家庭。这种家庭一般有三代人,一对或两对配偶,比核心家庭复杂,产生了间接关系。

3. 联合家庭

指父母(或一方)与多对已婚子女(或者再加其他亲属)组成的家庭。这是一种多代多偶家庭。这种家庭存在的前提是必须有一定的经济基础,否则极易解体。如《红楼梦》中的荣宁两府即属于这一类型。

4. 其他家庭

其他家庭如因各种原因未能择偶的独身家庭,鳏寡孤独的一口之家或空巢家庭,祖父母和未成年的孙子孙女组成的隔代家庭以及其他的不健全家庭等。这类家庭的存在也是不可忽视的。

(二) 家庭功能

所谓家庭功能,是指家庭对于家庭成员的生存和社会发展所起的作用。家庭的功能不是单一的,而是多方面的。它能满足人和社会的多种需求,这是其他任何社会组织所不可比的。具体来说,家庭具有以下几种主要功能:

1. 生育和扶养功能

家庭是人类繁衍后代的唯一社会单位。家庭承担着为社会发展生育人口的主要职能。"生"和"育"这两方面,都必须在家庭中实现。人的婴幼儿乃至青少年时期内,生活上还不能独立,必须由父母承担起抚养的责任,这不仅是儿童生理上的需要,而且是社会需要。家庭成员之间的扶养,是家庭的基本职能之一。它包括以下三种情况:一是夫妻之间的扶养;二是父母对子女的抚养;三是子女对父母的赡养,赡养包括满足老年人的物质需要和精神生活需要。

2. 经济功能

家庭的经济功能包括家庭中的生产、分配、交换和消费等方面。家庭自古以来一直是一个经济单位,家庭为其成员提供了衣、食、住、行等基本需要,并生产与别的家庭交换的产品。家庭的这种生产功能,在自给自足的自然经济时代尤其显著。尽管近年来伴随工业化和生产社会化,生产功能交由工厂、公司等大的社会组织来承担,但是家庭仍然是一个很重要的经济单位。家庭可以承包产品成部件生产,在发达的工业国家,先进的科学技术把家庭和生产单位联系在一起,出现了许多家庭农场、家庭工厂等。特别是在消费方面,现代社会的大多数家庭只消费而不生产,如果没有这个消费单位,工厂、企业等经济单位是维持不下去的。

3. 社会化功能

几乎对每个人来说,家庭都是个体出生后接受社会化的第一个社会环境。人的社会化的最初阶段,是在作为首属群体的最典型的形式——家庭中进行的。家庭教育和家庭环境的影响是一个人社会化的开端,它为个人一生的社会化奠定了基础,家庭社会化的结果将对个人的一生产生影响。家庭可以使儿童获得最基本的生活技能,如说话、吃饭、走路、穿衣等;还可以培养儿童的道德品质,指导其行为规范,帮助儿童习得必要的价值观念和社会规范;此外,家庭环境对个人社会化的意义还在于对儿童感情和爱的培养。

4. 情感需要满足功能

如果说经济生活是家庭的物质基础,那么精神生活就是家庭的上层建筑。家庭内的人际关系是最亲密的人际关系,家庭是思想感情交流最充分的场所。家庭赋予人们一种安全感和归属感,如果一个家庭成员在外面受了委屈,在家庭中可得到补偿和调适。父母、夫妻、子女都是重要的感情支持者,所谓"天伦之乐"就是指家庭成员之间的欢聚与共同生活所带来的乐趣。情感的功能可以说是现代家庭的核心功能。

此外,家庭还具备娱乐的功能。家庭是人们娱乐的主要场所之一,是人们休息、娱乐、恢复体力和调剂生活的地方。

综上所述,家庭在人的社会生活各方面都发挥着重要功能,正确调节和发挥这些功能,不仅对个人或家庭成员来说是重要的,对维持社会秩序、促进社会进步,保证人们的正常生活都有着非常重要的意义。

四、当代家庭的发展趋势

20世纪以来全球社会经济发展发生着深刻的变革。家庭也处于这种巨大变革之中,并对此变革作出了反应。随着家庭的变动,学者对家庭未来的走向,存在不同的见解,归纳起来,比较具有代表性的理论或观点有家庭回归论、家庭振兴论和家庭趋同论。①

(一)家庭回归论

家庭观念的冲击和家庭的动荡使一些人无限留恋过去稳定的传统家庭的美好时光。有些西方学者认为现代化造成的家庭危机已经给人类生活的失范以严厉惩罚,人们必须改变目前消费主义的家庭生活方式,后工业时期必然是传统的回归。因此,他们主张家庭的复兴或传统的回归。美国《未来学》杂志就曾大力宣传,家庭"最终还是要倒过来,生活方式也将回到以前的状态"。目前美国有许多人致力于恢复传统家庭制度的活动。与环保相结合,甚至有些人提倡"回归自然","回归原始",并开始了学习人类祖先风餐露宿、茹毛饮血的野外生活。

(二)家庭振兴论

针对"家庭危机"的社会现象,西方一些学者认为家庭生活虽然受到一定的冲击,但是绝大部分人仍然生活在家庭之中,家庭会继续存在下去,甚至认为家庭行将进入黄金时代。他们认为,家庭危机的挑战使得人们重新思考家庭的意义,调整自身对社会变迁的适应能力,社会的进步给家庭提供了进一步发展的契机。由于空闲时间增多,家人聚会的时间也就多了,会从家庭的共同生活中得到极大的满足,尤其是科技的进步给人们的家庭生活提供了良好的环境。

---

① 陈功:《家庭革命》,北京:中国社会科学出版社,2000年,第327～335页。

(三)家庭趋同论

家庭趋同论也是西方社会学家的一种理论观点,其主要论点是,不论社会制度如何,各个国家的现代化都有着相似的过程和结果,家庭的发展也将趋向一致。美国社会学家威廉·古德是趋同论的代表人物,他在1965年出版的《世界革命和家庭模式》一书中认为,工业化改变家庭制度的进程在世界任何地方都是存在着的,尽管出发点不同,发展的速度和道路不同,但都朝着"某种类型的婚姻制度"在发展,在婚龄提高、离婚率增加、家庭核心化、功能减少等方面都将随着工业化的发展而趋于一致,并且这种趋同现象也是符合工业化发展需要的。不少西方学者赞同古德的这种观点,并进一步发展为"趋同理论"。根据这种理论,随着工业化的发展和未来信息社会的到来,社会主义制度和资本主义制度将会变得越来越相像,家庭的发展也将不分社会制度的趋向。

由于经济、社会发展水平的不同以及文化差异,中国家庭在家庭形式、发展趋势方面并没有表现出与西方的完全一致性。综合来看,中国家庭的改变主要表现为:第一,家庭趋于核心化。中国学者认为,中国近几十年来特别是在城市中,核心家庭不仅呈增长趋势而且占据明显优势,中国的未来家庭将主要是核心家庭。清华大学国情研究中心主任胡鞍钢在解读第六次人口普查数据时也指出,2000年,每一个家庭的平均人口是3.44人,2010年是3.10人,而且城市的平均数已经低于3.0人。中国正在经历世界最大规模的城市化和核心家庭化进程。[①]第二,出现了一些新的家庭形式。改革开放以来,中国发生的社会变革,也给家庭带来了一定的冲击,这些变革改变了人们的婚姻与家庭观念。对于单身家庭、同居家庭、丁克家庭以及单亲家庭等多种家庭形式,人们表现得越来越宽容,中国的家庭形式出现了多样化趋势。

> **拓展阅读**
>
> **中国的结婚率与离婚率**
>
> 2009年全国办理结婚登记1212.2万对,比上年增加113.9万对,增长10.4%。其中:内地居民登记结婚1207.5万对,比上年增加114.3万对;涉外籍华侨、港澳台居民登记结婚4.7万对,比上年减少0.4万对;粗结婚率为9.1‰,比上年上升

[①] 《专家解读第六次人口普查主要数据》,网易财经频道,2011-05-16,http://money.163.com/11/0516/04/745A0EM600253B0H.html。

0.8个千分点。2009年20～24岁办理结婚登记的公民占结婚总人口比重最多,占37.0%,25～29岁占34.1%,30～34岁占10.7%,35～39岁占6.0%,40岁以上占12.2%。与上年年龄结构情况相比,40岁以上结婚登记的比例增长最快,增长了1.9个百分点,而20～24岁结婚登记的比例下降了0.9个百分点,体现了我国晚婚晚育政策深入人心。从结婚人口区域分布来看,结婚登记超过50万对的省份有河北省、江苏省、安徽省、山东省、河南省、湖北省、湖南省、广东省、广西壮族自治区和四川省,与上年完全一致。

2009年办理离婚手续的有246.8万对,比上年增加19.9万对,增长8.8%,粗离婚率为1.85‰,比上年增加0.14个千分点。其中:民政部门登记离婚180.2万对,比上年增长12.0%,法院办理离婚66.6万对,比上年增长1.1%。从近五年情况看,离婚人数逐年上升,平均增幅为7.65%,说明我国已婚男女收入及个性越来越独立,自我意识越来越强。

资料来源:民政部《2009年度全国民政事业发展统计报告》,中国新闻网,2010年6月10日,http://www.chinanews.com/gn/news/2010/06-10/2335629.shtml。

本章小结

1. 社会群体的特征包括具有相对稳定的成员关系,具有持续的社会互动,具有共同的行为规范,具有共同的群体意识,具有一致行动的能力等方面。

2. 社会群体结构的要素包括群体规模、群体规范、群体内部关系以及群体领导与决策、群体凝聚力。

3. 初级群体的基本特征有规模比较小,成员间有直接的、经常的、持久的面对面互动,成员具有多重角色,成员关系带有浓厚的感情色彩,成员难以替代,群体控制依靠习惯、伦理道德和感情等非正式手段。

4. 初级群体的形成条件有活动空间接近,经常性、持久性的交往,情感的交流。

5. 初级群体的正功能包括承担着个体社会化的任务,满足人们的感情需要,维护社会秩序。负功能包括可能压抑个性的形成和个人积极性的发挥,干扰正式的组织关系,妨碍组织效率提高和组织目标实现。

6. 家庭、邻里等初级群体的变化主要表现为:原有功能不断发生转移,被高度专门化的、功能单一的社会组织所取代;初级关系日趋松懈;一些初级群体名存实亡;新的网络初级群体出现。

7. 家庭的主要类型分为核心家庭、主干家庭、联合家庭和其他家庭。

8. 家庭能满足人和社会的多种需求,承担着生育和抚养、经济、社会化、情感等多种功能。

B 主要术语

社会群体(Social Group):人们通过一定的社会关系联结起来进行共同活动的集合体。

初级群体(Primary Group):由成员间经常性面对面互动所形成的、具有亲密的人际关系和浓厚的感情色彩的社会群体。

次级群体(Secondary Group):社会成员为了某种特定的目标集合在一起,通过明确的规章制度结成正规关系的社会群体。

内群体(In-Groups):群体成员对该群体有团结、忠心、亲密及合作感觉的群体,即群体成员在心理上自觉认同并归属于其中的群体。

外群体(Out-Groups):内群体之外的其他群体,就是人们不属于、但感觉到竞争和对立的群体。

核心家庭(Nuclear Family):由一对夫妻及其未婚子女组成的家庭。

主干家庭(Stem Family):由一对夫妇与父母(或一方)及未婚子女或未婚的兄弟姐妹组成的家庭。

联合家庭(Joint Family):父母(或一方)与多对已婚子女(或者再加其他亲属)组成的家庭。这是一种多代多偶家庭。

C 练习题

1. 社区调查:在你的学校中做一个小调查,看看学校中有哪些初级群体?哪些次级群体?

2. 应用题

李林是某校社会学专业 1 班的班长。最近,他发现班级同学参加集体活动的积极性不高,班级凝聚力不强。上周的全校运动会,他们班更是拿了个倒数第一。请结合所学知识谈谈如何提高李林所在班级的群体凝聚力?

思考题

1. 什么是社会群体？社会群体具有哪些基本特征？
2. 什么叫群体凝聚力？影响群体凝聚力的各种因素有哪些？
3. 什么是初级群体？初级群体形成的基本条件有哪些？
4. 如何分析和认识当代中国社会转型期初级群体的变化？
5. 什么是家庭？试论述家庭的类型以及家庭的功能？

阅读文献

1. 〔美〕理查德·谢弗著，刘鹤群，房智慧译：《社会学与生活（插图第九版）》，北京：世界图书出版公司，2006年，第151~159页、第281~314页。

2. 〔美〕戴维·波普诺著，李强等译：《社会学（第十版）》，北京：中国人民大学出版社，1999年，第172~189页、第388~416页。

3. 邓伟志：《家庭社会学》，北京：中国社会科学出版社，2001年，第37~85页、第166~222页。

4. 〔美〕威廉·J.古德著，魏章玲译：《家庭》，北京：社会科学文献出版社，1986年。

第七章 社会组织

社会组织是社会发展复杂化的产物。社会组织取代初级群体成为占支配地位的群体形式已成为传统社会与现代社会相互区别的重要标志。现代社会是高度组织化的社会,研究社会,离不开对社会组织的研究,尤其是社会处于转型时期时,各类社会组织结构的变化和调整对于整个社会制度的变革都具有重要意义。

第一节 社会组织概述

对社会组织的研究是对整体社会结构研究的重要部分。社会组织有其特定的含义和特征,社会组织的类型呈多样化特点,任何社会组织都有其独特的组织目标。

一、社会组织的含义与特征

(一)社会组织的含义

在传统社会,家庭、邻里和村社等初级群体地位显著,由家庭和近邻提供了绝大部分的生活必需品,诸如食物、衣着、教育、保护、职业和娱乐等等。随着人类社会的发展,人们的很多需求在初级群体内部不能得到满足,而作为人类社会群体形式之一的社会组织,发挥越来越大的作用,建立在次级群体关系上的大的社会组织如公司、学校、政府机构与新闻机构等,越来越多地控制着我们的生活。

社会组织是社会群体的重要组成部分。对社会组织一般有两种理解:一种是广义的社会组织,泛指一切人类共同活动的群体,其中包括氏族、家庭、村社等初级群体;一种是狭义的社会组织,属于次级社会群体形式,也可称为正式社会组织,是指人们为了实现特定目标而有意识地组合起来的社会群体,如企业、政府、学校、医院、社会团体等。本章的社会组织主要指狭义的社会组织。

(二) 社会组织的特征

与初级群体相比,社会组织具有一系列特征:

一是特定的组织目标。初级群体是自然形成的,初级群体的共同利益和目标往往是隐含的,或者是不明确的,而且经常发生变化;社会组织却有着明确的、特定的共同利益与目标,比如学校的目标是教书育人,工厂的目标是生产有竞争力的产品等。社会组织需要有明确的目标,没有明确目标的社会组织是不存在的。组织目标是组织努力争取达到的、期望的未来状态,它包括使命、目标对象、指标、定额和时限等。这些共同利益和目标是组织生存的基础,是组织活动的灵魂。它可以是单一的,也可以是具有内在联系的目标体系。

二是通过一定程序或手续加入的组织成员。实现社会组织的目标,必须有一定数量的成员,这是组织能够存在和建立的基本条件。不同类型的组织其成员数量差别较大。大型的企业组织,可以拥有成千上万的组织成员,而小型的组织可能只由很少的人构成。在社会组织中,成员都处于特定的地位上,都要依据与其所处的正式地位相一致的角色要求去行动,而不是以个人面目出现在组织中。另外,人们要成为一个组织的成员,必须通过一定的程序或手续。通过这种进入程序或手续,从而形成社会组织的边界,强化成员对社会组织的归属感和认同感,明确社会组织与其成员各自的权利和义务。也只有通过这种程序或手续,社会组织才能对其成员进行有效的管理。组织成员之间是事业上的合作关系,不是在互动过程中自发形成的,是一种可置换的关系。一般来说,组织成员的可流动性、可替代性比较强。

三是明确的规章制度。社会组织的规章制度,是关于特定组织的性质、目标、任务、结构、组织原则、组织成员的权利与义务、组织活动规则等的规定。现代社会组织的规章制度一般都是成文的和成体系的。社会组织自身构成的复杂性决定了组织规章制度的复杂程度。组织的规章制度是每个成员必须遵守的,是组织成员进行活动的依据。它通过辅助的奖惩制度制约组织成员的活动,以维护组织活动的统一性。

四是权威体系和科层化的管理。社会组织是一个复杂的分工系统,因而都有一个经过设计的权威中心和权力地位的分层网络体系,用以控制、指挥和完成组织的活动,促使组织目标的实现。现代社会组织普遍实行科层化的管理制度,用以协调和控制由于专业分工和权力分配而处于不同职位的成员的活动。

二、社会组织的主要类型

社会组织多种多样,依据不同的标准可以将社会组织划分为不同类型。

(一) 西方社会学家的组织分类

美国社会学家帕森斯根据社会组织在社会生活中承担的职能,把社会组织分为经济生产组织、政治目标组织、整合组织和模式维持组织。经济生产组织把经济利益放在首位,从事物品的制造或生产,这类社会组织的典型是实业公司。政治目标组织是形成和部署社会权力的组织,以保障实现社会整体的目标,这类社会组织的典型是政府机关。从某种意义上讲,社会团体也具有这一职能。整合组织是调节社会冲突的组织,包括各种以减缓社会冲突、进行社会控制为目的的社会组织,这类社会组织的典型是法庭和各种法律职业实体。模式维持组织是指那些具有文化、教育和价值传承的组织,它的功能是教化社会成员认同社会文化和价值,维持原有的社会制度和行为模式,这类社会组织的典型是学校和教会。

美国社会学家、交换理论的代表人物布劳与斯科特在他们合著的《正式组织》一书中,根据组织目标与受益者的关系,把社会组织区分为互惠组织、服务组织、经营性组织和公益组织。互惠组织以组织成员的互惠互利为目的,比如工会、政党和俱乐部等。服务组织为人们提供专业性的服务,如医院、学校、社会工作机构、律师事务所等。经营性组织是营利性组织,如银行、公司、企业等。公益组织以社会公众为受惠对象,政府机构、邮局等都属于这类组织。

美籍德裔组织社会学家艾兹奥尼(A. W. Etzioni)根据组织中的权威性质或组织对其成员的控制方式,把社会组织分为强制性组织、功利性组织和规范性组织。强制性组织建立在暴力基础上,以强迫的手段使成员服从组织,监狱、精神病院和军队是这类社会组织的典型。功利性组织通过金钱或物质报酬来控制其成员,如各种工商业组织。规范性组织则是运用规范来控制其成员,通过规范的内化实现对其成员的控制,最典型的是各种宗教组织。

美国社会学家凯普勒依据组织成员的数量,将社会组织分为小型组织、中型组织、大型组织和巨型组织四类。小型组织指成员人数在3~30人的组织,这种组织的互动通常是面对面的交流,能够给予组织成员情感上的满足;中型组织的组织规模一般为30~1000人,人数比小型组织多,以至于全体成员之间无法发展出成对关系,但他们在一定程度上还能直接彼此互动,不用借助他人;大型组织人数更多,一般在1000~50000人,成员之间不能全部认识,但组织中的主要人物能为多数人认识,而领导人却不能对全体成员一一识别,许多生产组织、教育单位都属大型组织;巨型组织人数极为众多,少则50000人,多则不限,如联合国就是一个巨型的社会组织。

(二) 中国现行产业和行业组织分类

1. 以产业为标准的分类

第一产业组织是指产品直接取自自然界的产业部门,包括种植业、林业、畜牧业和渔业在内的农业。

第二产业组织是指对第一产业和本产业提供的产品(原料)进行制造、加工的部门,在中国一般专指采矿业,制造业,电力、燃气及水的生产和供应业,建筑业。

第三产业组织是指除第一、二产业以外的其他行业。在中国第三产业包括流通和服务两大部门,具体分为四个层次:一是流通部门,包括交通运输业、邮电通讯业、商业饮食业、物资供销和仓储业;二是为生产和生活服务的部门,包括金融业、保险业、地质普查业、房地产管理业、公用事业、居民服务业、旅游业、信息咨询服务业和各类技术服务业;三是为提高科学文化水平和居民素质服务的部门,包括教育、文化、广播、电视、科学研究、卫生、体育和社会福利事业;四是国家机关、政党机关、社会团体、警察、军队等,但在国内不计入第三产业产值和国民生产总值。

2. 以机构编制为标准的分类

这种分类具有管理层次上的意义,国家通过这些单位类别对整个社会进行条块管理,把所有的机构和个人都划归到某一类组织,无论是个人还是组织都要在这些机构内活动,并获取国家所分配的资源。

(1) 国家机关编制的组织

国家机关编制的组织是指国家权力机关和行政机关,以及国家审判、检察机关,党派、政协、人民团体组织的机构编制。这种机构实行高度的科层制组织形式,所花费的资源实行国家财政预算拨款制。

(2) 国家事业编制组织

国家事业编制组织是指为国家创造或改善生产条件、促进社会福利、满足人们文化、卫生等需要,其经费实行预算拨款制的国家事业机构。此外,那些实行企业管理的事业单位也属于国家事业编制的组织。国家事业编制组织主要包括:农、林、水利、气象事业组织,文教卫生事业组织,科学研究事业组织,勘察设计事业组织,社会福利事业组织,城市公用事业组织,交通事业组织等。

(3) 国家企业编制组织

国家企业编制组织是指那些直接从事工农业生产、交通运输和商品流通等经济活动,所产生的价值可用货币形式表现的经济组织形式。具体包括:冶金加工,各类农场,建筑业公司,各类交通、商业和服务业系统等。

以上是中国社会普遍采用的分类方法。需要说明的是,组织类型的划分都是相对的,人们可以从研究和分析的需要出发,选择恰当的分类标准。

三、社会组织的目标

（一）组织目标的定义

每个组织都有其特定的目标，无论这种目标是功利性的目标或表现性的目标。组织目标指的是作为一个整体的组织在一定时间内通过自身活动所追求和实现的未来事物的状态。它是社会组织的灵魂，代表着一个组织的方向和前途，也是社会组织开展各项活动的依据和动力。

组织目标有两个层次的差异，广义层次上的组织目标指正式的、抽象的、长期的目标，这是各个组织之间相互区分的标志；狭义层次上的组织目标指实际工作目标，即具体的实践目标。一个组织不仅有抽象的长期的目标，而且必须制定各阶段的具体实践目标。具体的实践目标往往具有时限性，可以用数量标准加以衡量，体现为阶段性任务和具体定额。组织围绕着这些具体目标开展组织活动，以这些目标激发成员的积极性。在具体目标基础上建立各种奖惩制度以监督和鞭策成员的行动。

（二）组织目标的作用

社会组织的形成是特定社会分工的结果，社会分化程度越高，社会组织的类型也就越复杂，组织之间的区别主要体现为目标和分工之间的差异，因此，组织目标对于组织的存在、发展及组织活动都起着非常重要的作用。

第一，组织目标是组织的灵魂，对组织和个人的发展具有导向性。组织是依靠特定的目标来维持其存在的，组织内部的一切活动都是围绕着组织目标来进行的。失去组织目标，组织活动就会失去合理依据。

第二，组织目标是确定组织活动路线、方针和政策的依据。它包括两个方面：对内是指组织制定其方针、政策和策略时，要以满足组织目标的要求为准绳；对外是指向社会大众宣告本组织的宗旨、性质和任务，明确发展方向，使人们了解这个组织，以便加入该组织或与该组织发生联系。

第三，组织目标是衡量组织效益与效率的标准。组织活动都是围绕着组织目标进行的，评估任何一项组织活动是否有效益或效率，以及效益或效率如何，关键要看它的活动结果接近于组织目标的程度。

（三）组织目标的分类

每一个社会组织都有其确定的目标体系，即便是同一类型的社会组织，其目标

体系也是有差别的。以下是几种常见的组织目标分类方法:

1. 从时间上来说,社会组织目标可以分为长期目标、中期目标和短期目标

长期目标指组织必须在较长时间内才能达成的目标,通常是几年后完成的目标。长期目标的作用在于它能够给组织的活动指明一个具体的前进方向和奋斗目标。长期目标一经制定,便具有相对稳定性,不可随便更改。

中期目标是对长期目标提出的基本任务进行划分,使之具体化,便于付诸施行。可以说,中期目标是长期目标的一份清单,没有中期目标,长期目标也是不具体的,是不能付诸施行的。

短期目标也可以叫做操作目标,是指在短期内实现的目标。这种目标把任务落实到每一个基层单位甚至每一个成员,对他们所要完成的任务的数量、质量、技术要求和工作程序都作了具体规定。短期目标对组织成员有较强的约束力,它建立在长期目标的基础上,并最终以实现长期目标为目的。

需要注意的是,长期目标、中期目标和短期目标,在完成时间上显然是一个比一个短,但是时间上的划分并不是绝对的。比如对于一个国家来说,5年计划就可以算做中期目标,但是对一个工厂来说,5年计划就可能成为长期目标。

2. 从地位和重要性上来说,社会组织目标可以分为主要目标和次要目标

主要目标是指处于支配地位、起决定作用的,直接关系到组织主要受益群体的需求和愿望的目标,是组织为之奋斗的最终目标。无论哪种类型的社会组织,这类目标都是它得以存在和建立的基本依据,主要目标的存在和发展规定和影响其他目标的存在和发展。

次要目标是指组织必须满足各种各样的次要受益群体的需求和愿望,它是为了使主要目标更加完善而设置或形成的,虽然次要目标的作用没有主要目标那么大,但是它的存在对组织最终目标有或好或坏的影响。

第二节 社会组织的结构与管理方式

社会组织的结构有多种类型,各种不同类型的结构都有着各自的优点和缺点。考察社会组织时,还要注意社会组织的管理方式。

一、社会组织的结构

所谓组织结构是指组织内部正式规定的、比较稳定的相互关系形式。它反映的是一个社会组织各部分在组织整体中所处的地位以及它们在组织运作中比较稳

定的相互关系。社会组织的结构可以分为正式结构与非正式结构。

(一) 社会组织的正式结构

社会组织的正式结构指的是组织内部各个职位、各个部门之间正式确定的、比较稳定的相互关系形式。正式结构对于社会组织具有重要意义。首先,社会组织的正式结构决定着社会组织的总格局,并且用行政形式规定社会组织各组成部分的职能、职责和职权,以及它们之间的关系,是社会组织确定各种活动关系的蓝图;其次,组织能否适应环境,能否稳定、高效地达到目标以及能否在规模上和系统层次上获得发展,在很大程度上取决于它的正式结构。

社会组织的正式结构主要有直线制结构、职能制结构、直线职能制结构、事业部结构和矩阵制结构。

1. 直线制结构

这是最早出现的、最简单的组织形式。在这种组织形式中,组织中的职位完全按垂直系统直线排列,上级对下级进行指挥,下级对上级负责。其特点是机构简单,职权明确,命令统一,决策迅速,但对领导人员的能力与素质要求较高。一般适用于规模小、生产过程简单的组织。

2. 职能制结构

在职能制结构中,以组织成员工作中所需要的主要技能为基础而在组织中设立专业职能部门,并把相应的管理职责和权力交给职能部门。各职能部门在本职能范围内有权直接指挥下级部门。这种组织形式符合专业化的需要,使主管领导指挥顺畅,但职能部门的多元化,又容易使下级部门无所适从。

3. 直线职能制结构

直线职能制结构,是在直线制结构的基础上,在各级主管人员之下设置相应的职能部门,从事专业管理。

直线职能制结构是一种集权和分权相结合的组织结构形式,这种形式保持了直线制集中统一的优点,又具有职能分工专业化的长处。在这种组织结构中,一方面,各级主管者没有专业分工,所有管理职权集中于一人之手,一个下级单位只接受一个领导的指令,上下级关系简单、明确、清楚,可以在各级主管人员的领导下,充分发挥各专业管理机构的作用,使得社会组织有着较高的稳定性和工作效率。另一方面,由于职能部门的专业化分工,组织内各级主管人员都有相应的职能机构和人员作为参谋和助手,使管理者能够对本部门的生产、技术、经济活动进行有效的组织和指挥,所以,它比较适应现代工业企业管理的需要,被广泛采用。

直线职能制结构的内在缺陷具体如下:第一,权力集中于最高管理层,下级缺乏必要的自主权,职能部门的许多工作要直接向上级主管人员报告请示才能处理,这一方面加重了上级主管人员的工作负担,另一方面也造成办事效率低。第二,各职能部门之间的横向联系较弱,相互之间的协作和配合性较差,容易产生脱节和矛盾。第三,直线职能制组织结构建立在高度的"职权分裂"基础上,各职能部门与直线部门之间如果目标不统一,则容易产生矛盾。特别是对于需要多部门合作的事项,往往难以确定责任的归属。第四,信息传递路线较长,信息交流困难,反馈较慢,难以适应环境的迅速变化。

4. 事业部组织结构

事业部组织结构也称分权制结构,是一种在直线职能制基础上演变而来的现代企业组织结构形式。由于社会组织规模的扩大,组织内部管理层次的增加,一些社会组织就在集权的基础上,按业务活动或区域分类,把组织的生产经营活动分出若干事业部,分别实行相互独立的管理和运行,形成事业部组织结构。一个标准的事业部组织结构的社会组织主要由主管部门、职能部门和事业部门等三个部门组成。

事业部组织实行集中管理、分散经营的原则,组织最高管理层负责重大方针政策的研究和制定,掌握组织的决策权。事业部的领导根据总部的指示,统一领导其主管的事业部的发展。事业部设有相应的职能部门,有直接提供利润的职能,是总公司控制下的利润中心,由事业部组织产品或地区的生产、销售、采购等全部活动。

事业部组织结构的优点有:有利于社会组织最高领导层摆脱日常事务,集中精力考虑全局问题,进而成为坚强有力的决策机构;使社会组织容易适应自身扩展与业务多元化要求,有利于提高社会组织的稳定性和适应性;各事业部门自负盈亏,这有利于总公司考核评定各部门的生产经营成果,促进各事业部的利益与公司整体利益的协调一致;有利于社会组织采用专业化设备,并能使组织成员的技术和专业化知识得到最大限度的发挥,有利于组织专业化和社会组织的内部协作的实现等。

事业部组织结构的缺点有:职能机构重叠,造成一定的人力、物力和财力的浪费;各事业部实行独立核算,只考虑自身的利益,容易产生本位主义,难以协调一致,进而影响事业部门之间的协作;职权下放过大,增加协调的难度;各事业部之间竞争激烈,造成人才和技术的相互封锁等。

5. 矩阵组织结构

矩阵组织结构将管理部门分为两种:一种是传统的职能部门;另一种是为完成某项专门任务,由各职能部门派人联合组成的各项专门任务小组,这种小组通常指定专人负责。职能部门是固定的组织,项目小组是临时性组织。把职能部门和按项目划分的小组结合起来组成一个矩阵,称之为矩阵组织结构。这种组织结构把纵向单位的人力、物力等资源分配到横向单位,以满足单位的需要,完成任务以后就自动解散,其人员回原部门工作,等待重新分配工作。

矩阵组织结构的优点是:第一,矩阵组织中的项目负责人员同时是职能部门的人员,使得组织内各部门之间的联系加强,集权和分权也较好地结合起来,有利于多方面的合作和效率的提高;第二,把不同部门的专业人员结合起来,有利于信息交流,增加相互学习机会,提高业务人员的工作能力,有利于激发职员的积极性和创造性,提高他们的技术水平和管理水平;第三,矩阵组织结构有较强的灵活性、机动性和适应性,每个小组所负责的产品或项目任务,可根据环境的变化而采取相应的对策;第四,提高了中层和基层管理人员的积极性和责任感,充分利用他们的专业知识和技能处理日常工作,使高层管理者集中精力考虑企业发展的重大问题。

矩阵组织结构也有诸多不足之处:第一,参加项目的人员都来自不同职能部门,隶属关系仍在原部门,这种人员上的双重管理使得项目负责人对他们管理困难,没有足够的激励手段与惩治手段,而且一旦两个管理系统发生矛盾,项目小组人员往往无所适从,容易导致职责不清。第二,从职能部门的工作情况看,人员的频繁流动也会给管理带来困难,增加管理费用。第三,工作缺少长期性,项目组成人员来自各个职能部门,当任务完成以后,仍要回原部门,因而容易产生临时观念,削弱对工作的责任感。

(二) 组织的非正式结构

组织的正式结构总是以非正式结构为补充的。个人在以组织成员的身份参与组织互动时,不可能做到完全的形式化的互动,或多或少地会将一些纯个人特征带进交往过程。因此,任何组织内部都会产生非正式的人际关系,必然会出现各种各样的非正式群体。20世纪30年代末,在美国哈佛大学教授埃尔顿·梅奥"霍桑实验"的引发下,人们开始注意到组织内部潜在的非正式结构。

组织内部的非正式结构指的是组织内部成员间自发形成的各种非正式群体及其相互关系的总和,其特点是易变性、感情性和非定型性。

非正式结构的正功能有以下几个方面:

第一,非正式结构可以使成员获得情绪上的支持,缓解正式结构所带来的压力,提高工作满意度。正式结构有着严格的规章制度,个人的某些意愿会被束缚,非正式结构可以为组织成员提供在正式结构中很难得到的心理需要和满足,提高组织成员的工作满意度,有利于社会组织内部的稳定和协调。

第二,非正式结构可以为成员提供工作中的帮助和支持,特别是在遇到正式结构不能解决的特殊问题时,都可以从非正式群体成员中寻求帮助解决,这实际上使组织成员有了更多的解决问题的机会。

第三,非正式结构中,组织成员可以表现个性,获得非正式地位的机会,满足组织成员对于地位的需求,弥补组织成员在正式结构中的地位渴望,有助于人格的自由、健全发展。

第四,非正式结构能够成为推动组织改革、维护组织成员合理利益的有效力量。

非正式结构的负功能主要有以下几个方面:

第一,非正式结构的过分整合往往会削弱组织权威系统的有效性,影响组织目标的实现。组织内既然不可避免地出现非正式结构,那么正式组织结构和非正式组织结构的目标就不可能总是协调一致,他们之间或多或少存在差别。非正式结构与正式结构的目标发生冲突时,容易给组织成员带来角色冲突的问题,进而降低正式结构的管理有效性,从而增加完成组织正式目标的难度。

第二,非正式结构为了维护其内部成员的利益,往往在各种利益分配上,或多或少地会对非内部成员产生不利的结果,不利于社会组织内部公平、公正的实现。

第三,可能会对社会组织的变革形成一定的阻力。非正式结构的一个特点就是对组织成员的要求比较宽松,使得成员倾向于维持现状,对组织的任何变革措施都采取一种抵制或者是部分抵制的态度,成为社会组织变革的阻力,造成社会组织创新的惰性。

第四,以非正式结构代替正式结构,工作程序发生混乱,会破坏组织的正常运行。非正式结构的长期存在,已成为组织生活的一部分。群体成员内部的和谐气氛,使成员越来越少地考虑个人愿望,往往不假思索地去附和群体的意见,不愿意接受正式规范的约束,进而破坏组织的正常运行。

第五,过多的非正式沟通联络容易导致机密漏露、谣言四起,造成人心涣散。谣言或小道消息之所以能在非正式结构内传播,是因为组织的正式结构在信息传送过程中出现不畅的结果,从而形成所谓的谣言或小道消息。

非正式结构的存在提醒人们,社会组织并不是人们凭意愿设计而形成的理性的结构,它是一个复杂的社会群体。所以作为组织的管理者,要做到二者的协调,首先要正视非正式组织结构的存在,其次要加强对各种非正式结构的引导。要善于扬长避短,既要善于调动非正式结构的积极因素,又要制止一切消极的阻碍组织目标实现的非正式结构因素的增长,遏制腐败现象,以形成良好的组织氛围。

二、社会组织的管理方式

所谓组织管理,是指组织为了追求特定的目标,通过计划、组织、控制等手段,将人力和资源协调起来,顺利地进行各种活动的一套体系、方法和过程。在组织管理过程中,采用何种管理方式直接关系到组织管理的效能。关于社会组织的管理方式,又称社会组织管理体制,是指社会组织处理其复杂活动的体系和方法,主要体现在管理权力和管理程序两个方面。社会组织管理方式发展的历史,主要经历了家长制和科层制两种管理方式。

(一) 家长制管理方式

家长制是指社会组织的权力集中于最高管理者手中,以人为管理主体的组织管理方式。家长制源于家庭、家族等血缘群体。在母权制和父权制的家庭中,家庭的主要权力集中于家长一人手中,其他成员均须服从家长一人。在家庭中奉行非正式控制原则,无正式规章,靠习惯、习俗等来维持管理与控制。当社会群体规模有所扩大时,此种方式又被推广到更大的范围,如手工业作坊、店铺、行会。家长制是在生产力水平低下、社会分工不发达、群体规模相对狭小、结构相对简单的传统社会中的一种手工业组织管理方式。

家长制管理的特征主要表现在:第一,权力高度集中。在家长制管理下,组织权力不进行划分,组织中的重大决策和大部分问题的裁决权,都集中于最高领导者手中,整个组织的活动完全由最高领导者的个人意志支配。它的典型表现形式是个人独裁制。第二,组织管理的随意性。由于权力集中于个人,因此,组织管理主要依靠最高领导者个人直觉、经验和个性,没有一定的程序和规则,办事无章可循,无法可依。家长制管理一般没有明确的责任和权力分工,缺乏稳定的正式结构,组织活动呈无序状态,组织活动效率常因互相推诿、不负责任而降低。第三,任人唯亲、因人设位。家长制管理以血缘关系为基础,管理人员由家长、家庭和家族的主要成员组成。家长制与以人的个性为特征的初级社会关系密切联系。在家长制管理下的社会组织中,选择管理人员,以具有人身依附性的初级社会关系为标准,视与最高领导者的私人关系和感情亲疏而定。结果造成大量不称职的人员占据组织管理职位,在组织内部形成与组织目标相悖的利益群体,有着任人唯亲、因人设位、管理职位冗杂的痼疾。第四,终身制。由于初级社会关系具有不可置换性,因而在家长制管理体制下,最高领导者一般实行终身制,体制本身缺乏正常的更换领导者的机制。

这种管理的好坏,取决于管理者一人的管理经验和素质,因此局限性非常大。随着生产力的发展,社会分工的精细,逐渐出现了规模较大的社会组织,这些组织是建立在效率高、分工精密、协作复杂的基础上的,单凭个人经验无法对其加以管理。因此,随着现代工业社会和现代社会组织的出现,这种管理方式逐渐被淘汰,一种新的管理方式——科层制逐渐被众多的企业所采用。

(二) 科层制管理方式

科层制是德国社会学家韦伯从理想类型的角度提出的一种以正式规则为主体的管理方式,它建立在有系统地划分组织权力以提高工作效率的基础之上,要求组织内部职位分层、权力分等、分科设层、各司其职。科层制是现代社会组织管理的典型方式,其主要特征是:

第一,专业化且内部分工明确。在科层制组织中,每一成员的权力和责任都有明确规定。岗位是根据工作类型和目的进行划分的,具有很清楚的职责范围。各个成员将接受组织分配的活动任务,并按分工原则专精于自己岗位职责的工作。

第二,固定的等级制度。在科层制组织中,有固定的等级制度,下层结构和下层职位的人受上级的监督和控制,使组织的职位之间形成自上而下的权威体系。

第三,严格的规章制度。在科层制组织内部有严格的规定、纪律,并毫无例外地普遍适用组织运行,成员间的活动与关系都受规则限制,每一个组织成员都需要按规章办事。

第四,非人格化。在科层制组织中,官员不得滥用其职权;个人的情绪不得影响组织的理性决策;公事与私事之间具有明确的界限;组织成员不带有个人情感,严格按照法令和规章对待工作和业务交往,确保组织目标的实施,成员间的关系只是工作关系。

第五,量才用人。在科层制组织中,组织成员凭自己的专业所长、技术能力获得工作机会,享受工资报酬。组织按成员的技术资格授予其某个职位,并根据成员的工作成绩与资历条件决定其晋升与加薪与否,从而促使个人为工作尽心尽职,保证组织效率的提高。

科层制管理避免了传统社会人治管理中的随意性,完全实行规则化、理性化的管理。它根据组织目标合理地分解了组织权力,提供了组织内各方面有效合作的基础,在一定程度上排除了组织管理中的不稳定因素,有助于提高组织活动的效率,使科层制展现出传统家长制管理方式所不具有的优越性。

但是,由于科层制在一定程度上忽视了组织成员的个性特征,等级森严,任何行动都受到正式规则的严格束缚,使得组织成员的创造性、主动性受到压抑,容易滋生官僚主义，使组织沟通出现障碍，从而导致组织效率的降低。

由此看来，科层制对于组织来说既有正功能，也可能产生负功能或反功能。在组织管理中应尽量发挥其正功能而避免其反功能，即通过组织内部的分工和制定规则来促进组织运行，但又不造成对组织成员积极性、主动性的限制。实际上，科层制并不适用于所有社会组织的管理。它比较适合以生产率为主要目标的常规的组织活动，而不适用于从事以创作和革新为重点的非常规的、非常灵活的组织活动。

拓展阅读

海尔集团的组织结构

组织结构的调整对于企业来说是兵家常事。海尔的组织结构也不断在调整，大的调整一年会有一两次，小的就更不必说了，但不论怎么调整，海尔始终遵循"六字方针"，即"扁平化、信息化"。一是组织结构越来越扁平，管理层级的"金字塔"被推倒，上下沟通比较容易；另外一点是信息化，所有内部信息共享，外部信息也易以获得；三是速度，以最快速度获知，获知信息的路径应该最短。在这个前提下，集团总的战略、总的部署十分清晰，但具体到市场上，具体操作的是基层的每一个事业部。

海尔1996年开始实行事业部制。这是一种分权运作的形式。

事业部制组织结构首创于20世纪20年代的美国通用汽车公司和杜邦公司，它是在总公司领导下设立多个事业部，各事业部有各自独立的产品和市场，实行独立核算。事业部内部在经营管理上则拥有自主性和独立性。这种组织结构形式最突出的特点是"集中决策，分散经营"，即总公司集中决策，事业部独立经营，这是在组织领导方式上由集权向分权制转化的一种改革。

海尔的事业部制，很多人认为是学习或模仿日本的体制，实际上，它更多的是走了GE的路子，学习参考了美国GE的管理体制。海尔在很多方面带有明显的GE印记。张瑞敏认为高度分权对市场销售具有有效刺激，但又发现，这种个体户式的拼杀，会造成各事业部之间盲目竞争，竞相重复使用内外资源，于大局不利，有可能形成单位销售额上升而集团整体投资回报率不高的局面，并不利于集团内重点使用力量，去支持未来有发展前途的产业。因此，海尔对分权的大小、多少有自己的战略性的考虑，对"夕阳型"的产品尽可能分权化为小经营单位，让其随行就市；而对"朝阳型"的产业，如未来数字化家电，则要集中人力和财力，做大规模，确保竞争力。

资料来源：康毅仁，汪洋：《海尔是海》，北京：民主与建设出版社，2002年，第212～213页。

第三节　中国社会转型期的社会组织

中国目前正处于经济体制转轨和社会转型时期,社会组织因此发生了急剧的分化和转型。

一、单位组织

(一) 单位组织的含义和特点

单位组织是中国计划经济时期形成的一种特殊的社会组织,它是指那些以企事业组织为单元,承担政府的社会分工目标,对其成员承担多种责任并对其进行全面管理的企事业组织。在计划经济时期,单位组织是国家实施有效控制的具有特殊功能的科层化组织,是国家为实现对社会活动资源的再分配,实现对城镇的有效政治控制与社会动员的一个系统。单位为成员提供住房、交通等一切生活所需,几乎掌握了个人的一切。每个单位成员都有严格的身份,这种身份往往将伴随这个人的一生。因此,单位的政治与社会意义远远大于它的生产意义。

单位组织的具体特点有:

1. 承担多种社会职能

单位组织不仅仅是劳动工作的场所,承担着生产和销售等经济功能,而且还承担着政治以及社会等多重职能,是一种全包式的组织形式。对每一个单位成员而言,单位组织既是经济活动中心,又是政治、社交、福利和生活中心。

2. 拥有资源分配权

计划经济时期,社会资源相对匮乏,各种生产、生活必需物资主要通过单位组织分配给不同的群体和个人。除了工资以外,单位组织还负责各种社会福利的分配,比如住房、医疗、教育、交通工具等。可以说,单位完全负责个人生活的一切,对资源的分配具有绝对的控制权。

3. 成员对组织的依赖性强

计划经济时期,几乎中国所有的社会成员都归属于某个单位组织,并依此来界定自己的身份、社会地位,建立各种社会关系,开展各种社会活动。户籍制度将人们牢牢控制在自己的单位之中,组织内部高度整合,相对封闭,人们的社会流动性很小。

(二) 单位组织的改革和发展

改革开放给中国带来了巨大的变化。面对国际市场的激烈竞争,中国的单位逐渐走向正规化。国企改革、事业单位改革等一系列改革都在一定程度上对传统的单位制产生冲击作用,中国的单位制度开始发生变化。这些变化表现在以下方面:

1. 单位组织的性质和作用开始改变

随着政府改革的推进,单位组织在组织性质上突破了传统、单一的全民所有制和集体所有制性质,私营企业、股份制企业以及各种跨所有制企业出现。政府对组织进行管理的行政功能衰退,市场的宏观调控功能不断增强。这种情况下,单位组织的功能和作用也发生变化,以往承担的政治、福利等社会功能被削弱,经济功能越来越凸显。

2. 单位组织的自主性在增强

随着政府组织改革的逐步推进,社会资源不再由中央完全控制,开始向社会中、下层流动,单位组织对政府的依赖减弱,有了更多的经营和管理自主权。一些新型的社会组织,更是摆脱了国家和政府的控制,直接从市场中获得资源。破产、合并、下岗等机制的引进使得单位有了活力并开始了市场化的过程。

3. 单位组织的开放度增加

传统的单位组织对组织成员实行严格控制,人员流动性很差。改革开放使单位的开放度大大增加。单位不再是终身保姆,不再完全负责职工生活中的一切。个人获得自由流动资源的机会加大,自由流动空间扩展。个人不必再完全依赖于单位,单位与个人的控制与依附关系明显弱化。

二、非营利组织

非营利组织,简称 NGO,是指不以营利为目的的、不隶属于政府和市场体系的社会组织,它的目标通常是支持或处理个人关心或者公众关注的议题或事件。非营利组织具有一定的自治性、公益性和志愿性。

莱斯特·M. 萨拉蒙(Lester M. Salamon)对非营利组织的特征有如下概括:(1)组织性,即这些机构都有正式的组织机构,有章程,有固定的工作人员等;(2)民间性,又称非政府性,指不隶属于政府或受其支配;(3)非营利性,即这些机构都不向他们的经营者或"所有者"提供利润,不以营利为目的;(4)自治性,即这些机构基本上都是独立处理各自的事务,具有自主决策与行动能力,能有效自我管理;(5)自愿性,即这些机构的成员不是根据法律要求而组成的,这些机构接受一定程度的时间和资金的自愿捐献;(6)非政治性,指不是政党组织,不参加竞选等政治活动；(7) 非宗教性，指不是宗教组织，不开展传教、礼拜等宗教活动。①

改革开放以后发展起来的非营利组织中，主要有两种组织建构类型：

一种是"自下而上"的非营利组织。它一般是民间出于一致的兴趣或要求而自发组建的，包括基本民间化的社会团体，非营利性的民办非企业单位和未登记的非营利组织。这一类型的非营利组织与市场经济的发展以及社会民主化进程有关，是公民有组织地参与经济过程、社会过程以及政治过程的产物，它们的非政府性表现得相对明显，所拥有的各种组织资源主要来自于自身、市场、海外等非政府渠道。

另一种是"自上而下"的非营利组织，如中国青少年发展基金会、中国性病艾滋病防治协会等。这种非营利组织与政府改革和政府职能社会化密切相关，它们或者由各级党政机构所直接创办，或者本身就从党政机构转变过来，或者由原党政官员及与党政关系密切的知名人士所创办。这些组织，不仅其资源主要来源于党政机关，且有些非营利组织甚至在观念、组织、职能、活动方式以及管理体制等各个方面，都依赖于政府。这类组织具有中国社会转型时期"半官半民"的双重属性。随着社会发展，"自上而下"的非营利组织需要实现体制的转变和观念上的革命，充分认识到非营利组织的性质、地位、作用，使其成为真正具有自主性的自治组织。

对比萨拉蒙关于非营利组织特征的描述，可以发现当代中国非营利组织具有早熟性、相对性、过渡性、重要性四个特征。②

1. 早熟性。相对于西方非营利组织的"水到渠成"，在社会转型中，中国非营利组织的发展是伴随着政府职能的转变、市场经济的建立、中间层的扩张等同步进行的。

2. 相对性。以萨拉蒙关于非营利组织的界定为参照，可以发现，在非营利组织所具有的 7 个属性中，民间性、非营利性、自治性、志愿性在中国的非营利组织中体现得并不明显，这使得非营利组织具有相对性。

3. 过渡性。非营利组织出现于中国社会的转型时期，随着社会转型的最终完成，中国的非营利组织，尤其是"自上而下"的非营利组织必将最终褪去行政化的色彩而成长为真正的非营利组织。

4. 重要性。中国的改革造就了非营利组织，而非营利组织也正以其自身特有的优势，直面各种社会问题，有效地弥补政府、市场功能的严重缺陷，日益成为中国改革和社会进步的强大推动力。

---

①② 赵银红：《中国 NGO 发展的独特历史背景分析》，《求实》，2003 年第 S2 期。

三、家族企业

到目前为止,对于家族企业,学术界还没有一个统一的界定。美国著名企业史学家钱德勒的定义是:"企业创始者及其最亲密的合伙人(和家族)一直掌有大部分股权。他们与经理人员维持紧密的私人关系,且保留高阶层管理的主要决策权,特别是在有关财务政策、资源分配和高阶层人员的选拔方面。"[1]

家族企业或者家族公司,顾名思义,就是由家族创办、经营的企业或公司。但是,在近代公司制度下,特别是以股份有限公司形式组织的公司,它的股本不可能完全由一个家族所掌握,公司的经营管理也不大可能完全由家族成员所把持。在这样的情况下,家族在公司中的力量到底要达到多大的程度,公司才是一个家族公司,也并没有一个为学者普遍认可的说法。[2]

由上可知,家族企业的认定并非绝对,而是程度上的区别。本书认为所谓家族企业,指在企业存续运作期内,由同一家族两名或两名以上的家族成员直接拥有或参与经营管理的企业,或企业的领导权在家族内继承的企业。一般而言,企业是否为"家族企业",是看其家族对企业的影响力,那种以一个或几个有血缘关系的家族成员作为组织核心,直接控制其所有权或经营权的企业组织,即可称为"家族企业",但那种仅持有一定股份,家庭成员仅为股东,超脱企业经营之外,实际上并不是家族企业。

无论是在发达国家还是在发展中国家,无论是在传统社会还是在现代社会,家族企业作为一种特殊的企业组织形态,都有着顽强的生命力。这说明它与其他企业形式相比有其自身的优点:

第一,所有权与经营权紧密结合,决策权和管理权高度集中,家族企业固有的凝聚力和向心力以及企业管理层之间的默契,都会对企业的发展和管理产生推动作用。

第二,企业的员工多实行终身雇佣制,员工稳定且很少流动。这一方面使得家族企业可以减少人力资源开发投资和员工培训成本;另一方面,员工的利益和命运与企业联在了一起,员工对企业的依赖性强,企业有较强的凝聚力。

第三,家族企业对新技术、新工艺有较强的吸收消化能力,能有效地防止企业

---

[1] 〔美〕小艾尔弗雷德·钱德勒著,重武译:《看得见的手——美国企业的管理革命》,北京:商务印书馆,1987年,第7页。

[2] 张忠民:《艰难的变迁——近代中国公司制度研究》,上海:上海社会科学院出版社,2002年,第150~151页。

机密和技术专利的泄露，其内部技术创新也有较强的针对性和实用性，可以为企业带来巨大的经济效益。

与这些先天优势相生伴随的家族企业的特殊性也导致了许多内在缺陷，这些缺陷可能成为阻碍企业发展壮大的绊脚石。

第一，人力资源的限制。一方面，随着家族企业规模的扩张，家族企业的管理日益复杂化，企业对高级人力资源需求增加，仅仅依靠家族成员群体，很难保障企业人力资源的供给。另一方面，由于家族企业自身的局限性，外来的人力资源很难融入企业中，坚持血缘关系第一、才能第二的用人原则，不利于企业对高级人力资源的引进。

第二，缺乏科学的管理制度。在企业不断壮大的过程中，会出现更多的利益冲突，家族企业往往缺乏一个客观公正的标准，没有统一的制度和纪律来约束全体成员，很难形成客观公正的管理机制和良好的组织秩序。当管理者的亲属和家人违反制度时，管理者很难像处理普通员工那样一视同仁，这给企业内部管理留下了隐患。

第三，缺乏科学的决策程序。家长制的独断性是许多民营企业初期成功的重要保证。但企业不是家庭，而是一个社会经济组织。随着企业的发展，外部环境的变迁，这种集权的决策体系缺乏有效的监督、反馈和制约机制，不利于决策的科学化、民主化，容易造成决策失误。

本章小结

1. 社会组织的构成要素主要包括：特定的组织目标、一定数量的组织成员、明确的规章制度、正式的组织结构以及一定的物质基础。

2. 社会组织的特征包括：特定的组织目标，通过一定程序或手续加入的组织成员，明确的规章制度，权威体系和科层化的管理。

3. 组织目标是组织的灵魂，对组织和个人的发展具有导向性，组织目标是确定组织活动路线、方针和政策的依据，组织目标是衡量组织效益与效率的标准。

4. 社会组织的正式结构主要有直线制结构、职能制结构、直线职能制结构、事业部结构和矩阵制结构。

5. 家长制管理的特征有：权力高度集中，组织管理的随意性，任人唯亲、因人设位，终身制。

6. 科层制的主要特征有：专业化且内部分工明确，固定的等级制度，严格的规章制度，非人格化，量才用人等。

7. 单位组织的具体特点有：承担多种社会职能，拥有资源分配权，成员对组织的依赖性强。

8. 非营利组织的特征有：组织性、民间性、非营利性、自治性、自愿性、非政治性种非宗教性。

9. 家族企业作为一种特殊的企业组织形态与其他企业形式相比有其自身的优点。家族企业的特殊性也导致了许多内在缺陷，可能成为障碍企业发展壮大的绊脚石。

主要术语

社会组织(Social Organization)：人们为了有效达到特定目标而有意识地组合起来的社会群体。

组织目标(Organizational Goal)：组织在一定时间内通过自身活动所追求和实现的未来事物的状态。

组织结构(Organizational Construction)：组织内部正式规定的、比较稳定的相互关系形式。

家长制(Patriarchy)：社会组织的权力集中于最高管理者手中，以人为管理为主体的组织管理方式。

科层制(Bureaucracy)：一种以正式规则为主体的管理方式，它建立在有系统地划分组织权力以提高工作效率的基础之上，要求组织内部职位分层、权力分等、分科设层、各司其职。

单位组织(Danwei-Organizations)：那些以企事业组织为单元，承担政府的社会分工目标，对其成员承担多种责任并对其进行全面管理的企事业组织。

非营利组织(Non-Profit Organization)：不以营利为目的的、不隶属于政府和市场体系的社会组织，它的目标通常是支持或处理个人关心或者公众关注的议题或事件。

家族企业(Family Enterprise)：在企业存续运作期内，由同一家族两名或两名以上的家族成员直接拥有或参与经营管理的企业，或企业的领导权在家族内继承的企业。

练习题

1. 材料分析题

温州经济从家庭作坊或家庭单元起家,家族企业几乎成为温州经济体制的代名词。但是,综观世界家族企业的生存格局,家族企业的生命周期只能存续一代的有70%,能够延续到第二代的占30%,只有15%的家族企业可能延续到第三代。富不过三代成为家族企业定律。一项对温州家族企业的调查统计表明,温州民间财富从第一代创业者转向第二代的高峰期将在未来10年到20年期间到来。这也将意味着温州家族企业的代际传承期已经来临。(资料来源:魏晋童:《温州家族企业代际传承困境及模式演变》,《改革与战略》,2011年第6期)

根据材料,回答下面问题:
(1) 什么是家族企业?
(2) 温州家族企业在发展中将会面临何种困境?
(3) 如何让温州的家族企业避免家族企业三代消亡定律?

2. 应用题

假如你是一名项目经理,项目内容是经营一家高校内的大学生超市,你会如何设计该超市的组织结构?请将你设计的组织结构图画出来,并说明理由。

思考题

1. 社会组织的特征是什么?
2. 社会组织的常用分类方法有哪些?
3. 什么是组织的正式结构?
4. 组织的非正式结构有哪些功能?
5. 简述科层制理论及其应用中应注意的问题?

阅读文献

1. 〔美〕理查德·谢弗著,刘鹤群,房智慧译:《社会学与生活(插图第九版)》,北京:世界图书出版公司,2006年,第151~166页。
2. 〔美〕戴维·波普诺著,李强等译:《社会学(第十版)》,北京:中国人民大学出版社,1999年,第189～202页。

3. 李康:《单位:制度化组织内部机制》,载《中国社会学》第2卷,上海:上海人民出版社,2003年。

4. 刘晓佳:《中国非营利组织现状探析》,《国家行政学院学报》,2003年第5期。

第八章 社会分层与社会流动

中国自古就有"士、农、工、商"这类体现阶级与阶层概念的说法。在现代社会,人们的身份与地位各不相同,社会成员依据各自的职业、出身以及权力级别等特征形成了社会的阶级与阶层。人们的社会位置并非一成不变,由种种原因引起的社会成员社会位置的变化也是很常见的社会现象。本章中,我们将深入了解社会的层级结构与变化趋势。

第一节 社会分层

"分层"概念来自于地质学,原指地质中的层面结构。后来,学者将这一概念引入社会学领域,研究社会的分化与不平等以及由此形成的等级秩序现象。鉴于人类社会一直存在着层级的划分,因此探讨社会的层级结构与形成过程也就成为分析社会宏观结构及其变迁的重要议题。

一、社会分层的含义与特征

(一) 社会分层的含义

根据一定的社会标准将社会成员划分为高低、上下的等级层次的现象就是社会分层。社会分层概念应从以下几个方面理解:

第一,人们被按照一定标准划分层次,这些标准可能是他们所拥有的社会资源,比如财富、权力、声望,也可能是血统与出身。它导致相同类别的人具有相似的社会地位与行为方式。

第二,社会分层意味着成员间的地位存在"差序",人们基于资源占有或出身的不同而表现出高低、贵贱和上下的等级序列。这种序列在各个社会都有所体现,诸如富人阶层和贫困阶层的区隔而产生的"上流社会、中流砥柱与下流社会"[①]的等级区分。

第三,社会分层的出现可以是自然的分化,也可以是人为的划分。自然分化形成的分层体系源自社会分工中的能力与机遇的奇异组合;而人为的分层,如新中国成立之初的"成分"划分,则是依据国内局势和政治运动的需要进行的阶级出身的鉴定。

第四,社会分层反映的不仅仅是一个社会的不平等状况,它也涉及社会价值评价。面对社会中的资源与位置,"谁得到和如何得到"的问题既是一个社会性结果,也包含对这种后果的公平性的判断和解释。

(二) 社会分层的特征

社会分层作为社会变化的特定结果,实质上反映了人们在社会资源、出身、声望和地位方面的不平等现象,体现的是整个社会的等级结构。社会分层具有以下几方面鲜明的特征:

第一,普遍性。社会分层现象在整个人类社会的历史长河中普遍存在。有文字记载以来,世界各国大多出现过阶级、阶层的分化,古埃及、古印度的身份等级制度就是最好的证明。社会分层的普遍性还表现在每一个社会中都有等级序列的划分:从年龄的长幼到性别的差异都会导致社会不平等,进而产生分层,从财富、教育和声望占有的多寡到社会地位的高低无不使得社会成员之间的序列明显而深刻。

第二,差异性。社会分层因国家、地域、文化和社会发展水平的不同而有所差别。例如,印度依靠种姓制度将人们区分为不同阶层,而美国则更多是凭借职业把人们的社会地位划分为不同层级。差异性的第二层意思是说,同一个社会的分层在不同的历史时期会有变化,传统中国依靠出身来划分阶级,而现代中国社会的阶级身份界限已经不那么严格了,这时职业分层的特征则更为明显。

第三,传承性。社会分层在家庭层面上存在一定程度的代际传承性。父母的社会地位会影响到子女将来的社会地位获得。这说明,社会分层不仅仅是个人间的差异性结果,更为重要的是它体现了社会结构的定势。某些社会成员尤其是中上层的成员,其子女未来获得更高社会位置的可能性要比其他成员大一些。在社会分层中,人们无法完全消除家庭背景因素的影响,只是随着社会的发展,分层的传承性和定势化有可能会逐步减弱。

---

① 〔日〕三浦展著,陆求实译:《下流社会:一个新社会阶层的出现》,上海:文汇出版社,2007年,《序言》。

二、社会分化与社会不平等

(一) 社会分化

1. 社会分化的概念

社会分层可以被看做社会分化的结果。分化的一般含义是指事物从同质性向异质性的转变。社会学所讲的社会分化是指在社会系统中,由承担多种社会功能的单一结构发展为分别承担单一功能的多种结构的社会过程。造成社会分化的最根本原因是社会生产力的发展与社会分工的专业化。历史上,人类社会经历了多次大的社会分工:农业和畜牧业的分工、农业和手工业的分工、商业和农业的分工。社会发展到工业化大生产阶段,社会分工越来越细,不同的人从事不同的职业,因而形成不同的生活群体和利益集团。

社会分化还表现在其他社会领域,如政治领域的权力等级分化、社会生活领域的生活方式分化、精神生活领域的文化价值多元化等,这些都反映了社会成员的差异性。原始社会末期剩余产品和私有制的产生为阶级分化创造了条件,贫富分化等社会差异就是阶级分化的必然产物。虽然社会差异是社会分化过程中不可避免的现象,而且有其积极意义,但它同时也带来一些社会问题,如专业分工与个人全面发展之间的矛盾等。

2. 社会分化的类型

社会分化可从两个角度来划分:一是水平分化与垂直分化,二是自然分化与人为分化。

(1) 水平分化与垂直分化

水平分化是指根据一定的标准将社会成员划分为不同的类型,但这种类型没有社会等级的差别。例如,工厂的工人和商店的雇员、公司的高级白领和政府机关的高级职员等。虽然他们在生活方式、价值观念等方面带有职业或团体的特征,但这些特征并不反映社会成员的地位差别。

造成社会成员地位差别的是社会的垂直分化,它是按照一定的标准把社会成员分成地位等级相异的社会现象。这时,不同社会类型的成员处于不同的社会地位,他们在社会生活方式和价值观念等方面也表现出明显的差别。

(2) 自然分化与人为分化

基于自然因素的社会分化表现为社会对具有不同生物属性特征的成员给予不同的评价和地位。最为明显的就是社会中的性别分化和年龄分化。

性别分化是基于性别因素而产生的社会分化,在多数情况下表现为男女基于生理差异在劳动上的自然分工。但是这种自然分工后来逐步带有了社会含义,出现了男女因为体力和智力的差异而使得女性的地位被贬低,产生了性别歧视。至今对女性歧视的现象还是相当普遍,各种正式的和非正式的制度构建着女性的弱势地位。

年龄分化原本也是一个人类的自然现象。在传统社会,社会经验需要长期的实践才能获得,人们的地位优势会随着年龄的增长、阅历的增加而变得更为显著,因此老年人的社会地位就比较高。而在现代社会,社会知识更新的速度非常快,老年人反而因为跟不上时代更新的步伐而处在不利地位,成为被轻视和歧视的对象。

基于社会因素的人为分化是指社会对某些社会特征的成员给予评价,从而使其处于社会的不同地位。民族(种族)和职业是人为分化的两大基础。民族(种族)是结合生物人种与社会文化双重因素的现象。在现实社会中,不同民族和种族共存的时候,可能会发生多数族裔对少数族裔的不公平待遇(当然,实际情况也可能相反,少数族裔对多数族裔的统治与压迫,例如原来南非出现的种族隔离制度就是少数白人对多数黑人的压制)造成不同民族(种族)间在经济、政治、社会权益等方面的不平等与分化。

职业分化是劳动分工的产物。不同的职业原本没有高低之分,但是当社会的权力集团在政治、文化上对不同职业进行价值倾向性评价后就会产生职业的等级分化。比如中国传统社会中重农抑商思想严重,商人的社会地位特别是社会声望就明显处于劣势。

(二) 社会不平等

1. 社会不平等概述

社会分化是导致社会成员地位出现层级差异,形成社会不平等的主要原因。所谓社会不平等是指社会成员对那些稀缺且有社会价值的资源在占有、获取机会以及满足程度上的差异性状态。

马克思认为,一切社会关系中最根本的是人们社会生活中的各类利益关系。社会不平等反映的就是社会对利益的生产、占有与分配方式的差异。人们对社会不平等的考察,关注的重点也是各种社会资源、生活机会在不同社会集群之间的分配差异。

社会不平等是人类社会长期存在并还会继续存在下去的一种普遍现象。这种长期存在的不平等与两个重要因素相关联:一是社会中的各种资源的稀缺性与人们获取资源能力的差异性之间的矛盾。社会资源的供给常常处于相对稳定的状态,而人类对资源的占有和使用欲望的满足会激发新的需求的产生,有限的资源相对于人类的需求而言总是稀缺的。在有竞争的社会环境中，某些人群或者集团获得资源的能力更强，机会更多，因此他们就获得了更多的资源，这就造成了人们对资源占有量的差异。第二，社会资源的价值是通过社会不平等的状况来反映的，只有当一些资源相对稀缺的时候，其价值才会增加，才会引起人们更多的追求。权力、财富和社会声望都属于这样的社会性资源。

2. 社会不平等的研究视角

社会学对社会不平等的考察主要有两类视角：一是制度上的不平等与事实上的不平等，二是长期性的不平等与暂时性的不平等。

(1) 制度上的不平等与社会成员的社会地位有关，它是指具有不同社会地位的人享有不同的制度规定的权利和义务。这里的制度不仅仅是法律法规，还包括民间规范、乡约民俗等普遍的社会规范。例如，中国传统社会中"刑不上大夫，礼不下庶人"、"君为臣纲，父为子纲，夫为妻纲"之类的现象就是被社会规范认可的不平等。制度上的不平等实际体现的是社会地位等级序列的规范化和公开化，反映的是社会成员在某些权利享有和义务履行上的巨大差异。

事实上的不平等讨论的是制度平等关系的"表面化与虚假性"。尽管很多社会都崇尚自由和平等观念，在正式制度上规定了各个社会集团和群体不分种族、大小和贫富都享有相同的法定权利，也都应该履行相应的义务，但是实际执行和贯彻中由于人们自身能力和实现手段甚至是实现条件的差异性，而导致了人们对某些权利的享有出现了偏差，某些义务的履行出现了不均衡。现代很多文明国家都在法律上规定，男女在法律上是平等的，但是事实上还存在着许多不平等现象。比如，中国农村女孩受教育的机会就低于农村的男孩。再如，中国现行的《劳动合同法》第三十一条规定：用人单位应当严格执行劳动定额标准，不得强迫或者变相强迫劳动者加班。但是现实中少数企业的雇主都会或明或暗地强迫雇员加班，雇员却不得不付出这些无报酬的劳动，从而形成事实上的不平等。

(2) 长期性的不平等是指社会成员社会地位等级差异性的固定化和长期化，它使得某些社会成员长时期甚至是世世代代处在同一个阶级、阶层当中无法改变。例如中国魏晋时期的"九品中正制"在官员选拔时要求出示备选人员父亲和祖父的姓名、他们所担任的官爵以及任职情况。严重的时候，政府则完全以家世来定官员的品级：出身寒门者行状评语再高也只能定在下品，出身豪门者行状不佳亦能位列上品。于是就形成了当时"上品无寒门，下品无士族"的局面。暂时性的不平等是指社会成员间的等级高低差异是临时的、短期的，无论出身如何，个人都可以凭借自己的能力和努力改变现有的社会地位层次，跨越社会阶层界限。比如，现代社会中出身贫寒的子弟可以通过接受高等教育改变自身的命运。

三、社会分层的标准与方法

(一) 现代社会分层的标准

社会分层的标准是多元的,可以使用单一标准也可以使用多个标准来划分社会阶层结构。社会学中常用的社会分层标准有:

1. 收入标准

按照此种标准,低收入者构成社会下层或底层阶级,中等收入者是中间层或中产阶级,高收入者是社会上层,此种分层被人们广泛采用。中国自改革开放以后,平均主义的利益格局被打破,出现了社会分化、利益差别,很大程度上也是反映在收入方面。收入分层比较容易操作,有很大的应用价值。

2. 市场地位标准

所谓市场地位是指人们在市场中的生存机会或控制商品与劳务等的能力,即人们在市场中可以得到的或交换到的经济资源。它比按收入划分阶层更前进了一步,因为有些人的分层地位高或低并不来自直接的经济收入,而是来自占有其他经济资源,比如占有财产、占有某种商品、占有某种信息、占有某种机会、占有某种市场能力等。此种标准综合了一个人多方面的生活机会与生活状况,反映了人们的实际地位。运用此种标准有助于区分社会上因交换关系而形成的不同利益关系,比如房东与房客、雇主与雇员、债权人与债务人等。

3. 职业标准

美国社会学家彼得·M. 布劳和奥蒂斯·邓肯(Otis Dudley Duncan)在他们所著的《美国职业结构》一书中,提出了以职业地位为基础的阶级分层模式。他们认为,人们地位的不同,是因为职业分工的不同,因而具备不同专业知识、不同技术水平的人去从事不同的工作,从而处在不同的职业位置上就是合理的。

4. 政治权力标准

在马克斯·韦伯的三元分层理论中,政治权力是重要的一元。其他的社会分层理论家,比如,达伦多夫等也都尝试按照政治权力分层,此种理论具有较强的冲突色彩。中国是有权力等级传统的社会,迄今为止,权力的大小、高低依然是社会差别的重要标志,权力资源所能够发挥的作用常常超过了财产和收入。因此,根据权力的大小来划分不同阶层,确实可以反映社会利益群体的重大差异和对立。

5. 社会声望资源标准

这是一种主观分层标准,社会学历来重视主观评价对于社会地位的影响。一个人社会地位的高或低,必须要得到公众的认可,如果没有这样的认可,他的所谓地位也就失去了社会意义。比如,社会上有一些"暴发户"虽然赚了很多钱,其经济地位很高,但是他们不被主流社会普遍认可,结果就进入不了主流社会的社交圈子。

6. 地位一致与地位相悖

在用不同的标准对相同个人或者群体进行社会阶层划分时可能会出现复杂的状况。一种情况是,人们在不同的分层体系中的位置排列顺序大体是一致的,我们称这种情况为地位一致。比如,高级政府官员拥有较大的权力,同时也具有较高的社会声望。另一种情况是,人们在不同分层体系中位置的排列不一致甚至完全相反,这种情况称为地位相悖。比如,在中国改革开放的初期,私营企业主在经济分层中占有较高的地位,而公众对其社会声望的评价却比较低。

(二) 社会分层划分的方法

社会学者对社会分层划分的研究方法主要有三大类:

1. 主观法

主观法又称之为自我评分法。研究者将整个社会体系分为若干层次,让被访者在这些层次当中对自己所处的社会层级进行打分。主观法主要用来发现人们的阶层意识,这种方法是用心理投射的方式反映人们对社会分层结构的评价和态度。但是此种方法受到被访者个人生活经历、生活范围和周围群体的影响较大,其实际的客观地位与人们主观报告的地位不一致甚至出现较大的偏差。

2. 客观法

客观法是应用可以直接测量的客观标准对人们的社会地位进行划分的方法。客观指标主要有收入、住房、受教育程度、行政级别等方面。客观法不受被访者主观思想的影响,应用范围较为广泛。比较常用的指标体系是社会经济量表,简称 SES。

3. 声望法

声望法兼具主观评价与客观标准的优势。它是由熟悉社会成员情况的研究者按照事先编制好的分层标准对被访者进行评价分层的方法。具体做法是,研究者从社区中抽取部分熟悉情况的人作为评判员,让他们按照事先规定好的高低层次给本社区的成员进行分层归类。研究者可以对各层成员的情况进行分析比较,从中找出人们对分层的标准。职业声望排名就是最好的例子。

(三) 社会地位的测量

1. 不平等指数

不平等指数是用最高收入者和最低收入者的比例之和表示社会不平等程度，即将最高收入者占总人口的比例与最低收入者占总人口的比例相加，两者之和代表不平等程度。在实际调查中，如果难以确定最高和最低收入者的界限，则一般把贫困线以下的社会成员视为最低收入者，把收入超过平均水平两倍以上的社会成员视为最高收入者。不平等指数反映社会贫富两极人口的分布状况。如果指数高，意味着贫富分化程度高；反之，则表明社会中间阶层占大多数，贫富分化程度低。

2. 五等份法

这种方法是把总人口分为五等份，考察每一部分在社会总收入中所占比例。这种方法最早由 F. W. 佩什(F. W. Pash)提出的，他以人均收入的高低为标准将人口分为五等份，然后测量每等份人口占总收入的比例。

3. 基尼系数

它是由意大利经济学家 C. 基尼(Corrado Gini, 1884~1965)提出的。他根据洛伦茨曲线设置测量分配不平等程度的指标。其公式为：$G = A/(A+B)$。其中，G 代表基尼系数，A 是指实际收入分配线与绝对平均线之间的面积，B 是指实际收入分配线与绝对不平均线之间的面积。基尼系数最大为"1"，最小等于"0"。前者表示居民之间的收入分配绝对不平均，即 100% 的收入被一个单位的人全部占有了；而后者则表示居民之间的收入分配绝对平均，即人与人之间收入完全平等，没有任何差异。但这两种情况只是在理论上的绝对化形式，在实际生活中一般不会出现。因此，基尼系数的实际数值只能介于 0~1 之间。基尼系数反映了财产、收入等分配不平等的程度，被广泛应用于社会分层的研究中。

4. 恩格尔系数

它是食物支出额与全部生活消费支出额的比率。最早由德国统计学家恩斯特·恩格尔(Ernst Engel)提出。其目的是测量社会成员的总体生活水平状况。联合国根据恩格尔系数的大小，对世界各国的生活水平有一个划分标准，即一个国家平均家庭恩格尔系数大于 60% 为贫穷，50%~60% 为温饱，40%~50% 为小康，30%~40% 属于相对富裕，20%~30% 为富裕，20% 以下为极其富裕。

5. 社会经济地位量表

它用来测量社会地位的综合状况。它以经济收入地位、社会教育地位和职业地位的综合值为指标，反映社会成员社会地位的高低。每个地位分为五个等级，把各个地位的所得值加起来，总分即为指标值。这样，可根据社会成员的总分值划分不同的社会地位等级。

6. 职业声望量表

国际上通行的职业声望描述采用的是量表法。这种方法是让人们对各种职业所受到的社会尊敬程度打分,然后按其高低等级排序。与经济地位差异相比较,社会声望地位的等级差异具有更强的稳定性和更持久的影响力。

表 8-1　　　　　　　中国部分职业声望得分排名

得分排序	全国 职业	全国 声望得分	城镇 职业	城镇 声望得分	农村 职业	农村 声望得分
1	市人大主任	90.51	市人大主任	90.07	法院院长	90.00
2	市长	89.87	市长	89.26	市长	88.62
3	法院院长	88.61	工程师	88.24	市人大主任	84.50
4	工程师	87.92	大学教师	87.59	工程师	84.93
5	科学家	86.49	法院院长	87.52	科学家	82.80
6	县委书记	85.18	科学家	87.31	县委书记	82.62
7	大学教授	85.15	大学教授	85.72	大学教授	81.83
8	大学教师	85.14	县委书记	85.30	一般公务员	80.69
9	一般公务员	81.10	中学教师	81.15	大学教师	78.68
10	外企老总、经理	80.15	外企老总、经理	81.11	国务院部长	77.54

资料来源:李春玲:《当代中国社会的声望分层——职业声望与社会经济地位指数测量》,《社会学研究》,2005 年第 2 期。

四、社会分层的理论研究

(一) 功能主义的社会分层理论视角

1. 迪尔凯姆的功能理论

在《社会分工论》一书中,迪尔凯姆对社会不平等和社会分层做出了明晰的论述。[①] 他指出,所有社会都把一些活动看得比其他的活动重要。一个社会的所有功能包括法律、宗教、家庭、工作等都根据它们被重视程度的高低安排成层级。同时,每个人的才能不同,有些人比其他人更有天赋。经过训练,这些差异会相应扩

---

① 参见〔法〕迪尔凯姆著,渠东译:《社会分工论》,北京:三联书店,2005 年。

大。迪尔凯姆相信,如果一个社会要兴旺发达,那么最有才能的人必须担当最有价值的功能。为了吸引最好的和最聪明的人,社会必须完善他们获取社会报酬的途径。

迪尔凯姆将不平等分成外部不平等和内部不平等两种类型。外部不平等是出生的社会环境强加在个体身上的那类不平等,也就是人们惯常所说的先赋地位,它是一种人们所拥有的被先天给定的、并且通常无法被改变的社会地位。这些外部不平等在机械团结或前工业社会中起支配作用。另一方面,在工业社会中还有内部不平等。内部不平等被看做是建立在个人才能基础上的不平等,人们习惯称之为自致地位,它是一种经由个人后天努力达致的社会地位。针对工业系统的特有机能,迪尔凯姆暗指具有特定才能的人必须被安排到最适合发挥他们才能的位置上。

迪尔凯姆预想的是机会均等下的"能人统治"。在这种情形下,不平等仍将存在,但是一种建立在美德上的不平等是必需的。迪尔凯姆相信,内部不平等对外部不平等的支配,对于社会团结的维系是最重要的。

2. 戴维斯和摩尔的功能分层理论

戴维斯(Kingsley Davis)和摩尔(Wilbert Moore)提出,社会分层是满足复杂社会系统需要的一种机制。他们的基本观点是:(1)社会分层是一种普遍又不可避免的现象。(2)社会分层是工作与酬赏合理分配的结果,即认为一个人的社会地位高低取决于两个重要因素:一是他所从事的工作或职位的重要性程度。工作愈重要,报酬愈高,社会地位亦愈高;二是他所从事的工作或职业的技术性程度,工作的技术性愈强,报酬愈高,社会地位亦愈高。总之,工作或职业是否重要和是否难做是决定他们的经济报酬乃至社会地位高低的两个基本条件。从这个意义上讲,社会分层是个人发展的动力。(3)社会分层的依据是多种社会资源、社会结构影响社会分层。(4)社会分层因社会进化而产生,社会分层也经过社会进化而改变。(5)社会分层因社会整合、社会协调和社会团结而产生。因此,社会分层既能满足社会整体和社会个体的需要,又能提高社会和个人的功能。

(二) 冲突论的社会分层视角

冲突论强调冲突在不平等形成过程中的作用。冲突理论家不认为社会是一个各种特征都有助于整个社会稳定的系统,而认为人们在社会价值标准和集团利益上的冲突是各种社会所固有的。在社会分层的冲突理论解释层面,马克思是最为典型的代表人物之一,他认为:

第一,社会分工是阶级产生和演变的基础。有了劳动分工,因此也就有了阶级,其中一个阶级占有全部生产工具和生活资料,另一个阶级只有出卖自己的劳动才能生存。

第二，生产资料和劳动的占有关系是阶级划分的主要标准。在私有制社会里，是否占有生产资料或劳动决定着人们的阶级归属。在这个意义上说，生产资料或劳动的占有关系掩盖了社会分工的原生基础地位，成为阶级划分的主要标准。

第三，共同的生活方式、阶级利益和教育程度是划分阶级的必要条件。马克思在分析中世纪法国农民的状况时指出，既然数百万家庭的经济条件使他们的生活方式、利益和受教育程度与其他阶级的生活方式、阶级利益和教育程度各不相同并互相敌对，所以他们形成一个阶级。

冲突论的另外一个代表人物是R.达伦多夫。他指出，社会分层的起源在于这样的事实，即在任何一个社会中，个人或群体都要强制奖惩。这种实施能力意味着权力关系的存在。所以达伦多夫认为，我们称做社会分层的不平等体系，只不过是社会权力结构的派生物。武力或强制性的安排是社会分层存在的要素，律师、医师、科学家和教育家在社会上享有较高的社会地位，不是因为他们所做的工作那么重要，而是因为他们的技能为某些特殊势力团体所需要。社会分层的结构并不代表社会真正的需求或生存条件，而是反映强势团体的观点。

虽然冲突学派的学者从不同角度论述了社会不平等产生的原因，但他们在一些基本观点上是一致的：

第一，社会的不平等无法避免。他们强调社会不平等是利益不一致造成的，是不合理的，而不像功能学派那样认为不平等是合理的，应当受社会的推崇。

第二，社会不平等导致剥削。处于重要社会地位的社会成员往往利用自己的特权，剥削地位较低的社会成员。他们占有大量的社会资源，从自己的需要出发制定或影响社会政策，为自己提供较高的社会报酬，保护自己的利益。

第三，权力和资源的垄断直接导致社会不平等的产生。处于上层社会地位的社会成员通过对权力和资源的垄断，强占社会财富，排斥无权力的其他社会成员。而生活在社会底层的劳动者处于被支配地位，被迫遵守由上层社会成员制定的社会规范。

表8-2　　　　　　功能论与冲突论关于社会分层理论的比较

功能论的观点	冲突论的观点
阶层化是普遍存在的，必需且是无可避免的	阶层化虽然是普遍存在的，但并非是必需也不是无可避免的
社会系统决定了阶层系统	社会阶层决定了社会系统

续表

功能论的观点	冲突论的观点
社会阶层化源自社会整合与协调的需要	社会阶层化源自社会团体间的竞争、冲突和征服
社会阶层化反映了共享的社会价值	社会阶层化反映了社会上有权力的团体的价值
工作和报酬是公平分配的	工作和报酬没有被公平分配
阶层化强化了社会和个人的适当功能运作	阶层化阻碍了社会和个人的适当功能运作

资料来源:王振寰,瞿海源:《社会学与台湾社会》,台北:巨流图书公司,1999年,第190页。

(三) 马克斯·韦伯的多元分层理论

韦伯的社会分层理论采用的是多元标准划分社会分层体系。他的主要观点是:

第一,阶级划分的条件。韦伯在《经济与社会》一书中指出,阶级是由于人们的市场能力和生活机遇的不同而产生的。[①]"有产"和"无产"是所有阶级处境的基本范畴。既然阶级仅仅与市场环境相联系,任何个人的后果都可以通过市场这个中介而获得。任何人在市场上一旦获得成功就进入了上层。韦伯将社会的阶级分为五个:有产阶级、知识阶级、行政管理人员阶级、小资产阶级(由商人和小商店主等传统职业人员组成)和工人阶级。

第二,社会分层的标准。韦伯主张从经济、政治和社会三个标准来进行社会分层。经济标准,又称财富标准,是指社会成员在经济市场中的机会,即个人能够占有商品或劳务的能力,可以简单地理解为经济收入和财富的多少。政治标准,又称为权力标准,权力意味着在一种社会关系里哪怕是遇到反对也能贯彻自己意志的任何机会,不管这种机会是建立在什么基础之上。权力可以产生于对匮乏的供给和对生产资料的控制,可以产生于个人或群体在科层组织中的地位,还可以产生于法律和其他因素。社会标准,即声望,是一个人获得的他人的肯定性评价和社会承认。韦伯认为,财富、权力和社会声望是相互联系的,但又可以各自独立,他主张将这三个标准综合起来进行社会分层。

---

① 〔德〕马克斯·韦伯著,林荣远译:《经济与社会(上卷)》,北京:商务印书馆,1997年,第333～337页。

第三，韦伯与马克思阶级理论的异同。韦伯的社会分层理论与马克思主义的阶级理论虽然都认为阶级是与经济相联系的，但实际上有本质不同。马克思对阶级的考察注重的是生产关系，主要从生产过程中工人与资本家的关系来揭示阶级属性；而韦伯关注的是市场关系，认为阶级地位是由市场处境决定的。马克思主义分析资本主义社会阶级斗争的规律，得出了资本主义必然灭亡的结论。韦伯研究社会分层，目的是调和阶级的矛盾和冲突，维护资本主义的社会秩序。另外，韦伯试图用"多元"标准来补充马克思主义的"单一"标准，其实这是对马克思主义阶级理论的片面理解。

（四）调和论的社会分层理论

在功能主义和冲突论在 20 世纪 60 年代进行激烈争论的时候，产生了一种折中的理论，即调和论。其代表是格尔哈特·伦斯基（G. Lenski）。他在《权力与特权：社会分层的理论》一书中系统地阐述了其社会分层理论。[1] 伦斯基认为，功能主义和冲突论两家的社会分层理论并不一定是水火不相容的。在社会分层制度的发展过程中，既有整合，又有竞争，两者可以结合起来对社会分层作更准确的分析。他认为，那些生存需要必需的基本资源是按照功能主义者的方式进行分配的，即吸引难得的天才担任重要的角色。但他也认为，社会的剩余资源，不是生存必需的资源，则是通过相互竞争的集团之间的冲突来分配的。也就是说，社会分层的出现，一方面是由于有必要鼓励难得的天才，另一方面是由于竞争和冲突。伦斯基发现：一旦社会出现了分层，特权集团就会利用他们的便利条件占有更多的好处。冲突在分层制度中有重要意义，有些不平等可能是难免的，甚至是有益的。总之，不能把社会分层简单地理解为理所当然的事。社会分层是由社会创造出来的，它也必定可以由社会来改变。

> **拓展阅读**
>
> **调和论的社会分层观点**
>
> 第一，关于人的特性。功能论者不相信人的特性，强调需要约束性的社会制度，而冲突论者却采取了一种乐观的观点。我们的理论中严重倾向于功能主义的方向。

---

[1] 参见〔美〕伦斯基著，关信平译：《权力与特权：社会分层的理论》，杭州：浙江人民出版社，1988年。

第二,关于社会的特性。功能论强调社会的系统特性,而冲突论则更多地将社会看成是在其中发生争斗的场所。我们的理论偏向冲突论。

第三,在不平等的制度靠强制维持的程度这个问题上,冲突论者强调强制的重要性,而功能主义者则强调合意的重要性。我们在分析没有经济剩余产品的社会时倾向于功能论方向,在分析剩余产品丰富的社会时,则强调冲突论的观点。

第四,关于不平等带来的冲突程度。冲突论者把冲突看成是不平等的主要后果,而功能论则小看其作用。我们的分析倾向于冲突论的方向。

第五,关于权力和特权的获得。冲突论强调强力、欺骗和继承,功能论强调努力工作。我们认为两种因素都在起作用,后者决定生活必需品的分配,前者在剩余产品的分配上有主要的影响。

第六,关于不平等的不可避免性。功能论坚持认为不平等是不可避免的,冲突论对此有质疑。我们认为尽管不平等明显地不可避免,但在各种社会类型内部和它们之间,不平等的程度是各不一样的。

第七,关于国家和法律的特性。我们综合地认为,社会类型不同,国家和法律发挥的功能各异。这种综合实际上不能与传统立场的任何一方相一致。

第八,关于阶级的概念。功能论喜欢唯名论的定义,冲突论喜欢唯实论的定义。我们的综合要人们在本质上把此问题看成是一个经验的问题。一般来说,这一领域的证据对功能论立场的支持比冲突论立场的支持更常见。

资料来源:〔美〕伦斯基著,关信平译:《权力与特权:社会分层的理论》,杭州:浙江人民出版社,1988年,第461~463页。

五、人类社会有关分层制度的简介

在人类社会的不同历史时期,在不同的社会文化形态社会分层的制度各不相同,在此将介绍几种典型的社会分层制度。

(一)等级制度

社会等级是根据人们的经济地位和政治地位的差异而形成的社会分层序列。等级制度遵循严格的权利与义务的限定,明确社会成员享有的差别化权利。这种制度在传统的社会形态中较为常见,它包含了上等集团对下等集团的经济支配与剥削,同时也意味着下等集团对上等集团的人身依附和供养。等级制度是一种固定化的不平等的社会分层制度,目的是维护优势集团的经济、政治甚至是文化上的利益。例如中国古代社会中贵族、平民与奴隶的等级身份区分,贵族爵位中公、侯、伯、子、男五个等级的划分也属于等级制度。法国大革命前夕的神职人员、贵族集团与第三阶级(农民和其他社会成员)的划分也属于等级制度的情况。

(二) 身份制度

社会身份是指人们对于社会结构中某一位置的评价,它关乎人们对这一社会位置的声望和名誉的判断。按照马克斯·韦伯的观点,身份是社会声望方面可以得到肯定或者否定的特权,它与出身、职业、受教育水平乃至生活方式密切相关。身份制度是对各类社会成员进行规范划分的体系化制度,身份的确定也就意味着社会成员社会机会和权益的确定。在某种程度上讲,身份是固定化的,社会成员很难轻易改变自己原有的社会身份。新中国成立之初将中国公民划分为干部、工人和农民三个类别,就是一种身份制度,造成了不同身份群体在经济、政治和社会待遇方面的巨大差异。

(三) 种姓制度

种姓制度是一种封闭型的社会分层制度。在这种制度中,一个人的社会地位是一出生就确定好的,是先赋,而且这一地位是不可以改变的。不同的种姓之间相互隔离,他们不能通婚。处在较低种姓位置的个人无法通过努力实现向上的社会流动。在印度,种姓制度将社会划分成四个等级:婆罗门(僧侣)、刹帝利(贵族和武士)、吠舍(农民和商人)和首陀罗(手工业者和工匠)。印度的种姓制度是建立在强烈的宗教信仰之上的,印度宗教文化认为,种姓等级的安排是一种道德责任。1947年,印度独立后不久即宣布取缔种姓制度。然而,即使到了21世纪的今天,在印度乡村,种姓等级依然森严,尤其在印度北方广袤肥沃的恒河平原上更是如此。南非原来的种族隔离制度也属于种姓制度的典型。

现代印度"首陀罗"萨拉[①]的一家

---

① 萨拉家族从事皮革制造工作已有几百年的历史。印度教规定他的家族从事这一行当。制革种姓是印度历史上数十个从事卑贱或"不洁"职业的种姓之一,并因此被视为"首陀罗"(不可接触的人)。最初有1/5的印度人被划归这一群体。

图片来源：泉州网，http://www.qzwb.com/gb/content/2010-12/28/content_3543999.htm。

(四) 阶级、阶层制度

阶级一词被广泛地指称社会中各种社会经济利益集团。19 世纪中叶，马克思的观点认为，阶级是人们按照经济地位来划分的地位群体。列宁将这一概念深化为"所谓阶级就是这样的一些集团，由于他们在一定社会经济结构中所处的地位不同，其中一个集团能够占有另一个集团的劳动"[1]。马克思主义以西方工业资本主义为基础，根据人们对生产资料占有方式的不同把社会分为两大阶级：资产阶级和无产阶级。

新马克思主义者面对 20 世纪以来科技与经济社会发展的新形势，提出了新的阶级划分模式。埃里克·奥林·赖特(Eric Olin Wright)认为，人们首先由于对生产资料的占有不同分为占有者和非占有者两大类，然后在每一类内部又细分。在资料占有者内部，根据是否亲自劳动和是否佣工分为：资产阶级、小业主和小资产阶级。非占有者内部，根据组织资产能力和技术技能资格分为：产业工人与经理人员、专业人员和非体力工人所组成的新中产阶级等几个小类。

阶层则是指由于经济、政治和社会多种原因形成的不同社会地位的社会群体与集团。马克斯·韦伯认为，阶层很大程度上是按照社会成员的经济地位划分的，社会成员的经济地位是由市场竞争决定的。竞争的成功者会处在上层，失败者则有可能处于下层。阶层制度承认在相同的阶级内部存在不同的社会经济地位层次。另外，阶层的划分标准也不是以经济因素作为唯一指标的，职业、权力和教育因素也可以成为分层的标准。

与其他社会分层制度相比，阶级、阶层制度具有显著的特征：

第一，阶级、阶层制度具有流动性。阶级或者阶层不由文化、宗教和出身来确定，成员的地位资格不是世袭的。不同阶级、阶层的人们可以跨越界限接触、通婚。

第二，阶级、阶层地位在很大程度上是成就性的。社会成员个人的阶级、阶层地位在某种程度上是由个人能力赢得的，而不是先天注定的，社会结构中的上下流动比其他制度要频繁得多。

第三，阶级、阶层制度是大范围的、非个人性的。其他分层制度中，不平等的基本表现是处于弱势地位的个人对处于强势地位的个人之间的义务和责任关系，比如自耕农对地主的人身依附和供养，奴隶和主人之间的权责关系。相反，阶级、阶

---

[1] 《列宁选集》第 4 卷，北京：人民出版社，1995 年，第 11 页。

层制度是通过非个人的、大规模的社会关系运行的,属于群体性、集团性概念。

第二节 社会流动

美国社会学家 P. A. 索罗金(Pitirim A. Sorokin)1927 年出版了《社会流动》一书,成为提出社会流动概念的第一人。第二次世界大战以后,社会变迁的速度加快,社会流动率提高,人们更多地从社会流动层面判断社会的开放与闭合程度。

一、社会流动的含义

社会流动是造成社会分层结构的动态过程。在某一特定的社会形态中,不能脱离社会流动来考察社会分层,事实上,社会分层是在社会结构分化和社会流动两种因素的共同作用下形成的。广义的社会流动,是指任何个人和群体的社会变动。如居住地的迁移,家庭的重组。狭义的社会流动,是指个人或群体从一个社会地位移向另一个社会地位的现象。这种发生在社会结构空间中的移动现象才是社会学所关注的问题。

对于社会流动概念的理解,需要注意以下几点:

第一,社会流动不同于物理性的空间位移,它是发生在社会空间中的个人地位的变化。人们生活的社会结构就像一个大的网络,不同的人在这个网络中占有不同的位置,表明各自的社会地位和身份,人们从一个社会位置到另外一个社会位置的变化才是社会流动。

第二,社会流动与社会分层密切相关。人们社会位置的变化伴随着个人财富、权力和社会声望等社会资源能力和获取机会的变化而变化,这种变化在社会范围出现时,就会改变整个社会的分层结构。

第三,社会流动也不同于人口流动。人口流动与迁移是指人口在地域空间中的移动。社会流动包含了一定程度的人口流动,只有当人口流动引起人们社会地位、职业位置变化的时候才是社会流动。比如,生活在农村地区的人通过高考进入城市读书,进而留在城市工作生活,这就是伴随着人口空间位置改变的社会流动。

第四,社会流动随着人类社会的进步而不断扩大和增强。社会流动机会和难易程度是度量一个社会开放程度的重要指标。传统社会的阶层体系是封闭或半封闭的,不同社会位置之间的流动相对困难,而现代社会的分层体系是较为开放的,社会流动比较普遍。

理解社会流动还需了解它所具有的其他一些重要内涵:

第一,社会流动中所指的社会地位的变化可能发生在不同的社会结构层次之间,也可能发生在同一社会结构层次之内。它的变化通常并不迅速影响到现存的社会结构层次。社会通过一定规模的社会流动,使现存的社会结构处于相对稳定的状态。

第二,社会流动是社会资源的再分配。对于个人或群体来说,社会流动是社会地位的变化;而对于社会来讲,社会流动则是个人或群体争取社会资源再分配的方式。社会根据一定的标准把社会资源分配到特定的社会位置上,以保证社会的正常运行。个人或群体通过自己社会地位的变化改变原有的社会资源分配状况,努力获得更多、更满意的社会资源。

第三,合理的社会流动具有质和量的规定性。社会流动是否合理应当从质和量两方面考察。从质的角度来说,合理的社会流动就是要坚持机会均等的原则,即所有符合条件的人具有相等的机会,而且这些条件可以通过社会成员自身的努力获得;从量的角度来说,应该根据社会的需要和承受力为社会流动创造机会,努力增加社会流动量,加快社会流动的速度。

二、社会流动的类型

根据不同的研究目的和标准,可以将社会流动分为三种类型:

(一)结构性流动与非结构性流动

根据社会流动产生的原因及影响划分,分为结构性流动和非结构性流动。结构性流动是指由于自然环境和社会环境的突变,或由于某项社会发明与创造所引起的相当规模的人员流动。它的特点是规模宏大、流动速度快、变动急剧。它的结果往往导致社会结构或人口地区分布上的重大变化。比如,中国进行所有制结构、产业结构等方面的调整后大批国有企业职工下岗分流等。

非结构性流动是指由于个人原因造成的社会流动。通常不会导致社会基本结构的变化,因而被称为自由流动。与结构性流动不同,非结构性流动主要是通过个人努力实现的,因此相对来说,这种社会流动规律较小,变化较慢,影响的社会范围也较小。比如,个人由于业绩卓著其社会地位不断得以提升。

(二)垂直流动与水平流动

根据流动方向划分,社会流动分为垂直流动和水平流动。垂直流动,又称上下流动,指人们社会地位的升降变化。它既可以是朝向更高的社会地位的等级流动,称为向上流动；也可以是朝向较低的社会地位等级流动，称为向下流动。对于社会成员和群体来说，向上流动通常是普遍需要，一般社会成员都希望通过自身的努力获得更高的社会地位，一个社会的政策也应形成有效的激励机制，鼓励社会成员通过正当途径获得更高的社会地位。

向下流动意味着社会成员社会地位的下降，这通常是人们不希望发生的，但在现实生活中确实存在。常见的有以下类型：一是由社会原因造成的社会成员社会地位的下降，像失业；二是由正常的职业地位的退出造成的社会地位的下降，如退休、离休等；三是由惩罚所带来的社会成员地位的下降，如行政或法律处罚。

水平流动指人们在相同等级的社会地位间的流动。它与垂直流动不同，不涉及社会地位的分层结构，通常表现为社会成员在地区与地区、单位与单位之间的社会流动。它对个人的社会地位影响较小。

（三）代内流动与代际流动

根据代际关系划分，分为代内流动和代际流动。代内流动，指一个人一生中社会地位的变化。通常以社会成员的职业地位为标准，比较同一成员或同一批成员在不同时期的社会职业状况。在现代工业社会中，由于社会生产力水平迅速提高，社会职业结构变化很快，社会成员一生中往往从事几种社会职业，不断变更社会地位。

代际流动，指同一家庭中上下两代人之间社会地位的变化。代际流动的状况，反映了社会进步的程度和社会分层体系的变化和发展状况。

（四）精英及精英流动

1. 什么是精英

所谓精英是那些具有特殊才能、在某一个方面领域具有杰出能力的社会成员。精英阶层是一个社会发展过程中的主导阶层，社会精英的正常合理流动是维持社会稳定、消除社会紧张的必要机制，在一定意义上起着社会安全阀的作用。意大利社会学家加塔诺·莫斯卡(Gaetano Mosca,1858～1941)在其代表作《统治阶级》中声称，一切社会都存在着统治阶级与被统治阶级，社会文明随精英的变动而改变。[1] 他着重研究了政治精英的本质与他们取得权力的方式，以及在不同历史环境中的变化。同时，他还探讨了精英地位的维持和更替问题。

当代精英理论的基本思想既重视政治精英在社会关系中的地位和作用，也注

---

[1] 〔意〕莫斯卡著，贾鹤鹏译：《统治阶级》，南京：译林出版社，2002年，第97页。

意到其他社会精英甚至公民在社会关系中的存在和意义;强调人在后天实践中形成的专门技能,认为精英既可以产生于社会上层,也可能从下层产生,既可以产生于政治领域,也可以产生于其他社会领域;公民可以通过各种形式的政治参与来表达利益,对统治者施加影响,迫使他们做出有利于大多数人的决策;精英一旦失去领导能力和大众的信任,就有被代替的可能性。

2. 帕累托的精英流动理论

V. 帕累托(Vilfredo Pareto,1848～1923)认为,可以把一个阶级或是阶层中最有权力或最有声望或最有特权的一部人称为精英。帕累托给精英下的定义有两个:一个是广义的定义,指全部社会精英,另一个是狭义的定义,只适用于统治精英。[①] 广义的定义把一小部分在自己的活动范围内取得了成功,并达到职业等级较高层次的人视为精英的一部分。统治精英指的是成功者中执行政治或社会领导职能的小部分人。

帕累托的精英流动理论认为,精英的兴衰和精英与非精英之间的流动是必然的,这种流动是保持社会平衡的基本因素。任何精英阶层都可以在两种方法中作选择:一是消灭精英阶层的候选人,他们一般是革命者;二是吸收他们。后一种方法显然更为人道,也最有效,还能避免革命。帕累托认为,精英是人类作为一个整体不可避免要产生的现象,和阶级无关,和信仰无关,而人类社会的发展历史就是新的精英取代旧的精英的历史。

三、影响社会流动的主要因素

社会流动作为影响所有社会成员和社会群体生活的普遍现象,受社会和个人诸多因素的制约。这里仅仅从社会宏观角度来考察其影响因素,但并不意味着这些因素在实际生活中可单独起作用,它们之间其实也存在着交互的影响,共同塑造着社会流动的方向和质量。

(一) 经济结构性因素

影响社会流动的最根本因素是社会的经济结构状况。在经济结构中,产业结构和职业结构是比较重要的因素。产业结构指社会各产业的结构和联系方式,它由生产力的发展水平决定。产业结构规定了各产业的劳动力数量和流动的方向,它的变化可以为社会成员提供大量的新职业、新职位以及增加各产业的劳动力容

---

① 〔意〕帕累托著,田时纲译:《普通社会学纲要》,北京:三联书店,2001年,第296～298页。

量等。社会职业结构也是影响社会流动的主要因素,它包括就业制度、就业政策、劳动用工制度、招工制度等。社会就业结构直接规定社会成员加入和改变社会职业的条件、方式和可能性,影响社会成员的社会流动。从事每种职业都需要一定的条件,履行特定的手续,经过一定的人事筛选。可以说,产业结构在宏观上影响社会成员社会流动的方向和数量,而职业结构具体确定社会成员流动的途径和方式。

(二) 社会结构性因素

影响社会流动的社会结构方面的因素很多,其中包括社会分层体系、社会继替规则、社区分化和组织分化等。

社会总是按照一定的社会地位等级秩序构成的,不同等级的社会成员享有不同的权力、声望和其他社会资源。由于生活条件的差别,各等级社会成员的兴趣爱好和生活方式也不尽相同,这种社会分层体系影响社会成员的社会流动。若社会各等级间界限十分严格,社会结构相对封闭固定,则社会成员的社会流动主要局限于同一社会等级内部,像中国古代的世袭制、印度的种姓制度等就是如此。相反,若一个社会没有强制性的等级界限,社会结构相对开放,那么大量的社会成员可以在不同的社会地位间流动。现代工业社会就是这样。

社会继替规则是指社会成员填补社会空缺位置的规范。社会位置出现空缺时需要其他社会成员来填补,至于怎样填补以及填补的成员需要什么样的条件,社会通常具有一定的要求和规范。这些要求可分为先赋的和自致的两类。若社会注重先赋条件,则称为世袭原则;若强调自致条件,则称为自致原则。当然完全实行世袭或自致原则的社会很少,通常介于这两者之间。对于社会成员而言,自致原则可提供更平等的社会流动机会。

社区的分化和组织的分化同样也会影响社会流动,最明显的例子就是工业化造成城乡之间的人口流动。例如,在中国由于沿海地区的经济发展水平较高,大量中西部农村地区的农业劳动者涌入经济发达的沿海城市从事非农劳动,这说明如果社区或组织的差异比较大,生活条件相对差、社会地位相对低的社区和组织中的社会成员就会流向条件、待遇更好的社区和组织。

(三) 其他社会因素

除了以上因素之外,其他一些因素也会对社会流动产生作用,其中社会教育结构和社会主流价值观念是两个比较突出的因素。

随着社会的发展,社会教育结构对社会流动的影响变得越来越重要。现代社会学的实证研究发现,教育特别是高等教育的发展程度是影响社会成员向上流动的重要因素。

主流价值观念对社会流动的作用主要表现在社会成员对流动的需要和态度上,不同的价值观念会引导社会成员追求不同的社会目标,并指导社会成员对自己的行为和工作成果作出评价,不断为实现自己的目标而努力。

(四) 个人因素

对社会流动产生影响的个人因素包括个人的先天或者后天属性,比如性别、民族、种族、年龄、学历、知识、技能、工作经历、社交能力等。这些因素在不同的历史时期和社会文化背景中具有不同的意义。传统社会里,先天的血统和性别、民族都可以决定着个人流动的可能性与方向;现代社会中,个人的受教育程度和技术能力很大程度上影响着向上流动的机会。这其中,教育是一个比较稳定的对个人社会流动和社会地位产生重要作用的因素。接受教育可以让个人独立于家庭出身背景之外,凭借个人努力和表现获得向上流动的机会,获取更高的社会职位。工业化水平越高的社会,职业分化越细密,对各层次教育水平的需要越多样。

(五) 社会网络资源

社会网络资源包括个人的家庭背景和其他社会关系网络。其中,家庭背景对个人流动的影响毋庸置疑。无论是在传统社会还是在现代社会,家庭的经济状况、父母的政治地位和社会地位乃至父母的文化资源都会直接作用于子女,影响子女的成长,某些资源甚至可以帮助子女更快更好地获得社会地位。不同家庭出身的个人在学业成就方面存在差异,家庭背景不仅通过单纯的经济收入影响子女的学业,进而影响子女的职业获得,而且家庭的文化资源还会通过代际传承发挥再生产的功效。社会关系网络对个人社会流动、地位获得的影响非常明显。一个人拥有的可提供支持的社会关系越多,他在职业获得和个人地位方面成功的机会就越大,这在一个"人情"文化浓厚的社会里尤其如此。

四、社会流动的作用与价值

对于社会成员和群体来说,社会流动可以改变他们的社会地位;而对于社会来说,社会流动既是社会生产力发展造成社会分化的过程,又是缓和和消除不同社会阶层之间隔阂和冲突的方式,对于维护社会的正常秩序具有非常重要的作用。社会流动的作用与价值可以从两个方面来概括:一是社会角度,二是社会成员和社会群体的角度。

(一) 社会角度

从社会角度来看,社会流动的作用与价值表现为两个方面。

1. 调整各社会阶层之间的关系,加强社会整合

社会流动也为社会成员提供了改变自己社会地位状况的机会。社会成员通过自己的努力,一生中可以生活在不同的社会阶层,这样使得阶层界限具有一定的模糊性,能够有效地消除不同阶层之间的隔阂。合理顺畅的社会流动可以使不同阶层的社会成员相互交往,彼此沟通,甚至结成友谊和婚姻,在一定程度上可以消除误解和偏见,缓和社会阶层之间的冲突。

从社会分工来看,社会生产力的发展造成了社会分化,不同的社会阶层只有通过有效的分工合作,才能维护社会的正常秩序。特别是现代化工业社会,社会分工越来越细,对社会各阶层的合作要求也越来越高。社会流动可促进社会各阶层的合作,使社会机制正常运行。

2. 促进社会分层体系的量变,形成合理的社会结构

社会分层体系在不发生基本结构变化的情况下,主要借助社会流动来调整社会结构。社会流动从横向和纵向两个方面来促进社会结构的变化,比如城乡人口流动、职业人口变动就属于横向的社会结构调整;而如果社会流动发生在不同等级的阶层之间,就会引起社会结构的纵向调整。

(二) 社会成员和社会群体的角度

从社会成员和社会群体的角度看,社会流动也具有两方面的积极作用。

1. 改变社会成员的社会地位,激发社会成员社会活动的积极性

社会流动为社会成员改变自己的社会地位提供了机会,成员可通过自身努力改善原有的社会关系,提高自己的社会地位。对于社会成员来说,这种改变意味着社会对自己的价值和努力的肯定。通过改变自己的社会地位,社会成员又为自己的进一步发展创造条件。因此,社会流动对调动社会成员积极性起着重要的作用。

在封闭和传统社会中,社会成员的社会地位主要由家庭背景决定,即先赋地位是个人社会地位的决定因素。社会各阶层之间的社会流动受到严格限制,社会成员无法通过自己的努力改变自己的社会地位状况。这严重挫伤了社会成员的积极性,使整个社会机制缺乏活力。

2. 塑造开放的社会结构,促进社会成员之间平等关系的形成

社会流动更重要的意义在于它能促使社会成员建立平等的关系。这里所说的平等并非指所有的社会成员具有相同的社会地位,而是指机会的平等。也就是说所有具备一定条件和能力的社会成员具有相同的改变自己社会地位的机会。

社会流动能够打破阶层之间的隔阂,削弱社会成员与社会地位之间固有的关系。社会流动率越高,流动幅度越大,社会结构就越开放,不同社会地位社会成员的机会就会越趋于平等。

第三节 中国的社会分层与社会流动

新中国成立以来,社会的阶级、阶层结构发生了多次巨大变化,特别是改革开放 30 多年来,社会的不平等状况与人们的生活机遇也经历了重大起伏。那么,当代中国社会的分层结构与社会流动的基本态势又是什么样的?影响当前中国人社会地位获得的因素有哪些?本节将要简要介绍上述问题。

一、当代中国的社会分层结构

(一) 计划经济时期中国社会分层的状况

新中国成立之后,中国的阶级结构发生了重大变化。首先,通过社会主义改造,地主、官僚资产阶级等剥削阶级基本被消灭。社会的主要阶级构成是工人阶级、农民阶级和知识分子阶层,逐步出现了干部、知识分子、工人和农民四大社会身份,他们在经济收入、政治待遇和社会地位方面出现了明显的差异。

整体上看,中国在 1949~1978 年间的社会分层结构是相对封闭的,人们的社会地位很大程度上源自一些"先赋性"的因素,比如家庭出身与阶级成分。人们的政治身份很难改变,子女要继承父母的"成分",不同成分出身的人在就业、招生、入党、提干、参军等关键节点上的待遇和机会截然不同。这种在分层结构上的封闭性不利于社会的长期稳定和社会创造力的发挥。

(二) 社会转型期的社会分层结构

社会转型是指人类社会由一种存在类型向另一种存在类型的转变,意味着社会系统内在结构的变迁,意味着人们的生活方式、生产方式、心理结构、价值观念等各方面全面而深刻的革命性变革。1978 年中共十一届三中全会确立改革开放政策,中国开始了第二次重大社会变革。改革先从经济体制开始,次及政治体制和社会体制的改革。改革推动了国民经济的持续高速发展,加快了中国由农业社会向工业社会、由乡村社会向城市社会的转变。经济体制改革、经济发展、经济结构的变化,推动了社会结构的分化。原来的"两个阶级一个阶层"(工人阶级、农民阶级和知识分子阶层)的社会结构发生了显著的分化,一些新的社会阶层逐渐形成,各阶层之间的社会、经济、生活方式及利益认同上的差异日益明晰化,以职业为基础的新的社会阶层分化机制逐渐取代过去的以政治身份、户口身份和行政身份为依据的分化机制。这些迹象表明,社会经济变迁已导致了一种新的社会阶层结构的出现并正在趋于稳定中。

如今的中国,职业分化成为社会结构变化的主要特征之一。很多研究者以职业分类为基础,以组织资源、经济资源和文化资源的占有状况为标准来划分社会阶层。①

组织资源包括行政组织资源与政治组织资源,主要指依据国家政权组织和党组织系统而拥有的支配社会资源(包括人和物)的能力。经济资源主要是指对生产资料的所有权、使用权和经营权。文化(技术)资源是指社会(通过证书或资格认定)所认可的知识和技能的拥有。在当代中国社会中,这三种资源的拥有状况决定着各社会群体在阶层结构中的位置以及个人的综合社会经济地位。

根据这种分层原则,可以勾画出当代中国社会阶层结构的基本形态,如图 8-1 所示,它由十个社会阶层和五种社会地位等级组成。

二、当代中国的社会流动

(一) 新中国成立以来社会流动的基本状况

1949 年以来,中国社会发生了两次重大的制度变革。在制度变革的过程中,中国人的政治地位和经济状况也随之发生了显著的变化。这种大规模的制度变革和社会流动过程,对中国社会阶级阶层结构在 60 多年中的演变产生了决定性的影响。

1. 1949 年至 1978 年

1949 年,中国共产党夺取了政权,借鉴苏联的社会主义制度模式,着手建立了一套新的政治经济体制。从此以后,在中国,国家与社会的关系进入一个新的阶段,这一阶段的基本特征就是逐步形成了党与国家政府体制全面地控制社会的格局。

在这种格局下,新的制度安排、政策规定以及受其规制的经济体系,对人们的社会地位获得产生了特殊的影响,整个社会阶级阶层结构在宏观上简化为主要由工人阶级、农民阶级和干部(或知识分子)组成的"两个阶级一个阶层"的构造。人们的社会地位与其说决定于他们的经济收入和财富地位,不如说取决于他们在高

---

① 陆学艺主编:《当代中国社会阶层研究报告》,北京:社会科学文献出版社,2002 年,第 8~10 页。

度集权的计划体制和政治化社会结构中的位置。

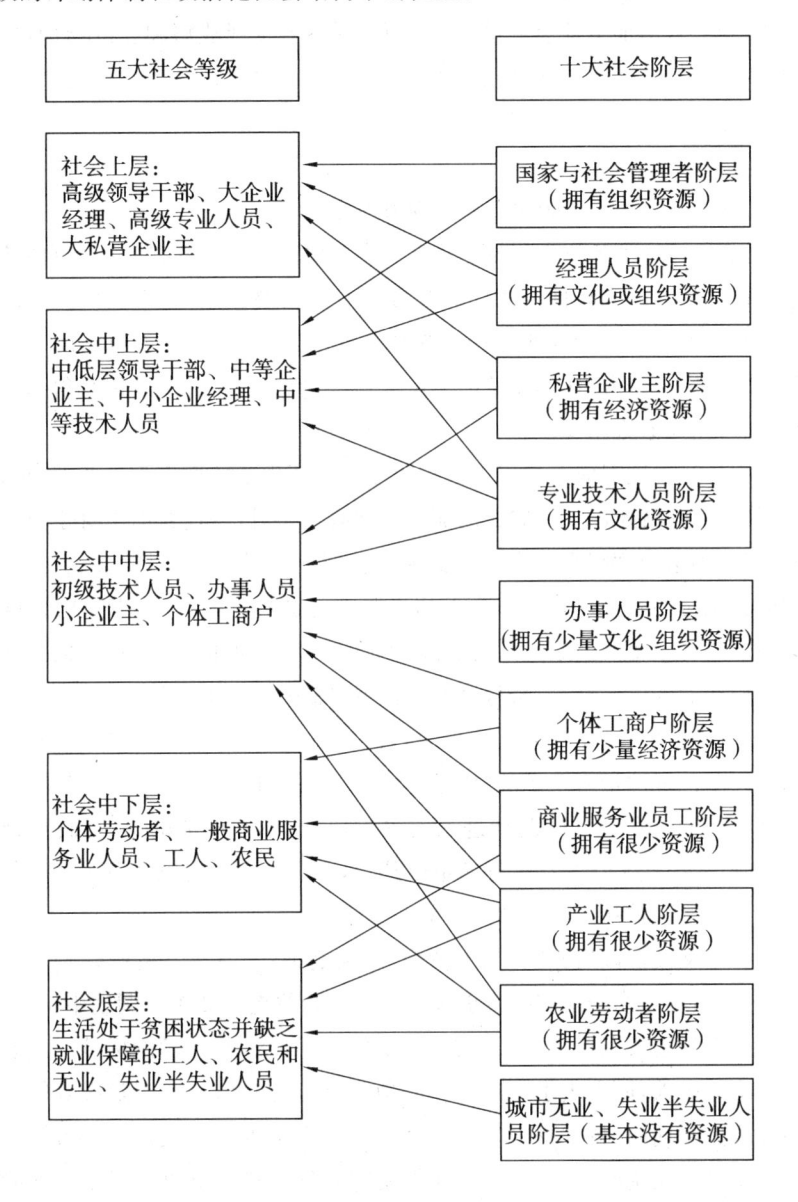

```
五大社会等级                                    十大社会阶层

社会上层:                                      国家与社会管理者阶层
高级领导干部、大企业                             (拥有组织资源)
经理、高级专业人员、
大私营企业主                                    经理人员阶层
                                             (拥有文化或组织资源)
社会中上层:
中低层领导干部、中等企                            私营企业主阶层
业主、中小企业经理、中                            (拥有经济资源)
等技术人员
                                             专业技术人员阶层
                                             (拥有文化资源)
社会中中层:
初级技术人员、办事人员                            办事人员阶层
小企业主、个体工商户                             (拥有少量文化、组织资源)

                                             个体工商户阶层
                                             (拥有少量经济资源)
社会中下层:
个体劳动者、一般商业服                            商业服务业员工阶层
务业人员、工人、农民                              (拥有很少资源)

                                             产业工人阶层
                                             (拥有很少资源)
社会底层:
生活处于贫困状态并缺乏                            农业劳动者阶层
就业保障的工人、农民和                            (拥有很少资源)
无业、失业半失业人员
                                             城市无业、失业半失业人
                                             员阶层(基本没有资源)
```

图 8-1　中国的五大等级和十大阶层

2. 1978 年至今

1978 年中共十一届三中全会以后,变革的基本动力是改革开放,方向是建立社会主义市场经济体制。在社会转型中,逐步改变了社会的资源配置机制,国家把

越来越多的资源让渡给社会或市场控制;削弱了传统高度中央集权的再分配体制对人们的控制力,增加了社会流动的自由度;调整了发展战略和经济结构,扩大了人们的就业空间,改变了职业结构;在一定程度上扩大了社会经济差距,推动了社会分化,催生了一些新社会阶层。

(二) 当代中国社会流动的主要影响因素分析[①]

1. 制度安排与代际传承作为先赋性因素交织地影响着人们的社会地位获得

中国社会流动的先赋性因素远比西方工业社会要复杂,它不仅仅包含西方研究者最常测量的是父辈的职业等级与受教育程度,而且还包含着特定的制度安排赋予父辈的制度性资源,比如父辈的单位与户籍身份,也包含着政治身份给予家庭的阶级烙印,比如家庭出身。

中国的户籍制度对农业户口人群的职业流动产生了负面影响。非农户口的那些人,自其出生起就比出生于农村的那些人拥有更多升迁机会;而出身于农村的社会成员,就被国家制度限定在农村。更为严重的是,户籍制度对社会成员的影响,通过家庭关系传递到下一代。一个人的户籍身份被标定,就意味着世代摆脱不了这种烙印。户籍制度所造成的社会隔离,不仅影响了人们的福利待遇,而且还严重影响着人们初职地位的获得、教育资本的积累、现职地位的提升。

单位所有制性质决定着人们来自单位的获益,单位行政级别也影响着人们的福利水平。单位资源带有一定的"代际遗传性",从业于全民单位的父母,都想千方百计地将自己的子女安排或调动进入全民单位,改革开放前的单位岗位"顶替制度"便是如此。因此父母受益于好的单位部门,一定意义上也意味着下一代能获得好的单位地位。这种状况在改革开放前尤其明显。

从社会主义改造以后到"文化大革命"结束之前,家庭出身的确影响着人们的"进步",家庭出身好的子女往往有更多的机会在职位提拔和单位调动中向上流动。阶级在经济上被消灭以后,仍然在政治上被赋予了"敌"与"我"的标签。工农阶级始终是国家的主人,而失去了生产资料的地主、资产阶级、小资产阶级等等在相当长的一段历史时期内(特别是1957~1977年20年间)是监管、控制和专政的对象。阶级成分也是讲血统的。父辈在1949年之前的阶级状况就决定了子女的阶级出身,也很大程度上决定了他们在社会中的发展机会。

从开放型社会的立场看,这些规则显然是缺乏合理性的。因此,社会的开放程

[①] 以下主要观点来自陆学艺主编的《当代中国社会流动》一书(社会科学文献出版社2004年版,第1~14页)。

度,很大程度上取决于这些制度性要素的消失程度。

2. 教育资本与政治资本作为后致性因素支撑着人们社会阶层地位的提升

考察新中国成立以来人们社会地位获得的重要影响因素,我们可以发现,个人的后天努力仍然至关重要,体现在个人拥有的教育资本和政治资本的重要性上一般也都大于先赋性要素。但具体分析其作用的大小和历史性的变化,我们还可以得出这样的结论:即在"文化大革命"前及"文化大革命"时期,政治资本的作用大于教育资本;改革开放之后,教育资本对社会地位获得的影响作用则日益提升。权力资本在计划经济时代发挥过极其显著的作用,而且也有一定的代际传递。父亲做干部的人,自己当干部的几率,远远大于平民百姓的子女。

改革开放引入了市场和竞争机制,它激励人们以个人才能换取市场回报,教育作为个人能力的体现因而凸显,政治表现的重要性因此下降;市场经济体制还逐渐缩小了计划权力的势力范围,使得权力资本也有所贬值。在非公有机构内,不管是工资标准的制定,还是职业岗位的安排,个人的学历都起着举足轻重的作用。即使在国有单位,在干部年轻化、知识化和现代化过程中,那些有较高学历的党员、干部,才有更多的机遇获得高层次岗位。因此,官员的知识化和知识阶层的官员化,管理阶层的知识化和技术专家发言权的提高,是社会转型时期表现出的重要特色。

3. 社会的开放程度影响着社会流动的质量和方向

在经济市场化、产业工业化和后工业化、社区城市化、政治民主化的社会转型过程中,中国社会流动的渠道,正变得更加畅通。在现代化和市场化双重的驱动下,中国的国民经济以举世瞩目的速度发展,阶层结构发生了显著的变化,人们的社会关系得到了重大的调整,影响人们社会地位获得的机制也更加公平合理。现在,对于社会上绝大多数人而言,他们不是通过国家而安排工作,而是通过自己的努力和奋斗而决定自己事业的发展。这表明中国社会的开放性程度正在不断提高。

然而,当前中国的社会转型过程中,依然存有一些既不合理又欠公平的制度歧视,导致社会成员社会流动机会的不平等。在各类教育不断普及的背后,仍然蕴藏着国家制度带来的受教育机会的不公平。城乡义务教育资源分配的畸重畸轻,便是不公平的来源。在高等教育的"高收费"面前,弱势群体家庭中有才华的子女们只能望校门而叹息。户籍制度造成的城乡隔离依然存在。上亿的"农民工"就业于城市却不能享受市民的某些权益,现有的劳动就业方面的法律法规对农民工的劳动报酬和劳动保护还缺乏相应的保障。

中国的经济发展正处于关键时期。经济持续发展要依靠公平而合理的社会关系加以保障。只有进一步打破国家对社会成员流动的一些不公平的制度性歧视,中国社会的开放与公平程度才能进一步提高。

本章小结

1. 社会分层是对社会不平等的描述。社会不平等反映的是社会成员对利益的生产、占有与分配方式的差异性状况。社会分化是导致社会成员地位差异、造就不平等的主要动因，它是指由承担多种社会功能的单一结构发展为分别承担单一功能的多种结构的社会过程。

2. 社会分层实质上体现了人们在经济资源、权力、声望等方面的不平等状况，体现的是整个社会的等级结构，具有普遍性、差异性和延续性三大特征。

3. 在人类社会的不同历史时期，在不同的社会文化形态中社会分层的典型制度形态有：等级制度、身份制度、种姓制度、阶级与阶层制度等。

4. 现代社会进行分层的标准主要有：收入标准、市场地位标准、职业标准、政治权力标准、社会声望标准等几类。马克斯·韦伯提出过关于社会分层"三位一体"的标准，也即是财富、权力和声望是考察社会分层的综合指标。

5. 功能主义的社会分层理论视角强调社会分层是基于满足个人和社会需要，可以产生社会整合与社会团结。冲突论在分析社会分层时则认为社会分层体现的是社会不平等的状况，是由权力和资源的垄断所导致的。

6. 社会流动是个人或群体的社会地位的变化，是社会资源再分配的过程，合理的社会流动具有质和量的规定性。

7. 社会流动有结构性流动与非结构性流动，垂直流动与水平流动，代内流动与代际流动等不同类型。

8. 社会流动的方向和质量受到经济结构、社会结构、社会网络资源、教育结构和主流价值观念等社会因素以及年龄、学历、知识等个人因素的制约。

9. 新中国成立以来中国社会的分层结构和社会流动状况发生了多次巨大变化。

主要术语

社会不平等(Social Inequality)：是指社会成员对那些稀缺且有社会价值的资源在占有、获取机会以及满足程度上的差异性状态。

社会分化(Social Differentiation)：在社会系统中，由承担多种社会功能的单一结构发展为分别承担单一功能的多种结构的社会过程。

社会分层(Social Stratification)：根据一定的社会标准将社会成员划分为高低、上下的等级层次的社会现象。

社会阶层(Social Stratum)：基于经济、政治和社会多种原因形成的具有不同社会地位的群体与集团。

先赋地位(Ascribed Status)：人们所拥有的一种被先天给定的、并且通常是无法被改变的社会地位。

自致地位(Achieved Status)：经由个人后天努力达致的社会地位。

社会流动(Social Mobility)：个人或群体从一个社会地位移向另一个社会地位的现象。

水平流动(Horizontal Mobility)：人们在相同等级的社会地位间的流动。

垂直流动(Vertical Mobility)：人们社会地位的升降变化。

代内流动(Intragenerational Mobility)：一个人一生中社会地位的变化。

代际流动(Intergenerational Mobility)：同一家庭中上下两代人之间的社会地位的变化。

结构性流动(Structural Mobility)：由于自然环境和社会环境的突变，或由于某项社会发明与创造所引起的相当规模的人员流动类型。

非结构性流动(Non-structural Mobility)：又称为自由流动，它是由于个人原因造成的社会流动。通常不会对社会结构和人口的分布产生重大的影响。

练习题

材料分析：

现代社会给予那些成功人士以很高的回报，医生、律师、著名主持人和企业高管的薪酬收入远远高于从事其他职业的人。这是否就意味着社会回报确实反映了一个人对社会的贡献？年收入两亿美元的一位美国脱口秀主持人一天的收入超过美国总统一年的收入。那可不可以说主持脱口秀节目要比领导一个国家更重要呢？生活在一个强调成功的社会中，人们很容易用金钱来衡量一个人的价值。这个时候人们会倾向于高估那些高收入职业位置的重要性。金融投机家对社会的贡献到底有多大呢？同时，有些工作的价值难以用金钱衡量，比如抚育子女和艺术创作。成功人士喜欢用"适者生存"这句话来概括自己的成功经历。社会真的会变成完全的"竞争丛林"，在这里"适者"会变得更富裕，而"失败者"会变得更潦倒吗？

请思考：
(1) 从社会分层的角度考察这种现象，说说什么是成功？
(2) 你认为成功人士的社会作用应该是什么？
(3) 适者生存的观点在今天的中国流行情况如何？你怎么看？

思考题

1. 什么是社会分层，它有哪些显著的特征？
2. 西方社会分层理论有哪些？它们对解释中国目前的社会分层现象有何作用？
3. 社会分化、社会分层与社会不平等有何联系和区别？
4. 什么是社会流动？它有哪些类型？
5. 中国当代的社会分层结构是什么？
6. 影响当前中国社会流动的主要因素有哪些？

阅读文献

1. 〔美〕彼得·布劳著，王春光等译：《不平等与异质性》，北京：中国社会科学出版社，1991年，第59～149页。
2. 边燕杰等主编：《市场转型与社会分层：美国社会学者分析中国》，北京：三联书店，2002年，第535～609页。
3. 〔美〕格尔哈斯·伦斯基著，关信平等译：《权力与特权：社会分层的理论》，杭州：浙江人民出版社，1988年，第453～467页。
4. 陆学艺主编：《当代中国社会阶层研究报告》，北京：社会科学文献出版社，2002年。
5. 陆学艺主编：《当代中国社会流动》，北京：社会科学文献出版社，2004年。
6. 毛泽东：《中国社会各阶级分析》，《毛泽东选集》（第一卷），北京：人民出版社，1991年，第3～11页。
7. 王振寰，瞿海源：《社会学与台湾社会》，台北：巨流图书公司，1999年，第180～192页。

第九章 社区与城市化

人们在社会中的活动都是在一定的地域中进行的,在一定地域内所结成的社会共同体就是社会学中所讲的社区。社区是一个小社会,是社会的缩影。本章将对社区的含义、构成要素、农村社区、城市社区、城市化等内容进行讨论。

第一节 社区概述

"社区"一词由英文 community 翻译而来。"社区"一词在日常生活中出现的频率日益提高,作为一个学术概念,"社区"是在特定的社会背景下产生的,具有特定含义的概念。

一、社区概念的由来和含义

"社区"一词源于拉丁语,意为"共同的东西"和"亲密伙伴之间的关系"。现代意义的社区概念是伴随着西方社会的工业化和城市化而出现的。

19世纪后期,处于工业化、城市化进程中的西方社会发生急剧变迁,社会关系日益复杂、人际关系日趋淡漠、隔阂。英国学者 H. S. 梅因(Henry James Sumner Maine,1822~1888)于1871年出版《东西方村落社区》一书,第一次提出"社区"这个概念。1887年,德国社会学家裴迪南·滕尼斯出版《社区与社会》(或《共同体与社会》)一书,首次从社会学的角度对社区进行研究。滕尼斯用 Gemeinshaft(德文,一般译为社区、共同体、团体、集体等)表示那些存在于前工业社会的、由具有共同价值取向的同质人口组成的关系密切、出入相友、守望相助、富有人情味的社会关系和社会利益共同体,它是基于血缘亲情、邻里联结之上、依靠礼俗约束的一种社会关系,往往与乡村社会紧密联系。社区概念的提出是基于乡土邻里这一特殊地域内的关系联结,所侧重的是对社会人际关系理想状态的描述,社区包含了地域性的意义,但并不十分明显。

社区概念自滕尼斯首创以来,成为社会学中使用频繁、歧义最多的术语之一。

一个多世纪以来，人们不断地想从各个方面对其做出科学的定义，却不尽如人意，分歧始终不断。然而，这个学术争议的过程本身，就是人们对"社区"认识不断深化的过程。

1936年，芝加哥大学的R. 帕克(Robert Ezra Park, 1864～1944)在对社区的研究中，试图从基本特点上对社区下定义。帕克认为，社区是"占据在一块被或多或少明确地限定了的地域上的人群汇集"，"一个社区不仅仅是人的汇集，而且也是组织制度的汇集"。帕克所讲的组织制度包括：(1) 生态体制，即人口和组织的地理分布；(2) 经济组织，即社区中的企业组织及其所构成的经济结构；(3) 文化和政治体制，即约束社区成员、组织的规范体系。[①]

美籍华裔教授杨庆堃在1981年统计时发现，有关社区的定义已经增加到140多种。在这些定义中，界定社区的角度各不相同，如社会系统、社会功能、价值观、生活方式、归属感、认同感、社区参与以及地理区划等各种角度。这些定义反映了社会学界对社区重要性的关注程度，也说明了在不同的历史阶段、不同的国家、不同的文化背景下，社区总是多元化发展的，没有单一的模式可寻，没有一成不变的社区。

在中国，"社区"概念最早是由费孝通先生在1933年介绍帕克的社会学时，把英文community翻译成"社区"，主要是指以地区为范围，人们在地缘基础上结成的互助合作群体，用以区别在血缘基础上形成的互助合作的亲属群体。

纵观社区研究的中外历史，关于社区内涵的认识可以归纳为三类：强调血缘纽带和联合，代表人物为滕尼斯；强调社区的地域性特征，如帕克、伯吉斯等；凸显社区地域性与功能性相结合的特征，中国社会学界大部分学者倾向于此种角度。

根据国内外大多数社会学家对社区一词的解释，我们把社区定义为聚居在一定地域中的具有共同意识和共同利益的人类生活共同体。

要了解社区的含义，有必要比较一下社区与社会的差异。社区与社会的差异具体表现在以下几个方面：第一，社区的地理范围比社会小。社会学家常常把社区视为较大社会中的一个部分，社区通常被看成是个人与社会相联结的桥梁或纽带，社区成员通过参与社区活动与社会的政治、经济和文化相联系。第二，社区比社会具有更强的心理归属。在社区中人与人之间在心理感受上彼此比较接近，也比较关切，因而较容易从他人那里获得关怀与温情。在社会中，人们彼此都比较冷漠，因而在心理上感到空虚和疏离，缺乏充实感与安全感。第三，社区的人际关系比社会的人际关系亲密，相互之间能够彼此了解和关照，并且有着共同的价值观念。社

---

① 方明，王颖：《观察社会的视角——社区新论》，北京：知识出版社，1991年，第2页。

会中的人际关系则比较复杂,社会成员分工精细,成员之间是建立在自愿基础上的契约关系,人与人之间是"事本主义"的关系,相互之间都可能成为对方实现目的的手段。第四,社区对社会成员的控制多采用风俗、道德、宗教等非强制性手段,而社会多采用法律、纪律等强制性的控制手段。

通过上述的比较和分析可以发现,"社区"是一个具有自身特点的社会学概念,伴随社会的变迁,社区的内涵、外延、结构、功能及其形态将不断更新,并愈益丰富和复杂化。

二、社区的构成要素

社区作为居民生活的社会共同体,通常包括五个要素:地域、人口、组织、文化、社会心理要素等。

(一) 地域要素

社区是一个地域性的社会共同体,社区总要占有一定的地域空间,有着一定的边界。地域空间为人们的活动提供场所,是人们共同生活的基础。社区的地域要素包括自然地理条件和人文地理条件。自然地理条件包括所处方位、地貌特征、自然资源、空间形状等,而人文地理条件则包括了人文景观、建筑设施等。

社区的地域界限不能太大,应在居民日常生活能够发生互动的范围之内,或者限定在能够满足居民日常生活服务设施和组织机构可以发挥作用的范围之内。对应于中国目前的情况,农村中的一个乡、村落或城市中的一个街道、一个居民小区等,都可以界定为范围不一的社区。在农村社区,地域概念基本是自然形成的区域,没有明确的地理界限,大多是一种心理归属的范畴。城市社区则基本上与行政区划有密切关系,有明确的界限之分,是一个管辖区的概念。

(二) 人口要素

人是社区生活的主体,人口是社区构成的重要元素。社区人口是指具有稳定的社会交往关系的一定数量的人群,主要是指居住在本区域内的居民。

社区的人口要素包括人口的数量与质量、人口的结构、人口的分布与流动状况等。数量状况是指社区居民人口的多少;质量状况是指社区居民的素质,如身体素质、文化素质、思想素质、道德修养等;人口结构亦称人口构成,是指社区内各个类型居民人口的数量比例关系,如科学家、教师、工程师等之间的数量构成以及不同性别与不同年龄的比例等等;人口分布是指社区内人口的密度大小,也指居民及居民的活动在社区范围内的空间分布状况;而人口流动是指社区内居民的进出与数量的增减及其在空间分布上的变化。

作为构成社区基本要素的人并不是孤立的、没有联系的个人的集合体;相反,他们彼此结成各种各样的社会关系,共同进行社会活动。这些关系密切的人群是社区生活及其物质基础的创造者,是社区中社会关系的承担者。至于一个社区到底容纳多大规模的人口为宜,并无固定的标准,一般以能完成社区内部的分工协作关系为基本要求。

(三) 组织要素

社区组织主要指社区内部的各种社会群体、社会组织。居住在某一社区的人们要进行各种生活和活动,就要有保证人们生存的必要手段与社会服务设施。为了满足人们生存和发展的需要,社区一般由多种类型的组织构成。例如,社区要有商业、服务业、文化教育以及其他社会福利设施等,同时,还要有一个满足大多数社会成员进行社会互动的活动中心,一套相互配合的、适合社区生活的制度与相应的管理机构。社区正是通过各种相对完备的组织的服务活动来推动各种制度的运行,使社区成员在本社区内得以维持其日常生活。社区生活服务机构与设施的数量和质量是衡量一个社区发达水平的指标之一①。

社区内的社会群体和社会组织在不同的历史时期、不同的发展阶段,其种类及其相互关系总是不同的。一般而言,在经济与社会发展水平较低的阶段,由于社会分工程度不高,人口的同质性较强,社区内社会群体的种类和功能相对简单,整合社区各种资源的社会组织种类及功能也就相对简单。反之,经济与社会发展水平越高,社会分工越细,社区内人口的异质性就越强,功能性社会群体的种类也就愈趋多样化,这种情况必然要求整合社区资源,社区内组织的种类及组织功能也日益多样化。一个社区,如果其居住环境舒适安逸、管理有序、居民社区认同感强,说明该社区有着良性的和完善的社区组织机构。反之,则说明该社区的社群和组织出现了问题。

(四) 文化要素

社区文化包括当地人们的信仰、价值观、规范、制度、传统、风俗习惯、生活方式以及显示当地特点的方言和象征等。社区文化既满足了社区居民的需要,也为社区居民的共同活动提供了规则和约束,总是有形无形地为社区居民提供着比较系

---

① 李芹:《社会学概论》,济南:山东大学出版社,2009年,第245页。

统的行为规范,不同程度地约束着社区居民的行为方式和道德实践,客观上对居民担负着社会化的功能以及对居民生活的某种心理支持。社区的共同文化指导并控制着社区的行动,促使社区构成一个整体。

社区文化也是区分不同社区的重要特征。由于受到不同历史传统、地理环境和人口构成的影响和作用,社区文化呈现出一定的地域性与特殊性。这些不同的文化,是不同社区的地理环境、人口状况以及居民共同生活的历史与现实的反映。

(五) 社会心理要素

人们在特定的社区中过着长期的共同生活,会对自己所属的社区产生认同心理和归属感。英克尔斯认为,社区的本质是群体的共同结合感,而共同结合感无疑是基于地缘、业缘或共同文化特质所产生的共同成员感、共同归属感。这是同一地区的人们在长期的共同生活中,在相同的行为规范、文化传统和生活方式氛围里形成的共同意识,它是维系社区成员关系的强大精神凝聚力。例如,在传统农村地区,村民们世代居住在一个地方,形成了强烈的乡土观念和共同归属感。随着现代化的发展,传统的认同感和"落叶归根"的归属感,已经发生了很大的变化,但强调社区意识、塑造社区精神对于社区的维持与发展具有重要的意义。

社区构成的上述五个基本要素,是社区形成的必要条件,必须拥有或具备这五个条件,才可以构成一个相对独立的社区。社区构成的基本要素之间是相互依赖、有机统一的辩证关系,应当从它们的有机联系上综合分析和把握。其中,地域是社区的地理环境要件,人口是社区生活的主体要件,组织与群体是社区居民交往和整合得以实现的客观机制,文化则是社区居民交往与整合得以实现的精神要件,归属感和认同感是联系社区居民的共同的社会心理,五者紧密相关,缺一不可。应注意的是,社区构成的基本要素及其相互关系,其功能与模式的表现形态,在不同的历史背景下往往不尽相同,必然呈现出各个阶段的时代特征。

三、社区的类型

社区与社区之间存在诸多差异,形成了不同的社区类型。对不同的社区作出区分,对于社区研究、社区建设与发展具有重要意义。由于人们对社区含义的理解不同以及研究的角度不同,对社区进行的分类也各不相同。根据不同的标准、按照不同的方法可以对社区进行不同的分类,如按照社区的功能,可以分为工业社区、农业社区、商业社区、文化社区、旅游社区等;按照社区内部的组织形式,可以分为整体社区和局部社区;按照社区成员的互动关系,可以分为具体社区和抽象社区。

但最基本和一般的是根据社区的结构、功能、人口密度、组织程度等综合因素所作的划分。

(一) 居住社区和精神社区

根据空间特征,社区可以划分为居住社区(又称生态社区)和精神社区。

英克尔斯是这种分类的代表人物。他指出,居住社区是这样的社区,"联合其成员的纽带是一定社会范围内的物质空间的共同住处:圈起的场地、邻里、城镇和乡村、城市、区域和国家"①。有些学者进一步把居住社区分成三类:(1)法定社区,即地方行政区。(2)自然社区,即人类的生产和生活中自然形成的定居区。(3)专能社区,指人们从事某些专业的活动而形成于一定地域空间的聚集区。

精神社区是指空间特征不很明显的社区。英克尔斯认为:"精神社区指的是这样的社区,它的共同成员感建立在价值、起源或信仰等精神纽带之上。"② 精神社区超越了地理空间的界限,它是具有共同的价值取向、共同历史渊源和共同生活方式,但不一定集聚于共同地域的人们组成的社区。像分散于世界各地的犹太人,由于他们具有共同的成员感和隶属感,因而也可以构成一个精神社区或心理社区。

(二) 农村社区、城市社区和集镇社区

按照经济结构、人口密度、居民聚居规模,社区可以分为农村社区、城市社区和集镇社区。

农村社区以各种农业生产为基本特征,由同质性劳动人口组成的、社会关系比较简单、人口相对稀疏的地域社会。农村社区成员以农业为经济活动的主要内容,人口密度小,人口聚集规模小。对于农村社区的类型,有多重角度的划分,按人口分布和村庄构成的形式,可将农村社区分为散村社区、集村社区和集镇社区。按照经济结构,农村社区分为农业社区、牧业社区、渔业社区、林业社区、果业社区、粮食作物社区、经济作物社区、综合社区、旅游社区等等。按照地理位置,农村社区又分为平原社区、山村社区、滨河社区、内海社区、内陆社区等。

城市社区是指大多数居民从事工商业及其他非农业劳动的社区。社区成员主要从事非农业生产活动,人口密度大,人口聚集规模大。对城市社区的类型,有不同角度的划分。按城市社区的功能,城市社区分为政治城市、工业城市、商业城市、防卫城市、港口城市、宗教城市、旅游城市、科教城市和综合城市等九种类型。按城

---

①② 〔英〕亚历克斯·英克尔斯著,陈观胜等译:《社会学是什么?——对这门学科和职业的介绍》,北京:中国社会科学出版社,1981年,第102页。

市人口的规模,城市社区又分为大、中、小城市社区三种。

在城市社区和农村社区这两类社区之间还有一个中介性社区,这就是集镇社区。集镇是既不属于城市又不属于农村的自成一体的独立社区。集镇社区兼顾了农村、城市两种社区的特点,从过渡性角度看,它有一定的典型性,在中国尤其如此。

近年来,中国的小城镇,包括县政府所在地城关镇、建制镇和非建制乡镇发展极为迅速。因此,这种分类目前在中国是一种基本的分类方法,它可以反映中国社区划分的主要特征。在中国城市统计中,居住地划分为"市"、"建制镇"、"乡村"三大类。

四、社区研究

社区研究起源于西欧,在美国得到发展。20世纪30年代,社区理论引入中国,一批爱国社会学者积极从事具有中国特点的社区研究,使社区研究在中国缓慢地发展起来。

(一) 西方的社区研究

1. 滕尼斯的社区—社会理论

社会学者关于社区的研究,发端于德国社会学家滕尼斯。滕尼斯将社区与社会进行对比分析,以说明两种不同社会团体的本质特征和社会变迁的趋势。滕尼斯认为,社区是社会的对立物,社会发展趋势是从社区向社会过渡。他用"社区"一词表示传统农业社会的社区,这是一种由具有共同习俗和价值观念的同质人口所组成的、关系密切、守望相助、富有人情味的社会群体。而"社会"则是用以说明都市和工业化的资本主义社会,由具有不同价值观念的异质人口组成,在这个群体中,人们的关系是由分工和契约决定的,重理性而不重人情。

滕尼斯关于社区的理论,为以后的社区研究打下了基础,他的社区—社会的理论是早期美国社会学研究的基础理论。库利的首属—次级群体,奥登姆的民俗社会—国家的区分,索罗金的家族—契约关系,莱德菲尔德的民俗—都市连续系统,贝克的神圣—世俗系统以及帕森斯的模式变量,都可以追溯到滕尼斯的社区—社会类型学。

2. 芝加哥学派的人文区位学研究

芝加哥学派在20世纪20至30年代研究了美国大城市芝加哥的都市化过程,用以说明美国城市的结构和动态。人文区位学理论,是芝加哥学派在分析社区位的基础上发展起来的。路易斯·沃斯(Louis Wirth,1897~1952)1938年发表的《作为一种生活方式的城市》一文,提出了城市化的三个明显特征,即人口规模大、人口密度高和高异质性。

芝加哥学派从不同层面研究了城市社区,不但以整个芝加哥市作为研究对象,还以芝加哥市内的犹太人聚居区、波兰移民区、上层阶级邻里、贫民窟等作为单个的社区研究对象,对20世纪20年代的芝加哥在快速城市化过程中不断弱化的社会整合以及随之而来的社会解组进行了深入研究。

3. 林德夫妇以小镇为对象的社区综合研究

在芝加哥学派人文区位学蓬勃发展的同时,美国学者罗伯特·林德(Robert S. Lynd,1892~1970)和海伦·林德夫妇(Helen M. Lynd,1889~1982)开创了社区研究中以小镇为对象的全貌研究,即描述社区的各个不同部分,并解释这些不同部分的相互关系。他们研究了美国印第安纳州的一个大约有3.5万居民的市镇,其初衷并非研究整个社区,而只是研究这个小镇的宗教信仰和宗教活动。但他们很快发现,宗教生活并不是孤立存在的,它与社区中的其他制度和机构有着密切的关系,为了理解宗教问题,必须揭示宗教与社区中其他社会现象之间的关系。1929年林德夫妇出版《中镇》一书,运用参与观察法、档案分析法和问卷法,研究了社区居民的宗教生活,同时涉及谋生、成家立室、闲暇时间的利用,以及社区不同群体的劳作时间、性别角色、父母对子女的期望、政治、宗教价值观等等。

《中镇》开创了社区综合研究的先河。几年以后,林德夫妇又重返这个小镇进行调查,并于1937年出版了《转变中的中镇》一书,分析了当时美国经济危机对该社区的影响。他们发现,经济大萧条使得社区中的某个家族垄断了全社区的经济命脉,从而控制了整个社区。林德夫妇对中镇社区中权力不平等分配的描述,推动了另一种类型的社区研究——社区权力研究。

4. 社区权力研究

20世纪50年代开始,在美国的社区研究中,又发展出了关于社区权力的研究,目的是要了解社区中的权力分配状况,识别真正左右社区的决策者。1953年,美国学者F.亨特(Floyd Hunter)出版了《社区权力结构》一书,对亚特兰大市的权力分配状况进行了调查研究。他发现该社区中最有影响的40人,其中绝大部分是在本地政府中没有职位的商人(36人),正是这40人决定着整个亚特兰大社区的命运。亨特认为,在这个社区中,民主形同虚设,由选举产生的社区官员对本社区的一些重要决定没有多少影响力。他认为只有辨认出"真正"的领导人物,同他们进行恰当的沟通或对他们施加压力,才可能促进当地社区的重大社会变迁。

另一位学者罗伯特·戴尔(Robert Dahl)对美国纽黑文社区的决策情况进行研

究,并于1961年发表了《谁在进行统治》一书,得出与亨特完全不同的结论。他发现在纽黑文存在着一种多元化的民主,在这种民主中,由选举产生的纽黑文市长在社区决策中起核心作用。

5. 社区消失论

这种观点可以追溯到滕尼斯、迪尔凯姆、齐美尔和韦伯等古典社会学者对19世纪产业革命和城市化的社会意义的研究。他们的思想存在许多差异,但其基本点较为一致:社会发展使社会成员的异质性增强,社会规模将不断扩大,人们之间的有机联系增多,与此同时,社会生活中的亲情、区域情感将消失。社会分化导致了人们生活方式、价值观和抱负的差异,社会认同感削弱,社区的存在失去了应有的基础。

沃斯在《作为一种生活方式的城市》一文中发展了这种观点。他认为城市的本质是异质性,城市生活一方面会使人在遇到危机时感到孤立无援,另一方面又会使人无所顾忌地追求以自我为中心的行为。在社会层面上,经济竞争和劳动分工使家庭、朋友、邻里等首属社会群体的社会支持与控制力不断减弱,引起社会秩序的混乱或"社会解组"现象的增加。与此同时,城市中各种不同特殊集团的存在,又会导致传统和原有规范的削弱,从而加速了社区的消失过程。

这一派社会学家认为,大众社会的兴起也削弱了社区存在的基础。大众社会是一种标准化的、同质性的、种族或阶级分野不明显的社会。由于大众传播媒介、标准化的公共教育和居住地的高度流动性,原来在各种社区中区别很大的规范、价值观和行为方式,在大众社会中已经没有多少分别了。在大众社会中,有上千万人的大城市居民与只有几百人的小村镇居民已经没有多少差别:他们看同样的电影和电视节目,阅读同样的报纸杂志,同一年级的学生使用同样的教科书,他们能够很容易地从一个地方迁移到另一个地方。因此,许多人认为,在这种情况下,社会学研究应该着眼于整个大社会,而不是地方社区。事实上,20世纪五六十年代,西方社会学家也的确把主要精力放在研究社会的结构和动力等方面,不太重视社区结构和动力的研究。

6. 社区发现论与社区转变论

20世纪70年代,社区研究又开始复兴,社区消失论逐渐为社区发现论和社区转变论所取代。甘斯等人通过一系列个案研究发现,无论是发达国家还是发展中国家的城市,都存在着具有内聚性和认同感的城市社区。其他人的研究也得出类似的结论,认为当代城市中确实存在着具有地域范围的社区。城市化引起的大规模社会变迁既没有造成城市社区的衰败,更没有使城市社区趋于消失。

人们开始认识到,现代社会并不是一种彻底的大众社会。即使到20世纪70

年代,在美国社会中,不同民族和种族之间在价值观念和行为方式方面仍然存在着很大的差别,社区之间在政治、经济和生活方式方面的巨大差别还没有消失,传统社区中人们的态度和活动方式在小城镇社区和城市社区的邻里中仍然随处可见。人们意识到,宣传传统社区的消失还为时过早,当代城市社区存在着从传统社区或俗民社区向"有限责任社区"转变的趋势,而重塑社区精神、培育社区意识是促进城市社区持续发展的重要任务。

到20世纪80年代,人们对社区的看法更全面了。一方面,人们看到现代社区再不是原先那种自给自足、同质性很强的农业村庄;另一方面,它也不是一个由完全匿名的和相互之间没有地域联系的居民所组成的、没有任何传统色彩的松散群体。现代社会中的社区与外部大众社会有着千丝万缕的联系,要研究社区,就必须研究这些联系。但如果由于这些千丝万缕的联系而忽视社区本身的存在和特点,同样也不利于社会的发展。

(二) 中国的社区研究

20世纪初,中国陆续派往欧美国家攻读社会学的留学生,学成回国后,结合中国的实际开始发展中国本土社会学。

中国的社区研究是在社会学研究有了一定发展、社会调查十分盛行的20世纪30年代,由著名社会学家吴文藻大力提倡而发展起来的。吴文藻先生是"社会学中国化的奠基人",一生著述颇丰,主要著作有《现代社区研究的意义和功能》、《中国社区研究的西洋影响与国内近况》、《社区的意义与社区研究的近今趋势》等。吴文藻曾经担任燕京大学社会学系的系主任,他借鉴以马林诺夫斯基和拉德克利夫—布朗为代表的英国功能主义学派的理论和方法,创立了中国社区研究的理论方法体系,提出了进行社区研究的具体方案,并

吴文藻

对社区研究和社会调查的区别、社区研究的意义和功能进行了阐释。吴文藻的社区研究对中国社会学的发展产生了广泛而深远的影响,对当今社区研究有着具有极其重要的启示。

吴文藻的学生、著名社会学家、人类学家费孝通先生在社区研究领域成果丰硕,其学术成就取得了世界性声誉。1936年,费孝通根据对江苏吴江开弦弓村的实地考察写成《江村经济》一书。这本村庄社区研究的著作,被马林诺夫斯基誉为"人类学实地工作和理论发展的一个里程碑"。1938年费孝通回国后,继续在内地

农村开展社会调查,研究农村、工厂、少数民族地区等各种类型的社区,出版了《禄村农田》等著作。在费孝通近70年的学术探索过程中,农村社区研究一直是他关注的重心。费孝通在农村社区研究中运用的以村落为单位的实地研究法、类型比较法、功能分析法具有鲜明特色,不仅是对传统农村社区研究方法的超越,而且对社会学、人类学的研究方法和未来发展作出了巨大贡献。在费孝通最后几年的实地调查中,专门用于社区研究的实地调查相当频繁,他在2000年进行的9次外出调查中,6次主题是社区研究。他曾说过:乡镇企业是"草根工业",社区发展就是"草根民主"。

1979年,受中央领导委托,费孝通受命参与中国社会学的重建工作。在社会学恢复之初,费孝通就指出,社区研究是社会学的五脏六腑之一。在他的推动下,学界开始将社区研究作为一种理论和方法,从单个社区入手,研究逐渐拓展到类型分析和构建体系阶段。社区研究涉及的领域十分丰富,其中,小城镇建设、城市化、城市社区服务与社区建设、城乡关系等研究取得了丰硕成果,加深了人们对社区的认识,促进了社区理论的发展,同时也推动了社区建设的实际进程。

拓展阅读

中镇和江村:中外社区研究比较——费孝通社区研究探微

历史往往有惊人的相似之处,中镇和江村的社区研究又让人们在不经意间领会到这一点。"中镇"是美国印第安纳州的一个美丽小镇,因林德夫妇1924年在此进行社区研究而闻名遐迩。江村则是江南水乡的一个经典农村,因费孝通先生1936年在这里进行社会调查而名扬海外。一个是无名小镇,一个是普通小村,它们都因两位名人的学术活动而出名。而且连出名的方式也是那么相似:都是以"学名"而非以真名闻名于世。"中镇"的真名叫"莫西"(Muncie),而"江村"的真名则是江苏吴江县港乡的"开弦弓"。

"假作真时真亦假。"这种由外人来定义事物的做法对不对呢?如果对,那么,客观事物的本质意义何在?如果不对,客观事物所蕴含的意义何由得以弘扬?看来,我们又陷入一个左右不是的两难之中。按照社会学家托马斯的观点,个人没有自我定义的能力,需要社会代理人来对个人进行定义。事物更是如此,它由许多个人和活动组成,是比单个人复杂得多的系统,其含义和意义更需要社会代理人来界定。不管怎样,"中镇"和"江村"都是沾了其"学名"的光的。因为林德的经典社区研究成果《中镇》与《转变中的中镇》的发表,"莫西"成了"中镇"而变为美国第一社区,得到学者和政府官员的特别青睐,以至于现在中镇研究已经变成一种专门学问,学者称之为"莫西学科学"。由于费孝通的社会调查成果《江村经济》的发表以及费孝通改革开放后的"重访江村"和"三访江村"等一系列访问活动,从某种意义上讲,江村已成为中国小城镇社区研究的出发点。

资料来源:夏学銮:《中镇和江村:中外社区研究比较——费孝通社区研究探微》,《学习与实践》,2008年第7期。

第二节 农村社区与城市社区

到目前为止,社会学研究较多的社区是农村社区和城市社区(集镇社区作为二者之间的过渡,兼具农村社区和城市社区的特性,在此不作具体介绍)。下面主要介绍一下这两种类型的社区。

一、农村社区

(一)农村社区的含义

农村社区是人类社会最基本的社区形式,是指以从事农业活动为主的人们所组成的地域性社会生活共同体。农村社区是人类社会发展到一定阶段的产物,是伴随着原始农业的出现而出现的。今天,在世界范围内,仍有约半数人口居住在农村社区。

原始先民在渔猎采集社会向农业社会的过渡时期开始逐渐减少流动性,使社会生活共同体与地域的结合日益紧密。为了防御外来侵害,保护财产和获得安全感,这些先民们在适宜从事农业耕作的地方建舍聚居,组成了最早的村落。住在村落里的人们为了共同的利益,往往在生产和生活上互相扶持,互相帮助。这是农村社区的起源。中国西安半坡村遗址是一个典型的原始农业村落,它建有住宅区、制陶窑场、氏族聚会活动场所、公共墓地等,总面积约五万平方米。这是一个氏族共同体的生产生活聚居地,已具备了构成社区的各项基本要素,是一个初级的原始农村社区。

对于农村社区的形成途径,我国早期社会学家杨开道先生在其《农村社会学》一书中,分为三种不同情况和类型:

1. 自然起源

这是指一个农业家族由自然进化的过程而逐渐扩大为一个农村社区。农业的出现使得原来过着不稳定游牧生活的人们,开始能够比较固定的居住在一个地方。

农业的生产效率相对于采集、狩猎等要高得多。农业家庭的人口快速增加,起初可能只有几个人或几十个人的家庭,后来渐渐增加到几百个人,形成了一个单姓的家族。由这种单姓大家族在一个地方固定居住、繁衍生息、共同生产所形成的自然村落,便是一种典型的农村社区类型。在这种社区里,家族成员非常团结,家族的势力也很大,社会中的许多事务都要受到家族的影响。这种自然进化的社区类型在中国农村比较普遍。

2. 社会组合

这种农村社区是由若干独立的农业家庭在某一地区联合组织而成的。这里所说的独立家庭是指不同家庭间没有血缘关系,他们从不同的地方一家一户地迁徙而来,具有不同的生活经历和知识背景,其思想和行为往往比较独立。在这样的社区里,个人和单个家庭的观念较强,而社会的势力则相对较弱。这种类型的社区在美国和加拿大的中西部比较普遍,在中国则非常少见。

3. 农村建设

这是指在一个原来空旷的地域上,用人为的力量建设起来的一个新的农村社区。它既不是家庭的自然演化扩展,也不是独立家庭的汇集,它从一开始就是一种有意识有组织的群体运动。英国新教徒集体迁移去美洲便是一个典型的例子,他们因为受到宗教迫害,就集体远涉重洋去美洲建设新农村。在这种社区里,人们之间虽然没有很强的血缘关系,但却有很强的集体感。

(二) 农村社区的特点

农村社区在自然环境、居民构成、生产劳动和生活方式、文化特征、心理特征等方面与城市相比有许多差异,形成一系列的特点。

1. 人口特征

农村社区人口密度相对较低,流动率小。由于农村社区交通不便,信息传递速度慢,文化知识不易传播,农村人口的流动范围和层次都较低,大部分人在世代定居的社区中度过一生。

农村社区的专业分工不发达,人口的同质性较强,有着相同的或相似的行为模式、心理特征和价值观念。农村人口一般以从事体力劳动为主,其身体素质一般不比城市人口差,但由于经济、文化教育的落后,农村居民医疗卫生条件较差,健康水平仍比城市人口低,文化教育素质明显低于城市人口。大多数人都从事相同的职业,仍以农业为主要职业。然而,随着农村生产率的提高和工业化、城市化的快速发展,越来越多的农村人口逐渐从农业中分化出来,开始从事第二、第三产业。

2. 经济特征

农村社区的经济活动简单,以农业为主要产业。农业包括种植业、林业、渔业等,其中以农田种植业为主要活动的居多。居民以务农为主,劳动方式为手工操作或半手工操作,劳动技术简单。商品经济薄弱,经济活动以自给自足为主,专业分工不发达。农业经济的特点是有机性,季节性强,人们借以获取衣食的劳动对象是自然环境,土地性质、气候寒热、季节变化、雨量多少都支配着农作物的生长,同时农业生产在很长时期内依赖再生能力,主要是人力与畜力,劳动强度大,即使广泛采用机械化生产,提高劳动生产率,也不能根本改变农业对自然的依赖。中国传统农村在相当长的历史时期都是处于这种情况。随着农业生产技术的进步和市场经济的发展,在发达国家和我国较发达的农村地区,经济活动已发生了很大的变化,农业商品化程度大为提高,但其经济活动的复杂程度和商品经济的发展程度仍会低于城市。

3. 社会结构特征

农村社区的社会结构比较简单,人际关系比较亲密。由于农村人口的同质性和职业的单一性,居民的阶层结构较城市简单,职业分化程度低,缺乏科层组织。提供和培养农业劳动力的场合一般是家庭,家庭是农村社区组织的中心,是农村社会结构中最主要的单位,它不仅是个血缘单位,而且是生产单位、消费单位和保障单位。当农村社区各种正式组织尚不发达的时候,家庭不仅在生产与消费活动中居于中心位置,而且在社会交往、教育和娱乐等方面也居于中心地位。

农村社区成员间的人际关系较为亲密,祖祖辈辈生活在同一地区,人与人之间富于合作与同情。交往方式单一,内容简单,以地缘关系为纽带,血缘关系浓厚。由于在农村社区中,地广人稀,村落的规模又很小,因此农村居民所接触的人是极其有限的。由血缘或地缘纽带把彼此联系在一起,所以他们相互十分熟悉,交往中带有浓厚的感情色彩。由于农村社区的人们十分重视血缘关系和家庭关系,农村社区中家族关系往往成为农村居民合作关系的纽带。

4. 文化心理特征

传统农业生产是一种低层次经验型的生产方式,人们凭借传统经验维持社会生活,社会规范的功能主要是延续已取得的传统经验,包括生产经验和社会生活的其他经验。所以,农村社区的行为规范是传统取向的,以传统的道德、习俗来调节个人与个人、个人与社会的关系。

受地域、交通的限制,单调的社会环境,相似的职业,使农民重视习俗,生活方式有较强的固定性,社区的社会文化及社会心理形成后,变迁速度较慢,且往往带有较强的地方色彩和保守性。

农村社区在价值取向上比较保守。由于农村社区的封闭性强,与外界的交流很少,因而信息传播的流量小,速度慢。这一方面使得农村居民对任何信息都会引起普遍的关注;另一方面,也使得传统风俗习惯的势力较强,人们思想上比较保守,接受新事物较慢。

农村社区中的传统道德与习俗规范在社会控制方面起着重要的作用。农村社区中经常依赖传统的道德观念和世代沿袭的风俗习惯来维持整个社区正常的生活秩序,确定人们的行为规范,甚至对行为作出奖励和惩罚。

农村社区居民由于受到长时期小农自然经济生产方式的影响,心理趋于保守,地方观念重,乡土观念浓,家庭至上、祖先崇拜,家族观念重,重视风水甚至具有一定的迷信色彩。虽然这些特征在城市居民中也有所反映,但农村社区的自然环境和社会环境极易保存和传播这种传统的社会心理,并因此抑制农村社会的发展。

二、城市社区

(一) 城市社区的定义

城市社区是在农村社区发展的基础上产生的一种社区类型。中文"城市"概念的出现反映了城市的由来与发展。"城市"一词的"城"和"市",最初是分开使用的,分别标识城市产生的两条途径。在中国古代,"城"指帝王或一地之主居住的地方,产生于军事、政治的需要。为了防御敌人的进攻,统治者筑起了环型的城墙,构筑了城堡。"市"指商品交易的场所,出现于畜力耕种和冶金术发明的时期。生产工具的进步,促进了农业、畜牧业的发展,有了剩余产品,同时手工业的发展也产生了交换的需要,于是出现了贸易场所。人们按照约定俗成的习惯,从四面八方赶到集市交换物品。起初,交易量有限,交换时间不长,"日中为市",交换完了,人走市散。以后,随着生产的发展,交易额不断增加,开始出现大量的卖不完的商品,一些人将它们买下来,留到下一次集市上再卖,他们就是最初的商人。慢慢地,商人盖起了专门的房子出售商品,"市"也就固定化了。随着社会经济、政治、文化的进步,城市的规模在扩大,功能逐渐统一,"城"与"市"之间的区别日趋缩小,也就合为一体了。在现代,城市已成为人们日常生活和社会科学中的常用语。

城市社区是随着人类文明的进步而出现的,从根本上讲,是生产力的发展,社会经济、政治、文化进步的结果。它的产生一般需要三个条件:第一,生态因素,包括适宜的气候,肥沃的土地,充足的水源等。第二,经济因素,要有相对发达的农业,除自给自足外,有多余的产品能够拿到市场上出售。第三,社会因素,有比较复杂的社会结构与制度,有了劳动分工,出现了一批不直接与土地打交道的人——商人、官吏、士兵。

城市社区的出现晚于农村。最早的城市出现于距今5000年～3000年前的四大文明古国。古代城市的产生和发展与农业文明的出现与进步分不开,进程相当缓慢。当时的城市数量少,规模小,直到1800年,城镇人口才发展到总人口的3%。现代城市产生于工业革命以后,工业革命把人类从农业社会推向工业社会。大工业的迅猛发展,吸引大量人口涌向城市,形成城市化运动,使现代城市迅速兴起。

城市社区是指由从事工商业及其他非农社会活动的居民组成的、有一定人口规模的地域性社会生活共同体。城市社区是人类居住的基本形式之一,它的范围并没有一定的限制,一个城市可以称为一个社区,一个城市辖区的街道也可以看做一个社区,城市连同其周围的与之关系密切的城镇也可以称为一个社区,甚至几个毗邻的城市也可能组成一个社区。

城市社区的界定标准一般有两个:一是社区居民的从业性质,社区人口中必须以从事非农业活动的居民为主;二是聚居的人口要达到一定的规模。根据1971年联合国《人口统计年鉴》资料,多数国家以1000～10000人作为划分城市的最少人口规模,其中尤其以2000～2500人最多。而联合国则以两万人作为城市人口规模的下限。

以人口规模为标准,城市可以划分为大城市、中等城市、小城市。如中国规定,20万人口以下的城市为小城市,20万至50万人口的城市为中等城市,50万至100万人口的城市为大城市,100万人口以上的城市为特大城市。

(二) 城市社区的特征

城市社区由于其外部特征和内在功能与农村社区相比有很大的差异,因此,城市社区与农村社区相比有较大的不同。

1. 人口特征

城市社区人口多,密度大,且异质性强。城市社区的人口规模,少则几千上万,多则几十万、几百万甚至上千万,比起几十人或几百人的农村社区,其规模要大得多。同时,众多的人口聚集在有限的地域范围内,其人口密度自然很大。

由于城市社区的职业门类众多,分工很细,人们从事各种不同的工作,因此也形成了各自不同的生活方式和价值观念,人口异质性比较强。异质性是指居民在职业、教育程度、经济能力、宗教信仰等方面存在较大的差异。城市居民的异质性高于农村居民之间的异质性,主要有三个方面的因素:一是城市人口数量多,差别大;二是城市人口中移民比重大,带来各地不同的民风民俗、生活方式与信仰;三是城市的社会分工和分层加深,在不同的组织就业,使每个人的需要与发展呈现出不同的选择与表现。异质性的存在造成了城市社区的社会分层,增加了社会流动性。

2. 经济特征

城市社区的经济活动复杂,商品经济发达。相对农村,城市社区的经济活动以工业、商业为主,生产上受自然条件影响小,商品经济程度的提高,更加强了城市经济结构与经济活动的复杂性。城市的经济活动特点促进了人口集中,加速了人际间的交流,促进了社会分工、专业化生产、服务行业的发展,也缩短了物质和能源在流动转换中的距离,提高了生产效率。

3. 社会结构特征

城市社区的社会结构复杂,流动性大。由于社会生产与生活的分工精细,专业化强,相互之间联系紧密,城市社区形成了严密的社会组织体系,生活设施比较完善,尤其是文化娱乐设施比农村社区要优越得多。作为整个社会的政治、经济、文化中心,城市社区的社会结构十分复杂,社会的正式组织在整个组织结构中占据着绝对的主导地位,社会的组织化程度很高。人口稠密,各种组织、机构林立,生产、生活的社会化需要规模庞大,内部职能分工、权力分层复杂的科层管理结构。同时,由于社会政治、经济、文化活动的集中,使得人们改变自己生活的机会要远远多于农村社区,社会成员的流动性很大。

城市社区社会流动性大,职业复杂,生活多样化、社会化,限制了人们之间的充分互动与直接接触。人际交往多向、频繁,人与人的了解往往限于某个方面,社会关系趋向表面化、匿名性、短暂性。另外,城市社区商品经济的高度发展,使等价交换的原则一定程度上渗透到社会生活、社会关系中,表现出商品化、理性化、世俗化、非人格化等特征,即以效率和效能作为衡量与评价日常生活的标准,人与人之间的交往感情色彩少,对事件的处理以效率为基本准则。凡事对事不对人,讲求实效,注重结果和切身利益,追逐实实在在的好处,对待周围发生的事情表现出明显的容忍性,"见怪不怪"。这使城市居民敢开风气之先,敢于标新立异,易接受新观念和新的生活方式。

城市社区的家庭规模与功能缩小。核心家庭增多,许多传统家庭职能逐步为社会所取代,家族观念日益淡薄。血缘关系的作用较小,而业缘关系在联系社区成员中所起的作用则越来越大。城市社区由于社会结构复杂,人口异质性强,生活方式多样化,需要有一整套社会制度来约束人们各方面的社会行为,因此,社会秩序的维持是一种正式的控制,法律、政策、纪律是社会控制的主要手段。

4. 文化心理特征

城市社区物质生活和精神生活水平较高,又是政治、经济、文化的中心,居民有较多的闲暇时间,生活方式多样化,社会文化变迁速度快。居民职业结构复杂,文化的异质性强;文化教育设施优越,精神文化生活丰富多彩;城市社会生活紧张程度高于农村,生活节奏快,时间观念强,竞争激烈,文化变迁速度较快。与此相应的是,城市中新的思想、观念的传播速度很快,变迁也很快。

丰富多彩的生活也为社区成员提供了很多交往的机会,一个人每天要和许多人打交道,这使得人们之间的交往不可能每一次都是深入的、热情的,更多的时候是冷漠和疏远的。相邻而互不相识在城市社区是十分常见的现象。德国社会学家齐美尔曾指出,现代城市的居民不停地接受刺激和印象,如果他们严肃地对待他们遇到的每一个人,或对每一种新情况都表示兴奋和惊讶,那么,社会生活就几乎是不可能的了。城市中高密度的人口迫使人们对周围的环境采取一种随随便便、讲求实际的态度。

第三节 城市化

科技进步和文明发展给人类社会带来巨大而深刻的影响,其中最明显的就是城市化速度的不断加快。城市化是社会生产力发展到一定阶段而出现的一种社会现象,是工业化的产物,是经济发展的迫切要求,也是工业化进程的必然趋势。

一、什么是城市化

(一)城市化的定义

当代社会发展的基本趋势是城市化。城市化,亦称都市化,是指人口从农村向城市转移,造成城市规模扩大和城市数量增加的过程。城市化主要通过三条途径实现:原有城市的扩大,非城市社区向城市社区的转化和新建城市。它是一种社会过程,具体包括相互作用的三个方面:第一,产业结构由农业经济转变为工业经济;第二,人口向城市社区集中,农业人口向非农业人口转变,城市人口占总人口的比重增加;第三,社会生活向城市生活状态转变,血缘、亲缘关系削弱,业缘关系强化。这三方面变化的结果是:城市数目增加,城市人口比重增大和城市地域规模扩大。

衡量一个国家或地区城市化水平最常用的指标是城市人口占总人口的比重。国际上一般认为,城市人口占全国或地区总人口的比重达到70%以上为城市化高度发展状态,达到40%以上为城市化中等发展状态,达到20%以上为一般发展状态,在20%以下则为城市化低水平状态。除此之外,国内外有些学者认为,城市文明向农村社区的扩散以及由此带来的农村社区的生活方式、价值观念等方面逐步接近城市,也应视为城市化范畴的一个方面。

(二) 世界城市化的进程

城市化产生的直接原因是工业革命。工业革命带来了先进的科学技术,它大大提高了农业生产的效率,减少了农业生产对劳动力的要求,同时新兴的产业又需要大量的劳动力,于是便出现了人口由农村向城市大规模集中的现象,这就是所谓的城市化运动。城市对人口和工商业有较大的吸引力,各种资源向城市集中成为必然。城市职业种类繁多,可容纳更多的求职者,并提供各种职业选择的机会;服务设施比较齐全,经济待遇和服务质量一般高于农村;娱乐活动多样化,精神生活丰富多彩;交通方便,信息广泛,社交机会多,社会流动快;生活方式多样化等等,有助于满足人们的各种需求。这些因素吸引农村剩余劳动力向城市聚集。在现代社会中,城市是社会发展的龙头,是经济增长的命脉,也是各种社会时尚的发源地。城市化的进程在所难免。

城市化最早出现在工业革命的发源地欧洲,特别是英国。1700年,只有2%的英国人在城市生活,到了1900年,大部分英国人都成了城里人。1800年全世界的城镇人口占总人口的比例仅3%,1900年上升至13.6%。根据联合国的统计,到1980年,在发达国家,城市人口已经占总人口的71.66%。这表明,整个人类的居住场所正在发生重大的变化,城市化是社区发展的普遍趋势,代表着现代社会发展的方向。

20世纪前半叶,当大部分发达国家的人过上城市生活的时候,发展中国家的人们由于工业不发达、经济落后而仍然生活在落后的农村,城市化速度异常缓慢。第二次世界大战结束以后,世界范围内城市化的速度高度增长,尤其是发展中国家的城市规模膨胀,城市数量猛增。发展中国家的农村人口快速增长,而经济发展却非常缓慢,出现了大量农村剩余劳动力,城市没有如此巨大的容纳能力,出现了"过度城市化"的现象。比如,2003年美国的城市化水平为78%,德国为88%,法国为76%,加拿大为79%,英国则达到了90%。在拉丁美洲和加勒比地区,2003年的总体城市化水平已达到77%;有些国家的城市化水平甚至已超过了西方发达国家的城市化水平,如委内瑞拉的城市化数字为88%,乌拉圭为93%,阿根廷为89%,智利为87%。[1]

当发展中国家的大量人口流向拥挤的城市的时候,发达国家却出现了一个新的趋势——郊区化。20世纪50年代以后,西方发达国家开始出现了人口从城市中心迁移到郊区的现象,即"郊区化现象"。郊区化现象产生的原因很多,但主要有两

---

[1] 世界银行编:《2005年世界发展指标》,北京:中国财政经济出版社,2005年,第166~169页。

点:一是随着汽车的普及和高速公路的发展,人们有可能居住在郊区而工作在市中心;二是生活水平已经达到相当高的程度,一些比较富裕的人便到空气清新、风景优美且治安良好的郊区购置自己的住宅。郊区化的发展,造成城市特别是市中心人口的减少,当城市人口减少到一定的程度,"逆城市化"就出现了。"逆城市化"概念最早是由美国著名地理学家贝利(Brian J. L. Berry)在1976年提出,它指的是西方发达国家中城市数量减少和城市规模缩小的趋势。

"郊区化"和"逆城市化"现象的出现对西方社会产生的影响主要体现在两个方面:一是"大都市带"的出现。郊区化使得两个或多个都市不断发展,最后连接成片,互相重叠形成大都市的集结,最为著名的就是美国的"波士顿—华盛顿"走廊,一个位于波士顿与华盛顿之间的城市混合体。二是"去中心化"。由于迁往郊区的以富人和中产阶级居多,市中心往往留下了穷人、老人、未婚者以及一些少数民族群体。

二、城市化的影响

城市化是社会发展的必然趋势,是工业化、现代化的过程和反映。一个国家的城市化程度反映这个国家的工业化程度和人民生活的现代化程度,城市化程度越高,社会现代化程度就越高。城市化在人类历史上具有深远的影响,对整个社会结构、社会生活所造成的影响是多方面的。

第一,城市化带来了生产方式的变化,城市中的第三产业日益成为主导产业。

城市的大量出现和迅速发展,使一些传统产业焕发生机,一些新兴产业迅速崛起。大工业的高产出、高效益以及由生产和人口集中带来的土地供求关系的变化,使房地产成为最有利可图的产业之一。城市的发展也使市政建设和各种服务性产业发展起来。

第二,城市化改变了人口的地区结构和职业结构。

工业革命前,世界上所有国家都约有80%以上甚至90%以上的人口居住在农村,从事于各种形式的农业生产和手工业生产,农业和手工业是社会中的主要职业。在城市化进程中,农业人口不断离开农村、离开土地,开始大量向城市集中,从事于各种各样的工商业活动。

第三,城市化引起了生活方式的变化。

在农业经济和手工业经济中,人们习惯于日出而作、日落而息,生活节奏较慢。在工业经济中,劳动者要完全服从于资本的需要和机器的要求,生活节奏大大加快。关于城市化对社会生活的影响,一些学者作了这样的归纳:第一,生活丰富而复杂;第二,生活的节奏快,精密型要求高;第三,交往上的表面化与事本主义;第四,文化的异质性;第五,个人的自主性强。[①]

第四,城市化引起了家庭结构和功能的变化。

城市化使家庭在结构和功能方面与传统家庭有很大的区别:第一,家庭规模由大变小。第二,家庭的权力结构变化,父母和子女、丈夫和妻子都趋向相对自主和自由。第三,家庭的功能减弱,许多传统功能逐渐由国家、政府、社会组织、社区所承担,家庭只是一个生活和生育子女的场所。

第五,城市化引起了思想文化观念的变化。

在自然经济条件下,人们世世代代居住在狭小的地域中,眼界狭窄,思维不开阔,祖祖辈辈形成的传统价值观念束缚了人们的头脑和心灵。城市开辟了人类生活的新天地,高度发展的现代文明与传统文明的对比使人们感到极大的震动。涌入城市的人们,思想意识、价值观念、行为方式等都有了很大的转变。人们开始用崭新的目光来观察社会、审视人生、认识自己。思想的解放,其意义不亚于机器的发明和应用,它带来了科学的勃兴、文化的发展以及人的素质的提高,为社会经济的更大发展准备了最基本的条件。

第六,城市化引发了一系列社会问题。

城市化的迅速发展,增加了经济效益,推动了社会的现代化,改变了许多国家的面貌,同时也带来了许多问题,它带来的消极影响不容忽视。具体表现在以下几方面:城市人口过度集中和农村人口的不断涌入,加剧了失业、住房拥挤、交通堵塞等问题。经济活动的过度集中,引起了资源紧张,失业严重,进而带来了经济活动的非效率。城市过度发展,造成城市社会与生态环境平衡的破坏,出现人口与土地空间、城市规模与地区资源、城市排废与环境容量等方面关系的失调,城市基础设施难以承受,必然影响城市人民的正常生活。大批青壮年农民被吸引到城市,使农村地区发展受到影响。城市犯罪现象增加。城市化使人口密度过大,造成人们的生活紧张,心理紧张,情绪急躁,关系对立、冲突,患精神疾病的人数增加。人情淡漠,社会疏离感强烈,人际关系趋向表面化。

城市化的消极影响在有些国家和地区已经成为难以解决的痼疾,即所谓的"城市病"。如何解决这些问题,关键是有效地控制城市发展,保持城市社会生态系统的动态平衡。

[①] 孙立平主编:《社会现代化》,北京:华夏出版社,1988年,第421页。

三、中国的城市化

(一) 中国的城市化进程

中国传统城市的发展不是工业革命的结果,而是农业时代政治、经济、军事的需要造成的。1840年鸦片战争以后,由于帝国主义列强的入侵,中国沦为半殖民地、半封建国家,中国的城市化也步入了一个畸形发展的格局,没有出现像欧美那样以工业化为基础的城市化进程。在外国资本主义和封建主义的双重压迫下,原来的古都名城变得千疮百孔,日益衰败。东南沿海一些通商口岸及东北地区城市畸形发展,成为帝国主义、买办势力和官僚资本的聚集地,这些口岸城市一方面成为中国近代工业的摇篮,另一方面又是外国资本倾销商品和掠夺中国资源的据点。这些因素阻碍了中国城市整体的健康发展,使中国近代城市的发展艰难而缓慢。

新中国成立以后,中国的城市发展进入了新的历史时期,城市化随着社会主义建设进程得到不断发展。

第一阶段(1949～1960年),城市发展时期。1949年中国只有138个城市,城市人口(非农业人口,下同)约0.5亿。到1960年,城市数目达到199个,城市人口约达0.79亿,占全国总人口的11.9%。

第二阶段(1961～1965年),城市人口下降时期。由于1961～1963年间自然灾害和1958～1960年间"大跃进"造成的国民经济比例严重失调,给城市发展带来很大困难,使政府不得不采取调整措施,到1963年底共撤销了25个市,城市人口下降到0.72亿。1965年,城市人口下降到0.68亿,占全国总人口的比重从1960年的11.9%下降到9.3%。

第三阶段(1966～1979年),城市发展停滞时期。此阶段由于采取知识青年上山下乡、干部下放劳动、医疗卫生人员下农村等措施,城市人口从1965年的0.68亿减少到1970年的0.67亿。这种城市人口数量的绝对减少在世界城市化历史中是罕见的。

第四阶段(1979～),城市迅速发展时期。十一届三中全会后,随着中国国民经济和其他各项事业的兴盛,城市得到迅速发展。1984年以来,由于设市标准进行了调整,小城市的数量增长很快,1997年20万人口以下的小城市为382个,20万～50万人口的中等城市205个,使中国大城市多、中小城市少的"倒金字塔"城市体系得到一定程度的改善。

(二) 中国城市化道路的选择

十一届三中全会以后,中国政府提出了城市化的基本方针:"控制大城市的规模,合理发展中等城市,积极发展小城市"。

控制大城市的规模,是要降低人口自然增长率,同时必须控制人口的机械增长,加强外来流动人口的管理;要引导人口向中小城市、卫星城镇疏散;拆迁、外移过度集中的工业企业,改变不合理的工业布局,等等。

合理发展中等城市,是要使中等城市的发展规模合理,发展速度合理,功能结构合理。

小城市指人口在20万以下的城市,也包括小城镇。积极发展小城镇能有力促进我国农村的现代化,可以为实施控制大城市规模、合理发展中等城市的方针创造有利条件。

进入21世纪,中国区域经济发展的重要特点是城市群的出现。所谓城市群是在特定的区域范围内云集相当数量的不同性质、类型和等级规模的城市,以一个或两个特大城市为中心,依托一定的自然环境和交通条件,城市之间的内在联系不断加强,共同构成一个相对完整的城市"集合体"。对城市群概念的表述,学者们并不一致,但认识渐趋一致,即城市群是由很多城市组成的,彼此的联系越来越紧密,共同对区域发展产生影响。城市群是工业化、城市化进程中,区域空间形态的高级现象,能够产生巨大的集聚经济效益,是国民经济快速发展、现代化水平不断提高的标志之一。国家"十一五"规划纲要明确指出,要把城市群作为推进城镇化的主体形态;已形成城市群发展格局的京津冀、长江三角洲、珠江三角洲等区域,要继续发挥带动和辐射作用,加强城市群内各城市的分工协作和优势互补,增强城市群的整体竞争力;具备城市群发展条件的区域,要加强统筹规划,以特大城市和大城市为龙头,发挥中心城市作用,形成若干用地少、就业多、要素集聚能力强、人口分布合理的新城市群。这是党和国家对促进城市化进程和区域发展的重要战略决策,对中国经济和社会发展必将产生重要且深远的影响。

(三) 有关中国城市化的讨论与研究

城市化的过程同社会现代化密切相关,中国如何选择城市化道路,对推进社会现代化具有重要意义。近年来,学者们就中国城市化道路问题进行了大量探讨,目前主要有五种观点:

第一种观点是大城市论,认为大城市经济效益好,城市化应将经济效益放在第一位,重点发展大城市。

第二种观点是小城市论,认为中国大城市已经膨胀,为了避免城市病,应发展小城市。

第三种观点是中等城市论,认为中等城市是集中与分散相统一的新型社会结构,机动灵活,容量大,是沟通大城市和小城镇的桥梁,应重点发展中等城市。

第四种观点主张走"双轨型"的城市化道路,即大城市与小城镇同时并进,认为这种道路兼顾了城市发展的经济效益和社会效益两个方面的目标。

第五种观点是通过普遍发展小城镇和乡镇工业,消灭城乡差别。

大多数学者认为,一个国家走什么样的城市化道路,在很大程度上受到本国经济基础、政治制度、传统文化、生态和资源状况等多种因素的制约。中国的城市化道路不能照搬别国经验,必须从自己的国情社情出发,选择一条具有中国特色的城市化道路。中国城市化道路的探索,任重而道远,必须在社会现代化的过程中不断探索。

拓展阅读

社科院研究员预计 2050 年中国城市化水平超 70%

中国社会科学院日前发布了《2011 年度中国社会状况综合调查》。调查显示,2011 年城镇人口占总人口的比重将首次超过 50%。城市化水平超过 50% 不是简单的人口百分比变化,它意味着人们的生产方式、职业结构、消费行为、生活方式、价值观念都将发生极其深刻的变化。

据 2010 年第六次全国人口普查主要数据公报,目前中国城镇人口比重为 49.68%。调查显示,以目前的人口城市化速度,2011 年城镇居民的比例将超过农村居民,这标志着中国数千年来以农村人口为主的城乡人口结构发生了逆转,可以说是中国现代化进程中的一件大事。中国社会科学院社会学所研究员陆学艺认为,城市化水平在超过了 50% 以后,今后的速度还要快,在 2050 年会超过 70% 甚至 80%。

调查显示,近三成农业户籍人口已居住在城镇,城镇化过程对农业人口具有巨大吸引力。有近 1/3 的农业户籍者已不再从事农业劳动,已转换为非农就业人口。

1978 年中国只有 1.72 亿城市人口,2010 年城市人口有 6.6 亿,30 年时间增加了 5 亿人,比欧盟总人口还多。虽然城市化取得了飞速的发展,但工作和居住在城市中的农业户籍者大多处于"半城市化"状态,面临着劳动和社会保障覆盖不足等困境,享受各类社会保障的比例明显低于"全城市化"人口。

资料来源:《南方日报》,2011 年 12 月 21 日。

本章小结

1. 社区是一个具有自身特点的社会学概念。作为居民生活的社会共同体,社区通常包括五个要素:地域、人口、组织、文化、社会心理等。

2. 根据空间特征,社区可以划分为居住社区和精神社区。按照经济结构、人口密度、居民聚居规模标准,社区可以分为农村社区、城市社区和集镇社区。

3. 社区研究起源于西欧,在美国得到发展。在20世纪30年代,社区理论和实证的研究方法引入中国,本土化的社区研究缓慢地发展起来。

4. 农村社区的形成途径包括自然起源、社会组合和农村建设。

5. 农村社区和城市社区在人口、地域、社会结构和文化心理等方面具有迥异的特征。

6. 当代社会发展的基本趋势是城市化。城市化在为社会带来积极影响的同时,也带来了许多问题。

7. 城市群是工业化、城市化进程中,区域空间形态的高级现象,能够产生巨大的集聚经济效益,是国民经济快速发展、现代化水平不断提高的标志之一。

主要术语

社区(Community):聚居在一定地域中的具有共同意识和共同利益的人类生活共同体。

农村社区(Rural Community):从事农业活动为主的人们所组成的地域性社会生活共同体。

城市社区(Urban Community):由从事工商业及其他非农社会活动的居民组成的、有一定人口规模的地域性社会生活共同体。

城市化(Urbanization):人口从农村向城市转移,造成城市规模扩大和城市数量增加的过程。

城市群(Urban Agglomeration):由很多城市组成、彼此的联系越来越紧密、共同对区域发展产生影响的城市"集合体"。

练习题

1. 社区调查:走访一个社区,了解该社区的发展历程和基本现状,并结合社区居民的需求,说明对该社区发展的对策或建议。

2. 材料分析:

最近,媒体报道,当初一些逃离"北上广"①的年轻人,又逃回来了。从因为高房价、高物价、限购而逃离"北上广",到逃回"北上广"继续打拼实现自己的梦想,颇有戏剧性。其中究竟发生了什么?是什么原因让这些年轻人克服高房价等压力,又再次回到这些非常不易居的城市?

几乎在很多人家乡的(二线、三线)城市无论是职业还是创业,都不得不面临观念的冲突——在职场上,很多人靠的是关系,而不是能力;在商场上竞争靠的不是方案,而是喝酒、送礼等交际能力。当然,如果你要自己创业搞个小本生意,如果上边没有人,那么有关部门也就会三天两头来找你的麻烦。"小地方,要靠爹",这话说得一点都不错。这透露出来的信息是,在很多二线、三线城市貌似生活安逸,但是,年轻人回到那里之后发现,这些地方严重缺乏机会公平。近年来,很多地方被曝光"萝卜"招聘,就业变成了"拼爹"游戏,很多有关"官二代"、"富二代"的新闻事件,多发生在二线以下的城市。

……

改革开放30多年来,对"北上广"这些大城市的塑造,不仅仅是物质性的,也是精神性的。在"北上广"迅速成为国际性的大都市,摩天大楼比肩接踵的同时,这些城市因为对外开放的区位优势,也孕育和生长出了现代商业文明,以及与之配套的法治环境与文化氛围。很多人看到了"北上广"高房价、高物价的一面,却没有看到,这些城市的绝大多数企业根本上还是要靠市场吃饭的,也没有看到"北上广"也是当下中国技术创新、商业模式创新最活跃的地方;很多人看到,在"北上广",权力约束同样乏力,鲸吞公共资源的现象同样触目惊心,却也应该看到,这些地方讲规则、讲法治的商业力量也非常强大。

……

逃离又逃回,这难道仅仅是年轻人的狼狈与尴尬吗?"北上广"已经从"理想之城"变成了不得已的选择,事实上,更令人担心的是,如果"北上广"的容纳能力达到极限,现代商业文明的光芒褪色,年轻人还能逃到哪里去?

---

① 指北京、上海、广州三大城市,也可用来指生存成本极高的现代化大都市。

(材料来源:于德清:《年轻人为什么又逃回"北上广"》,《新京报》,2011 年 7 月 17 日)

根据以上材料分析下列问题:

(1) 年轻人为什么逃回"北上广"?

(2) "年轻人又逃回北上广"的现象对中国的城市化建设有何启示?

思考题

1. 什么是社区?试比较社区与社会的差异。
2. 社区的基本要素有哪些?
3. 试述西方社会学界关于社区研究的理论。
4. 简述农村社区及其特点。
5. 简述城市社区及其特点。
6. 什么是城市化?城市化对社会生活有何影响?
7. 联系实际谈谈中国城市化的道路。

阅读文献

1. 〔英〕安东尼·吉登斯著,赵旭东等译:《社会学(第四版)》,北京:北京大学出版社,2009 年,第十八章。

2. 〔美〕戴维·波普诺著,李强等译:《社会学(第十版)》,北京:中国人民大学出版社,1999 年,第二十章。

3. 〔德〕斐迪南·滕尼斯著,林荣远译:《共同体与社会》,北京:商务印书馆,1999 年,第 58~91 页。

4. 费孝通:《乡土中国 生育制度》,北京:北京大学出版社,1998 年,第 24~30 页。

5. 〔美〕桑德斯著,徐震译:《社区论》,台北:黎明文化事业出版公司,1982 年,第 2~52 页。

6. 于显洋主编:《社区概论》,北京:中国人民大学出版社,2006 年,第 300~329 页。

第十章 社会制度

大千世界,人类的各项社会活动纷繁复杂,在这看似千差万别的人类活动背后总是有一种力量支配着各项活动的开展,使得人们在家庭领域、政治领域以及经济领域中的行为井然有序。这种力量到底是什么?为什么它可以如此有效地让整个社会有序运行?本章将通过对社会制度的讨论,回答这些问题。

第一节 社会制度的含义与特征

俗话说,不依规矩不能成方圆。"规"就是画圆形的工具圆规,"矩"就是画方形的工具曲尺。画方圆需要规与矩,人们的言行举动同样要循规蹈矩,规行矩步。人们行为所遵循的这些规矩,其实就是社会制度和各种社会规范。

一、社会制度的含义

在中国,"制度"一词有特定的意思:"制"是指制约和控制,"度"是指限度。这符合社会学中制度的原意,即指一种行为规范。中国在先秦时期,就有了较完备的社会制度,如所谓"礼"就是中国古代社会等级制度的具体规定,《仪礼》、《周礼》、《礼记》谓之三礼,规定君臣、上下、父子、兄弟,非礼不定。今天,在现实生活中,制度一词广泛地出现在人们的日常口语中,如"我们实行的是社会主义制度,美国实行的是资本主义制度","学校已制定了严格的学习和生活制度"等等。那么,社会制度到底指什么呢?

美国社会学家萨姆纳认为,社会制度是同民俗和民德交织形成的社会行为体系;这种行为体系受到社会的规范,得到民众的公认并具有稳定的程序和步骤。[1]日本社会学家横山宁夫认为:"制度是人们在其共同生活中所产生的有组织的行为

---

[1] 周运清主编:《新编社会学大纲》,武汉:武汉大学出版社,2004年,第168页。

方式。"①也有的社会学家认为,社会制度不是指实际行为模式,而是指人类活动的规范、价值等。中国台湾社会学家龙冠海认为,社会制度是维系团体生活与人类关系的法则,它是人类在团体生活中为了满足或适应某种基本需要所建立的有系统有组织的并为众人所公认的社会行为模式。②《中国大百科全书·社会学》指出:"社会制度是人类活动的规范体系,它是由一组相关的社会规范构成的。"③由此可以看出,社会学家往往是在不同意义上使用"社会制度"这个概念的。

中国现实生活中,社会制度的概念被广泛使用,但其含义却包含不同的层次:

第一个层次,指的是社会形态或体系意义上的制度,常在区别人类社会不同发展阶段和不同性质的社会时使用,是社会经济、政治、法律、文化制度的总称,如"社会主义制度"、"资本主义制度"等。这是对制度所作的宏观尺度的观察。

第二个层次,指的是一个社会中的具体制度,它以具体的组织机构、制度设施作为实体,常在分析不同的社会关系和研究不同的社会生活领域里的问题时使用,如经济制度、政治制度、家庭制度、宗教制度、教育制度等。这是对制度所作的中观尺度的观察。

第三个层次,指的是各种社会组织、群体中的规章制度,是狭义的社会制度,代表某种规定的行为或办事程序、规则,如工厂里的考勤制度、学校的作息制度、医院的住院制度等,一般由各个具体部门单独或联合制定。这是对制度所作的微观尺度的观察。

各国社会学家对社会制度的研究侧重于第二个层次,即具体社会制度有关方面的考察。至于第一层、第三层含义上的制度,不是社会学专门研究的。

综合以上大多数社会学者的认识,我们把社会制度定义为:在一定的历史条件下形成的人们的社会关系以及与此关系相联系的社会活动的规范体系。

对此定义,需要说明三点:第一,社会制度是为了满足人类的社会需要而产生的,是由社会关系所决定的。第二,社会制度是一定历史条件下的产物。不同的社会产生不同的社会制度,社会制度随着历史条件的变化而变化。第三,社会制度是人们社会关系的规范体系,是人们社会活动的规则体系,或者说成制度是一些系统的、成套的规范,而不是单独的、个别的规范。

社会制度与社会规范、社会活动之间有非常密切的关系,理解与认识这些关系的实质,有助于进一步加深对社会制度本质的理解。

---

① 〔日〕横山宁夫著,毛良鸿译:《社会学概论》,上海:上海译文出版社,1983年,第190页。
② 龙冠海:《社会学》,台北:三民书局,1966年,第162页。
③ 《中国大百科全书·社会学》,北京:中国大百科全书出版社,1991年,第352页。

(一) 社会制度与社会规范的关系

社会规范指的是人们参与社会生活的行为规则,如习惯、礼仪、禁忌等。社会规范与社会制度既相联系又相区别。社会制度以一组相关的规范体系约束和协调人们的行为,制度是规范中的一种重要类型,是一种比较稳定的规范体系。

二者都对维持社会秩序、满足群体需要、协调社会关系与各方面利益方面产生重要的作用,但仍然存在一定的区别:(1) 在功能上,社会规范总是对社会生活中的个人而言的,而针对大的群体或社会组织的行为约束与利益协调,则是通过社会制度的规范体系来实现的。(2) 在手段上,社会制度对群体和组织的利益与行为的约束、协调、监控总是必须借助一定的正式机构和设施,而社会规范对行动者个体行为的约束则不然。(3) 在内容上,社会规范是人们必须遵守的行动准则,常常针对某一类具体问题,而制度则是各种规范的总和,是规范的系统,约束的往往是某一领域中人们共同的行为。因此,考察社会制度的着眼点是各项社会规范之间的关系,而不是孤立规范的具体内容。(4) 在性质上,社会制度相对于规范而言,具有更为正式、稳定、全面的性质。[1]

(二) 社会制度与社会活动的关系

社会活动指的是一定社会中社会成员的一切社会行为和社会互动的总和,社会制度则是社会活动所应遵循的一些最基本的行为和互动的规范体系。因此,就二者的特点来看,社会活动的内涵更丰富,它除了包含一些制度化的社会活动外,还包含一些非制度化的活动。社会活动处于不断的变化之中,而社会制度却具有相对稳定性。社会制度对社会活动能够产生深远的影响:一方面,社会制度为社会活动提供了基本框架,从而保证社会活动顺利进行;另一方面,社会制度又对社会活动具有限制作用,制度框架为社会活动规定了范围和界线,社会活动一旦超越界线,就会受到各种形式的干预,甚至惩罚。

二、社会制度的起源

关于社会制度的起源,学术界有多种观点。

(一) 风俗习惯说

这种观点以美国社会学家萨姆纳为代表。他认为,人们在一定的环境中,经过

---

[1] 郑杭生主编:《社会学概论新修》,北京:中国人民大学出版社,2003年,第332页。

不断的摸索,形成某种行为模式。这种行为模式最初表现为民风,即那些被大家认同的习惯行为。后来人们逐渐地对民风加以反省,在民风中增添了社会的、伦理的强制力,发展为一种民德,民德成为有一定道德倾向的规范。当民德脱离了感情的或宗教的色彩,就像特定的规则和法令那样,为一定的组织机构所制定时,民德就发展成为制度。简单地说,社会制度起源于民俗,再由民俗发展到民德,民德的结构化和系统化发展就形成了制度。

(二) 人类需要说

该学说认为社会制度起源于人类的需要。在这种观点看来,人有营生的需要,便有经济的制度;有性的需要,便有婚姻的制度;有生殖繁衍的需要,便有家庭制度;有和平相处的需要,便有政治法律制度;有抵御敌人的需要,便有军事制度;有传递思想的需要,便有语言、文字制度;有解释和对付自然力量的需要,以求精神上的安慰,便有宗教制度。这些制度都是人类社会中最基本的制度,而每一种制度,都以一种基本需要为依据。

(三) 生产方式说

这是马克思主义的一种主张,认为社会制度是在一定的社会物质资料生产方式基础上产生的,它受到人类社会生产和再生产发展的制约。马克思曾经指出:"在人们的生产力发展的一定状况下,就会有一定的交换和消费形式。在生产、交换和消费发展的一定阶段上,就会有相应的社会制度、相应的家庭、等级或阶级组织,一句话,就会有一定的市民社会。"[1]马克思的观点从本质上揭示了社会制度的起源,阐明了社会制度是一定社会历史发展的必然产物。

(四) 自生生成说或本原论

该观点认为社会制度是在社会活动过程中自然而然形成的,起初并没有更多的主观制定的意图,而是人们在长期的生活过程中选择、积累的结果,是人类社会需要的自然满足过程的结果。这一过程必然是漫长的历史过程,充满着自觉与不自觉的鉴别与选择、继承与淘汰,如农耕制度是农民长期耕作实践的结果,原始的婚姻制度是在社会性的自然选择中形成和演进的。

---

[1] 《马克思恩格斯选集》第4卷,北京:人民出版社,1995年,第532页。

(五) 人为设计说或后天论

这种观点认为,社会制度是人们为了满足某种社会需要,通过各种途径有意识地建立起来的制度,比如教育制度、社会保障制度等,这些制度产生之初就体现了人类的主观意图。[①] 人为设计说强调,个人化的、凌乱的、不规范的行为不利于人们之间的合作,不利于有效地实现目标,而理性设计的行为规范有利于减少合作的成本,有利于实现目标和秩序。按照这种观点,制度常常是由精英人物设计、得到更大范围内成员的认可并普遍实行的。现代社会的许多社会制度都是通过立法形成的,特别是那些政治、经济、思想、文化领域的社会制度。

针对自生生成说和人为设计说两种看法,人们提出一些疑问,认为在历史过程中,并不存在着社会制度的自生生成或人为设计这样的纯粹类型,也就是说,社会制度的起源要复杂得多。例如家庭制度的演变多少是人为的结果,多少是自然的产物,很难进行具体区分。经济制度、宗教制度也是如此,其演变之初可能是自然的,后来则被赋予许多人为的内容。当然有一点可以肯定,家庭、经济、宗教等制度所规范的人类家庭生活、经济行为、宗教活动等方面的变化,已经被社会制度所认可,从它们的变化中,可以把握社会本身的变化。因此,可以把社会制度的演变看成是社会发展的重要标志。

三、社会制度的特征

社会制度是在人类社会生活的实践中逐步形成、丰富起来的,它属于人类文化的一部分。其特征主要表现在以下几个方面:

(一) 普遍性

从人类现在能够看到的社会或能够发掘到的古代人类社会遗迹中,可以发现,人类社会最基本的一些社会制度,如政治制度、经济制度、家庭制度、宗教制度、教育制度等,普遍地存在于世界上一切国家、一切民族中。婚姻家庭制度和经济制度,在人类的史前时期就形成了。政治的、教育的、宗教的制度等也贯穿于人类社会数千年的历史。这些制度对所管辖范围内的人们均无例外地发挥着制约作用。根据美国人类学家摩尔根考察,社会制度在空间上和时间上的普遍性,是由人类的基本需要大体相同决定的。因为没有社会制度指导的社会生活是混乱的,人们为了使共同生活具有稳定性和秩序性,才创造了各种制度,从经济活动到政治选举、

---

① 陆学艺主编:《社会学》,北京:知识出版社,1991年,第242页。

从教育活动到科学研究、从邻里互助到婚丧嫁娶,社会制度无处不在,无时不有,从而指导着人们的行为,调节着相互之间的关系,满足着人们长时间共同生活的需要。

(二) 特殊性

社会制度虽然普遍存在,但其内容与形式又各不相同。从纵向上来说,不同时代的社会制度有不同的内容与表现形式。同是经济制度,农业社会的经济制度与工业社会的经济制度就有很大差别。从横向上看,同一时代不同国家的社会制度也有不同的内容与表现形态。同是家庭制度,西方国家的家庭制度与中国社会的家庭制度存在着较大的差异。所以,社会制度是一定历史条件和现实条件下的产物,它随着条件的变化而变化。那么社会制度变化的条件究竟是什么呢?从宏观上说,它首先取决于生产力发展水平,一定社会的生产力水平有了变化和提高,必然引起以生产关系为主的各种社会关系的转变。其次是某种社会制度在实际生活中不适合人们社会生活的需要,失掉了它原来存在的功能,从而发生改变。如中国20世纪50年代确立的人民公社制度、计划经济制度,随着80年代社会生活的变化,逐渐退出历史舞台。在阶级社会,阶级利益的对立以及社会各阶级发展状况的不同也对社会制度的变化产生重要影响。

(三) 相对稳定性

社会制度是相对稳定的、规范化的社会结构的组成部分,是社会系统在运作过程中各种社会力量相互作用、相互制约的产物,除非社会各方面力量的平衡受到破坏,产生失衡,或社会大系统有了变化,要求它的各个组成要素也相应起变化,否则一般社会制度不会发生很大变化。稳定性既是社会制度的优点,也是它的弱点。社会制度具有稳定性,人类社会秩序才得到有力保障。如果制度朝令夕改,就不可能形成安定有序的社会生活。但同时,也正因为社会制度有稳定性,自然会产生一定的惰性,落后于充满活力的社会生活的变化,进而成为社会的保守力量与社会发展的阻力,成为社会改革的对象。社会制度的稳定性总是相对的,随着社会的发展,社会制度一定会发生变化。

(四) 强制性

社会制度作为制约人们社会关系、社会行为的一种规范体系,对社会成员的作用具有强制性。首先,社会制度不是随意的,而是一套必须遵守的规范体系,一旦推行就不允许有例外。如经济制度、政治制度、教育制度等一旦确立下来,就会在现实生活中被强制执行并发挥作用。其次,社会制度决定着社会生活的一般形式,它可以强制地改变人们的社会生活。如宗教制度、婚姻家庭制度、社会救济制度等对人的生活所造成的强制性影响。最后,社会制度是以强力作为后盾的,如军队、警察、监狱以及各类执法部门,是社会制度得以推行和维护的强制性的工具。如果有人不遵守或违反某种制度,必定要受到一定的谴责和惩罚。

(五) 阶级性

在阶级社会,社会制度不可避免地、或多或少地受到阶级利益和阶级意识的影响,打上阶级的烙印。比如剥削阶级对被剥削阶级的经济剥削制度,统治阶级对被统治阶级的政治压迫制度。中国封建社会存在的"刑不上大夫,礼不下庶人",就充分显示了社会制度的阶级性。

第二节 社会制度的构成与功能

社会制度是一个系统,它是由各种不同要素组成的综合体。在社会运行与发展过程中,社会制度具有重要的功能。

一、社会制度的构成

构成社会制度的要素一般包括概念系统、规则系统、组织系统和设备系统四大部分。

(一) 概念系统

任何社会制度内部都有一套理论作为自己存在的根据和令人接受的理由。这套理论,可以叫做"概念系统"。概念系统是社会制度得以存在的理论基础,是用来阐明其制度的终极目标或存在价值的观念系统。例如法律制度就是根据一整套的法律概念所组成的法学理论来制定的。社会制度的概念系统常常体现在一系列有关的社会学说、理论或思想中,特别集中地体现在社会的主导意识形态上,它们支持和维护着某一社会制度的存在和发展。社会制度的概念系统是在人类长期的实践活动中形成的。不同的历史条件下有不同的制度理论,不同的统治阶级也有不同的制定制度的指导思想,而且不同社会制度所依据的理论体系也有所不同。比如,中国在改革开放以前,社会主义经济制度的概念系统是建立社会主义公有制,倡导一大二公;而改革开放以后,人们开始普遍接受多种经济成分并存的社会主公有制思想,经济制度也随之由计划经济制度转向市场经济制度。

(二) 规则系统

社会制度的规范系统是指一切社会制度中都包含着一整套行为规则,用以规定社会成员之间的相互关系。例如,在家庭制度中规定了结婚的条件和夫妻双方的权利与义务;在教育制度中,规定了教育方针和教育过程的各种学制、考试、升级、毕业等规则,它们都以一定的行为准则来规定和限制人们的社会关系与社会行为。规则系统包括不成文的和成文的各种规则,前者包括风俗、习惯、惯例、伦理、道德等,后者包括准则、条理、章程、法律等。我们经常讲"党有党纪,国有国法",这里的纪、法指的就是制度的规则系统。构成社会制度的规则系统不是一成不变的,大到国家的法律条文,小到每个单位的组织章程,都会随着社会的发展而不断变化。

(三) 组织系统

仅有概念系统和规则系统,社会制度还是一个空架子,只有通过社会生活中具体的人、群体和组织,遵照根据概念系统而设置的规则系统进行社会互动时,社会制度才能运转并发挥其特定的功能。制度本身是抽象的,看不见、摸不着,制度的有形代表是它的组织系统,用以推动和检查制度的执行。制度的组织系统包括组织的领导、职能部门和具体的工作人员,它是保证制度运行并发挥作用的不可缺少的要素。一种社会制度能否顺利运行并发挥职能,除了必须有一套使人接受的概念系统、一套有效的规则系统外,在很大程度上还要依靠一套领导有方、成员精干、工作效率高的组织系统。在特殊情况下,制度的组织系统也会阻碍制度的变革和发展。当以先进的生产力为代表的社会活动超越了制度所规定的社会关系的规范界限时,制度的组织系统就成为以维护旧的生产关系为代表的社会关系的保守力量,这时就需要进行制度改革。中国当前进行的经济体制改革,其核心就是要改革社会经济制度中那些不适合经济发展的环节和方面。

(四) 设备系统

社会制度要发挥作用,必须具备一套相应的设备系统,它是保证社会制度正常有效发挥作用的物质手段和物质条件。设备系统包括实用的设备和象征性的设备。实用的设备指政治制度中的政府、军队、法庭和监狱等,经济制度中的货币、银行、公司、工厂、商店等,宗教制度中的教堂、神庙、神物和经书等,教育制度中的学校、教科书等。象征性的设备,显示出制度的特征和权威,具有较强的感召力,它包括国家的国旗和国徽、政党的党旗、军队的军旗、学校的校徽、商品的商标等。所有这些,都具有象征性的意义,象征一个社会组织、一个制度的权威和力量,能起到团结成员、行动一致的作用。在某些情况下,它们能起到实用设备起不到的作用。

社会制度的上述四个构成要素是相互联系、相互影响、缺一不可的。任何一个健全的社会制度都必须有理论概念的指导、明确的规则、完善的组织和相应的物资设备。其中,概念系统和规则系统构成制度的"灵魂",组织系统与设备系统构成制度的"躯体",它们有机地结合在一起,构成了有血有肉的社会制度。通常所提到的制度建设往往是指这四个方面的共同建设。

二、社会制度的功能

(一)社会制度的功能表现

任何社会制度的建立都是为了满足社会运行与发展的需要,因而社会制度对于社会的运行和发展发挥着极其重要的作用。

1. 满足需要功能

社会制度是一套规范体系,它把人们的社会活动纳入一定的轨道,以维持社会秩序,保证人类生活的正常进行,这是群体生活的需要。人的需要是多种多样的,为了满足人类的基本需要,不至于因需要不同而相互妨碍,必须依靠社会制度给予引导。社会制度通过规定行为模式,以提倡或禁止某一行为的方式,树立社会所需要的行为模式,形成一定的社会生活秩序。任何人要想满足某方面的需要,都必须了解并学习有关的社会制度,并按照制度规定的方式去满足,如消费需要的满足要按照消费制度的规定,婚姻生活的需求满足要按照婚姻制度的规定,否则就会受到社会的惩罚。

2. 行为导向功能

从人的社会化角度看,社会制度对人的行为具有规范与导向作用。任何人类个体,一方面作为一种动物性存在,他具有内在的、深层的动物性本能和冲动,具有转化为行为动机的潜在可能性;另一方面,人类个体又是一种社会性存在物,在社会生活中,他具有自身的特殊利益、特殊的价值观念、理想和性格特征,这些差异使人们可能在行为上发生冲突。但是社会生活要求人们的行为协调一致,保持一定的社会生活秩序,在这种情况下,必须对个体的某些行为加以限制,使社会中的个人或群体知道应该做什么以及怎样做,不应该做什么等,使其社会行为有规可循,在这里制度就是人们行为的指南。社会制度是人类对自己的长期生活经验进行选择的结果,是人们在参考各方面经验的基础上形成的。所以,真正能实施的社会制度绝大多数具有现实合理性,能够指导人们的行为。作为社会中的个体需要不断学习有关社会的各项制度,依此规范自己的行为;作为社会制度的组织系统也要通过鼓励和惩罚手段促使人们按照社会制度的要求去行动。

3. 社会整合功能

社会整合是指调整或协调社会中不同因素的矛盾、冲突和纠葛,使社会系统内部达到协调的过程和状态。作为规范体系的社会制度能够协调社会行为,调适人际关系,清除社会运行的障碍,建立正常的社会秩序,因而具有社会整合的功能。在社会生活中,如果一种重要的社会制度失灵,就可能带来整个社会的混乱,特别是在人口数量众多的社会,更是如此。试想在一个发达的城市社区,几百万人在一天中的行动,可以数以亿万次计,如果没有社会制度的保证,怎么能使社会秩序井井有条,社会活动有条不紊,各个方面配合默契?怎么能做到每个组织、每个个人都能按照他们的计划行事,并达到一定的目的?

4. 传递文化功能

文化是历史的积淀,具有历史的连续性。文化是靠一代代人不断地继承、总结、改造、创新、积累和发展起来的。但是人们不能把自己已有的文化知识通过遗传留给下一代,下一代要想掌握这些文化必须从头学起。不过下一代:从头学起的时候,首先要学会一套语言工具,学习前人已经给他们准备好了的成套的文化知识和相应的设施,这就大大缩短了学习的时间,使他们可以在不长的时间内,获得前人几千年积累的文化遗产,在此基础上,通过自己的实践创造,增添新的文化。而所有这些工具、言行、设备都是借助于社会制度而保存、施行、表现出来的,是依靠制度的规定开展实践活动的。所以,社会制度既是人类文化的重要组成部分,又是人类传递文化的重要工具。社会制度使人类文化的发展具有历史的连续性,社会文化发展的实践活动也遵循一定制度的规定进行,就此而言,社会制度还成为促进文化发展的重要手段。[①]

(二) 社会制度的功能类型

社会制度的功能类型可以在两个层面上加以分析:一是按功能的性质分析,二是按功能的层次分析。

1. 正功能和负功能

从性质上分析社会制度的功能,可划分为正功能和负功能。正功能与负功能是指社会制度对于社会调整与社会适应是起帮助作用还是削弱作用。显然正功能

[①] 吴增基、吴鹏森、苏振芳主编:《现代社会学》,上海:上海人民出版社,1997年,第258页。

是社会制度的积极功能,表现为制度对于社会调整与社会适应所具有的积极贡献。负功能是社会制度的消极功能,表现为制度对于社会调整与社会适应的不良影响与作用,它使社会运行偏离其所期望的目标。在现实社会中,社会制度作用的发挥,并非总是积极的,有时社会制度在满足人们的需要以及影响社会行动或社会秩序的过程中,会产生阻碍或消极作用。美国社会学家帕森斯和默顿最早从性质上对社会制度的功能进行了区分。他们通过研究发现,一项社会制度对社会系统运行产生积极作用的同时,不可避免地会产生一些负面影响和消极作用,它干扰其正功能的发挥,影响其目标的达成。比如近年来,中国高校实行学分制度改革,应该说有利于学生的自由发展,有利于教师学术水平的提高。但是如果学分制搞得不规范,就有可能造成教师迎合学生的要求,成绩评定不严格等负面影响,不利于教学质量的提高。制度的负功能往往违背制度制定者的初衷,因而它常以潜功能的形式存在着。

区分社会制度不同性质的功能具有重要的意义:第一,它提醒人们在制定制度时,要注意调查研究,尽可能全面地考虑到影响制度发挥作用的各种因素,以便使制定的制度更切合实际,更符合事物发展的客观规律。第二,在新制度正式实施前,应在小范围进行试点,以了解可能产生的副作用。第三,一旦发现制度具有未曾预料到的负功能,应及时修改和完善,使制度的设定与目标的达成真正统一。[①]

社会制度的正功能和负功能是一对矛盾,它们往往同时存在。我们在研究社会制度的功能性质时,需要把握社会制度有哪些功能可以起主导作用。如果制度的正功能在社会生活中发挥了主导作用,说明社会制度是适应社会生存与发展需要的,否则将面临社会制度的改革。

2. 显功能和潜功能

从层次上分析社会制度的功能,可划分为显功能和潜功能。这种划分最早由美国社会学家默顿提出,所要表达的是人类行为动机与功能之间的关系。默顿认为,显功能是指社会制度被人们认识到的具有主观意图的客观效果。潜功能不是由社会成员有意造成并未被认识到的客观效果,它是一种客观的自发力量,往往处在人们的认识范围和控制范围之外。默顿指出,社会学者的特殊贡献不但在于研究社会行动者有意安排的预期后果(显功能),而且主要在于研究社会行动者未预期的或不为一般人所觉察的后果(潜功能)。

任何社会制度都在某一特定的社会生活领域发挥作用,都使用一套明确的规范系统约束社会成员的行为。如果社会成员严格按照规范要求行事,那么,他的行

[①] 赵连文,张玉玲:《社会学论纲》,郑州:河南大学出版社,2006年,第205页。

为结果是可以预期的。因此,与一项社会制度的直接目的有关的社会行动后果往往受到人们的特别关注,从而表现出社会制度的显功能。与此同时,由于社会是一个系统,存在着各种相互作用、相互影响的社会因素,一项制度的实行后果不仅与该制度的目标相联系,而且还与其他社会活动领域和其他社会制度发生联系。这些联系难以被人明显地意识到,由此产生出社会制度的潜功能。例如,中国的教育制度旨在培养社会主义现代化建设的有用人才,但学校培养出来的学生并非都是理想的,有时难以避免理论脱离实际的书呆子甚至反社会分子。尽管这些结果不是教育制度所期望的,但客观上,教育制度确实存在着这种潜在的功能。再如,购买名牌汽车固然是为了出行方便,这是显功能的表现,但名牌汽车还能显示一个人的社会地位,这就是潜功能。任何事物都有功能,并且有显功能与潜功能之分,大多数人往往只看到显功能,而忽视了潜功能。

社会制度之所以会产生潜功能,首先是由于人们的认识与客观事物的发展之间总会存在一定的距离,因而人们所制定的制度与他们所期望达到的目的之间难以吻合。其次,一种社会制度在发挥其作用的过程中,往往要受到多种主客观因素的影响,如社会成员的素质、宏观环境的变化等等。这些影响有可能使制度原有的功能发生转换,或者产生原来没有估计到的作用。最后,由于制度内部的构成要素之间的不协调,如制度的组织系统不健全,与制度实施的要求不一致,这种不协调、不一致,也有可能使制度原有的目标发生转移。

社会制度显功能和潜功能的划分并不是绝对的,随着事物的发展和人们认识能力的提高,潜功能也可能转变为显功能。默顿的分析指出,在进行功能分析时应该考虑到它的复杂性。研究社会制度的潜功能,一方面应注意研究社会制度的潜功能是在哪个层次上发生的,是在同一制度内部还是在与其他制度的关系中。由于社会是一个由许多要素构成的复杂整体,所以任何一项制度的实施结果都会产生许多连锁反应,由此决定了潜功能的多层次性。另一方面还要根据研究的需要和范围来确定潜功能的层次,然后对它加以控制和利用。

第三节 社会的基本制度

人类社会发展过程中,产生了多种多样的社会制度,了解社会制度的类型以及影响社会进程的基本社会制度可以更清楚地把握社会制度的内涵与功能。

一、社会制度的分类

社会制度的分类,很大程度上是根据对已知社会制度特性的把握来确定的,而并非对所有社会制度逐一考察的结果。

(一) 本源的社会制度和派生的社会制度

按照社会制度的起源,可以把社会制度划分为本源的社会制度和派生的社会制度。本源性的社会制度是指在人类社会中出现得最早,并且成为其他社会制度的母体的社会制度。其特点有:第一,它们是人类社会生活中较早出现的;第二,这些制度发生于人类生活的基本领域,并发挥着基本作用;第三,这些社会制度可能会衍生出新的社会制度。经济制度、婚姻家庭制度被认为是本源的社会制度。

派生的社会制度是指从本源的社会制度中分化、产生和发展起来的那些社会制度。其特点是:第一,它们是人类社会生活中后来出现的;第二,这些社会制度是在本源社会制度的基础上产生的,甚至是由本源社会制度的某一部分发展而来的;第三,它们的功能与本源社会制度相比不是那么综合,其作用领域比较明显。政治制度、教育制度、宗教制度等都属于派生的社会制度。随着人类社会的发展,新的派生的社会制度不断产生与发展,比如科学制度、医疗卫生制度、社会福利制度等。派生的社会制度,并不意味着它们在社会生活中不重要;相反,作为社会发展、文明进步的产物,它们在社会生活中具有重要的作用。社会越发达、越先进,派生的制度就越多,发挥的作用也越重要。

(二) 自生的社会制度和人为的社会制度

按照社会制度形成的方式,可以把社会制度划分为自生的制度和人为的制度。尽管每种社会制度的形成都有其客观依据,但是具体的形成方式和过程是不同的。社会制度形成的途径一般有两条:一是自发形成,二是立法产生。前者属于自生的制度,后者属于人为的制度。

(三) 社会自存制度、社会自续制度和社会自足制度、宗教制度

美国社会学家萨纳姆按制度的性质,把社会制度分为四类:一是社会自存制度,包括工业组织、财产和统治组织制度;二是社会自续制度,包括婚姻与家庭制度;三是社会自足制度,包括许多不相关联的社会形式,如服饰、礼节以及关于娱乐的游戏、赌博、艺术等;四是宗教制度,包括灵魂鬼怪等信仰。[①]

[①] 赵连文,张玉玲:《社会学论纲》,郑州:河南大学出版社,2006年,第200页。

(四) 政治制度、经济制度、表意整合制度和亲属制度

社会学家英克尔斯从功能的角度把社会制度分为四组:第一组是政治制度,它涉及的是权力的行使和对力量的合法使用的垄断。第二组是经济制度,它涉及的是货物和服务的生产和分配。第三组是表意整合制度,它是关于艺术、戏剧和消遣之类的制度,也包括有关思想和价值传递的制度,可以把科学、宗教、哲学、教育的组织归入这一类。第四组是亲属制度,主要是关于性的调整问题,同时也为抚育幼小者提供稳定而可靠的机构。[1]

(五) 正式制度与非正式制度

按照社会制度的正式程度,可以把社会制度划分为正式制度与非正式制度。正式制度是指人们有意识地创造的、正式的、由成文的相关规定构成的规范体系,它们在组织和社会活动中具有明确的合法性,并靠组织的正式结构来实施。非正式制度是指人们在长期交往中无意识地形成的、不成文的、指导人们行为的道德观念、伦理规范、风俗习惯等。一些学者认为,非正式制度对于正式制度发挥着支持、补充等作用,因此不能忽视非正式制度的作用。[2] 在中国社会,非正式制度繁多复杂,一直在社会生活中发挥巨大的作用。改革开放以来,原来的、相对严格的计划经济体制下的办事规则被削弱,而规范的、与市场经济体制相适应的制度规则还没有真正建立起来,在这种情况下,一些非正式制度在社会运行中开始发挥突出作用。

二、几种基本的社会制度

(一) 家庭制度

家庭是人类生活的基本形式。所谓家庭制度,是关于家庭的性质、关系、功能、权利和义务的一套规范体系,是整个社会制度体系的重要组成部分。家庭制度包括婚姻制度与相应的习俗礼仪、生育制度、亲子制度、父母与子女的权利和义务、家庭财产继承制度等。家庭制度是所有社会制度中最普遍、最悠久的。在古代社会尤其是原始社会中,家庭制度(非严格意义的制度)主要表现为有关习俗、惯例等不成文的规范;在现代社会,它一般表现为相应的民法,并辅之以社会文化传统、道德和舆论等相关的社会规范。

---

[1] 〔美〕亚历克斯·英克尔斯著,陈观胜等译:《社会学是什么?——对这门学科和职业的介绍》,北京:中国社会科学出版社,1981年,第99页。

[2] 王思斌主编:《社会学教程》,北京:北京大学出版社,2006年,第190页。

在每个已知的社会中都发现了家庭的某种形式。社会学家发现,家庭是个普遍性制度,因为它满足了人类劳动再生产、性行为以及感情交流的需要。家庭的第一个作用是调节性关系,禁止乱伦的规定使人种得到了进化。家庭的第二个作用是把孩子置于社会结构之中。英国人类学家马林诺夫斯基提出的合法婚姻原则认为,每个儿童都必须有社会意义上的父亲,为他或她提供社会地位或合法性。家庭的第三个作用是使其成员获得亲密无间的情感和社会援助等。对于社会而言,家庭制度不仅维系着家庭生活和家庭生活共同体的延续,而且还维系着整个社会的秩序。家庭制度是一种本源制度,其他许多社会制度都是建立在家庭制度之上或包含于其中并逐步发展分化出来的。有的社会学家认为,在原始社会时期,家庭制度是人类社会唯一的和核心的制度,诸如物质生产活动功能也由家庭来承担,人类的社会行动从来就是结群性行动,在最初它无疑是以血缘关系为基础的。在现代社会,婚姻家庭制度也是主要的社会生活制度,只有在婚姻家庭制度的规定下进行的家庭生活,才能与整个社会的生活协调起来,才有利于社会的团结和安定。现代社会的婚姻家庭制度一般是由法律明文规定的,是受到国家法律的认可和保护的。

(二) 经济制度

按照弗洛伊德的说法,人类满足自己的只有两类活动,即爱情和工作。如果把家庭称做爱情的制度,那么经济就是工作的制度。经济是专为生产、交换商品和服务的社会制度。经济制度是一种确立和规范社会经济关系和经济行为的社会制度,旨在满足人类物质生产活动的需要。对财产所有方式的规定、对社会经济活动中劳动分工的规定、对社会经济运行中产品交换活动与分配形式的规定、对市场运行的规定、对经济活动中相互承诺的规定以及资源的利用、经济管理机制等,都属于经济制度的主要内容。

经济制度的主要功能包括规范经济活动,调整经济关系,保障社会生产和再生产的持续发展,为人类社会的生存与发展提供物质基础。同家庭制度一样,经济制度也是本源性的社会制度,即在社会上出现得最早并且是其他制度的母体,许多其他社会制度的结构与功能大都根据经济制度派生出来。经济制度也是人类社会最主要的制度,它对社会的发展具有决定性影响。由于经济制度管辖的范围是社会的物质生活领域,所以与政治制度、教育制度等其他类型的社会制度相比较,经济制度又是一种最基本的社会制度,是许多其他制度产生的摇篮和发展的推动力。经济制度还是最复杂的制度。随着社会经济的发展,社会分工越来越细,人的需要越来越多样化,为经济发展和人的需要服务的经济制度也就越来越复杂。到目前为止,人类社会经历了原始社会、奴隶社会、封建社会、资本主义社会和社会主义社会五种不同的社会经济形态,与此相对应产生了五种不同的经济制度。

(三) 政治制度

政治制度是对国家的管理和社会秩序的维护作出的各种规定,它旨在满足公共事务的管理和社会秩序的维持的需要。政治制度的核心部分是有关国家性质、政体、国体、各阶级在政治生活中的地位和国家管理的原则、方式等方面的规定。国家具体的法律制度、干部制度、行政管理制度、军事制度和对外关系制度等也属于政治制度的重要组成部分。

一个国家的性质主要是由其政治制度决定的。政治制度不是人类社会一开始就有的,而是随着国家的产生而产生的。任何国家的政治制度都是该国统治阶级意志的表现,一般由统治阶级制定和推行。政治制度不是独立的社会因素,它依赖于社会的经济结构,表现和反映经济制度的内容,受经济制度的制约,同时政治制度也对经济制度产生重要的影响。同经济制度一样,到目前为止,人类也已经历了多种不同类型的政治制度。尽管政治制度的具体表现形式不同,但其基本功能还是相似的:其一,规范和维持社会秩序。由于人类社会行为的复杂性、社会关系的多样性以及利益驱动的多极化,规范各个利益群体之间的冲突、维持社会秩序是必需的,政治制度可以运用权力的作用,对社会群体活动实行协调、监督、控制,尤其是对各个社会群体在社会权力体系中的位置及相互之间的关系进行有效的调整,从而保证社会的正常运行和社会秩序的有条不紊。一般来说,政治制度的基本原则和运行过程,都是围绕着社会秩序的规范与维持来设定和进行的,尤其是在社会公共秩序管理已成为独立的社会行动领域的条件下,有效地维持社会秩序更是成为检验政治制度合理性的重要标准。其二,管理公共事务。公共事务是涉及全体社会成员以不同利益要求为基础的共同行动,如何使这些行动的目标以及行动过程被限制在社会整体目标和有序范围之内,是政治制度的核心任务。整个社会生活是由许多具体的领域构成的,比如经济、文化、教育、军事、福利、外交等,每一领域的行政事务,都要有相应的制度来保证和规范它们的运行。而政治制度对公共事务的协调、管理,是站在社会整体的高度,对各具体领域的公共事务进行有效的协调,以使社会整体的各有机组成部分在相互协调中良性运转,这绝非是单项制度所能做到的。

(四) 教育制度

教育制度是为了满足文化知识与观念传授需要而设立的各种制度的总和。它包括教育活动的组织准则、活动程序规定和各种教育管理章程等。教育制度的功能在于,保证社会成员的社会行动与相关的知识、观念的发展符合一定历史阶段的要求,同时也是确保文化继承与发展的一种必要手段,它在推动社会进步方面起着越来越重要的作用。

与经济制度和家庭制度不同,教育制度作为一种派生性的社会制度是从本源制度中生长、演化、发展出来的,是社会发展到一定阶段的产物。在生产力发展水平很低的原始社会,教育活动还没有从生产劳动中分离出来成为一个独立的领域,所以不存在教育制度。奴隶制社会以后才有专门的教学机构——学校。封建社会,学校教育的规模不断扩大,种类也日渐增多,不过受教育只是统治阶级拥有的特权,而且教育也仅仅被作为一种工具,用来指导下一代适应当时社会制度的要求,并未形成一种制度。到了近代资本主义社会,随着机器大生产的发展和科学技术的进步,教育制度才逐渐成为一种与经济制度、家庭制度、政治制度、宗教制度等并存于社会结构中的重要的社会制度,并与其他制度相互影响、相互作用。比如,经济制度和政治制度决定着教育制度发展的速度、规模以及阶级性,教育制度的发展又会极大地促进经济的发展和政治民主化水平的提高。在当代社会,这种促进作用从某种意义上说已经开始成为一种决定性的力量,以至于有人认为,在可以预期的时间范围内,教育制度会成为一种最重要的社会制度。教育制度的社会功能主要表现为四个方面:一是传授知识与科学研究的功能。这是教育制度最基本的功能。二是通过教育组织的努力,实现个人社会化的功能。三是培养和筛选人才,为社会成员走向事业成功提供重要的发展道路的功能。四是扩大民族文化遗产,通过激励发明创造、开拓新的思维方法来发展新的知识和技术的功能。在现代社会,经济的发展已经使教育的内容和手段较以往发生了巨大的变化。教育制度的社会功能早已超过了教育领域,教育已经成为全社会的事业。

(五) 宗教制度

宗教制度是人类有组织的信仰及相应的群体活动的规范体系。它由神圣崇拜物、信仰体系、宗教仪式及组织设备等方面的基本内容构成。人类对复杂的社会现象的理解往往受到超自然力量的影响,这种超自然的力量所形成的一系列价值准则、仪式、组织和章程就构成了宗教制度。宗教制度旨在满足人类对超自然力量的崇拜和敬畏的需要。

宗教制度是一种派生性的社会制度,它是人类社会历史长期发展的产物。宗教活动最早出现在原始社会,在生产发展过程中,人类活动的范围不断扩大,对自然现象和社会现象也出现了越来越多的感知,但当时,人类对这些现象还不能作出科学的解释,对超自然的神圣的东西的崇拜以及宗教思想应运而生。原始社会时期,宗教活动主要与家庭制度以及社区组织紧密结合,在社会生活的各个方面发挥作用。后来,宗教活动逐渐从人类的其他活动中独立出来,出现了专门的神职人员,宗教的教义、经典、规范及组织机构也日渐完善,宗教制度开始形成。

宗教制度在人类社会生活中发挥着不可替代的作用,在不同的历史时期,其发挥作用的程度也并不相同。在中世纪的欧洲,宗教与统治阶级的政权相结合,控制了社会政治、经济、思想、文化和科学等各个领域,成为整个社会的精神支柱。近代资本主义的发展使宗教在社会生活中的统治地位受到了巨大的冲击,政教开始分离,科学也终于挣脱了神学的统治,宗教信仰逐渐变成个人生活中的私事。这种宗教信仰世俗化的趋势一直持续到现在。

宗教所反映的虽然是人与人之间虚幻的、纯精神上的联系,但其功能却是巨大的。从正功能来讲,宗教制度有助于维护社会的稳定,它通过信徒们对其信仰体系、宗教仪式的认同以及对信徒行为的强有力约束来增强团体凝聚力,发挥维护社会稳定的作用。韦伯直接把宗教看成是合法秩序的一种重要特征。宗教制度还可以提供精神支柱和心理安慰。宗教往往通过预知或先知先觉的形式来帮助人们克服对未知事物的恐惧和对未来的焦虑,帮助人们调整因不幸而产生的心理冲突,并使人们在对未来美好生活的憧憬中淡化现世的痛苦,获得精神上的支持和心理上的安慰。从负功能来看,宗教制度将某些社会规范和价值观神圣化,限制人们不去对社会和自然的奥秘作进一步深入的探索,阻碍人们对自然界与社会的科学探索以及对真理的探索与追求。宗教制度通过对来世美好生活的幻想给信徒们带来心理安慰的同时,也容易使人们逆来顺受,安于现状,从而延缓了社会变革的进程。如何在发挥宗教制度积极社会功能的同时,最大限度地限制和削弱宗教制度消极的社会功能,使宗教这一人类最古老的信仰活动更好地服务于现代社会生活,是宗教社会学面临的重要任务。

第四节 制度化与制度的生命周期

制度化是现代社会的一个特征,同任何事物一样,制度也存在着生命周期,了解制度化的内涵和作用,认识制度的生命周期对于改革和完善社会制度,推动社会进步十分重要。

一、制度化

社会制度指的是社会规范体系,而制度化却表现为一个过程,这个过程并不是指社会制度本身的演化,而是指制度对人类现实的社会行动产生影响并使之模式化的过程。制度化包含着两层含义:第一,它是指人类社会行为的定型化与模式化。如果某种社会行为没有受到制度的严格制约,而具有随意性,那么就不能称之为制度化。所以制度的定型化与模式化是反映在人们重复的共同活动之中的。第二,指人类的社会行为普遍被制度所制约。制度化的过程是人们的每一种社会行为都被纳入明确的制度轨道的过程。如果某些行为受到制度制约了,而另一些行为却没有明确的制度制约,那就不能称之为制度化的社会。制度化不仅反映在微观的社会互动之中,比如人们在彼此交往中会按照彼此预知的并被认为是正当的与合法的方式去行动,也反映在更广阔的社会生活之中,比如法制化就是在一定社会生活领域,人们普遍按照法律规范去行动的过程。

制度化是现代社会的一个特征。近现代社会以前,人们的行为主要靠风俗习惯、伦理道德等规范调节,而不是靠明确约束力的制度来制约,社会管理带有浓厚的人治色彩,主观随意性比较大。现代社会则是高度制度化的社会,各种各样的制度几乎渗透到人们社会生活的一切领域,成为调节人们社会关系、制约社会行为的主要手段。

制度化的主要途径有两个:一是角色学习,即一个人根据自己所处的地位与扮演的角色来学习相应的社会规范;二是组织灌输,即组织根据社会要求并结合个人需要,把一定的社会规范灌输给个人,使其接受并按照社会规范行为做事。二者相比,组织灌输方式更具有强制性。家庭、学校、工作机构、社区等都担当着灌输社会规范、推进制度化进程的任务。

制度化的基本作用也有两个方面:第一,促使人们内化规范,认定某种行为的合理性。一般说来,符合规范属于合理的行为,越出规范的轨道,被认为是违反制度,就是不合理的行为。正是通过制度化的过程,社会秩序得以形成和维持,正常的社会生活得以运行。所以制度化的结果就是一定社会秩序的形成,社会制度被人们所理解并遵守的过程,就是赋予人的社会行为合理化的过程。第二,使人们的社会行动具有可预测性。人们必须依循一定的规章或规范,可期望性的依据就是制度规范。例如,在当代中国的教育制度中,如果期望获得大学毕业文凭,必须通过参加高考这一大学入学考试制度,这是一种制度化的模式。一旦人们因各种原因对制度规范产生不满或怀疑时,制度化则转化为反制度化,意味着新的符合人们理想的制度开始萌生。

关于制度化有几个问题需要澄清:

第一,制度化的副作用。

制度化有积极的作用,但制度化也会给人类社会带来副作用。制度化的同时也是人们行为模式化的过程。从历史发展看,人类社会需要不断地推动制度的改造,使旧的行为模式被新的行为模式所取代;但从现实过程分析,制度化意味着某种行为方式的固定化,意味着行为模式的刻板化或僵化。结果,人们创造了制度,却反过来成了制度的奴隶。比如某项制度明明已落后于时代发展的要求,已失去了合理性,但它仍然会以强大的惯性向前运行,结果成为社会发展的阻力。制度化的副作用不仅表现为惰性与僵化,影响个人或组织对于社会经济变化的应变能力,而且表现为保守。比如一个组织,制度化程度越高,其成员特别是领导者越趋向于维护已有的组织机构,保存既得的权力与地位,忽视组织效能的发挥,进而影响组织目标的实现。所以社会发展需要充分发挥制度的积极作用,克服制度的惰性,对阻碍社会运行的社会制度不断进行改革与变革,以适应社会生活的发展变化。

第二,制度化的逃避现象。

制度化逃避是指在实际生活中存在的大量违背制度要求但又行得通的行为与现象,它体现了形式上的制度与现实中的制度的矛盾。所谓形式上的制度,即公认的、成文的制度;所谓现实中的制度,即现实生活中真正实行着的制度。由于制度本身可能存在的某些漏洞或者不完善,无法制约人们所有的行为和调节所有的关系,这就为越轨行为的产生提供了活动的余地与空间。人们常见的"阳奉阴违"其实就是制度化的逃避。在我们的现实社会中,存在不少钻制度空子的现象,如有人借改革之名,假公济私,中饱私囊,其实就是一种制度化的逃避现象;而所谓的"合法不合理"、"你有政策我有对策"等等,也反映了制度化的逃避现象。

第三,制度化过程中新旧制度的冲突。

在制度化过程中,新旧制度并存并引起冲突是不可避免的。因为旧制度的消亡,新制度的建设只能是逐步进行的,需要花费一定的时间。制度化与暴力革命不同,它是一个渐进的过程,在这个过程中,两种制度同时并存,交互发生作用。新制度的因素在人们的社会交往中日益增多,但还不能立即全部取代旧制度,而旧制度的相当部分还有继续存在和运用的土壤与价值。人们对旧制度在观念上、思想感情上以及生活习惯上仍有先入之见,适应性更强,除非它影响到人们生活的深处,刺痛了人们的感情,否则人们不愿放弃旧制度,这必然要引起新旧制度矛盾的加剧。中国有句老话,叫做"不破不立",但破与立并不能在实际生活中截然分开,往往是边破边立的。对于旧制度的改革、破除与新制度的建设同样也是一样,不可孤立看待,既要边破边立,也要边改边立。

二、制度的生命周期

同任何事物的发展过程一样,制度本身也有一个产生、发展、完善以及不断被替代的过程。这个过程被称为制度的生命周期。这个周期一般经过四个阶段。

(一) 形成阶段

当人们选择了某个制度后,就会通过明确和强化制度的价值,逐步设计出与之相适应的规则,建立执行制度的组织体系,使制度逐步发挥作用。由于制度尚在建立初期,在很多方面并不完备,使得功能发挥非常有限。然而正是社会的需要与制度发挥功能之间的差距推动着制度的不断完善。制度形成时期的标志是新制度在相应领域的功能范围扩大,制度的规则体系逐步完善,人们对新制度的参与和认可逐步增强。

(二) 成熟阶段

制度的成熟阶段表现为制度的规则体系已经建立,组织体系已经配套,并且在价值体系强有力的指导下开始高效能地发挥功能,基本上能够满足人们的需要,制度的使用者基本上是积极的评价。在这个阶段,制度规则及其运行与人们的需要基本上是吻合的,但是制度仍要不断完善,调整那些与社会需要不太适应的部分。

(三) 形式化阶段

当制度成熟之后就会形成自我运行的机制,这是制度的各部分有效连接、共同发挥作用的阶段,即有效地发挥制度的定型化功能模式。然而,人们的需要始终处在变化之中,新的需要不断产生,社会各方面或制度的运行环境也在发生变化,使得制度的定型化功能模式与制度的功能目标发生脱节,结果制度变得越来越形式化。制度的形式化其实就意味着制度功能的衰退,这是一种制度达到巅峰状态之后走向老化的表现。

(四) 消亡阶段

当一种制度基本上不能满足人们的需要,不能完全发挥积极功能的时候,它就进入消亡阶段。在这一阶段,制度表现为下列特征:一是制度存在的价值非常模糊,不能反映社会的需求;二是制度规范基本上失去约束力;三是制度结构内部出现严重混乱,不能发挥功能;四是制度化的活动流于形式,不仅不能满足人们的需要,而且引起了人们的普遍反感。这表明制度已由原来的正功能状态转向负功能状态,制度改革、制度替代成为必然。[①]

[①] 王思斌主编:《社会学教程》,北京:北京大学出版社,2006年,第200~201页。

制度生命周期理论表明,任何社会都不存在完美无缺的制度形式,每一种制度形式都处于产生、发展和完善并最终走向衰亡的历史过程。所谓"制度的最优"不过是一种相对的理论,现实生活中根本就不存在"一劳永逸"的事情。一种制度形式可能在初期是有效率的,但当制度的效率曲线达到一定点时,再发展下去就会导致效率衰减。在这种情况下,只有进行制度创新、制度改革才能适应日新月异的社会发展。在人类历史的发展过程中,伴随着社会生活向制度化方向发展,制度的改革从未间断过。旧制度消亡、新制度诞生,社会制度总是处在不断的新陈代谢和淘汰替代过程之中。

拓展阅读

办一所"出格"的大学有多难?

特区深圳想要办一所好大学。南方科技大学带着深圳大学未竟的梦想,以改革异类的形象闯入中国高等教育界。它的远大理想令公众振奋。然而当理想触摸现实,一张盘根错节的教育体制之网,让它的每一步都迈得异常艰难。

南方科技大学校长朱清时一上任,就提出了"去行政化"、"教授治校"等理念,广受关注。但现在,这些改革的理念却遭遇制度障碍,难以推进。试验的难度让他始料未及。"一年中,我有数次陷入不知道该怎么办的状态,觉得我可能真的做不到,心有余而力不足。"朱清时对南方周末记者说。

第一个险些迈不过去的坎,是学校如何得到教育部的承认。教育部长袁贵仁、副部长鲁昕等人,都表示支持南方科大"做中国创建世界一流大学的试验"。但中国事情的复杂性就在于,得到上级批准,难;但上层领导表态了,也并不意味着事情可以变得顺利。朱清时说:"后来的实践使我认识到,部长的态度,不等于教育部批准。"

招生问题,成为过去一年里南方科大迈不过去的槛。第一个拦路虎,是国务院一份名为《普通高等学校设置暂行条例》的文件。这份文件发布于1986年,到现在已"暂行"了24年。《条例》第十七条规定:"设置普通高等学校的审批程序,一般分为审批筹建和审批正式建校招生两个阶段。"而从筹建到正式建校招生,需要一到五年时间。"不亲自去组建一个学校,就根本不知道中国有这么多教育的规章制度,不知道卡得这么死。"朱清时感叹。

经过争取,教育部允许南方科大与中科大联合招生。这已经是为改革试验开绿灯——以往,尚在筹建阶段的学校,连联合招生的资格都没有。

如果南方科大按照现行制度，从专科开始办学，升到本科，再一步步申请硕士点、博士点，要办成一所研究型大学，至少要二三十年。朱清时决定不再等待。他要进行一场史无前例的冒险——跳出现行教育体制，探索一条全新的道路。最重要一步是：从教育部手中要回招生和授学位的自主权。

这并不是一个容易的决定：教育部是否承认此学位，尚是未知数，万一不认可，学生们毕业后能被社会接纳吗？家长们能放心让孩子来吗？但在朱清时看来，这是唯一的解决办法。南方科大希望全国知名中学的校长们推荐学生来考试，开出了优厚的条件。不过，在深圳的一次座谈会上，校长们的担心很现实："学生只完成了高二学业，我怎么给他发高中毕业证？起码体育课就没修完。""如果推荐了一个本可以上北大清华的学生，中学岂不更是少了一个成果？"

家长们则担心，没有教育部的学籍，学生户口、医疗保障如何解决？南方科大的学生如果没有拿到教育部学位，报考其他学校研究生如何解决？

一些评论者将这一试验视为"南'科'一梦"。他们认为，要在中国内地建起这样一所理想的大学，不过是一场白日梦而已。同济大学教授朱大可甚至断言："南方科技大学的努力必定要失败，因为它无法跟庞大的行政体制对抗。"

其实，朱清时也将南方科大视为一场"梦"。不过他说，不是白日梦，而是一代人的梦想。尽管未来难以预料，好在梦想仍在生长。

资料来源：方可成：《办一所"出格"的大学有多难？》，《南方周末》，2010-12-16。

本章小结

1. 社会制度为了满足人们的需要而产生，是由社会关系所决定的。它是一定历史条件下的产物，社会制度会随着历史条件的变化而变化。社会制度是社会关系的规范体系，是成套的、系统的行动规则。

2. 社会制度在人类社会发展中逐步形成，属于文化的重要组成部分，具有普遍性、特殊性、相对稳定性、强制性、阶级性等特征。

3. 社会制度由概念系统、规则系统、组织系统和设备系统四大部分构成。

4. 社会制度的基本功能包括：满足社会运行和发展的需要、人类行为导向、社会整合以及文化传递等几个方面。

5. 社会制度正功能和负功能分析强调的是社会制度对社会发展和社会适应所起的促进还是削弱作用的辨别，显功能和潜功能的区分突出的是人类行为动机与效果之间的关系。

6. 社会制度的分类由于考察的角度不同而有所差异。

7. 制度化是现代社会的重要特征，制度化可以促进人们内化社会规范，为行为提供合理性，也可以预测人们社会行为，使得社会活动变得可以预期和控制。

8. 社会制度的生命周期一般经过四个阶段：形成期、成熟期、形式化期和消亡期。

主要术语

社会制度（Social Institution）：在一定的历史条件下形成的人们的社会关系以及与此关系相联系的社会活动的规范体系。

显功能（Manifest Function）：社会制度被人们认识到的具有主观意图的客观效果。

潜功能（Latent Function）：不是由社会成员有意造成并未被认识到的客观效果，是一种客观的自发力量，往往处在人们的认识范围和控制范围之外。

家庭制度（Family Institution）：关于家庭的性质、关系、功能、权利和义务的一套规范体系，是整个社会制度体系的重要组成部分。

经济制度（Economic Institution）：规范经济活动，调整经济关系，保障社会生产和再生产的持续发展，为人类社会的生存与发展提供物质基础的社会规范体系。

政治制度（Political Institution）：指对国家的管理和社会秩序的维护作出的各种规定，旨在满足公共事务的管理和社会秩序维持的需要。

教育制度（Educational Institution）：为了满足文化知识与观念传授需要而设立的各种制度的总和，它包括教育活动的组织准则、活动程序规定和各种教育管理章程等。

宗教制度（Religious Institution）：人类有组织的信仰及相应的群体活动的规范体系，由神圣崇拜物、信仰体系、宗教仪式及组织设备等方面的基本内容构成。

制度化（Institutionalization）：指制度对人类现实的社会行动产生影响并使之模式化的过程。

练习题

1. 材料分析

国内外许多心理学家研究认为，"早期剥夺父母的关爱"会对儿童的心理发展起消极作用。日后这个孩子会变得沉默、被动、不信任亲人，也不易信任别人。离婚家庭的孩子在父母的相互殴打和诅咒中，在思念亲人的焦虑中，情绪和情感自然受到极大的影响，对集体中丰富多彩的活动不感兴趣，对其他小朋友产生羡慕或嫉妒的心理。孩子如果长期处于这种不良情绪下，焦虑、紧张、恐惧逐渐演化为焦虑的情绪品质，他们在学校很难和其他小朋友和谐相处，也很难得到老师的肯定和注意，因而，他们易被激怒，情绪极不稳定，偶尔的小事会引起突然的、不可遏止的愤怒或者情绪低落。

虽然离婚通常被认为是消极的，但是某些情况下它还是有积极的作用。那些无法再继续自己婚姻的男女把离婚看做是一种"解脱"，而对于长期处在父母紧张关系中的儿童来说，特别是对于那些承受父母虐待的儿童来说离婚是一件值得"庆幸的事情"。当然，这些研究结论都只是针对婚姻关系一个方面的探讨，离婚到底有什么样的影响还值得人们继续深入的研究。

（资料来源：王锦绣：《浅谈离异家庭孩子心理健康对成长的影响》，人教网，2007年10月18日，http://www.pep.com.cn/xgjy/xqjy/yjyj/yjts/gnxw/201008/t20100823_702354.htm)

请运用社会制度的相关理论思考：
(1) 离婚破坏了家庭制度中的哪些结构和功能？
(2) 离婚有没有正功能？
(3) 婚姻制度还有哪些潜在的功能亟待研究？

2. 材料分析

全国人大开展食品安全法执法检查时，许多地方政府反映，法律要求地方政府对食品安全负总责，但是承担重要监管职责的工商、质监是垂直管理，不怎么受地方政府的节制和管理。垂直管理是中国政府管理中的一大特色，实行垂直管理意味着直接由省级或者中央主管部门统筹管理"人、财、物、事"，不受地方政府监督机制约束。

这种监管制度有很多缺陷，最明显的就是食品安全体系中的权责不统一问题使得食品安全监管存在着巨大的漏洞。2003年安徽阜阳劣质奶粉事件就是例证。于是，国务院于2004年9月1日下发了《关于进一步加强食品安全工作的决定》，首次明确了"地方负总责＋各环节管理"的食品安全监管模式。按照当时的分工，农业部门负责种植养殖环节，质检部门负责生产加工环节，工商部门负责流通领域环节，卫生部门负责餐饮消费环节，食品药品监督部门负责食品安全的综合监督。然而，2008年三鹿奶粉事件的再度爆发，凸显了这一监管体系仍存在漏洞。在这个看似严密的职责履行、责任承担的架构体系中，如果一个事件没有确切的最终责任部门和失职责任界定，所谓"大家负责"，就可能变成"无人负责"，充其量是"大家一起承担责任"。

鉴于此,有专家提出对食品安全制度进行改革。首先是有效分权。食品安全责任主要还在地方政府,有权力才能负起责任,"谁的孩子谁来抱"。其次是权责一致。归地方政府管理后,一旦出现食品安全问题,板子将直接打在地方官员身上,不会再扯皮。(材料来源:《南方周末》,2011年11月17日)

根据以上材料回答:

(1) 为什么现有的食品监管制度不能有效发挥作用?

(2) 从制度化和制度改革的角度提出你自己的关于完善食品监管制度的建议。

思考题

1. 什么是社会制度?社会制度有什么特征?
2. 简述社会制度的构成要素。
3. 简述社会制度的基本功能。
4. 简述社会制度的各种基本类型。
5. 什么是制度化?简述制度化的基本作用。

阅读文献

1. 陈映芳:《"农民工":制度安排与身份认同》,《社会学研究》,2005年第3期。
2. 〔德〕恩格斯:《家庭、私有制和国家的起源》,北京:人民出版社,1975年,第26~85页。
3. 费孝通:《生育制度》,天津:天津人民出版社,1981年。
4. 〔美〕R.科斯等著,刘守英等译:《财产权利与制度变迁》,北京:三联书店,1994年。
5. 〔美〕威廉·J.古德著,魏章玲译:《家庭》,北京:社会科学文献出版社,1986年。

第十一章 社会变迁与社会现代化

社会变迁是社会学家们关心的主要研究领域之一。社会现代化产生在一个历史大变革的年代,从17世纪到19世纪,以英国工业革命和法国大革命为标志并迅速遍及全欧洲的那场"时代变革",是人类历史上现代化的起点。社会学从它诞生的那一天开始就密切关注着社会变迁和社会现代化问题,并将此视为社会学研究的最重要的课题之一。本章将讨论什么是社会变迁、社会变迁的原因及过程、社会现代化和全球化等内容。

第一节 社会变迁

社会变迁是社会学家们研究具体社会现象和社会问题时一个重要的出发点,其形式、内容、动力、原因等问题一直都是社会学理论争论的焦点。圣西门当年就把社会变迁方式解释成"有机时期"和"批判时期"的不断交替、循环过程;孔德也把社会变迁视为从"神学时代"、"形而上学时代"到"实证科学时代"的不断发展;斯宾塞依据社会进化理论,提出欧洲社会由"军事社会"向"工业社会"的过渡理论,第一次运用社会发展阶段的"二分法"。此后,滕尼斯的"社区"与"社会"、迪尔凯姆的"机械团结的社会"与"有机团结的社会"、雷德菲尔德的"乡土社会"与"都市社会"、贝克尔的"神圣社会"与"世俗社会"等,一直到现代化理论的"传统"与"现代",都沿用此法。虽然早期思想家们的一些关于社会变迁方式的观点,在今天看来已经不完全适用了,但是依然有重要的借鉴意义。

一、社会变迁的含义

(一) 社会变迁的界定

"社会变迁"作为社会学专有术语有其独特性或单一性,区别于日常用语"社会变化",它在语义学上包含有变动、变革、变更、更新、更替等意义。关于社会变迁的定义,国内外各派社会学家并无一致的说法。早期社会学家大多把社会变迁解释为社会整体的变化,如孔德、滕尼斯认为社会变迁就是社会从某一阶段向另一阶段的转变,迪尔凯姆等人把社会变迁看做社会从某种整体性状态转为另一状态。当代社会学家对社会变迁的解释也有较大差异,有的认为社会变迁是指社会结构的改变,有的认为社会变迁是指社会文化的变化,有的认为社会变迁是指社会体制的变化,有的认为社会变迁是指新的社会秩序取代已崩溃的社会秩序。

近年来,中国的社会学者陆续对社会变迁的含义提出了一些解释。其中代表性的观点有如下几种:

(1) 社会变迁是指"社会制度(包括社会的根本制度和各种具体的社会制度)、社会结构、社会组织、人口以及道德、法律、哲学、宗教、文学艺术、风俗习惯、时尚等一切社会现象突发的、急剧的变化,或演进的、缓慢的变化"[1]。

(2) 社会变迁是指"在一个社会中,社会结构方面发生的任何社会制度或人们社会角色模式变动的过程"[2]。

(3) 社会变迁"既泛指一切社会现象,又特指社会结构的重大变化;既指社会变化的过程,又指社会变化的结果"[3]。

(4) 社会变迁是指"社会关系体系的变化,其中最根本的、本质上的变迁,是人们经济关系的变化"[4]。

郑杭生教授主编的《社会学概论新修》一书中把社会变迁定义为表示一切社会现象,特别是社会结构发生变化的动态过程及其结果的范畴。这个定义克服了前人或他人定义中存在的或者过于宽泛,或者过于狭窄的缺陷,吸收了这些定义中的合理内容,并在此基础上提出了社会变迁包括过程与结果的重要思想,因此,是一个关于社会变迁的较为准确、较为全面的定义。在社会学中,社会变迁这一概念比社会发展、社会进化具有更广泛的含义,包括一切方面和各种意义上的变化。社会学在研究整个人类社会变迁的同时,着重于某一特定的社会整体结构的变化、特定社会结构要素或社会局部变化的研究。

(二) 社会变迁的类型

社会变迁的具体形式纷繁复杂,归纳起来有以下几种基本类型:

按社会变迁的规模,划分为整体变迁和局部变迁。整体的社会变迁是整个社

---

[1] 《社会学概论》编写组:《社会学概论》,天津:天津人民出版社,1984年,第248页。
[2] 王思斌主编:《社会学教程(第三版)》,北京:北京大学出版社,2010年,第281页。
[3] 郑杭生主编:《社会学概论新修(第三版)》,北京:中国人民大学出版社,2003年,第321页。
[4] 袁亚愚等:《社会学——历史、理论、方法》,成都:四川大学出版社,1989年,第292页。

会体系的变化,是各个社会要素变化合力的结果;局部变迁是各个社会体系要素自身及它们之间部分关系的变化,不一定与社会整体变迁的方向和速度一致。

按社会变迁的方向,划分为进步的社会变迁和倒退的社会变迁。进步的社会变迁是指符合社会发展的客观规律,带来社会物质和各种社会生活水平的提高,有利于每一个社会成员全面发展的社会变迁;反之,则是倒退的社会变迁。在社会变迁的实际过程中,二者往往是同时发生的。尽管人们对"进步"有着种种不同的理解和评判标准,但促进社会进步一直是人们研究社会变迁的主要目的。

按社会变迁的性质,可划分为进化的社会变迁和革命的社会变迁。进化的社会变迁主要表现在量的方面,它是一种渐进的部分质变的社会变化过程,是社会有秩序的、缓慢的和持续的变迁。革命的社会变迁即社会革命,是社会渐进过程的中断和质的飞跃。

按人们对社会变迁的参与和控制的程度,可划分为自发的社会变迁和有计划的社会变迁。自发的社会变迁指人类在很多方面对于社会变化的方向、目标和后果没有理性的认识,只是盲目地参与和顺从。有计划的社会变迁指人们对社会变迁的过程、方向、速度、目标和后果实行有计划的指导和管理。在现代社会中,绝大多数社会变迁都是有计划的社会变迁。

拓展阅读

有计划的变迁和无计划的后果

除了对社会和经济的新发展实行预测和控制的尝试以外,政府还试图为社区的更大利益促进社会变迁。一些政府的计划项目,如社区安全、失业补偿、福利、健康保险等,几乎使每一个公民受益。政府政策的制定者,希望通过向教育和科学研究投资,使社会的未来更加美好。

有计划的社会变迁,常常产生意想不到的后果。例如1974年,当巴基斯坦政府在成千上万个农村安上手压泵井时产生了预想的和没有想到的两种结果。以前由于饮不到清洁的水,农民曾经受到霍乱、伤寒和其他水生疾病的危害,婴儿死亡率很高。这种新的水井首先保证了饮水的安全,作为预想的结果是水生疾病减少,婴儿死亡率下降。然而还有完全没有预见到的另一种后果,这就是妇女的"解放"。以前,村里的妇女和青年姑娘每天需要花费好几个小时踏遍全村,或者挖掘干枯的河床,或者在泥泞的水坑里寻找饮水,她们万万没有料到能从这一繁重的事务中解放出来。从事发展中国家研究的专家说,清洁水的饮用还能改变贫穷国家的出生率。对于那种十个孩子中有四个一定活不到五岁的社会来说,大家庭是必要的。清洁的饮水既然可以使婴儿死亡率降低,那么它最终也会使出生率降低。

物质文化变迁的作用通常是容易评价的,但是权衡由变迁所带来的利弊则十分困难。把核裂变应用到发电方面的方便与危险是十分明显的,但是对改变生育过多的生育控制技术的意义却不容易作出估价。总之,我们已经发现,要预见牵动成百万人的某些社会行动的后果是非常困难的事情。某些推测性的有益项目已经被证明是一种好坏混杂的福利。

资料来源:〔美〕刘易斯·科塞等著,杨心恒等译:《社会学导论》,天津:南开大学出版社,1990年,第607页。

二、社会变迁的原因和过程

任何特定的社会体系一经确立,就会形成比较稳定的结构关系。但是,社会体系是一个开放的系统,它的存在和发展有赖于和外界不断运行的物质、能量和信息的交换,需要不断吸收新的因素。社会体系是一个复杂的系统,各个组成要素都具有自我组织和不断完善的特性,有可能出现各要素发展的不平衡。为了适应新的需要和不平衡的出现,就要不断调整原有的结构关系。这种适应和调整先是局部的、缓慢的,积累到一定程度就可能导致原有体系结构的整体改组,直至采取社会革命的形式。

(一) 社会变迁的原因

导致社会变迁的因素有很多,从自然的因素(或非人力的因素)到人力的因素,从经济的因素到文化的、政治的因素,从单一的因素到综合的多重的因素,一般来说,社会历史的变迁是自然环境、人口、技术、文化等多种力量综合作用的结果。

自然环境包括地理位置、气候、水土资源和矿产资源、生态环境等。环境是社会存在和发展变化的前提条件,社会变迁本身就是在一定的环境中进行的,因此,自然环境的变化势必影响社会的运行和发展。但是与其他社会因素相比,自然环境的变迁往往是缓慢的,因此,环境对社会变迁的影响经常是通过社会力量作用于环境即人类行为来改变环境,进而导致社会变迁。例如,过度的耕种放牧、毁林开荒使土地沙漠化,人类被迫迁徙,改变生存地点和生存方式。自然环境的突发性变化也会对社会变迁产生明显的影响,重大的自然灾害或气候变化有可能改变人们的居住地点和生活方式,自然资源的开发会造成大规模的人口迁移,从而改变人口布局。

作为社会存在和发展条件的人口因素包括人口的数量、质量、构成、分布及流动。无论人口的数量还是质量、构成还是分布,都必须与社会经济水平相适应。人口过多或增长过快,不但影响现有人口的生活水平,还会带来相应的社会问题如就业问题、教育问题、交通问题、住房问题等等,产生"人口压迫生产力"的现象;人口不足或增长停滞,又会带来劳动力短缺等问题。一定时期的人口素质、人口分布、人口的年龄构成、性别构成的变化会带来不同的社会问题,促成社会政策的变化。

随着科学技术的进步,技术因素在社会变迁中的地位越来越重要,有很多重大的科学发现、技术发明直接改变了人们的生产和生活,同时也改变了人们的观念。工业生产从某种意义上说就是科学技术的广泛应用和普及。20世纪以来,许多重大的科学技术突破对今天的社会产生了深远的影响。例如,今天我们可以毫不夸张地说,如果没有电子技术,就没有后现代时代,电子技术让人类突破了时间和空间的限制,加速了世界一体化的到来,这就是技术为人类所开辟的一个新时代。此外,原子能技术的发明和应用也同样具有重要的意义,尤其是核武器的应用,在一定程度上改变了人们对战争的态度,因为核战争的后果将是毁灭性的。20世纪末,生物技术又成为继物理学、化学技术之后科学技术研究的重要领域,20世纪90年代出现的克隆技术会给人类社会带来哪些影响,同样是我们难以预料的。

所谓文化因素在这里是指包括思想、价值观等在内的文化现象及其传播。马克思主义认为,社会存在决定社会意识,但是社会意识又具有相对独立性,在一定条件下会转化为物质力量并作用于社会存在,影响历史的发展。韦伯更是重视文化的作用,在《新教伦理与资本主义精神》中,韦伯系统地论述了新教所倡导的伦理思想和价值观念在资本主义制度确立过程中发挥的决定性作用,他认为,在其他国家尤其是东方国家之所以未能发展出资本主义制度,在一定程度上是缺乏新教提倡的合理的禁欲主义等符合资本主义精神的思想。今天,正在经历和准备经历现代化的国家也同样要经受市场经济及伦理价值观的洗礼,走上工业化和现代化的道路。

(二) 社会变迁的过程

既然社会变迁要受到多种因素的影响,那么社会是如何在这些动因的推动下实现变迁的?社会变迁的途径或一般过程是怎样的?陆学艺先生在他的《社会学》中作了系统的阐述。社会需要的增长是社会变迁的基本前提,新要素的产生和导入是引起社会变迁的初始动因,新要素的传播和扩散是社会变迁的具体途径,社会变迁实质上是社会结构不断分化与整合的过程。[①]

1. 社会需要的增长

社会需要的增长是社会变迁的基本前提。社会需要是指物质的和客观的需要,包括两方面的内容:一是生存和生活的需要,二是生产的需要。人类要维持自身生存、求得发展,就必须满足吃、穿、用等基本的需要,为满足这些基本需要,生产的需要也产生了。生活需要的存在激发了生产的需要,而生产的需要反过来又进一步促进了生活需要的增长。二者之间相互依赖、相互促进的关系,就成为社会变迁和发展的内在机制。

社会需要不是一成不变的,不同的时代具有不同的表现形式。一旦低层次的需要得到满足,较高层次的需要就产生了。但不管有多少种不同层次的需要,物质和现实的需要是最根本的。虽然社会需要还不能对社会变迁发挥决定性作用,但是社会需要却是社会变迁的前提之一,同生产力发展水平密切相关,共同影响社会变迁。当然,不合理的需要也会导致社会的负向变迁。

2. 新要素的产生和导入

在社会需要引起社会变迁的过程中,要经过新要素的产生和导入这一中心环节,新要素的产生和导入是引起社会变迁的初始动因。

新要素是指新思想、新经验、新技术、新活动等,在实际中往往以发明、发现、革新、创造等形式表现出来。发明是指将现有知识加以综合或重新利用,以生产出前所未有的东西;发现是指认识到既有现实中的某一方面;革新是使现有事物发挥出新的作用和具备新的功能。这些新要素都能有力地推动社会变迁,如造纸术的发明,促进了知识的普及与传播;指南针的发明和应用对航海事业的发展起了巨大的推动作用,有力地促进了各国经济发展和文化交流;蒸汽机的发明带动了工业革命;爱因斯坦的相对论开创了一个新的科学时代。如果一个社会过于封闭,系统中缺乏新的要素或根本就没有产生新要素的机制,社会变迁就会非常缓慢。

新要素的出现有两种方式:一是通过信息和能量的积累从内部产生。某一社会中发明的性质和速度取决于它现有的知识储存,如果有了充足的知识储存,新发明的出现就成为必然。而且,发明是成指数增加的,一种文化中的发明越多,就能越快地产生新的发明,也就能越有力地推动社会的变迁。二是从系统外部导入。这实际是指系统对新要素的吸纳,是从一个社会向另一个社会的蔓延。

3. 新要素的传播和扩散

在新要素产生或导入后,必须经过一个传播、扩散的过程才能形成社会变迁,

[①] 陆学艺主编:《社会学》,北京:知识出版社,1991年,第356～366页。

所以说,新要素的传播和扩散是社会变迁的具体途径。新要素要想较快地得到传播和扩散,必须具备一定的特征。首先,要具备一定程度的先进性。只有同旧要素相比具有较强的优越性,才有可能被采纳、被接受。其次,要具备较强的适应性。新要素必须与其导入的文化系统具有一定的相容性,与社会需求和人们的接受能力相吻合,否则,它就会被排斥与敌视,难以传播、扩散。再次,应具备一定的可操作性。新要素不能过于笼统、抽象,要具备一定的可行性,能应用于生活实践和生产实践。最后,应能带来明显的效果,有效果才有说服力,才能更好地传播、扩散。

从总体上看,任何一种新要素从产生、导入到传播、扩散,都存在一个时间差,这也被称为"时间滞后效应"。不过,随着科技与传播媒介的发展,这一时间差已大大缩短。当然,新要素从产生到应用还受到其他各种因素的影响,如人们的认识水平、风俗习惯、道德水准及社会开放程度等。从新要素的传播方式来看,有链条式传播、波纹扩散式传播,也有有计划、有组织的推广活动。推广活动大大加快了新要素的传播速度,是目前传播中用得最广泛的方法。

4. 社会结构的分化与整合

社会变迁的主体是社会结构,社会变迁实质上是社会结构不断分化与整合的过程。所谓社会分化,就是指社会结构的构成要素的分割、互动关系的增加以及功能的分化,它标志着社会复杂程度的提高;而社会整合则是指以制度、组织、价值体系等为纽带,将各种不同的要素、互动关系及其功能结合成一个有机的整体,从而使社会更具有自我维持和适应新环境的能力。从社会分化到社会整合是社会变迁的一个周期过程,这一过程可分为适应、分化、冲突和整合四个阶段。

适应阶段是指社会结构面对新环境和新需求进行自身调节的阶段。在社会发展过程中,随着社会内部新要素的产生和生长或外部新要素的导入及传播,逐步形成一种新环境和新的社会需求。社会结构特有的维持功能使它能在一定时期内吸纳这些新要素,将其整合到已有的结构框架中去。但当新要素的力量日益强大,甚至有足够的能量危及现有社会结构时,社会结构自身就不得不作出相应的调整。

分化阶段就是社会结构进行自身调整而发生变化的阶段。它既可以表现为社会结构实体要素的变化或系统分割,也可以表现为因互动对象增多或交往增多而引起的互动关系的增加,还可以表现为功能的专门化,即功能分化。这三种表现形式是紧密联系在一起的,功能分化蕴含在实体要素的分化和互动关系的增加中,是最普遍的分化形式。所以,我们可以从功能分化入手,研究社会结构分化,把握其本质,更好地认识社会变迁。

冲突阶段是指由于社会实体要素的分化、互动关系的增加和功能的分化,而在社会不同层面引发社会冲突的阶段。这种冲突包括结构性冲突、利益性冲突和规范性冲突三类。结构性冲突是指由于结构要素分化的不协调或不同步而引发的冲突；利益性冲突是指社会分化过程中产生的新的角色关系、权力关系、责任关系与旧的关系格局利益上的冲突；规范性冲突则是指社会分化中规范的新旧脱节或并存抵触现象，这可能造成人们行为依据的紊乱，出现失范现象。

为了避免社会冲突激化导致社会解体，必须进行有效的社会整合。整合阶段就是建立新的结构系统、新的关系网络和新的规范体系，使社会达到新的相对均衡的过程。在这一阶段，应尽力避免整合不当或整合错位，努力使冲突转化为合理的、公平的竞争，成为社会发展的有效推动力。

当然，将社会变迁的一个周期分为适应、分化、冲突、整合四个阶段，只是一种理论上的抽象，是为了便于分析和认识。在现实社会中，这四个阶段是紧密联系在一起的，而且相互渗透、相互交织，分化中有冲突和整合，整合中也有适应和分化，不可绝对分开。现代社会中，社会分化已成为一种必然现象。为了解决社会分化过程中出现的社会矛盾、社会冲突和社会失范问题，寻求新的整合因素和建立新的整合形式，已成为当务之急。实践表明，社会结构物质化的整合已不再是现代社会追求的目标，建立在多样性基础上的整合形式才能对复杂的情况具有更强的适应力，使社会的各组成部分得到充分的发展，更好地促进社会变迁。社会不断地由分化到整合，再分化、再整合的过程就是社会变迁的实际过程。

三、社会变迁理论

(一) 社会进化论

社会进化论来源于 19 世纪由达尔文提出的生物进化论。社会进化论是将变异、自然选择和遗传等生物学概念用于社会学研究，进而解释社会变迁的一种社会学理论。其基本思想是主张进化既是自然界的定律，也是社会变迁的自然定律。人类社会是一个不断发展的渐进的过程，表现为由低级到高级、由简单到复杂的向前发展。社会进化论分为早期社会进化论和现代社会进化论两个流派。早期社会进化论认为，社会变迁是一个缓慢的、渐进的发展过程，这一进程只有单一的主旋律，即从简单向复杂发展，任何一个较晚出现的发展总是比较早出现的发展要复杂，并且认为社会是沿着直线前进的，这种理论的主要代表人物是孔德和斯宾塞。法国社会学家孔德认为，社会是遵循固定的路线，沿着一定的历史阶段向前发展的，与理性发展的神学阶段、形而上学阶段和实证科学阶段相对应，人类社会的发展也经历了军事、过渡和工业三个阶段。英国社会学家斯宾塞认为，社会发展同生物有机体的进化相似,是一个内部"细胞"不断分化和结构复杂化的自我发展过程。

现代社会进化理论认为,社会必须经过一系列的进化阶段,但每一个社会不一定必经所有的进化阶段。工业化的扩展导致相同的社会制度和社会模式在全球范围的发展,相对落后的国家或民族可以借用先进的文化特质,使社会实行跳跃性的发展。现代进化论还提出了五种社会变迁类型:第一种类型是非必然的进化,指进步可能发生,也可能不发生;第二种类型是非直线发展的进化,指不存在一个所有社会都必然通过的单一发展阶梯顺序;第三种类型是非达尔文主义的进化,指协作化竞争更能带来进步;第四种类型是不含最终目标的进化,指对一个特定的社会变迁,是进步还是倒退,不一定会形成一致的认识;第五种类型是非同步进化,指技术的改进不一定伴随艺术或道德的改进。

(二) 历史循环论

历史循环论的基本观点是把社会的多次变动视为同质的东西,社会历史就是在一个限定的范围内周期性地重复变化。早在18世纪,意大利思想家 G. B. 维科认为历史的变化经过三个阶段:神的时代、英雄时代和凡人时代。神的时代是原始时代,是人类的童年时期;英雄时代是贵族统治的时代,是人类的青年时期;凡人统治的时代是资本主义时代,是人类的成年时期。凡人时代是历史发展的顶峰,历史变化经历了这个阶段以后,就会重新回复到原始时代,如此周而复始,循环不已。

这种理论的著名代表人物是美国社会学家皮蒂瑞姆·索罗金。索罗金认为,文化主要有三种类型:一是感觉文化,这种文化强调建立在感觉经验的重要性的价值上;二是观念文化,重视精神和形而上学的价值;三是理想型或混合文化,这是介于前二者之间的一种文化类型。这种文化取向认为真理既是现实的又是超验的,真正的实体价值是多样性的综合表现。前两种文化是两个极端,社会变迁是遵循一种"历史循环模式"进行的,世界历史的发展总是像钟摆一样地从一种文化类型走向另一种文化类型,即从一个极端走向另一个极端,摇摆于二者之间,周而复始。

(三) 社会均衡论

社会均衡论强调社会均衡一致和稳定的属性。其基本思想是:平衡是社会的常态,而变迁则是暂时的,变迁最终也是为了达到新的平衡。社会均衡有稳定的均衡和不稳定的均衡两种基本类型。稳定的均衡可进一步划分为静态均衡和动态均衡两类。静态均衡表明社会系统的结构是固定的、无变化的。动态均衡表明在均衡状态中含有活动和变化,但这类活动和变化并不意味着改变社会系统内部各部分之间的基本关系,因而变化和活动将很快被均衡的趋势所矫正。不稳定均衡是指在社会系统中,任何一种轻微的失调都会引起没有任何调整性干预的进一步的失调,它将会逐步使社会系统本身或是毁灭,或是建立一种新的平衡结构。

这种理论的著名代表人物是美国社会学家帕森斯。他认为,社会系统最一般的和最基本的属性,是组成系统的各个要素之间相互依赖的关系。这种相互依赖的关系由社会一般的规范和价值维持和调整,表现了社会系统各个组成部分的一致性、不矛盾性和稳定性。社会的相互作用体系一旦建立起来,本身就具有一种使原有状态保持不变的倾向。当某一部分因内部或外部力量造成整个社会失调时,社会系统的其他部分就会采取矫正措施,使社会恢复到均衡状态。20世纪60年代以来,帕森斯将进化论与均衡论结合起来,形成进化的结构功能主义。他承认,社会历史是一个进化的过程,表现为社会适应力的增强,即社会系统从环境中获取资源并在系统内部分配这些资源的能力增强。社会要保持均衡的进化,最终取决于社会能否发展出一套新的、普遍化的价值体系,容纳与整合新的结构要素。

(四) 社会冲突论

社会冲突论是建立在反对均衡论基础上的一种社会变迁理论。这种理论认为,社会尤其是现代社会不是经常处于稳定(平衡)的状态中,而是处于冲突的状态中。社会变迁不仅是必然的,而且是急剧的,其后果是破坏性的,不是建设性的。社会生活的基本条件不是协调一致的,而是会有人与人、个人与集团、集团与集团之间以及不同社会群体之间对权力和利益、地位的永无休止的纷争,所以社会一直处于冲突斗争的不均衡状态。人们为了利益而进行的斗争、冲突,是促使社会进步的杠杆,是促使社会变迁的动因。

社会冲突论的代表人物包括德国社会学家 R. 达伦多夫和美国社会学家科塞等人,他们认为,应该将社会体系看做一个各个部分被矛盾地联结在一起的整体。最主要的社会过程不是均衡状态,而是各个社会集权为争夺权力和优越地位所进行的斗争造成的冲突。社会权力的资源是有限的,没有获得权力的人为了自身的利益要求获得权力,已经掌握权力的人要防止别人夺走他们的权力并想获得更多的权力。任何社会成员都在为权力的分配与再分配进行斗争,一切复杂的社会组织都是建立在权力分配的基础之上的。

上述西方社会学中具有代表性的四种社会变迁理论具有以一定时代为背景的特点,但却存在着理论上的缺陷。社会进化论只是简单地用生物进化的规律来解释社会发展,把不同性质类型的社会进行顺序排列,否认社会发展的飞跃性,现代社会进化论也仅仅处于侧重各种变迁现象分类的阶段,并不构成一个完整的理论体系。历史循环论缺乏关于变迁的明确标志,忽视了社会发展不同层面的异质性,否认社会由低级向高级发展的趋势。社会均衡论用一些形式主义的简单变量来衡量社会,这虽然是对社会学中经验主义传统的否定,但其本身只是根据自然科学的模式来探索不变的关系,它过低地估计矛盾和冲突在社会生活中的意义,忽视历时态的分析。任何社会都不会有绝对的"均衡"和协调一致,不均衡是绝对的,均衡是相对的。社会冲突理论是对工业现代化发展中的各种社会矛盾尖锐化的反映,它虽然批评了均衡论的不变模式,但却忽视了影响社会发展的基本矛盾冲突,仅仅抽象地谈论普遍的冲突,不理解社会发展进程中相对平衡稳定的作用,因而不能科学地描述社会变迁。显然,用其中的任何一种理论解释社会变迁,都难以得到令人信服的答案,但我们完全可以吸取不同理论的长处、合理之处,对社会变迁进行多角度的全面分析,力争获得科学的解释。

第二节　社会现代化

社会现代化是社会发展的必然结果。从当今世界各国的发展过程来看,无论是先发展国家还是迟发展国家,无论是发达国家还是不发达国家,"社会现代化"都是它们发展的主题和目标,各个国家都在以不同的模式、通过不同的道路,朝着这一目标迈进。这一世界性的社会变迁,已经深刻改变了整个世界的面貌,并将更深刻、更全面地改变整个世界。

一、社会现代化的概念及由来

社会现代化,是一种特殊的社会变迁过程,一般是指社会在科学技术发展的带动下,以经济发展为基础的,社会生活各个方面逐步脱离传统社会的发展过程。狭义的社会现代化指的是工业化和民主化。

社会现代化是一种具有世界意义的历史潮流。大约从 16 世纪起,首先在西欧,逐渐发生了一系列制度变革和政治、经济变革,使得现代化浪潮在 18 世纪左右席卷了整个西欧和北美,形成了世界现代化历史上的第一个高潮。19 世纪末至 20 世纪中叶,社会现代化浪潮向世界许多地区扩散,形成了以日本和前苏联(俄国)为代表的第二次高潮。在二战结束之后的 20 世纪五六十年代,亚洲、非洲、拉丁美洲等大批国家逐渐摆脱了帝国主义的殖民统治,建立起独立的民族国家,掀起了社会现代化的第三次高潮。这些国家在政治上取得独立之后,都面临迅速发展本国经济,改变贫困落后面貌,缩短同发达国家在经济和物质生活方面的差距,巩固已经取得的独立地位的重大任务。因此,它们都选择了"社会现代化"的道路,将其视为本国社会发展的必由之路。这一过程直至今天还在继续。

早在19世纪,人们就已开始了对社会现代化这一历史潮流的研究。马克思主义的创始人马克思、恩格斯曾经写下了大量著作,对自地理大发现以来的一系列震撼世界历史的重大事件和历史变革,进行了全面的研究,并且对历史发展的前景作出了科学的预测。至20世纪五六十年代,当社会现代化成为遍及全世界的现象后,有关社会现代化的理论研究也逐渐在各个学科中发展起来,形成一个现代化理论研究的高潮。当然,这一时期现代化理论的研究主要是针对第三世界国家的现代化进程,因而,有人认为,现代化理论实际上是第三世界国家的发展理论。随着世界各国现代化实践的进展,现代化的理论研究也在不断发展。在西方社会学和有关学科中,现代化的研究形成了许多颇具影响的理论模式。

纵观社会现代化的历史过程和各国的实践经验,总结现代化理论研究的成果,我们首先澄清一些认识上的"误区",对社会现代化的基本含义作出基本界定:

1. 社会现代化是一个连续不断的历史过程

社会现代化是在科学技术发展带动下,以经济发展为中心的社会全面发展过程,是一个连续不断的历史过程。当今世界,没有哪一个国家可以说已经完成了现代化的历程。同样,也不存在完全没有迈入现代化进程的国家。现代化不是某些固定指标的堆积,而是独具特色的发展过程。因此,对于世界上任何一个国家或社会来说,既不存在绝对的"传统"与"现代"的分野,更没有一劳永逸的现代化。

广大的第三世界国家,无疑正在努力推进本国的现代化进程。虽然,用某些西方发达国家的发展指标来衡量,它们还处于较低的发展水平。但是,这并不是说它们还是一个所谓的"传统社会"。它们与发达国家的差距,主要表现为发展水平的差距。因此,不能用西方国家的现状,作为固定标准去判断其他国家的历史发展。

更为重要的是,西方发达国家虽然已经在科学技术水平、经济和社会管理等方面达到了很高的发展程度,社会生产力和物质财富有了极大增长,但并非达到了社会现代化的顶点。由于科学技术的发展,当前西方发达国家正在酝酿着重大突破,它们目前的发展状况也将随之出现重大变化。早在20世纪70年代,美国著名社会学家D.贝尔在其著作《后工业社会的来临》中就认为,美国将进入主要围绕知识而组织起来的"后工业社会",专家和技术人员将在各种职业中占据主要地位,并出现以科学技术为基础的新工业。70年代以来,更有一批未来学家出版大量著作,讨论西方国家正在发生和将要发生的重要变化。由此可见,即使是西方发达国家,也要随着科学技术的发展而继续自己的社会现代化过程。

2. 社会现代化并非"西方化"

社会现代化作为世界发展的潮流,在不同地区、不同国家的发展中显示出共同的特征。例如工业化,确实是在那些率先开始这一进程的西方国家集中表现出来的。由于西方资本主义国家最早开始现代化进程并取得了相对高的成果,西方某些学者有意无意地将西方发达国家作为其他所有国家社会现代化的"典范"。他们认为,所有社会,无论它们的历史、社会现状和发展起点有多大的不同,都会按照西方社会的发展道路,经历大致相同的过程。

社会现代化并非意味着发展中国家都要按照西方资本主义国家或发达国家的现代化模式发展,跟在它们后面亦步亦趋。发展中国家应该、也必须学习发达国家在现代化过程中的经验,但这种学习不是单纯的模仿。发展中国家之所以不能完全照搬西方发达国家的现代化模式,主要是因为:第一,各个国家如何实现以及什么时候实现社会现代化,取决于一定的历史条件、世界的发展情况及具体的国情。第二,即使发展中国家想要完全照搬某些发达国家的现代化模式,也是不能实现的,发展的阻力更多地来自发达国家。第二次世界大战所导致的帝国主义旧殖民体系的瓦解,并没有阻碍资本主义在全球的扩张。发达国家利用自己在经济上和科学技术上的优势,继续使发展中国家在经济上处于附属国的地位。尽管国际社会为解决这种不合理的国际经济秩序作过大量的努力,却因发达国家的阻挠而没有结果。因此,发展中国家不可能重复发达国家社会现代化的老路。任何国家的现代化,都是将普遍的现代化特征同本国的历史条件与文化传统有机结合的产物,都必须根据本国具体的、历史的内外条件,进行现代化建设。

3. 社会现代化是对历史传统既批判、又继承的过程

"现代"与"传统"是在现代化理论中被弄得十分混乱的问题。许多西方现代化理论家构造了大量现代化模式,用各种所谓现代化社会的标准去衡量他们所认为的传统社会。不符合这些标准的社会统统被斥为"传统"的。这种观点的实质就是认为现代化与传统是历史发展过程中对立的两极,两者势不两立。他们的根本错误在于,用片面的、非历史的观点来分析社会现代化的历史过程,而他们所谓现代化社会的标准,在很大程度上,不过是他们对西方资本主义社会某些社会特征的总结,然后将其套用于其他一切社会。

所谓"传统",一般理解为"由历史沿传而来的思想、道德、风俗、艺术、制度等等"。每一个民族在自身的历史活动中都创造了自己的传统。"传统"中不同质的部分,实际上在社会现代化过程中有不同的功能,有些可能成为阻碍,有些则可能成为动力。"传统"与"现代化"之间是一个相互促进、相互制约的关系。一方面,某些传统作为民族历史发展的精华和科学健康的成果,不仅不会成为社会现代化的

障碍,而且和本民族的社会现代化有着直接联系。中国人民在几千年的文明发展史中所表现出来的勤劳、节俭、刻苦、互助等品质,完全可以成为加快中国社会主义现代化的有利因素。人们也经常提到日本民族传统在日本社会现代化中的作用。另一方面,我们也应看到,民族传统毕竟是历史上形成的,历史条件的变化使得某些传统自身改变了存在的价值,在社会发展中,可能会丧失其自身的合理性,社会发展必须坚决冲破某些陈旧传统的束缚。现代科学技术不能够在宗教迷信中发展,现代工业也不可能在分散的封建经济基础上建成。社会现代化过程必然是社会改革的过程。不变革那些已成为社会发展沉重负担的旧的传统,就谈不上社会的发展,更谈不上社会的现代化。

从历史的延续性看,社会发展的任何一个阶段都是上一个阶段以至以前阶段的延续,但又是上一阶段和以前阶段的发展,截然分开或完全一致实际上都取消了发展。因此,没有一个绝对继承传统的现代化进程,也没有一个绝对拒绝传统的现代化进程。所有的民族都是重视和发扬本民族的传统的,所有在现代化过程中取得一定成就的民族,也都是冲破了旧有传统的束缚。离开了对传统的批判、改造、继承和发扬,任何民族的现代化都不可能顺利实现。

4. 社会现代化是社会结构体系协调发展的过程

有人认为,现代化过程实际上就是工业化的过程,是经济增长过程,只要实现了工业化和经济增长,就是实现了现代化,这是一种片面的认识。经济增长是现代化的中心和基础,但社会现代化绝不等同于工业化和经济增长,工业化和经济增长仅是现代化和社会发展的一个方面。经济增长既不可能孤立地实现,也不能替代社会其他方面的发展。我们可以从经济增长和社会其他方面的关系以及社会发展目标两个方面,来看现代化的协调发展过程。

(1) 经济增长和社会其他结构要素的关系。一个社会的现代化,是与国际环境、经济、文化、社会生活等各方面因素的发展变化紧密联系在一起的。经济的增长,可以为社会文化、社会生活的发展提供强大的物质基础,可以保证社会政治制度的相对稳定;反之,如果没有社会各个方面的变革,如政治变革、人口增长、教育普及和城市化并行,工业化和经济增长是不可能实现的。在社会现代化过程中,各种因素相互作用、相互制约,这其实是任何社会变迁保持良性运行和协调发展的必要条件。

(2) 社会现代化的目标。社会现代化的最终目标应该是满足社会日益发展的需要和人的全面发展需要。工业化和经济增长,在某种意义上,是整个社会现代化的手段。因此,社会现代化的成果应该符合绝大多数社会成员和本民族文化价值的特定需要。如果工业化实现了,经济有了极大增长,但社会不平等加剧,社会道德沦丧,优秀的民族文化价值受到破坏,那么,这种工业化和经济增长,是与整个社会的发展要求相对立的。这就是所谓的"有增长而无发展"。从另一个角度来说,社会现代化也不是仅用经济指标就能完全衡量的。社会体系发展的诸多方面,诸如各种社会关系、社会制度性质、社会意识形态内容、社会价值观念等,都不是用国民生产总值就能说明它们的现代化程度的。某些国家由于特殊的原因,人均国民生产总值和国民收入可以超过许多发达国家,但没有人会认为它们是现代化国家。因为在这些国家里,政治生活和文化生活十分落后,还保留着大量封建主义等落后的东西。

二、社会现代化的内容

社会现代化是一场全方位的正向社会变迁形式。作为一种自我维持增长和创新的发展过程,社会现代化是通过多方面的变革实现的。

(一) 经济现代化

经济现代化是社会现代化的核心内容,也是社会现代化的重要推动力。经济现代化以科学技术的发展为先导,人类历史上每一次科技新突破都极大地解放了生产力,促进了经济增长。在现代社会,技术进步对经济发展的影响远远超出了资本和劳动力投入的作用。一定程度上,经济现代化的实质就是科学技术的现代化。现在,世界各国都将发展科技提上了重要议事日程。

经济现代化包括工业现代化、农业现代化和产业结构的现代化等多方面的内容。工业现代化是现代化的主导,它的发展不仅使其他经济部门的性质发生相应的改变,还会促进各种非经济因素的变化。农业现代化是社会现代化的基础,它不但可以保证人们最基本的生活需求,而且可以为工业和其他产业提供资金、劳动力、原料和广阔的市场。产业结构现代化主要是指产业结构的升级和第三产业的发展,它是经济现代化的重要标志。随着社会现代化的发展,产业结构将日趋合理,第三产业的比重也将不断增加。此外,国民总产值的提高和人民生活水平与质量的改善也是经济现代化的重要内容。

(二) 政治现代化

政治现代化可以归纳为三个方面的内容:权威的理性化、政治功能的专门化和全社会各阶级广泛的政治参与。其一,权威的理性化。即以单一的、世俗的、全国性的政治权威取代传统的、宗教的、家庭的和种族的政治权威。此外,独立的对外主权也是政治现代化的重要内容。这样,才能使国家保持完整,权力集中于公认的全国性立法机关手中。其二,政治功能的专门化。即划分新的政治职能并创制专业化的结构来执行这些职能,使各级行政机构变得更加复杂、细致,并具有各自明确的规范体系,从而使权力、职位的分配更多地依靠能力、实绩而非先赋因素,提高社会效率的同时也充分发扬民主。其三,全社会各阶级广泛的政治参与。社会现代化的发展,要求在最广泛的社会基础上,使更多的社会成员参与对社会生产和社会生活的管理,发挥全体社会成员的主动性和创造性。这是政治现代化中一项极为重要的内容。

(三) 世俗化和理性化

这是现代化包含的文化内容。在现代社会,宗教对人们行为和整个社会生活的权威性主宰力量已逐渐丧失,人们不再依据宗教经典进行文化评价,而是依靠宗教以外的社会组织和科学机构自主地从事现实的活动,效率、利益、程序渐渐成为支配社会行动的最高原则。神秘主义的精神寄托被理性主义的行动取代,是世俗化和理性化的基本原则。

按照韦伯的观点,理性主义至少包括以下几点:其一,明确地意识到行动的目的,把要追求的具体目标作价值上的排列,并据价值大小对其进行比较;其二,预测并计算后果来权衡行动的必要性,考察目的与效果的关系,对效果负责;其三,根据目的选择手段,对各种手段进行比较选择,以付出最少、收益最多为选择标准;其四,在行动中表现出严格的首尾一贯性。这样,一切行动将合理而有序,现代文明的一切几乎都是理性化思维的产物。这种文化上的世俗化与理性化的确立,促进了科技繁荣和现代化法律体系的确立以及先进管理方式的产生,使文化自身的现代性不断提高。

(四) 社会结构的分化与整合

社会结构的分化与整合是现代化的一项最具实质性的内容。社会结构的分化首先表现为角色的分化,这种角色分化一方面是指个人角色的分化,如个人角色多元化、角色互动对人格互动的替代等;另一方面是社会组织角色的专门化,正是这一分化使社会结构日益复杂化。角色分化不但使角色独立性增强,不同角色间的行为规范和评价标准以及权利、义务、责任关系界限更加明确,而且也促进了调节角色关系与活动的新机制的产生。社会结构分化的第二类表现形式是社会资源分配渠道从前现代化时期单一化的权力分配向多元化、分散化转变。它使社会成员或单位可以依不同的角色占有不同的资源,形成资源占有者的相互交换和制约关系,并成为社会平等的结构性基础。可见,社会结构的分化过程提高了资源利用效率和社会各部分的积极性和创造性,形成了社会结构内部的协调互赖。一旦这种分化获得制度上的保证,就能使社会获得结构上的稳定。因此,社会结构合理分化的直接后果是均衡了各种可能性出现的社会压力,从而在总体上获得结构的稳定。

社会结构的整合一方面表现为社会分化造成的社会成员和单位之间相互依赖的加强。它使人们的社会联系范围扩大,初级群体在人们生活中的作用下降,正式组织的作用增强,普遍主义原则成为社会生活的基本原则。基于这一原则,不同社会单位的价值目标和利益目标在整个社会范围内协调起来,广大社会群众参与社会中心领域的趋势加强。另一方面,社会流动的加强增加了各地域、群体之间的联系,减少了它们的差别,使社会中心的支配能力增加,对资源的社会动员能力大大提高。

显然,社会结构的整合以分化为前提,没有一定程度的分化,相互依赖的需要就不会产生,更谈不上整合。同样,分化也必须以相对统一的规范来保证,否则社会便陷入无序与混乱。

(五) 城市化

城市化是由以农业为主的传统乡村社会向以工业和服务业为主的现代城市社会逐渐转变的历史过程,具体包括人口职业的转变、产业结构的转变、土地及地域空间的变化。城市化是社会现代化的必然结果,也是社会现代化的标志之一。

城市化水平受到经济、文化和制度等因素的制约,在不同的国家和现代化发展的不同阶段,表现出不同的特点。有计划地、合理地推进城市化进程,建立良好的城市生态系统,促进城市与乡村的协调发展已成为世界各国现代化的一项重要任务。

除上述几点外,社会现代化的主要内容还包括人的现代化、生活方式的现代化、军事现代化、组织管理现代化等等。

三、西方关于社会现代化的理论

第二次世界大战以后,世界殖民体系瓦解,殖民地国家纷纷摆脱帝国主义国家的控制,获得政治上的独立。它们开始探寻适合自身情况的发展道路,努力促进本国经济发展和社会繁荣。在这一背景下,一些学者开始致力于对第三世界国家不发达的原因及解决途径等问题的研究,使发展理论成为社会学的一个热点。在发展社会学中,"发展"一词的含义与广义上的现代化是一致的,都是指正向的社会变迁。发展理论研究社会由不发达向发达过渡和转化的条件、方法、途径的理论体系,也就是广义的现代化理论。从20世纪50年代末开始,社会学界先后出现了三个研究现代化模式与道路问题的理论派别,即"现代化理论"、"依附理论"和"世界体系论"。

(一) 现代化理论

现代化理论产生于20世纪50年代后期的美国,到60年代达到兴盛阶段。这一理论是以单线的社会进化观和经典社会学家关于社会发展的"两极论"为基础,以第二次世界大战后西方资本主义国家的复兴为现实背景而产生的。主要代表人物有美国社会学家 M.J.利维、W.E.穆尔、D.勒纳、R.N.贝拉、D.阿普特和以色列社会学家 S.N.艾森施塔特。代表作有阿普特的《政治的现代化》(1965)、艾森斯塔特的《传统、变迁和现代性》(1973)等。

主要论点有:(1) 承袭西方古典社会学的社会发展阶段二分法,将人类社会的发展过程简化为两个阶段,即传统社会与现代社会。认为现代化就是由传统社会向现代社会的进化。(2) 认为社会发展的主要动力是工业化和民主化,社会的发展是单线的,现代化只有一种模式,即西方模式。所不同的是西方国家先行一步,非西方国家落后了一步。(3) 认为发展中国家之所以未能实现现代化,原因是这些国家内部的制度结构和文化传统不利于现代化的发展,要想实现现代化,只有靠西方文明的传播,靠输入西方社会的现代化因素才有可能。

尽管现代化理论对现代社会特征的描述给了我们有益的启示,作为特定历史条件下的产物,它具有合理的一面,但它的缺陷也是不容忽视的。首先,现代化理论将所有社会都划分为传统与现代两类,认为二者具有截然相反的特征,显然犯了简单化的错误;其次,将西方社会的发展模式当成唯一的现代化途径和社会发展的普遍规律,认为西化是非西方不发达国家的必由之路,违背了社会发展多样化的原理;最后,把发展中国家不发达的原因归于其内部的障碍,是不合理的。现代化理论在遭到依附理论的批判之后,开始逐渐衰退。

早在20世纪60年代,发达工业国家已经完成经典现代化,开始迈入经典现代化以后的发展阶段,有人称其为"后现代化"。20世纪70至80年代,以"后"冠名的各种学术思潮在美欧国家广泛传播,后现代化理论是对这些思潮的简单概括。后现代化理论并不是一个完整的理论体系,而是关于后工业社会、后现代主义和后现代化研究的一个思想集合。如果说经典现代化理论向我们描述了一个工业化世界,那么,后现代化理论则探索了工业化以后的发展。后现代化理论认为,从传统社会向现代社会(农业社会向工业社会)的转变是现代化,从现代社会向后现代社会(工业社会向后工业社会)的转变是后现代化。从现代化向后现代化的转变还包括政治、经济、性和家庭、宗教观念等的深刻变化。现代化的核心目标是经济增长,后现代化的核心目标是使个人幸福最大化。在专业化、世俗化和个性化方面,后现代化是现代化的继续。

> **拓展阅读**
>
> **后工业社会的来临**
>
> 1973年,美国学者丹尼尔·贝尔推出《后工业社会的来临》一书,认为在今后30~50年间将看到"后工业社会"的出现。在贝尔看来,人类社会的发展包括前工业社会、工业社会、后工业社会三个阶段,从工业社会向后工业社会的过渡,有着某些不同的阶段;20世纪70年代的美国,已经进入后工业社会的第一阶段。后工业社会并不会取代工业社会,而是消除工业社会的一些原有特征,增加一些新的特点。贝尔从五个方面刻画了后工业社会:第一,经济方面。从产品生产经济转变为服务性经济。第二,职业分布。专业和技术人员阶级处于主导地位。第三,中轴原理。理论知识处于中心地位,它是社会革新与制定政策的源泉。第四,未来的方向。控制技术发展,对技术进行鉴定。第五,制定决策。创造新的"智能技术"。
>
> 资料来源:〔美〕丹尼尔·贝尔著,高铦,王宏周等译:《后工业社会的来临》,北京:商务印书馆,1984年。

(二)依附理论

依附理论是20世纪60年代崛起的一种社会发展理论。依附理论是以拉丁美洲和非洲的一些发展中国家的学者为主体而建立的理论。主要代表人物有:阿根廷经济学家和社会学家R.普雷维什,美国经济学家A.G.弗兰克,巴西社会学家F.H.卡多索、T.多思·桑托斯和经济学家C.富尔塔多,埃及社会学家萨米尔·阿明等,代表作有弗兰克的《拉丁美洲:不发达或革命》等。依附理论实质是一种关于"不发达"的理论。它侧重说明那些曾是西方国家的殖民地、但目前仍不发达的国家的发展问题与困境。

依附理论激烈地抨击了现代化理论,唤起了发展中国家的主体意识,因而在发展社会学中具有重大的意义。基本立场是:(1)反对现代化理论只从社会内部因素看待发展中国家的不发达问题,主张从西方发达国家、中心国家与不发达国家、边陲国家的经济联系,从西方发达国家对不发达国家的剥削、控制和不发达国家的依附中,解释不发达现象。(2)坚决反对现代化理论的"西化"模式,认为西方化过程实际上是不发达国家被纳入不平等的"中心—边陲"型国际经济体系的依附化过程,它将导致西方国家的发达化与非西方国家的不发达化。

依附理论认为,第三世界国家只有摆脱依附地位才能脱离不发达的状况。但在如何摆脱依附上,存在两种观点:一是自发性发展理论,主张不发达国家通过社会主义革命等手段,脱离与西方发达国家的联系,彻底摆脱其控制,实现经济起飞。这是新马克思主义学派的观点,具有浓厚的政治反抗的意识形态色彩。二是自由主义学派的"依附发展理论",认为依附虽然使外围国家受到剥削,但外围国家的经济并不是停滞的,只要把外围资本、本国资本和国家三者结合起来,就可以取得经济增长。

作为对现代化理论的挑战,依附理论产生后在西方社会引起了巨大的影响,但是它本身也存在明显的不足。首先,它在批判现代化理论的错误和缺陷的同时,又陷入了另一种错误和缺陷。例如,它批判现代化理论传统与现代的二分法,却又陷入了中心与外围的二分法;批判现代化理论的内部决定论,又犯了外部决定论的偏误。其次,依附论简单地将摆脱依附关系看成是第三世界国家现代化的途径,没有认识到当今世界体系中各部分的依存关系。这误导了一些发展中国家,使其采取了封闭的发展模式,致使其发展停滞。最后,依附理论缺乏完整、系统的理论体系,而只是以拉美和非洲国家为蓝本建立的,忽略了地区差异性,限制了其解释力。这也正是它为世界体系论取代的原因。

(三) 世界体系论

20世纪70年代中期,以美国社会学家L.沃勒斯坦和T.K.霍布金斯为代表的世界体系论兴起,这一理论的代表作是沃勒斯坦的《现代世界体系》一书。

世界体系论认为现代世界体系约在15世纪就在欧洲出现,15~17世纪,在重商主义和殖民主义的推动下,这一体系逐步向世界各地蔓延。它以资本主义贸易体系为基础,超越了国家界限,成为资本主义世界经济。资本主义生产商之间为争夺劳动力、原料和市场进行着日趋激烈的竞争,将世界划分为贫困地区和富有地区,纳入不平衡的发展着的世界经济之中。这种不平衡的发展将世界分为三种互相关联的社会,即中心社会、边陲社会和半边陲社会。世界体系论将整个世界看做一个系统,即"资本主义世界经济体系",把每个西方国家和非西方国家都看做世界体系的结构要素。各个国家之间的经济关系就是世界体系内部的资本积累过程。资本积累的结果是"经济剩余"不断地从边陲国家和半边陲国家转移到西方中心国家,导致后者越来越发达,前者越来越不发达。这是世界体系总体规律的必然结果。

世界体系论认为,所谓发展就是改变在世界体系中的位置,从边陲向半边陲或从半边陲向中心升迁。但这种地位变化是由世界体系的结构状况决定的,社会内部的努力无济于事。因为,世界体系有着自己的运动规律,并依此规律调节各国在体系内的地位。在世界体系中,中心、半边陲和边陲国家的数目在一定时期内是不变的,居于中心地位的国家只是极少数,绝大多数国家只能处于边陲、半边陲的地位。所以,所有国家的共同发展是不可能的,一个国家的发展必然意味着另一个国家的衰退。只有在世界体系整体变化允许的情况下,一个新发展起来的国家才能在一个老牌中心国家衰落后,取代它占据中心地位。世界霸主地位从荷兰到英国,又从英国转移到美国,如今美国的地位也在削弱,这正是世界体系规律的具体体现。

世界体系论是对依附理论的发展和完善,它在依附论"核心—边陲"二元划分的基础上作了改进,认为世界体系是一个内部有相互依存关系的、纵横交错的有机体;它通过引入"半边陲"概念,使体系的形成和发展不再是静态类型的转换,而成为动态过程;同时,它从体系和整体发展规律解释社会发展,比现代化理论和依附理论单纯从内因和外因解释社会发展更高一筹。但是,世界体系论并不是一种完美的理论。首先,世界体系虽然引入了"半边陲"的概念,提高了理论的灵活性和解释力,但是用核心—半边陲—边陲的三元结构对国情各异的国家进行分类,仍显得很牵强。其次,将发展看成是在国际分工中地位的转变,这种结构决定论仍带有一定外部决定论的色彩,而且,它忽视了政治体系、文化体系对经济体系的影响及非经济因素的作用。再次,它过于追求理论风格,缺乏应用性。世界体系论是由美国高等学府的教授们提出的纯发展理论,没有对不发达国家的发展提出行之有效的解决措施和方案。由于这些明显的缺陷,再加上70年代后期西方社会科学界出现的理论多元化倾向的冲击,世界体系论也未能成为占主导地位的发展理论。

四、发展中国家的现代化

发展中国家的现代化是指第二次世界大战结束后,亚、非、拉大批国家摆脱了帝国主义的殖民统治,建立起独立的民族国家的过程。这些国家在政治上取得独立之后,都面临迅速发展本国经济,改变贫困落后面貌,缩短同发达国家在经济和物质生活方面的差距,巩固已经取得的独立地位的重大任务。因此,这些发展中国家都走上了"社会现代化"的道路。它们的现代化是在特殊的时间、特定的社会历史背景下发生的,所以其现代化进程表现出许多不同于发达国家的特殊性。

(一)"迟发展效果"

由于发展中国家社会历史传统和历史条件的制约,它们的现代化起步大大晚于那些先发展起来的工业化国家。正是由于起步较晚,又面临不同的制约条件,形成了它们特殊的发展过程。美国著名经济学家格申克龙将这些特殊性称之为"迟发展效果"。这些迟发展效果主要表现在以下几个方面:

1. 有目的、有计划、赶超型的现代化过程

发展中国家一般是在同发达国家的强烈对比中,特别是在帝国主义强加给本国的种种不平等关系以及屈辱的殖民地历史经历中,感到了自己的落后与贫穷,因而激发了社会现代化的决心和目标,试图使自己的国家也强大和发达起来。为了达到社会现代化的目标并尽快赶上发达国家,发展中国家一般会制定各种计划,以促进社会现代化过程。因为只有通过某种计划将国内有限的资源、财力和生产要素尽可能有效地组织起来,才能求得最需要最有利的发展,并使得这种发展尽可能符合整个国家的长远利益。这种有目的的社会现代化过程,一般表现为借鉴甚至模仿发达国家的历史经验和发展道路。由于存在着借鉴和模仿的可能,它们都试图在尽可能短的时间里,赶上甚至超过发达国家。"赶超"表达了一种强烈的愿望:使本民族尽快强大起来,真正做到和保证国家独立,使本国人民尽快摆脱贫困状态并富裕起来。

2. 异质文化和外来模式的引入与接受

发展中国家的现代化过程,一般是在与发达国家的强烈对比中产生和发动起来的。从另外一种角度来说,是由外部环境引发和带动的。19世纪形成高潮的西欧和北美国家的现代化过程,则是这些国家长期发展累积的结果。因此,发展中国家在其现代化过程中,不可避免地要从外部输入种种现代化因素,包括经济模式、社会价值观念、发展战略、科学技术等。异质文化和外来模式的引入和接受,会带来许多特殊的效应。第一,外来因素,包括现代化因素的输入,不可避免地要同本国社会原有的传统因素和社会结构发生不可控制的对抗,引发多种社会矛盾和冲突,甚至民族矛盾和冲突。第二,这种基于外部因素引发的现代化过程,会造成社会的急剧变革和发展,使原有社会结构解体或重组。因此,这些国家的现代化过程与发达国家的现代化过程相比,常常表现得更加不稳定,有的国家甚至出现"中断"的情况。第三,来自发达国家的"示范效应",会形成巨大的社会压力,损害发展中国家的正常稳定发展。发达国家在物质生活和消费方面所产生的示范效应,一方面使这些国家的人民产生过高的企望,形成超越发展水平和承受能力的急迫心理;另一方面,迫使国家和政府被迫采取急功近利的策略。由此,导致长期发展计划无法实现,因无法长期满足消费需求而造成政治动乱和社会动荡,直至造成政治危

机,使得这些国家的现代化进程受挫。

(二) "二元"社会结构的长期存在

所谓"二元"社会结构,是指在整个社会结构体系中同时并存着比较现代化的城市社会和相对非现代化的农村社会。这种"二元社会"既表现为社会性质上的差别,又表现为发展水平上的差别。虽然"二元"社会结构在发达国家也存在,但范围很小。在发展中国家,它们的工业化不是自身发展的结果,而是对外来工业化国家刺激的反应,或者是殖民化的产物,往往与发达国家的经济相联系,而不是与本国传统生产部门相联系的。在发展中国家,"二元"社会结构不仅存在于经济方面,而且也渗透到政治、生活和思想文化等方面。对于一个正在进行重大社会转变的发展中国家来讲,"二元"社会结构的存在是不可避免的。在可以控制的矛盾范围内,"二元"社会结构有利于社会的现代化进程,但同样也会导致严重的社会冲突,特别是处于相对落后状态中的社会成员,会对整个社会产生强烈的不满和对抗情绪。关键在于如何从本国的实际状况和发展战略出发,积极而慎重地协调"二元"社会结构的关系,使其与整个国家统一的社会现代化过程协调起来。"二元"社会结构只有在一个社会走上稳定的现代化道路之后,才能逐渐消除。

(三) 政府在现代化过程中发挥强有力的支配和指导作用

这一特点,几乎被所有的发展中国家所认识。如果说发达国家的政府在目前也起很大作用,那么,发展中国家的政府在社会现代化过程起始则发挥了广泛和重要的作用。这主要表现在:

第一,政府是国家政治、经济独立的捍卫者、维护者。由于发展中国家所处的对自己不利的国际经济和政治环境,政府往往通过控制外资、扶植本国工业等措施,保护本国的经济独立和国家主权,谋求符合本国利益的发展。

第二,政府是现代化的提倡者、计划制定者和组织者。有目的、有计划地赶上发达国家,一般只能由政府发挥指导作用,由政府在符合本国人民最大利益和长远利益的基础上,制定长远的发展目标、发展计划与规划,并动员和组织全国力量,有重点、有步骤地去实现。

第三,推动并且控制社会现代化过程。政府要发挥强有力的支配作用,克服种种落后状态对现代化进程的抑制和反抗,控制由于整个国家迅速变化所带来的种种紧张局面,协调种种不协调的社会冲突,把整个国家实现社会现代化的目标与决心贯彻到社会生活的各个层次和各个方面,推进现代化的进程,并使之不被任何力量中断,所以一个稳定的政府十分重要。政治稳定是经济和社会发展的先决条件。

与此同时,政府还在控制人口过度增长与集中、收入差距、环境污染、教育发展与卫生事业等方面,发挥着应有的作用。

第四,直接参与经济活动。由于发展中国家经济发展水平较低、人口素质较差,为了尽快促进本国的经济发展,往往由政府直接参与某些经济活动。一是由政府投资建立发展经济所必需的基础设施,如公路、铁路、港口等。这些设施所需要的庞大资金是私人企业无力承担的。二是建立一定的国有企业,特别是一些大型的资金密集型企业,以带动其他企业和部门的发展。三是由国家直接控制重要的经济杠杆,如银行、信贷部门,以直接引导整个国家经济活动的方向。

但是,发展中国家政府如何合理发挥作用、在什么程度上发挥作用,既有成功的经验,也有失败的教训,值得我们认真总结。

(四) 两难现象

在后发外生型现代化过程中,交织着各种极为复杂的矛盾:内部缺少现代性因素却在外部因素的影响下强行开始现代化进程;先天不足却要在更短的时间内走完发达国家在几百年间走过的历程;现代化的目标既要基于人民的要求,又要有利于加强自身在世界上的地位等。这些矛盾交织的结果,就是在现代化中形成一系列的"两难窘境"。如,这种两难窘境在经济上表现为解决贫困和增强国力的矛盾;在政治上,表现为强化政府的能力、稳定政治秩序与政治民主化的矛盾;在文化上,也存在同样的问题。在外部现代性因素的冲击下,本地的传统文化会处在一种很微妙的境地。虽然在不同的国家,由于传统文化的自身性质不同,与现代文化的关系也不一致,但在外部的现代文化传入以后,几乎都不可避免地引起文化冲突。在传统文化与现代文化对立较为严重的地方,现代化过程将不可避免地导致对传统文化的破坏。但问题是,在新的社会生活机制完善之前,传统文化还在承担着一些重要的社会功能(如整合),同时,现代化领导人在动员人民参与现代化进程时,也必须使用传统文化提供的符号系统,因此,在传统文化解体的过程中,相应也会带来一系列的解体和混乱。

第三节 全球化

全球化是社会变迁的一种重要表现形式,可以说正是19世纪和20世纪的现代化发展导致了全球化。2004年7月在北京召开的第三十六届世界社会学大会的主题是"全球化背景下的社会变迁",这表明全球化已成为当今社会学共同关注的主题。全球化是指不同的个体、经济、政治和社会制度之间的相互依赖和共识正在增强。[1]

一、什么是全球化

自从传播学家麦克卢汉在1960年提出"地球村"概念以来,全球化的概念就逐渐流行起来,在今天已经成了人们耳熟能详的日常用语。全球化意味着经济一体化的出现,民族国家力量的相对减弱,全球文化和全球意识的传播。而且正悄然影响着每个人的生活:我们可以通过网络浏览世界各地发生的新闻;我们使用来自不同国家的丰富产品;我们努力学习新的语言以与其他国家的人交流沟通;我们的生活会时刻受到地球上不同国家和民族的深刻影响,无论是邻国还是大洋彼岸的国家。

对于这样一个影响深远的概念,可以从狭义和广义两个方面来理解。狭义的全球化指的是基于资本、高新技术等经济因素的外向扩张,是导致世界规模的统一大市场和跨国公司形成的过程。也就是说,所谓全球化的时代,意味着金融资本的全球流动,经济贸易的自由化,跨国公司的国际扩张,信息技术在各领域的广泛运用。在这一过程中,资本的高效能国际化运作方式作为一种示范效应,必然对其他领域产生强烈的冲击,从而带动整个社会的全球化。从20世纪80年代开始,经济自由化的浪潮在东欧社会主义国家解体以后席卷全球,市场不再受国家边界的限制,资本可以在国际间自由流通,跨国企业为寻求更廉价的劳动力和更低税率的市场将资本从一国向另一国流动,世界经济的全球化具有更强大的穿透力,可以整合、改造、重塑地球上的生产、经营、流通、消费等诸方式;再加上因特网、多媒体技术等在各领域的广泛应用所造成的急剧"时空压缩"的感觉,使全球变成了"地球村",这个过程一般被称为全球化。

广义的全球化指的是经济市场化、政治民主化、通讯高科技化、文化同质化所带来的全球相互依赖性和整体意识的日益增强。也就是说,全球化并不仅仅指经济上的相互依赖,而是关涉我们生活中的时空转换。全球化意味着整个世界范围内社会关系的强化,这种关系以这样一种方式将彼此相距遥远的地域连接起来,即距离遥远的地方所发生的各种事件无论是否涉及经济方面,都比过去任何时候更为直接、更为迅速地对我们发生影响。社会学所关注的全球化,主要指广义上的全球化。

---

[1] 彭华民等主编:《社会学概论》,北京:高等教育出版社,2006年,第354页。

二、全球化的表现

总体说来,全球化表现为:经济的全球化、政治全球化、全球化文化的形成、全球社会联系的形成。[①]

(一) 经济的全球化

经济的全球化是全球化最重要的基础,其具体表现是世界经济组织受到资本主义经济机制支配,贸易自由化的程度和范围不断提高,跨国公司在世界范围内扮演的角色日渐重要,信息技术在各个领域得到广泛运用。全球化的经济组织调动、管理着人力资源、资金和产品。这些国际经济组织如国际货币基金组织,跨国公司如 IBM、微软,世界金融市场如纽约股票交易市场、伦敦股票交易市场等,实现了产品和服务的全球化,国家间的经济竞争更加复杂,跨国的劳动力流动和全球化相结合。

经济全球化还形成了全球市场。WTO 制定的国际条例大大削除了世界范围内的自由贸易壁垒,使国家间的依赖性增强。交通运输和通讯技术的发展使产品能分散到全球的各个地方。因此,公司的国家身份可能被视为传统的观念,大的金融中心如纽约、伦敦、东京和中国香港,凭借其从事全球性的金融活动强化了它们国际化大都市的地位。在这样的背景下,由跨国公司执行官、国际组织工作人员等所组成的国际化的精英已经出现。

(二) 政治的全球化

虽然民主政治日益成为各国共同的政治追求,对人的尊重、对自由和平等的向往已经成为普遍的政治价值,专制政治已越来越不得人心,但是政治的全球化所呈现出来的是比较复杂的局面。一方面,政治民主化的浪潮不断高涨,西方国家利用种种手段在促进和带动非西方国家实现其标榜的政治民主化;另一方面,国际政治秩序的不平等格局在这种民主化的浪潮中继续得到强化。一方面,国际市场的开拓和跨国资本的流动,使不同民族和国家的联系在日益加深,民族国家体系的界限在淡化;另一方面,全球化又促使国家之间的政治经济竞争更加激烈,政府作为国家权力的执行者,其社会管理者职能不仅没有减弱,反而有日益强化的趋势。

---

① 参见孙立平主编:《社会学导论》,北京:首都经济贸易大学出版社,2004 年,第 398 页。

(三) 文化的全球化

经济全球化以及沟通手段的国际化为世界各国的文化传播、交流、融合提供了前所未有的机遇,全球化过程持续得越长久、涉及面越广、力度越大,文化间的交流也就越密切,影响也就越广泛、深入。这种文化传播和融合既是指世界不同文化之间的相互作用,又是指个别文化与以经济全球化的思维模式和行为模式为体现的全球化取向的文化之间的相互交流和融合。但在后者的相互关系中,存在着文化一元化与多元化之间的张力和冲突。一元化又可分为美国化和商品化两种形式,前者可归结为文化霸权主义问题,后者可视为消费文化问题。所谓消费文化或消费主义,是指当代西方发达资本主义国家出现的一种以生活方式的选择来主导大多数国家的经济活动的趋势,这种生活方式深受传媒和广告所宣扬的审美情趣、品味建构的影响,诱惑消费、追逐消费、炫耀消费并使消费成为经济活动的主导,甚至使消费取代生产成为主要的经济活动内容。消费不仅是生活方式,而且是文化形式,也就是说,在文化实践层面也存在以消费作为主要目标的趋向,这就导致了消费社会的诞生。消费文化严重冲击了民族文化和民族认同,极大地助推了西方文化特别是美国文化蔓延的趋势。

(四) 全球社会联系的形成

全球社会联系的形成是全球化的另外一个重要方面。随着科学技术的飞速发展和社会生产力的日益提高,社会开放程度较以往任何时代都有了突出猛进的发展。交通工具的不断革新与通讯方式的革命性发展,使人们的社会流动范围不断扩大,交往机会不断增加,越来越多的国家和地区的人融入这场大交往与大交流中。从个人而言,社会成员有了更多的交往选择,也意味着他们不再留恋更恒久的稳定关系。从整个时代发展和社会进步角度考察,传统的国家、社区和家庭稳定的三角结构已经被全球化浪潮无情地粉碎,全球、国家、社区和家庭这种新型的四角结构成为主体的表现,并且这种四角结构还因为全球化进程中一些超国家组织(如联合国、欧盟、世界银行等)的出现而逐渐得到加强。一些社会活动也在新结构的框架下展开,例如,绿色和平运动、消除贫困运动等。这些运动建立起全球化的网络组织,从而越来越具有全球化的特点。[1]

从上述表现我们可以看到全球化带来的社会变迁是巨大的。全球化世界中的新生活形式和新社会关系需要我们重新审视原来社会的相关观念。

---

[1] 彭华民等主编:《社会学概论》,北京:高等教育出版社,2006年,第356页。

三、全球化的矛盾

全球化作为历史发展的一个全新时代,给人类社会带来了巨大的影响。人们在欢呼全球化时代到来的同时,也对全球化可能带来的影响进行了深入的探讨,甚至进行了强烈的对抗。对全球化影响的探讨集中在全球化下的不平等与不平衡、全球化下的民族国家、全球化下的文明和文化三个方面。①

(一) 全球化下的不平等与不平衡

在一个相互联系不断扩大的全球体系中,网络和权力实施空间范围的扩大,使权力问题成为全球化诸问题中的核心问题。对于世界上众多的国家和民族来说,全球化过程是一个参与的过程还是一个垄断的过程,是一个被动接受的过程还是一个积极应对的过程,是一个中心化下的多样化过程还是一个多样化共存的过程,这些问题都是需要深入思考和认真对待的重大问题。

在全球化过程中,发达国家和发展中国家在经济发展和生活水平上的差距不但没有缩小的趋势,反而在继续扩大。发达国家依靠自己在现代化进程中的先发优势,凭借它们在经济、科学技术和军事上的强大势力,在世界范围内建立了以它们为核心的全球秩序,已经建立起来的全球性经济或其他组织,发达国家在其中占据了主导地位。资本和信息在全球范围内相对自由地流动,造成了更大范围内的贫富分化,新的科学技术革命使得发达国家所占有的优势更加强化。在目前全球政治、经济和技术的格局中,发展中国家依然处于附属或者依附的地位。全球化对于发展中国家来说,也许是一个机会,但更是一个挑战。

全球化过程中的不平等和不平衡,不仅发生在国家和民族之间,而且发生在国家内部,不仅发生在发展中国家内部,而且发生在发达国家内部。资本和信息在全球范围内寻求最大利润的流动,使得发达国家传统的劳动力市场、福利体制、就业体制等同样受到相当大的威胁,那些在这些社会中不占优势的群体,有可能因为全球化的发展而丧失原有的地位,这也是为什么有那么多发达国家的非政府组织,特别是劳工组织参与反全球化的原因之一。

(二) 全球化下的民族国家

在全球化过程中,人员、资本、信息在全球范围内流动,大量的全球问题出现,

---

① 郑杭生主编:《社会学概论新修》,北京:中国人民大学出版社,2003年,第343~345页。

例如国家间的战争,跨国界的环境污染、核威胁、恐怖主义等,都需要在全球框架下治理。因此,随着全球化的发展,一些极端全球主义者或新自由主义者提出,全球化过程是一种"毁坏疆界"的力量,特别是对传统的以主权疆界为特征的民族国家冲击更大。民族国家不再是权力和文化的主要承载者,跨国民族空间的形成使得传统民族国家无法再清楚地代表某一个民族。在这个时代,传统的民族国家已经成了全球经济中不和谐的甚至不可能继续存在的活动单位。他们认为,经济全球化通过跨国网络实现着经济的"去国家化(denationlization)",在这种没有疆界的经济中,国家政府不过是全球经济的传动带,或者沦落为夹在不断强大的本土、地区以及全球治理机制之间的中介制度。

面对极端全球主义者的"去国家化"理论,一些主张变革理论的学者指出,全球化是推动社会政治以及经济快速变革的中心力量,这些变革正在重新塑造着现代世界和世界秩序。无疑,民族国家在全球化过程中受到严峻挑战,全球化正在重组民族国家的权力、功能和权威。但是,面对全球化的挑战,国家主权或民族国家也一直在调整自己,以适应不断变化的历史现实。一方面,国家在全球化过程中并没有完全陷入被动,反而是全球化过程的积极推动者;另一方面,在全球化进程中,还没有产生一个可以完全替代国家职能的共同体或组织。在不断变化的全球秩序下,民族国家可以采取合理的战略和政策选择,对国家的功能和形式进行调整,积极应对全球化对民族国家的挑战。

上述两种观点无论孰是孰非,都是面对全球化的挑战所作出的应答。不可否认的是,与现代化早期伴随现代化过程而兴起的民族国家形成时期相比,当代全球化进程与民族国家之间形成了十分复杂的关系。民族国家的变革是必然的。同时应该指出的是,同样的挑战不仅发生在民族国家的层次上,而且发生在个人、社区、地方以及组织层次上。

(三) 全球化下的文明和文化

全球化不仅是一个政治、经济变化的过程,而且还是一个社会和文化变迁的过程。随着全球化的扩展,大众传播媒介、全球营销体系以及大规模的人口流动,一种文明和文化能够迅速传播到世界上的任何一个角落,成为具有全球性特征的文化和文明。

全球化下的文明和文化问题,实质上是一个"地方"文明和文化如何在全球化进程中生存和发展的问题。因为在带有全球特点的文明和文化的传播、扩散过程中,往往是那些在政治、经济和权力上占据优势地位的文明和文化,对地方性文明和文化造成极大的冲击,甚至威胁它们的生存。因此,全球化过程不仅挑战着国家的权威,而且地方性文明和文化因而也受到严峻挑战。

但是,一种文明或文化的产生与成长,是长期历史发展的产物,构成了一个民族或社会基本的生存价值和道德规范,并作为一种传统世世代代延传下来。文明和文化的多样性,构成了人类世界的基本结构。不同文明之间的交流、传播乃至冲突,构成了人类社会发展的基本动力之一。因此,当全球化对独特文明或文化形成冲击或挑战时,文化全球化与文化多样性之间的矛盾,就成为当代全球化过程中的一个基本矛盾。全球化的挑战,一方面让人们看到了文化趋同的现象;另一方面,更多地看到了独特文明对全球化的反抗,以及文明之间的冲突。可以说,当代文明之间的冲突,在很大程度上是全球化内在矛盾的反映。

全球化是一个方兴未艾的过程。对于全球化的未来趋势、影响以及它所包含的矛盾冲突,现在人们还无法认识清楚。但是,不管人们是否喜欢它,全球化都是一个客观的、正在发生的历史过程,它承接了从16世纪开始的现代化进程,正在将人类社会带入一个新的历史发展阶段。

本章小结

1. 导致社会变迁的因素有很多,有自然的因素(或非人力的因素)、人力的因素,有经济的因素和文化的、政治的因素,有单一的因素和综合的多重的因素。一般来说,社会历史的变迁是自然环境、人口、技术、文化等多种力量综合作用的结果。

2. 社会变迁的过程包括社会需要的增长、新要素的产生和导入、新要素的传播和扩散、社会结构的分化与整合等。

3. 社会变迁的理论有:社会进化论、历史循环论、社会冲突论和社会均衡论。

4. 社会现代化的内容有经济现代化、政治现代化、世俗化和理性化、社会结构的分化与整合、城市化和人的现代化等。

5. 社会学界先后出现了三个研究现代化模式与道路问题的理论派别,即现代化理论、依附理论和世界体系论。

6. 全球化的表现有经济全球化、政治全球化、全球化文化的形成和全球社会联系的形成。

7. 对全球化影响的探讨集中在全球化下的不平等与不平衡、全球化下的民族国家和全球化下的文明和文化三个方面。

主要术语

社会变迁(Social Change)：表示一切社会现象，特别是社会结构发生变化的动态过程及其结果的范畴。

社会进化论(Social Evolutionism)：指将变异、自然选择和遗传等生物学概念用于社会学研究，进而解释社会变迁的一种社会学理论。其基本思想是主张进化既是自然界的定律，也是社会变迁的自然定律。

历史循环论(Circulation Theory of History)：基本观点是把社会的多次变动视为同质的东西，社会历史就是在一个限定的范围内周期性的重复变化。

社会均衡论(Social Equilibrium)：强调社会均衡一致和稳定的属性。其基本思想是：平衡是社会的常态，而变迁则是暂时的，变迁最终也是为了达到新的平衡。

社会冲突论(Social Conflict Theory)：建立在反对均衡论基础上的一种社会变迁理论。这种理论认为，社会尤其是现代社会不是经常处于稳定（平衡）的状态中，而是处于冲突的状态中。

社会现代化(Social Modernization)：一种特殊的社会变迁过程。一般指社会在科学技术发展的带动下，以经济发展为基础的，社会生活各个方面逐步脱离传统社会的发展过程。

现代化理论(Modernization Theory)：以单线的社会进化观和经典社会学家关于社会发展的"两极论"为基础的社会发展理论，认为现代化就是由传统社会向现代社会的进化，社会的发展是单线的，现代化只有一种模式，即西方模式。

依附理论(Dependency Theory)：反对现代化理论内因论和"西化"模式，认为西方化过程实际上是不发达国家被纳入不平等的"中心—边陲"型国际经济体系的依附化过程，它将导致西方国家的发达化与非西方国家的不发达化。

世界体系理论(World System Theory)：主要由 L. 沃勒斯坦在依附论基础上提出的一种新的发展理论。认为世界体系是一个内部有相互依存关系的、纵横交错的有机体；它通过引入"半边陲"概念，使体系的形成和发展不再是静态类型的转换，而成为动态过程。

全球化(Globalization)：社会学所关注的全球化，主要是指广义上的全球化。广义的全球化指的是经济市场化、政治民主化、通讯高科技化、文化同质化所带来的全球相互依赖性和整体意识的日益增强。

练习题

1. 讨论近年来计算机科技和生化科技(性别选择、基因活体工程、牛羊复制等)的进展对社会变迁的影响。

2. 材料分析：

中国消费者对苹果的"狂热"非同凡响。2010年北京大悦城一家苹果店开业，正逢 iPhone4 上市，据店员称，第一天销售额即达到 3.8 亿人民币，"刷卡机被刷爆，瘫痪了两小时"。这些"果粉"们，在大师仙逝的时候当然忘不了纪念：乔布斯的创业故事成了传奇，他的言论和影像如同先知的神话般在网上风传，而中国的 IT 产业精英则自称是"乔布斯的门徒"。

苹果公司的标志是一只被咬了一口的苹果，据称这蕴含着乔布斯的商业哲学——任何完美的创造都有不完美的一面。可让人难以理解的是，为什么在中国这个苹果产业链的末端，这个最真切地体现了苹果"不完美"和"完美的代价"的地方，竟会有如此强烈的"乔布斯崇拜"？

苹果系列是"全球代工"的经典产品。乔布斯的公司只负责设计、技术监控和市场销售，而所有的生产加工环节都以"委托生产"的方式，外包给遍布世界各地的下游制造商。这些年来，越来越多的以高技术专利和创意能力见长的跨国公司，都把廉价的加工环节和生产基地像包袱一样甩给"打工国家"。1997 年乔布斯"归来"之后，苹果公司成为其中的佼佼者。

苹果手机(iPhone)的产业链价值分布最说明问题。据调查，从美国进口一部在中国组装的 iPhone 手机是 178.96 美元(实际零售价格要在两倍以上)，其中闪存(24 美元)和屏幕(35 美元)是在日本生产的；信息处理器和相关零部件(23 美元)是韩国制造的；全球定位系统、微电脑、摄像机 WIFI 无线产品等(30 美元)是德国制造的；蓝牙、录音零件和 3G 技术产品(12 美元)是美国制造的。除此之外，材料费用、各种软件许可证和专利费用，合起来近 48 美元。最后算下来，在中国组装环节的费用不过只有可怜的 6.5 美元！这意味着富士康一类的公司以及成千上万的中国劳工，从那部时尚而尖端的手机里，只能分享 3.6% 的价值，按零售价计算不足2%！(资料来源：《"中国制造"从乔布斯得到什么警示》，《中国青年报》，2011 年 11 月 7 日。)

根据以上材料分析下列问题：

(1) 经济全球化对中国现代化的发展产生什么影响？

(2) 发展中国家应该如何面对全球化的挑战，以积极的姿态融入全球化进程？

思考题

1. 什么是社会变迁？社会变迁有哪些类型？
2. 如何理解社会结构的分化和整合？
3. 什么是社会现代化？其基本内容有哪些？
4. 关于社会现代化的理论有哪些？如何看待这些理论？
5. 如何理解"迟发展效果"？
6. 如何理解全球化的含义及全球化过程对中国现代化的意义？

阅读文献

1.〔美〕F. 奥格本著，王晓毅等译：《社会变迁：关于文化和先天的本质》，杭州：浙江人民出版社，1989年。

2.〔日〕富永健一著，董兴华译：《社会结构与社会变迁》，昆明：云南人民出版社，1988年。

3.〔美〕吉尔伯特·罗兹曼主编：《中国的现代化》，南京：江苏人民出版社，1998年。

4.〔美〕塞缪尔·亨廷顿等著，罗荣渠主编：《现代化：理论与历史经验的再探讨》，上海：上海译文出版社，1993年。

5.〔美〕西里尔·E. 布莱克编，杨豫、陈祖洲译：《比较现代化》，上海：上海译文出版社，1996年。

6. 杨雪冬：《全球化：西方理论前沿》，北京：社会科学文献出版社，2002年。

7. 张琢：《九死一生：中国现代化的坎坷历程和中长期预测》，北京：中国社会科学出版社，1992年。

第十二章 社会问题

古今中外,任何一个社会都存在社会问题。社会问题常常影响社会正常运行。社会学的研究任务之一就是要对社会问题进行诊断,寻找社会问题产生的根源,认识社会问题造成的危害,阐明观察、认识社会问题的科学方法,提供解决社会问题的对策。

第一节 社会问题概述

社会学从诞生起,就一直密切关注社会问题,本节具体介绍社会问题的定义、特征和认定过程。

一、什么是社会问题

(一) 社会问题的含义

对于社会问题,人们可以举出很多例子,但是对于如何界定社会问题,人们则莫衷一是,国内外社会学家的看法也不统一。

对社会问题最简洁的定义莫过于美国社会学家米尔斯的论述,他认为,社会问题也即公众问题,它不是个人的困扰,而是社会中许多人遇到的公共麻烦。默顿等人则认为,社会问题包括三个方面的含义:社会期望的事情被中断、社会规定的正当的东西被破坏、社会所珍视的社会模式与关系脱节。[1] 乔恩·谢泼德(Jon Shepard)和哈文·沃斯(Harwin Voss)在《美国社会问题》一书中将社会问题定义为:一个社会的大部分成员和社会一部分有影响的人物认为不理想、不可取,因而需要社会给予关注并设法加以改变的那些社会情况即为社会问题。

20世纪40年代,孙本文在《现代中国社会问题》一书中,总结归纳了当时国内外社会学家对社会问题的几种理解,并在总结他人观点的基础上提出了自己的见

---

[1] 转引自王思斌主编:《社会学教程(第二版)》,北京:北京大学出版社,2003年,第206页。

解,在他看来,社会问题是社会全体或一部分人的共同生活或社会进步发生障碍的问题。陆学艺认为,凡是影响社会进步与发展,妨碍社会大部分成员的正常生活的公共问题就是社会问题。郑杭生将社会问题区分为广义和狭义两种:广义的社会问题泛指一切与社会生活相关的问题,狭义的社会问题指社会的病态或失调现象。王思斌则把社会问题定义为社会中发生的被多数人认为是不合需求或不能容忍的事件或情况,而需要运用社会群体的力量加以解决的问题。

综合已有的定义,本书认为社会问题是指那些因社会关系或社会环境失调,持续影响社会全体成员或部分成员的共同生活,破坏社会正常运转,从而引起人们普遍关注,需要运用社会力量加以解决的问题。①

拓展阅读

社会问题四要素

我们还必须知道,公认的社会问题一般具备以下四个要素:

对个人或社会的损害。城市居民在谈到市政当局所提供的公共服务时,总显得尖酸刻薄。经常可以听到人们这样说:"要使某个繁忙的十字路口安上红绿灯,唯一的办法就是有个小孩被车撞了。"不幸的是,这并非只是一种毫无根据的说法,政府通常的确要在造成重大的损失之后才会做出相应的反应。

对权力集团标准的触犯。无论一种社会状况严重与否,只要当权力集团的成员认为它会对他们产生某种影响——或对其地位带来威胁时,它就成为社会问题。因此,道德愤慨中的主观成分触发了社会问题的定义。

持续性。各种新的社会问题似乎在不断产生:新的犯罪形式或污染,或是对生活的道德秩序的某种新威胁。虽然的确有一些新的问题产生(如计算机犯罪便是一种新的盗窃形式),但大多数社会问题只是旧瓶装新酒而已。在晚间新闻中经常可以看到的纽约或者洛杉矶令人触目惊心的青少年男女卖淫的情景,只是这一最古老职业的新的变种,对它的态度常常随着时间和地点的不同而发生变化。

过多的解决方案。社会问题持续时间长了,就会有许多讨论和思考应运而生。有时候找出的原因和提出的对策是基于偏见、文化取向或是推理,而不是事实。就像我们就要讨论的,这些情况经常导致人们找出错误的原因,提出误导性的措施。……

摘自〔美〕文森特·帕里罗等著,周兵等译:《当代社会问题》,北京:华夏出版社,2002年,第6~11页。

---

① 李芹:《社会学概论》,济南:山东大学出版社,2009年,第359页。

(二) 社会问题研究在社会学学科中的地位

社会问题是社会学的重要研究领域,甚至有的社会学家认为社会学就是研究社会问题的。从社会学的发展史来看,工业革命后出现的众多社会问题催生了社会学。孔德面对法国大革命后的各种社会问题,创立了社会学,试图重建社会秩序。马克思研究了资本主义社会的各种问题,特别是异化问题,主张通过社会革命消灭不合理的社会制度,从根本上解决资本主义社会存在的社会问题。迪尔凯姆的社会学理论也是针对当时社会情境中的社会问题展开的,他所关注的核心问题,就是如何来恰当地理解和有效地解决19世纪西方发达国家从前工业社会向工业社会(或者从前现代社会向现代社会)的转型过程中所遭遇的各种危机。[①] 韦伯对现代社会问题充满了忧患意识,他分析概括了当时西方社会各个领域中充斥的大量异化现象,认为实际上是"理性化导致了非理性化的生活方式"。芝加哥学派主要研究的是城市社会问题。由此可见,社会学作为一门学科从诞生之日起,就一直十分重视对社会问题的研究,一方面试图找到解决社会问题的对策;另一方面,对社会问题进行分析概括,提出了不同的理论,促进了学科知识的发展。

任何社会都是不完美的,总存在各种各样的社会问题,作为一门高度关注现实的应用性科学,社会学极为重视社会问题的研究。社会学工作者总是试图通过社会调查,发现社会问题,弄清社会问题产生的原因,在此基础上提出解决问题的建议和对策,促进社会的发展。

二、社会问题的一般特征

社会问题是多种多样的,但有如下基本特征:

(一) 普遍性和特殊性

社会问题的普遍性是指社会问题无所不在、无时不有。在空间上,每一个国家和地区都存在社会问题。在时间上,一个国家和地区在其不同时期都存在着这样或那样的社会问题。从人类社会诞生之日起,社会问题始终伴随着社会的运行,而人类社会也在解决社会问题的过程中不断发展。

社会问题的特殊性是指,尽管社会问题是普遍存在的,但不同时间或不同地点的社会都有各自不同的社会问题,即使是相同的社会问题在不同的时间和地点也

---

① 杨善华,谢立中主编:《西方社会学理论(上卷)》,北京:北京大学出版社,2005年,第119页。

有不同的表现。

(二) 公共性

社会问题的公共性是指社会问题的非个人性的,如米尔斯所说,社会问题是一种"公共问题",而不是一种"个人烦恼"。比如失业,当一个社区只有几个人失业,虽然对于这几个失业者来说,意味着生活中遇到了很大的麻烦与困境,但对于整个社区来说并不是一个"公共问题",因为这种失业现象只与少数几个人相关,或许只是因为这几个人技能、业务水平低,或许纯粹是因为个人性格怪僻。但是,如果一个都市有10%的劳动力失业,问题涉及众多公众时,失业就成了"公共问题",其根源肯定不只是个人方面了,很可能是社会出现了结构性问题。

(三) 复杂性

社会问题是复杂的社会现象,其复杂性表现在以下几个方面:第一,社会问题的成因是复杂的。社会问题往往是不同因素造成的。比如中国人口问题,既有历史的原因也有现实的原因,既有整个社会的因素也有个体的因素。第二,社会问题会带来复杂的后果。一个社会问题会带来一系列不同的后果。比如,目前中国社会存在的诸如交通、教育、养老等很多社会问题都直接或间接与人口问题有关。第三,解决社会问题具有复杂性。一个社会问题从酝酿、产生、发展,到形成严重的后果,有一个生长周期,因此必须经过长时间的努力,运用综合性的措施才能解决社会问题。

(四) 破坏性

社会问题的破坏性是指社会问题对社会的正常运行和人们的正常生活产生威胁、损害等破坏性作用。如人们对自然资源无节制地开采利用,造成森林面积锐减,水土流失严重,由此引发了严重的环境问题——特大旱灾、地下水位下降、特大洪灾、泥石流等,不仅危害人们的生命财产安全,影响人们的正常生活,降低生活质量,而且会给社会进步带来障碍,不利于社会发展。社会问题的破坏性不仅体现在其本身对社会的破坏性,也表现为它对其他社会问题的促发性。比如环境问题,可能会带来贫困问题、社会稳定问题等。总之,破坏性是社会问题的固有特征,当然也应当看到通过解决社会问题对社会发展的推动。

(五) 客观性

社会问题的客观性是指社会问题是客观存在的,不以人们的意志和愿望为转移。社会问题的客观性表现为三个方面：一是社会问题表现为一种客观现象、事件。它的存在是客观的，即使有些人为了某些需要而否认问题的存在，社会问题也不会因此消失。二是社会问题的产生有客观的原因，包括政治的、经济的、社会的、自然环境方面的，其产生和变化具有客观规律性。三是社会问题的解决需要一定的客观条件。

三、社会问题的认定

从现实情况来看，社会问题的认定是一个复杂的过程。不少学者研究了社会问题的认定过程，认为社会问题不仅是一个主观对客观简单的认定过程，同时也是一个社会主体对社会客体的复杂的社会建构过程。

富勒（Richard C. Fuller）和米尔斯（Richard R. Myers）最早探讨了社会问题发展的阶段特征，他们在《社会问题的发展》一文中提出社会问题自然史的三阶段模型，即被觉察、相应政策与措施的确立、实施具体的改革行动。他们认为，社会问题表现为几个不同的活动阶段组成的连续发展的过程，每一活动阶段前后相继又相互区别。[①]

贝克尔（Howard C. Becker）提出了社会问题演化的五阶段模型：第一，社会上必定有一些人或群体把某种客观存在的情境认定为有问题的，有危害性的，或者将来会产生麻烦。第二，当某一个问题被某些人觉察到时，这个问题要成为社会问题，还必须得到更多人、更广泛的关注。第三，问题引起了更广泛的关注，还需要有相关机构或组织出面加以推动，使问题最终被认定为社会问题。第四，一旦某一问题被有关机构接纳，曾经通过广泛积极的关注推动问题得以形成的群体，对该问题将渐渐失去进一步关注的兴趣。第五，在社会问题存在期间，有关机构及其成员致力于问题的解决，这已成为他们所从事职业活动的一项重要内容。[②]

社会问题的认定过程可以归纳为五个环节：第一，利益受损集团的强烈不满和呼吁；第二，社会敏感及社会有识之士的呼吁；第三，社会舆论集团及大众传播媒介的推波助澜；第四，公众的普遍认识和接受；第五，政府认定社会问题的存在并正式介入。[③]

以20世纪八九十年代城市收容遣送制度为例，该制度本意是一项对城市流浪乞讨人员以及露宿街头生活无着的人员进行收容遣送的社会救助制度。但随着城市化的发展，从农村流入城市人口的增多，收容遣送制度逐渐演变成了治安管理制

[①②] 李芹：《社会学概论》，济南：山东大学出版社，2009年，第373页。
[③] 朱力：《当代中国社会问题》，北京：社会科学文献出版社，2008年，第10～15页。

度。特别是在实施过程中缺乏有效的法律加以监控,这一制度被歪曲执行,常采用罚款、限制人身自由以及强迫从事一些劳动等强制性手段,甚至收容遣送的范围不断扩大,一些进城务工农民因没有来得及找到合适的工作或未来得及办理"暂住证"等临时性证件而被收容遣返;即使未被收容遣返,也常常提心吊胆地生活,该制度侵犯了农民工的合法权益。更有甚者,在一些地方该制度成为敛财的手段。受害人及其亲属也曾四处求告。90年代,已有一些有识之士看到了该制度的危害,但没有引起人们的注意。直到2003年,孙志刚事件发生,经有关媒体报道后,舆情汹涌,引起了公众的普遍关注,一些法律专业人士要求对这一制度进行违宪审查,另有一些社会科学工作者对收容遣送制度的弊端和废止这一制度的可行性进行了研究。在社会压力下,政府很快做出了废止旧的城市收容条例的决定。

第二节 社会问题的基本理论

社会学者在致力于社会问题实证研究的同时,也开展了对社会问题的理论研究,试图从理论上分析社会问题产生的原因,及其发生、发展的一般规律,以便为解决社会问题找到相应对策。由于社会问题十分复杂,产生的原因多种多样,以及学者研究兴趣的不同,形成了对社会问题的不同认识和分析角度,这里主要介绍社会整合论、社会病理学、社会解组论、价值冲突论等几种理论。

一、社会整合论

社会整合是指社会不同的因素、部分结合成为一个统一、协调整体的过程和结果,亦称为社会一体化。社会学经常论及的整合有文化整合、制度整合、规范整合和功能整合。

最先提出社会整合思想并致力于研究社会整合的是法国社会学家迪尔凯姆,他把社会问题的产生和社会整合联系起来加以认识。社会整合分为两种类型:一种是"机械团结",是通过强烈的"集体意识"(所有成员的共同情感和共同信仰)而把个体连接起来的社会整合类型;另一种是"有机团结",指的是通过功能上的相互依赖将个体连接起来的社会整合类型。传统社会是同质的社会,机械团结占据优势地位;现代社会以高度分工为特征,是异质的社会,有机团结占主导地位。社会问题产生的根源在于社会整合力量的减弱,在传统社会,社会问题产生于传统权威的消失和共同信仰的失落,即机械团结的不足;在现代社会,社会问题产生于社会各组成部分之间的不协调,不能共同担负起维护社会正常运转的功能,即有机团结的不足。在《自杀论》(1897)一书中,迪尔凯姆研究了自杀这一具体社会问题与社会整合的关系。他认为自杀的原因在于社会整合程度的不同,社会整合程度过高或过低都容易引起自杀,只有适度的社会整合才有利于社会生活。

帕森斯进一步发展了社会整合的概念并将其纳入自己的结构功能理论框架中。把社会看成是由个体构成的具有复杂结构的系统,认为一个社会要生存和发展就必须保持其社会系统的稳定性和继承性,其中社会化机制和社会控制机制对于社会生存和发展特别重要,但是社会化机制和社会控制机制不是万能的,于是越轨等社会问题就不可避免。

二、社会病理学

社会病理学是早期社会学比较流行的一种观点。早期的社会学深受有机体论的影响,把社会看成是一个有机体,认为社会是由个人组成的。同生物有机体一样,社会也会发生病变和功能障碍。所谓社会问题,就是指社会病态现象,社会学家可以像医学家研究人的身体疾病那样研究社会的疾病。社会病理学的主要观点是:

第一,具有"正常的"社会功能的社会是健康的,而妨碍了社会正常机能的社会现象则是"有病的",它们的存在是社会有机体病症的表象。

第二,既然社会是由个体组成,并以社会关系加以联系的,那么,"社会病态"就是指社会关系中不协调的现象,而"社会病理"则是指"社会"就像"生物有机体"害病一样,其生理功能处于失调状态。

第三,造成社会问题的最大原因是人的社会化过程的失败。每个社会都会将道德规范传递给下一代,借以维系社会正常发展,但社会化过程却会因各种原因遭到阻滞,造成一些人不能顺利完成社会化过程,成为"有病的人",而他们的存在又引起了各种"社会疾病"。

第四,解决社会问题的根本办法,是治疗社会中"带菌的"、"有病的"部分或个人。早期社会病理学家把重点放在解决个人的"不道德"问题上;后期的社会病理学家则更强调社会环境的"不道德"问题,主张积极"治疗"有病的社会制度,对全民施以道德教育。[①]

三、社会解组论

社会解组是指社会规范和制度对社会成员的约束力减弱、社会凝聚力下降的

---

① 参见陆学艺主编:《社会学》,北京:知识出版社,1991年,第551~552页。

一种状态。正常情况下,社会规范制约、控制着个人与群体的行为。当社会发生急剧变迁时,旧的规范不适用了,新的规范又未建立起来,或某些规范功能的发挥受到阻碍,或几种规范体系互相冲突,人们失去了行为准则,于是发生了社会解组。

社会解组论的产生与20世纪初美国大规模的城市化运动密切相关。第一次世界大战后,伴随着工业化、都市化的迅速发展,违法犯罪、贫穷、心理疾病、酗酒吸毒、青少年问题等日益普遍,社会病理学越来越难以开出解决社会问题的良方。一些美国社会学家开始从社会规则而不是个人的角度看待社会问题,主张从基本的社会过程、社会组织及其相互关系去研究社会问题的根源。1941年出版的《社会解组》一书可看做社会解组论的代表性成果。主张社会解组论的社会学家,有的致力于研究人与人的关系,有的致力于研究移民现象,有的致力于研究文化失调现象。其基本观点是:

第一,一个常态社会是组织严密、结构有序的,它的各个组成部分之间的关系是协调的、和谐的;而一个解组的社会则相反,它的组织结构会发生分裂,有些部分已与整体脱节,有些部分已经丧失了正常功能,表现为社会凝聚力和团结精神衰退,传统风俗习惯与道德规范的作用丧失,而新的规范又未建立。在社会变迁过程中,由于文化内部各个组成部分发展的不平衡,以及文化与文化之间的冲突(如新旧文化、民族文化与外来文化的冲突),自然产生社会解组问题。

第二,社会解组就是传统的崩溃,社会生活失范就是失去规则或乱了规矩。社会解组有三种形式:一是无规范,社会生活中没有一种现存的社会规则、规范体系来指导、约束人们的行为;二是文化冲突,社会生活中有多种相互分歧、相互对立的价值规范同时并存,使人们左右为难,无所适从;三是价值崩溃,规范与原则完全紊乱。

第三,造成社会解组的根本原因是社会变迁。在常态下,社会处于相对的动态平衡状态,社会组织的基础是传统与风俗习惯,人们可以日复一日、代复一代地遵照习得的规范来生活。但在社会急剧变迁时,社会的动态平衡被打破,传统社会的权威及其对人们生活行为的约束与控制能力受到削弱,从而引发社会解组现象。

第四,解决社会快速变迁造成的社会生活失范问题的根本出路,在于尽快地重建社会规范和生活秩序,重建社会的均衡体系。①

四、价值冲突论

价值冲突论是冲突学派学者运用冲突理论分析研究现代社会问题产生原因的

---

① 参见陆学艺主编:《社会学》,北京:知识出版社,1991年,第553~554页。

一种理论观点。该理论认为,由于所处的社会地位和经济利益不同,人们对同一问题会有不同的立场,因而在采取某种措施改变某一社会现象时,常常会引起群体间无休止的冲突。该理论主张以价值冲突观点来研究社会问题,认为冲突不仅是社会生活中的一个事实,而且也是许多社会问题的主要成分之一,所有的社会问题都是源于"文化价值上的冲突"。正是由于在社会生活中存在着群体之间价值观念的差异,才导致一系列社会问题的产生。其主要观点是:

第一,冲突不仅是社会生活的一个基本事实,也是许多社会问题的重要成因。几乎所有社会问题都与"利益和文化价值上的冲突"有关。在冲突论者看来,现代社会的结构分化严重削弱了对社会规则和秩序的认同。不同的社会群体基于自身的利益相互竞争,并在竞争过程中形成了自己的立场和价值标准。这种利益和价值的冲突引发的社会秩序的混乱是产生社会问题的重要根源。每个社会群体都有自己的价值观念和社会生活期待,一旦某种现象让某一群体感到自身的价值和期望受到侵犯,该群体就会认为这是一种严重的社会问题。在冲突论者看来,在现实社会中,不同的社会群体在社会资源分配中占据着不同的地位,少数社会群体往往控制着绝大多数资源和权力,并由此形成不平等的社会结构。优势群体会利用自己的资源、权力优势极力维持现有的秩序,而弱势群体则试图改变这样一种局面,使得冲突不可避免。冲突论者倾向于认为,只有彻底改变不平等的社会结构,才能解决贫困、犯罪、剥削等社会问题。

第二,社会问题需要主观认定。社会问题是一个可鉴定的客观事实,客观事实本身不足以构成"社会问题",还需要有主观认定,即对客观事实进行判断和认定,以确定其是否成为"社会问题"。然而,由于人们在价值判断标准上存在分歧,在判断和认定事实时就会出现差异,从而妨碍某些事实被确认为"社会问题",或者使之成为非常重大的"社会问题",这就使得客观存在的问题不能得到有效的解决。

第三,解决社会问题的途径通常有三种形式,即交涉、达成协议和使用权力。如果冲突双方能以彼此认同的更高价值来寻求共识和解决冲突,"交涉"就是最好的办法。如果冲突双方能在结果中做到利益均衡,双方就会在讨价还价中寻求妥协,并达成协议。如果双方利益和价值尖锐对立,不可调和,拥有较多权力的一方则会运用权力来掌握解决问题的控制权,使问题的解决有利于自己。[①]

[①] 参见冯钢主编:《社会学》,杭州:浙江大学出版社,2004 年,第 207~208 页。

第三节 当前中国的社会问题

中国具有自己的特殊国情,也必然存在自身的社会问题,只有真正认识、透彻了解中国的社会问题,才能更好地解决它们。

一、当前中国社会问题的基本状况

(一) 当前中国社会问题的类型

关于社会问题分为哪些类型,社会学者有不同的观点,这里介绍几种不同的分类方法。第一,二分法,如默顿和尼斯特(Nisbet)将社会问题分为偏差行为和社会解组两大类;雷洪将社会问题分为显性问题和隐性问题。第二,三分法,如乔恩·谢泼德与哈文·沃斯将社会问题分为社会组织结构产生的不平等社会问题、价值观变化而带来的社会问题、过失偏差行为带来的社会问题。第三,四分法,如奥杜姆(Odum)将社会问题分为个人病态问题、社会病态问题、经济病态问题和社会制度病态问题。第四,五分法,比如兰迪士(Landis)将社会问题分为个人调适的失败、社会结构的缺憾、个人适应的失败、政治经济问题、社会政策与制度的失调等。此外还有的采用多分法,将社会问题分为十几种甚至几十种等。结合已有的研究以及中国的实际情况,中国的社会问题可以概括为结构型社会问题、变迁型社会问题、越轨型社会问题、病态型社会问题和心理型社会问题五种类型。[1]

1. 结构型社会问题

结构型社会问题是指由整个社会的结构性、制度性等因素引起的问题,这类问题主要不是个人原因造成的。比如城乡差别问题,中国 1958 年实行的户籍管理制度把农民完全限制在农村,农民不仅享受不到城镇人享受的各种福利,而且国家还在收购粮食的过程中实行"剪刀差"政策对农民进行变相剥夺,今天人们经常谈到的三农问题很多都与城乡二元结构有关。结构型问题还包括人口、就业、贫富分化加剧等问题。

2. 变迁型社会问题

变迁型社会问题是指在中国从传统社会向现代社会过渡、从农业社会向工业社会过渡过程中必然出现的问题。比如,农民工问题,社会改革打破了原有城乡隔绝的障碍,城乡二元结构的反差使得大量农村劳动力流向城镇,这部分流动的劳动

---

[1] 王尚银主编:《中国社会问题研究引论》,杭州:浙江大学出版社,2005 年,第 16~22 页。

力形成了民工潮,城市因无法承受其压力而引发了诸多问题。变迁型社会问题还包括环境污染问题,老龄化问题以及独生子女等婚姻家庭问题等。

3. 越轨型社会问题

越轨型社会问题主要是由于个人越轨行为而引发的。这类问题因直接危及个人生命和财产安全,严重影响社会治安秩序,人们反映最为强烈。比如黑恶势力猖獗、青少年犯罪、偷盗行为、假冒伪劣盛行等问题。

4. 病态型社会问题

病态型社会问题是指社会生活中存在的与现行法律法规相抵触、有悖于社会道德规范的那些畸形的、丑恶的社会现象。比如,色情泛滥、吸毒贩毒、利他性行为减少、赌博和封建迷信活动等问题。

5. 心理型社会问题

心理型社会问题是指由于社会急剧转型而引起的心理负荷加重和心理震荡,或者由于个人遭受挫折、创伤、身心疾患无法调适而引发的社会问题。这类心理性疾病本来并不为人们所关注,但因为其人数众多而且涉及更多的人群和家庭而被归之于社会问题。比如,社会焦虑现象、精神病患者增多、自杀率上升等问题。

(二) 当前中国主要的社会问题举例

中国的社会问题是错综复杂而多样的,目前学术界比较关注的、最突出的社会问题有人口问题、贫困问题、生态环境问题、劳动就业问题、青少年犯罪问题、老龄化问题等。这里简要分析影响较大的人口问题和贫困问题。

1. 人口问题

人口问题的具体表现:第一,人口数量问题。根据中国第六次全国人口普查结果,2010年中国人口已达到13.39亿。与2000年的第五次人口普查相比,增长了5.84%,年均增长率为0.57%。在资源不丰富、生产力没有极大增长的情况下,过大的人口规模和过快的人口增长限制了社会的发展。

第二,人口质量问题。中国残疾人联合会发布的《2010年度中国残疾人状况及小康进程检测报告》显示,中国现有残疾人8296万,占全世界总人口的6.34%,是世界上残疾人口最多的国家之一,而且随着环境污染、工作压力加大等与社会发展有关的致残因素的增加以及社会老龄化加剧,中国残疾人口正以每年250万到300万的速度激增。从教育状况的角度看,内地的文盲人口为5465万,占总人口的4.08%,文盲率较高,而且文盲人口从分布结构上看主要集中在西部地区,扫盲和降低文盲人口数量的难度非常大。中国教育投入严重不足,分配结构不合理,严重限制了中国教育质量的提高。

三是人口结构问题。从人口年龄结构上来看,主要表现为人口的老龄化问题。到 2010 年,内地 60 岁及以上人口为 1.77 亿人,占全国总人口的 13.26%;其中 65 岁及以上人口为 1.18 亿人,占全国总人口的 8.87%。同 2000 年第五次全国人口普查相比,60 岁及以上人口的比重上升了 2.93 个百分点,65 岁及以上人口的比重上升了 1.91 个百分点。中国老龄人口比重较大,且增长过快,降低了劳动人口的比重,加大了被抚养人口的比重,抚养压力增大,而且中国"未富先老",是在没有建立起健全的养老保障体系的情况下进入老龄化的,所以,中国老龄化对整个社会产生非常大的压力。从人口性别结构上看,表现为人口性别比失调问题。第六次全国人口普查显示,总人口性别比为 105.20,男性人口比女性人口多 3398 万,出生性别比为 118.06,超出 102~107 的正常范围,性别比的失调必然会带来婚姻挤压等现象,影响社会发展与稳定。

2. 贫困问题

贫困是由于低收入造成的基本物质、基本服务相对缺乏或绝对缺乏以及缺少发展机会和手段的一种状况。贫困可以分为绝对贫困、相对贫困和主观贫困三种类型。绝对贫困指缺乏维持生存的基本生活品的贫困,相对贫困是指收入低于社会平均水平一定程度的贫困,主观贫困指自我感觉的贫困。测量贫困的关键是贫困线的确定,国际上通行的具体做法是将相对贫困线定为社会平均收入的 1/3,绝对贫困线定为人均日生活费用 1.25 美元。

中国的贫困线标准比较低,2011 年中国将贫困线标准上调到年人均纯收入 1500 元,但这个标准仍低于世界银行人均日消费 1.25 美元的标准。虽然贫困线标准比较低,但贫困人口总量比较大,如果采用年人均纯收入 1500 元的标准后,中国贫困人口将达到 9000 万以上甚至过亿,如果采用国际标准,估计中国贫困人口数量更大。中国贫困人口主要分为两类,一是农村贫困人口。由于中国长期实行城乡二元分割和农村支持城市的政策,农村贫困问题比较严重,而且农村贫困人口比较分散,自我发展能力较弱,因此,扶贫难度较大。二是城市贫困人口。中国城市贫困人口呈现结构多元化特征,原有的贫困人口多为无劳动能力、无法定供养人和无其他收入来源的"三无"人员,随着社会的发展,城市贫困人口更多的是下岗、离岗、失业、退休人员以及涌入城市的农民工,也包括各种病残及其他因个人生存能力和劳动能力障碍所致的贫困者等,而且贫困人口规模呈扩大趋势。

二、当前中国社会问题的成因

(一) 社会问题产生的一般原因

1. 自然环境

人类社会是在自然环境中建立起来的,自然环境本身会带来社会问题,比如,中国的偏远地区,自然环境比较恶劣,交通不便,可利用的资源比较少,因此,带来当地的贫困问题。而且自然环境的变化也会程度不同地带来社会问题,比如,突发的自然灾害,尽管现代科技进步非常快,但对其带来的危害也只能事先预防,不能从根本上避免,特别是人类对自然环境的破坏,像乱砍滥伐森林、过度开垦土地等造成水土流失,耕地减少,引发贫困问题。

2. 人口

人口众多是中国的一个基本国情,很多社会问题都和人口问题相关。一方面,人口数量的快速增加,大大超过了社会经济和自然环境的合理承载量,制约着人们生活水平的提高以及贫困、教育、就业等问题的解决。另一方面,人口质量较低,制约着经济社会的发展。

3. 经济

中国大量社会问题都有其经济方面的原因。第一,目前中国的经济发展水平比较低。尽管经济总量已经居世界前列,但从人均水平看,中国经济还比较落后。第二,目前中国经济结构还不是太合理,并且经济发展不平衡。第一产业中的农业存在大量的剩余劳动力,农民收入增长缓慢,三农问题依然突出,第三产业还比较滞后,不能充分发挥其吸纳剩余劳动力就业的潜能。从地区角度看,东、中、西三个地区的经济差距还比较突出;从城乡角度看,城乡差距依然存在。第三,分配不合理。GDP的劳动分配率比较低,而资本分配率比较高,国有或国有控股企业分配较多,而民营中小企业分配较少,分配不公使得社会差距增大。第四,中国的发展模式上缺乏可持续性。目前,中国经济过于依赖基础设施建设投资和出口,基础设施建设在工程完工后继续吸收劳动力的能力较弱。就出口企业而言,一方面,其资本有机构成会不断提高,吸收劳动力的能力会减弱;另一方面,会造成国内中小企业经营环境恶化,就业机会减少。总之,中国的就业、贫困、社会不平等等社会问题都有其经济方面的原因。

4. 政治与制度

政治是经济的集中表现,作为社会的重要因素,政治是由各种国家机器、设施和各种规则制度组合而成的社会的子系统。政治行为往往表现为对社会的管理和控制,政治主体的失范行为、决策失误行为以及政治系统的不协调运行与瘫痪都可能导致社会问题的爆发。

5. 社会心理、文化、教育

由社会心理因素引起的社会问题在现实生活中是普遍存在的,例如精神病、酗酒、自杀等一系列社会问题的产生,与社会价值观念、社会态度都有直接的关系。文化系统在运行中出现失调现象,也会引起各种社会问题,如一些报刊、影视、网络等大众传媒利用媒体渲染色情、暴力,可能导致青少年犯罪问题的产生。特别是在社会变迁过程中,旧的文化残余还经常影响着现实生活,造成很多社会问题。教育对人的生活影响也是很大的,例如,文化教育水平低与青少年犯罪直接相关。

(二) 社会转型期的原因

中国现在的社会问题除了一般原因引起之外,还与中国处于转型期有关。"从社会学的角度来分析,处在转型期的中国社会问题与社会急剧分化以及社会整合能力下降有密切关系。"[1]社会转型要经历分化——整合——再分化——再整合这样一个不断循环往复向前发展的过程,但在社会的快速转型期,社会分化的力度、速度、深度和广度比任何时期都要深刻,以至于社会出现断裂失衡现象,由此产生大量社会问题。这一时期产生社会问题的原因具体表现为两个方面:社会急剧分化、社会整合力下降。[2]

1. 社会急剧分化

社会转型表现为社会结构的巨大分化。一是阶层分化。与原有的阶级结构相比,中国出现了如私营企业主、个体工商户、农民工、失业人员等新的阶层,这一方面促进了社会流动;另一方面,由于这种分化是在市场秩序尚未完全形成、法律调控机制还不健全、权力进入市场的现象司空见惯的过程中发生的,使得社会公平竞争机制受到了很大破坏,进而威胁社会认同感,产生社会不公平感,使人们容易产生反社会行为。二是组织分化。社会组织结构由一元向多元方向发展,形成了大量体制外的经济组织和民间组织。这些组织的异质性十分明显,在国家和社会整合机制弱化的情况下,这些异质性的组织带有很强的自利性和封闭性,相互之间容易产生摩擦,社会不稳定因素增加。与此同时,随着国家控制能力的减弱,原先已经衰弱的传统社会群体,包括宗族、种姓、宗教等团体重新聚合,对地方政权和权威

---

[1] 冯钢主编:《社会学》,杭州:浙江大学出版社,2004年,第214页。
[2] 同上书,第215~218页。

造成一定的影响,甚至一些地方出现了黑社会组织同腐败官员相互勾结的现象,这些现象都会危及社会秩序。三是利益分化。社会转型也是利益格局调整的过程,如果利益调整没有合理兼顾各个利益集团,就会引发严重的社会问题,特别是弱势群体由于缺乏表达利益和政治愿望的资源和渠道,其利益往往容易受到损害。

2. 社会整合力下降

社会转型过程中,传统社会整合机制开始削弱,而新的整合机制又没有及时建立起来,社会整合力下降,也会产生社会问题。首先,传统社会整合力量日趋弱化。在传统社会里,家族、宗族、传统社区都是实现社会整合的重要单位,传统伦理道德、社会舆论在社会整合中发挥重要作用。但随着工业化城市化的发展、社会流动的加快以及外来文化的影响,传统的整合机制失去了对社会成员强有力的制约作用,在新旧价值观念和东西文化的碰撞冲突过程中,社会成员在行为导向上面临各种矛盾选择。其次,社会转型过程中国家行政整合能力也出现了下降趋势。转型前,国家通过集权体制、计划经济和一元化意识形态形成了对社会的强大的整合力量,但在转型过程中,原有整合方式不再发挥作用,而新的以法律控制和公共政策控制为主要形式的整合机制还没有及时建立起来。再次,社会整合机制发育的严重滞后。社会整合除了文化传统和国家行政力量之外,还需要社会自身的整合机制,但中国社会自治组织的发育仍然严重滞后,其整合能力还很低。

三、当前中国社会问题的解决途径

解决社会问题的过程是人们以主观意志改造客观世界的过程,只有当人的主观活动符合客观实际时,人们提出解决社会问题的方案才是切实可行的。为了保证解决社会问题的科学性和有效性,需要确立解决社会问题必须遵循的基本原则,并确立解决社会问题切实可行的方案。

(一) 解决社会问题的原则

解决现有社会问题要遵循社会规律性原则、社会规范性原则、社会公众性原则、社会效益性原则、社会进步性原则五个原则。[①]

1. 社会规律性原则

社会规律性原则是指社会问题的解决必须符合和遵循社会的规律性。社会现象有其自身的客观规律,因此,任何社会实践活动都要以遵循社会规律为原则。解

---

① 朱力:《当代中国社会问题》,北京:社会科学文献出版社,2008年,第46~48页。

决社会问题的过程中要正确把握和运用社会问题自身的规律性、解决条件的规律性和对策措施的规律性。

2. 社会规范性原则

社会规范性原则是指社会问题的解决必须确定和遵循一定的社会规范。首先,分析解决社会问题与现存社会规范之间的关系,许多社会问题现象与现存的社会关系规范的状况有关。其次,确定解决社会问题中的社会规范。这里包括两个层面:一方面是破除、废除、修正、调整与需要解决社会问题有关的现存的那些不合理的社会规范;另一方面要制定、建立与需要解决的社会问题有关的社会规范,包括明确规范的内容,选择规范的形式。确定社会规范即保证了社会问题解决对策及实施对策全部活动的规则性、合理性、协调性和有效性。最后,分析解决社会问题的规范与其他现存规范之间的关系。

3. 社会公众性原则

社会公众性原则是指社会问题的解决必须有利于维护和谋求社会公众的利益。任何社会问题的解决对策、解决过程乃至社会问题的最终消除,都会涉及一定的社会利益,都会发生各区域、各群体、各集团、各部分人、各方面社会利益的变化和调整,从某种意义上说,都是一种社会利益的重新组合和分配。因此,解决社会问题的对策过程,必须慎重考虑和研究社会利益的调整,在社会利益的调整中必须坚持公众利益为最高和最终的原则。

4. 社会效益性原则

社会效益性原则是指社会问题的解决必须谋求人们改造世界活动的最大或最高社会效益。坚持社会效益性原则,必须做到:一方面注重社会效率,即谋求解决社会问题活动中所投入的一定能量的最大效果,或是社会投入和产出的最大比率,以最省、最小的社会资源、社会能量、社会活动,达到最快、最彻底地解决社会问题的目的;另一方面注重整体社会效益,即谋求解决社会问题的过程中促使社会各方面的平衡和发展以及公共利益的实现。

5. 社会进步性原则

社会进步性原则是指社会问题的解决必须以推动社会的发展和进步为根本目的。解决任何一个特定的社会问题,就是消除社会失调现象,进而达到社会有序运行的目的。人类活动的根本目的在于推动社会的发展和进步,那么解决社会问题的对策和活动不仅为了消除某种社会失调现象,也为了最终能够推动社会进步和发展。因此,有利于社会发展和进步是解决社会问题必须遵循的原则。

(二) 当前中国社会问题的解决对策

1. 建立各个群体表达自己意见的畅通机制和社会问题的预警防范机制

在改革之前社会问题主要由政府认定，这一机制已经暴露出了弊端，并且随着社会问题越来越复杂，越需要建立起各个群体都能表达自己意见的机制。一是建立起相关利益群体表达自己需要的畅通机制。因为，对社会问题，相关利益群体的感受最直接，所以，对社会问题的反应一般会比较灵敏。比如，对住房有刚性需求的人对房价问题的感受最迅速最深刻，政府在这个方面往往表现得滞后一些。同时，让相关利益群体表达对社会问题的看法可以避免政府和研究者用自己的问题代替相关利益者自身的问题。二是建立研究人员表达自己意见的畅通机制。一些研究社会问题的专业人员会对社会问题有超前的认识，比如，如本书第三章中讲到的，20世纪50年代马寅初对中国人口问题提出了节制人口的科学建议，但很可惜没有被当时的政治精英采纳。

完善社会预警机制关键是建立灵敏畅通、反馈及时的信息网络机制。对社会各方面反映出来的问题，特别是一些容易引发矛盾纠纷的热点问题进行前瞻性研究，对可能引发的矛盾纠纷所涉及的内容、范围、程度进行定性定量分析，设立一系列与社会稳定密切相关的社会指标作为预警核心指标，如物价上涨指数、失业率、居民实际收入下降比重、重大刑事案件发案率、腐败涉案公务员比重及社会心态指标等，并在各基层单位成立跟踪研究社会指标和社会心态的专门机构，及时收集这方面信息，这将有助于减少工作中的随意性、被动性、滞后性，改变头痛医头、脚痛医脚的习惯做法。

2. 充分发挥政府在解决社会问题过程中的主导性作用

社会问题通常会涉及相当多的社会成员和各个阶层的利益，因此，政府要在社会问题的解决中起主导性作用。政府要界定好自己解决社会问题的范围。政府要从竞争性领域中退出来，这一领域完全可以由市场进行调节，政府对这一领域的过多干涉，不仅造成其效率低下，而且容易滋生腐败。政府应该着力解决教育、医疗等民生问题。政府主要通过政策调控和法规调控解决社会问题。

一是政策调控。通过宏观政策，来调节政府各个部门的管理行为，调动政府控制的各种资源，创造有利于瓦解社会问题产生的条件和解决社会问题的环境，将社会问题逐步地抑制下去。例如，为解决贫困问题，中国制定了反贫困战略，调动各种力量支持贫困地区。

二是法规调控。对经常地、重复地出现的社会问题，要用一种制度化、程序化的方法解决。法律规范规定了处理某一类问题的原则和程序，大大提高了处理社会问题的效率。

3. 发挥群体和社会组织在解决社会问题过程中的作用

在解决社会问题的过程中,利益受损群体的作用也非常重要。如果能增加他们的权能,增强其对外界环境的控制力,使其成为积极的行动主体,参与到解决社会问题上来,将有利于社会问题的综合认识和全面治理。

另外,解决社会问题还要注意发挥非政府社会组织的作用。它们的广泛参与有助于调动更多的资源,弥补政府在解决社会问题方面的不足。

本章小结

1. 社会问题是社会学的重要研究领域,它具有普遍性和特殊性、公共性、复杂性、破坏性、客观性等特征。
2. 社会问题的主要理论有社会整合论、社会病理学、社会解组论、价值冲突论等。
3. 社会问题可分为结构型社会问题、变迁型社会问题、越轨型社会问题、病态型社会问题、心理型社会问题。
4. 社会问题的产生除了有自然环境、人口、经济、政治与制度、社会心理、文化、教育等方面的原因,还与社会转型造成的社会急剧分化和社会整合力下降有关。
5. 解决社会问题要遵循社会规律性原则、社会规范性原则、社会公众性原则、社会效益性原则、社会进步性原则。

主要术语

社会问题(Social Problem):持续影响社会全体成员或部分成员的共同生活,破坏社会正常运转,从而引起人们普遍关注,需要运用社会力量加以解决的问题。

社会病理学(Social Pathology):把社会看成是一个有机体,认为社会是由个人组成的,是一个协调的整体,同生物有机体一样,社会也会发生病变和功能障碍。

社会解组(Social Disorganization):社会规范和制度对社会成员的约束力减弱、社会凝聚力下降的一种状态。社会解组论认为社会问题是社会解组的结果。

价值冲突论(Theory of Value Conflict):主张人们对同一问题会有不同的立场,因而在采取某种措施改变某一社会现象时,常常会引起群体间的冲突。

贫困(Poverty):由于低收入造成的基本物质、基本服务相对缺乏或绝对缺乏以及缺少发展机会和手段的一种状况,包括绝对贫困、相对贫困和主观贫困。

练习题

1. 社会调查：以你个人生活中遭遇的某一"个人烦恼"为例，根据本章的知识，分析它是否是社会问题，如果是，分析其产生的原因并提出解决对策。

2. 材料分析题

20世纪50年代中期，中国人口自然增长率达到22‰，此时，中央政府就认识到要限制人口增长。1956年1月，中央政府在《1956～1957年全国农业发展纲要（草案）》中明确提出，"在一切人口稠密的地区，宣传和推行节制生育，提倡有计划地生育子女"。

1958年，中国开始"反右"斗争，对著名人口学家、经济学家马寅初《新人口论》进行批判，提出"人口"和"人手"的问题，强调社会主义国家"人人都有一双手"，为建设社会主义而努力，而学者们只看到了"人人都有一张口"，是消极的。计划生育问题被提高到阶级斗争的高度，由此"计划生育"的话题成了禁区。

20世纪60年代初，中央人民政府觉察到人口问题的严重性，开始号召实行计划生育，提倡使用避孕药具。但是在1966年中国开始了"文化大革命"，"公检法"和各级政府在某种程度上处于瘫痪状态，刚刚开始的计划生育工作又停止了。

1973～1978年是中国开始实行计划生育政策的第一个阶段，计划生育工作的内容紧紧围绕对人口数量的控制。……

1979～1984年是中国计划生育政策的第二阶段，实行较为严格的"一胎化"或"一孩化"政策，只有一些特殊情况可允许生二胎。……

20世纪80年代中后期，政府开始调整计划生育政策，计划生育政策也逐渐进入到成熟期。……

（摘自佟新：《人口社会学》，北京：北京大学出版社，2006年，第299～300页）

根据以上材料分析：

(1) 社会问题的认定过程。

(2) 中国人口问题产生的原因有哪些？

思考题

1. 什么是社会问题？
2. 社会问题的特征是什么？

3. 社会问题认定的过程是怎样的?
4. 分析社会问题的理论主要有哪些?
5. 当前中国的社会问题的主要特征是什么?
6. 当前中国社会问题的成因是什么?

阅读文献

1. 〔美〕查尔斯·扎斯特罗著,范燕宁等译:《社会问题:事件与解决方案》,北京:中国人民大学出版社,2010年,第2~37页。

2. 何雪松:《社会问题导论:以转型为视角》,上海:华东理工大学出版社,2007年,第4~46页。

3. 〔美〕文森特·帕里罗等著,周兵等译:《当代社会问题》,北京:华夏出版社,2002年,第1~55页。

4. 朱力:《当代中国社会问题》,北京:社会科学文献出版社,2008年,第3~106页。

第十三章 社会控制

社会的正常运行需要社会秩序。社会制度和行为规范就是社会秩序的具体反映。然而,不是所有的人在任何情况下都可以按照制度和规范的要求行为做事的。在社会剧烈变化的时期,社会的无序现象更加明显。为了避免和消减这些现象,就需要社会控制。

社会控制是维持社会秩序的主要机制,失去了控制,社会的组织机构将不能正常地发挥作用,也就没有正常的社会生活。为了保障社会的正常运转,纠正混乱,必须进行社会控制。

第一节 社会控制概述

社会学家将控制论引入到社会学领域,用以说明社会运行秩序的产生。社会需要社会控制来维护统治阶级的统治,规范社会成员的行为,实现共同的社会目标。

一、社会控制的含义及特征

(一) 社会控制的含义

美国社会学家 E. A. 罗斯(Edward Alsworth Ross,1866~1951)在 1901 年出版的《社会控制》一书中首次从社会学的角度提出了"社会控制"这一概念。在他看来,社会控制是指社会对人的动物本性的控制,限制人们发生不利于社会的行为,是一种有意识、有目的的社会统治。社会控制包括三种类型:对于情感的社会控制、对于意志的社会控制和对于判断的社会控制。罗斯认为,在人的天性当中存在着一种自然秩序,包括同情心、互助心和正义感三个部分。正因为存在着"自然秩序",人类社会才能够处于自然秩序的状态,人人互相同情、互相帮助、互相约束,自行调节个人的行为,才能相安无事,和平共处,避免出现因人与人的争夺、战争引起的社会混乱。但是 19 世纪末 20 世纪初工业化和城市化的发展破坏了这种"自然秩序"，人口的迁移和流动使人们离开熟悉的人际关系，置身于完全陌生的社会环境中。社会交往的匿名性、短期利益性等提高，人们追求私利的欲望被释放，人性中的"自然秩序"难以再对人的行为起到约束作用，越轨、犯罪等社会问题大量出现，阻碍了社会的发展和个体利益的实现，必须建立一种新的机制来约束人的行为，以恢复和维持社会秩序。这种新的机制就是社会控制。

大多数学者认为，社会控制是社会运用各种手段和措施控制社会成员的行为，促使社会成员遵从既定的社会规范，以保持社会相对稳定和必要社会秩序的过程。也有学者认为，社会控制可以有广义和狭义两种理解，广义的社会控制泛指对一切社会行为的控制；狭义的社会控制，特指对偏离行为或越轨行为的控制。本书是从广义上界定社会控制的。

(二) 社会控制的特征

社会控制是维持社会秩序的必要手段，它有区别于其他社会事实的独特性。

1. 从社会控制的本质来看，它具有超个人性

社会控制总是集中地反映统治阶级的利益和意志，不管它具有什么具体内容和采取什么具体手段，都总是服务于统治阶级的总体利益和最高意志。社会控制以阶级性为主导，同时受制于社会性并与之形成某种内在的平衡结构，将阶级利益与社会利益作适当的调和。

社会控制总是以某种社会名义，代表某个社会组织施行控制。社会控制的准则是在社会中形成的，而不是个别人意志的体现。同时社会控制的准则对于全体社会成员是一致的。正是这种凌驾于个人之上的超个人性，使它更有力地控制个人。

2. 从社会控制的方式来看，它具有明显的强制性

社会控制总是从外部对个人提出要求，因此或多或少地具有一定的强制性特征。即使是风俗习惯这样宽松的控制手段，个人一旦背离其要求，也会感受到社会的压力。这是维护阶级利益的需要，也是保持社会统一性的需要。强制性使社会控制只有依赖于社会实体才能起作用，这些实体包括国家机器和各种社会组织。社会通过它们将社会对人的要求传达给个人，指导人的行为，从而保持社会规范的权威性以及社会的稳定。

3. 从社会控制发挥作用的过程来看，它具有多元性和多重性

多元性指控制主体多方面地将各种信息发射出去，而作为中间环节的多种信息传递媒介，又把各种社会信息和众多的社会个体相互联系起来，从而使社会控制成为一个多元交叉的复杂过程。

多重性,是指各种控制手段的控制作用叠加在控制对象身上,使其同时受到多方面的制约。但社会控制体系内的各种控制手段是统一的,他们互为补充、协调一致,只是各自强调的侧面和具体表现不同,因此并不会使人感到重重束缚难以自主。

二、社会控制的基本类型

社会学家按照不同的标准,把社会控制区分为不同的类型,常见的类型有:

(一)积极控制与消极控制

这是按照社会控制实现的途径来划分的。

积极控制是指通过奖励的方式诱导和鼓励被控制者产生某种社会容许或提倡的行为,以达到社会的有序和整合目的的一种控制方式。它建立在个人顺从动机的基础之上,当人们获得奖励时,人们会认为自己应该做出回报,即做出奖励所期望的行为,并会在内心肯定自己的行为,从而对行为起到固化作用。常用的积极控制手段有奖状、奖金、荣誉证书、荣誉称号、表扬、职务提升、记功、加薪等等。

消极控制是指通过禁止、限制或制裁、惩戒被控制者,使其不做某些事情,达到禁止一定行为的控制方式。消极控制建立在社会成员对越轨行为可能带来的惩罚的恐惧心理基础之上,即害怕自己出现某种行为后会受到某种形式的惩罚。这会使人们自觉规避不符合社会规范的行为,以远离惩罚。常见的消极控制的手段如记过、开除、降级、判刑等。

社会需要积极控制与消极控制同时发挥作用,两者相辅相成,互为补充,单纯的奖励和单纯的惩罚都达不到理想的社会控制效果。但是,由于被控制者的情况各异,实施控制时势必有所偏重。需要注意的是,消极控制容易引起敌对情绪,而积极控制的方法较易引起人们的兴趣,较易得到被控制者的合作。在实施社会控制时,提倡以积极控制为主,消极控制为辅。

(二)硬控制与软控制

这是按照社会控制所使用的手段的性质来划分的。

硬控制是指使用强制手段从外部约束人们的言行而进行的社会控制。社会需要秩序,只有拥有良好的秩序,社会才能在稳定的环境中向前发展。面对社会的庞大和复杂局面,社会控制必须有一些强制措施,以做到违法必究,树立社会规范的权威性,构建基本的社会秩序。政权、法律、纪律,都依赖强制性控制力,属于硬控制的范畴。硬控制的方法具有强制性和表层性的特点,具有很强的压抑力和约束力,但这种压抑和约束只是在原则上规定不能做什么,必须做什么,注重表层行为的约束。

软控制是指使用非强制手段从内部引导人们的思想而进行的社会控制。通过社会舆论、社会心理、教育等方面的引导,使人们的行为按照社会的要求行事。社会风俗、伦理道德、信仰和信念的控制属于软控制的范畴。与硬控制相比,软控制能在更加广泛的范围内调整人们的行为规范。而且软控制一旦为人们所接受,就会变成一种自觉意识,从而形成自觉行动。正如孔子所说:"道之以政,齐之以刑,民免而无耻。道之以德,齐之以礼,有耻且格。"

无论硬控制还是软控制,无论法律控制、纪律控制,还是道德控制、舆论控制,都要适应时代变迁和控制机制的变化,做出相应的改变和调整,以相互协调和融合,从而达到对社会进行有效控制并促进社会稳定有序及全面发展的目标。

(三) 外在控制和内在控制

这是按控制是否依靠外部力量来划分的。

外在控制是对社会成员施加外部压力以使其遵守社会规范的过程。这些压力包括道德、宗教、纪律、法律等措施。当行为者感觉到外在环境对其行为产生了约束及压力时,他实际上在接受一种控制。外在压力可以是强迫、惩罚等消极手段,也可以是奖励、支持等积极手段。外在控制具有强制性,它要求行为者必须接受控制者提出的行为模式。

内在控制即自我控制,是借助于社会成员的内部动机来促使社会成员主动按照社会规范的要求约束自己的行为。其控制力量来自于行动者本身,必须通过社会化过程才能达成。社会通过各种形式的教育使成员逐渐认识到在什么情况下什么行为是正当的,什么行为是社会所不提倡或禁止的,从而使外在的行为规则内化,并自觉地用内化了的社会价值规范来约束和指导自己的行为。

外在控制与内在控制两者相互渗透,相辅相成,并能相互转化。

(四) 正式控制和非正式控制

这是根据社会控制有无正式规则来划分的。

正式控制是使用比较成型、比较正规的规则来约束人们的控制方式。如政权、法律、纪律、规章、各种社会制度等,均有明文规定,对其成员有明确的要求,对成员所承担的权力义务和责任也有具体的规定,它们属于正式控制的范畴。

非正式控制是指使用不怎么成型的规范来约束人们的控制方式。非正式的社会控制是人们在日常生活中自发产生的,舆论、群体压力、风俗、习惯等都属于非正式控制。非正式控制常常不是基于契约,而是基于人们的共同意识和认同感,这类社会控制在有着密切的人际关系、频繁交往的小团体内部具有明显的效果,在初级群体或非正式组织中被普遍采用。

现代社会是一个契约社会,在现代社会中正式控制占主导地位,但非正式控制在一定范围内仍然起着重要作用。

(五) 宏观控制与微观控制

这是根据社会控制作用的范围来划分的。

宏观控制是指运用政权、法律、纪律、政策、条令等控制手段对全体社会成员及整个社会的进程与结构进行控制与制约,即从整体上协调和把握社会各个组成部分,以保持社会的平衡稳定和正常运行。社会是一个复杂的大系统,包含着政治、经济、文化等无数的子系统。各个子系统相对独立,其发展速度并不总是一致的,当各个子系统的发展水平不能相互适应时,就会发生社会危机。为了预防或解除社会危机,维持社会的正常运转,就需要调整社会结构及社会各部分的发展速度。这就是宏观的社会控制。

微观控制是指在微观的社会生活领域对社会成员的行为实施指导与约束的控制。它可以对具体的社会生活进行调节,以防止或限制非正常社会行为的出现,从而维护社会秩序,完善社会生活。宏观控制一般不考虑具体的、个别的情况或该情况独有的一些特点,特别是当出现规则所没有包括的新情况时,宏观控制往往缺乏灵活性,以致成为社会发展的桎梏。因此,在宏观控制基础之上,仍然需要微观控制加以补充。

三、社会控制的功能

在社会存在和发展过程中,社会控制有着广泛而重要的社会功能和作用。归结起来,社会控制的功能表现在以下几个方面:

第一,维护社会秩序。

社会的秩序和稳定是由社会控制实现的。社会秩序是指社会的各组成部分在结构上相对稳定和有序、在运行中相互协调与平衡的状态。社会秩序表现为宏观上的社会安定和微观的人际关系和谐。秩序是社会存在和发展的基本前提,没有基本的社会秩序,社会就会解组或崩溃。在社会生活中,个人、群体和组织都有自己的利益追求,它们不可能永远和谐。尤其是在资源有限的情况下,个人、群体和组织为了追求自身利益的最大化,不可避免地会发生这样那样的冲突。如果不能对这些冲突加以控制和调整,就会导致社会失序,造成社会的混乱,破坏社会的稳定。要想实现社会的稳定和秩序,就要利用各种社会控制的手段和方法,预防和消除社会冲突,或者是把冲突控制在一定的范围之内,使之不影响社会的发展。社会控制是社会秩序的基本保障。社会控制通过对社会成员的社会行为和价值观念的指导和约束,对各类社会关系进行调节和制约,或者对破坏社会秩序者给予制裁和惩罚,从而使社会成员和组织的行为呈现有序化、规范化的特征,保持社会的积极稳定。所以,社会控制是社会秩序的前提,是实现社会稳定的必要条件。

第二,促进社会进步。

人类需要社会稳定,更追求社会发展。只有发展才能使社会更合理,更能满足人们的需求,人们的生活才能更加美好。社会控制得当、社会秩序良好,社会的各方面才能够协调发展,从而实现社会的进步。从本质上讲,人是自由的,能动的,他希望冲破一切阻碍,实现自我。社会的一切创新都来源于人的这种主动认识世界、改造世界的能力与活动。而社会秩序则是相对保守的,一旦形成,不会轻易改变,它规定了人们的行为方向和方式,以保持社会的平衡稳定。二者之间相辅相成、相互依存,没有个人的能动自由,社会就会缺乏活力、趋于僵化,不利于社会的创造和发展,社会秩序也无从谈起;没有社会秩序的制约和引导,人们的行为就会杂乱无章,社会一片混沌,社会互动无法进行,也就没有社会的和谐与稳定,更没有协作基础之上的发展。社会控制能够保证社会有一个基本的秩序,同时通过对各种社会规范的制定和调整,使个人的能动与社会的秩序保持某种程度上的一致性,从而达到社会的发展和进步。社会控制是社会进步的手段,社会进步是社会控制的目的。

第三,纠正越轨行为。

越轨行为是社会成员不同程度地违反或背离公认的社会规范的行为。社会规范是人后天习得的文化,并非是人的本能,人们对它的遵从会有选择性。在大多数情况下,人们会为了保持与社会的一致而选择遵守规范,但当遵守规范与不遵守规范给自己带来的利益差距巨大,或人们不能够通过遵守规范而实现自己的需求时,人们就可能违反或规避规范,以期获得更大的利益,这就会产生越轨行为。越轨行为普遍存在于各个社会阶层中。越轨行为会损伤社会规范的权威性,进而威胁到社会的安全和稳定,必须对其加以纠正。社会控制借助于外在力量,要求个人、群体和组织的行动必须服从社会整体的要求,对已经产生的越轨行为,社会控制可以通过引导、重新强调、再社会化甚至惩戒等方式予以纠正,以消除威胁,恢复社会稳定。

第二节 社会控制的基本方式

社会控制的方式是指社会用于预防、约束其成员可能发生的越轨行为,或制裁其已经发生的越轨行为的手段和方式。社会控制的方式多种多样,强制性的社会控制有政权、法律、纪律、政策控制,非强制性的社会控制有习俗、道德、宗教控制、舆论控制和群体意识控制等。它们相互补充、相互支持,共同构成一个完整的社会控制体系,从社会生活的各个方面对人们的社会行为进行约束和引导,以维护社会秩序和社会的正常运转。这里介绍几种常见的社会控制方式。

一、政权控制

政权是统治阶级实行阶级统治的权力,是国家一切权力的基础,也是实行社会控制的基本方式。统治阶级通过建立行政体系,设置各级政府和委任政府官员来实现对内对外的控制,并凭借军队、警察、法庭、监狱等专政工具来对破坏国家利益、严重危害社会秩序的行为进行制裁,从而在政治、经济、文化、思想、社会生活及其他各个方面对社会成员的行为施以特定的影响和制约,限制反社会活动,维持整个社会的秩序和安定,实现对整个社会的控制。因此,政权是一种强有力的社会控制手段。政权的社会控制范围是全体社会成员。

二、法律控制

法律是由国家的立法机关制定,由国家政权强制实施的行为规则。法律反映的是统治阶级的意志,法律的执行是以国家政权的强制为后盾的,因而具有阶级性和强制性,它也在一定范围内保证了人人平等,维护了社会成员的共同利益。

法律是通过惩罚、威慑、教育、改造等手段来控制社会成员的行为,维护社会秩序的。作为规范的法律,不仅规定了行为的模式,还规定了行为的后果,对于触犯法律的行为,必会给予一定的惩罚。这些惩罚会给其带来一定的损失和痛苦,包括物质的损失,如权益的被剥夺或经济的处罚等;也包括非物质的损失,如自由、名誉、地位、社会机会受到损害。刑罚处罚是法律最鲜明、最有强制性的措施,是法律威力最突出的表现。正是因为法律的这种惩罚作用,使其对社会一般成员产生强大的心理威慑和警戒作用。法律不仅针对非规范行为给予矫正,还通过制定一系列的行为规范,教育全体社会成员什么是可以做的,什么是不能做的,并监督成员遵守,使社会成员形成是非观念和自觉行为,以维护社会秩序的稳定。现代法律重视人道主义精神的体现,惩罚的最终目的是为了改造罪犯,矫正其错误行为方式,使其最终能够回归社会,成为正常的社会一员。这是法律最高层次的功能。

法律的这些控制作用的发挥,依赖于国家政权控制力量的推行,所以法律是最权威、最严厉、最普遍的社会控制手段。

三、纪律控制

纪律是国家机关或社会组织为其成员制定的行为准则,是组织指导和约束自己的成员,促使成员承担一定的责任和义务,以实现组织目标的手段。纪律具有一定的强制性,以人们的服从为前提。

纪律包括组织的规章、制度等,一般比较细致、明确,它要求人们遵守秩序、执行命令、履行职责,为了加强其强制性,还规定了相应的奖惩制度。只有这样,才能保证组织内的成员行为相互配合,组织工作有序进行,从而顺利实现组织目标。纪律是各个组织依据自己具体的性质和目标而设置的,不同的组织有不同的纪律,因而纪律控制较之法律控制更加具体,就其对社会行为制约的经常性而言,具有更加普遍的社会控制意义。任何一个团体组织都非常重视纪律的建设,重视发挥纪律的社会控制功能。

四、习俗控制

在人类进入社会生活以后,人们需要建立一些共同的规范来加强彼此之间的联系,以维系人类生活共同体,于是产生了习俗。习俗是特定文化区域内的人们在长期的共同生活中自发形成的,历代相传,并成为本区域的成员所共同遵循的行为方式和思维习惯的总和,是人类生活中产生最早的一种社会行为规范。它没有明确的规定,只是在某种情况下的一种大众行为的惯例。例如中国的春节,人们不管离家多远,都会渴望回家与亲人团聚吃年夜饭,共聚天伦。习俗总是以有规律的活动指导和约束着人们在社会生活中的行为和意识,发挥着独特的社会控制的作用,这表现为违背习俗的人常常会受到周围人的嘲笑、攻击和孤立。人们为了融于大众,不被大众孤立,同时尽可能多地获得大众的肯定,就会选择遵守习俗,从而使自己的行为符合社会的要求。

任何习俗的形成都有其特定的社会环境和历史渊源。各民族所处的环境和所经历的历史不同,也就形成了不同的习俗。习俗是在社会生活中自发产生的,习俗一旦形成,便对社会中的人有着潜在的甚至是不可抗拒的约束力。习俗通过人们的相互模仿而传承。人们从儿时起,就已经对自己所生存的社会的习俗耳濡目染、习以为常,因此它能够在社会成员中产生巨大的约制力。社会舆论方面的压力与社会道德的要求以及求同存异的社会心理,是社会成员自觉选择遵从习俗的动力。

习俗有良好和落后之分。有些习俗代表了一个民族的优秀文化传统,有进步和积极的意义,值得保存。如中国的清明节扫墓,既规范了祭拜行为,寄托人们对先人的思念，满足人们的情感需求，又使人受到历史的教育，这样的习俗应该保存和提倡。但当社会向前发展，生活发生变迁，原有的一些习俗不符合新的时代需求，这部分习俗就是落后的，通常被称为"陋习"或"旧风俗"。例如中国传统的丧葬习俗，是在家族社会里产生的，程序烦琐、运作复杂，它符合了中国传统家族社会的需求，起到了团结族人、教化子孙、强调人伦秩序等社会作用，但在社会化大生产的今天，它却显示出封建色彩浓厚、经济负担重、侵占耕地等弊端，成为落后的"陋习"，需要对其加以改革。

在生存条件未发生重大变化的情况下，习俗的改变是十分缓慢的。作为一种控制手段，改革习俗不能简单地用行政命令的手段，需要有细致的思想工作做基础，还要有健康适宜的新活动来替代原有习俗，引导人们形成良好的行为习惯。

五、道德控制

习俗在人类道德的最初形成中有着重要的作用。道德是习俗的精炼和思想表现。

道德是一定社会用来调整人们之间以及个人与社会之间关系的价值观念和行为规范的总和，它以是非善恶评价为中心，是对人的思想和行为进行是非、善恶、美丑、高尚与卑鄙、正义与非正义等评价的观念标准。道德是人们在长期的共同生活中积累而成的，并通过宣传教育及社会舆论的长期影响而逐渐植入人们的观念。它靠人们的内心信念、社会舆论来促使人们自觉遵守社会的行为规范，从而达到社会控制的目的。道德行为会受到社会肯定，不道德的行为则会受到社会的谴责，从而对行为者形成环境压力。因此，道德对人的行为具有明显的指导和约束意义，同时对违反道德的行为具有控制和惩罚的作用。

道德可以控制人们的思想和行为，维护正常的社会生活秩序，所以历代统治者都十分重视道德的社会控制作用。道德对人的行为的约束并没有法律那样的强制水平，但道德却比法律具有更为普遍的约束力。法律是针对某一类行为制定的纲领性规则，而道德却能触及人类生活的各个方面。但是道德的约束作用也是有限的。比如，近亲结婚在古代社会的一些国家，被视为是为了保持血统的纯正而做出的神圣行为。

在社会价值观念发生重大变化的时期，道德的控制力会受到挑战。例如，中国的传统社会是一个家族制的社会，讲究"君子坦荡荡"、"事无不可对人言"，家庭和私生活被置于社会的监控之下。非婚的性关系被定义为"通奸"，是极其不道德的，常常受到社会的强烈谴责。人们畏惧于社会舆论的审判而极力远离这种背离社会的行为。而在当代,由于私生活与公共生活的分离,这种行为不再受到社会的关注,尤其是婚前性行为,被社会所容忍,道德对这种行为的控制力减弱了,需要尽快建立一个新的道德标准以规范这种行为。

六、社会舆论控制

社会舆论是社会中多数人对某一客观事件或现象的共同态度、意见、情绪和要求的综合,它是通过在公众中传播消息、交换看法而形成的,表达了公众对于某一事件或现象的是非曲直的评价,代表了大多数人的意见。因此社会舆论一旦形成,就对社会成员产生一定的约束力,违反公众意志的行为就会受到社会舆论的批评和谴责。

社会舆论具有大众性、现实性和传播迅速等特点。首先,舆论意见是在大众中经过相互讨论、反复酝酿而形成的多数人意见的汇合,被多数人所附和、支持和传播,会对违反社会舆论的行为产生制约作用。其次,舆论是人们对现实事件或现象的意见反映,这一事件或现象关系到大众的利益,为人们所共同关注。再次,社会舆论所关注的都是人们普遍关心和感兴趣的问题,因而会被迅速传播且影响广泛,公众以接受和传播舆论来表达多数人的立场或期望,以保证自己的利益在类似事件中不受侵犯。

社会舆论可以迅速、广泛地起到制约人们社会行为的作用,发挥其独特的社会控制功能。社会舆论的强制性要弱于政权、法律等控制手段,但其作用却更为广泛和深入。舆论的控制作用是以人们的从众心理为基础的。社会舆论形成以后,会在人们周围产生一种环境压力,人们为了不被周围环境所排斥,会选择遵从舆论,以保持与周围人的一致,维持自己的归属感。习俗、道德等非强制的社会控制手段一般也是依赖于舆论的这一功能而迫使人们遵从,从而起到社会控制作用的。

当然,社会舆论的控制作用也有两重性。当它符合社会发展规律、代表正确的公众意见时,它会起到积极的作用;但当社会舆论只是遵从落后的习惯,或单纯的反映公众的情绪,而未对事物作出公正的评价或判断时,它所表现出的就是消极作用,它会迫使人放弃自己的观点,错失维护正义或创新的机会。

七、宗教控制

宗教是一种对超自然力量的无条件的信仰和崇拜,属于社会意识形态,主要表现为宗教仪式、教规和教义。关于宗教的起源,恩格斯总结为:"一切宗教都不过是支配着人们日常生活的外部力量在人们头脑中的幻想的反映,在这种反映中,人间的力量采取了超人间的力量的形式。"①

宗教强调的是一种信仰,这种信仰表现和贯穿于特定的宗教仪式和宗教活动中,并用来指导和规范自己在世俗社会中的行为。宗教通过教育和制裁两种手段来约束和控制其信徒的活动。它一方面以其教义不断地教育人们安于现状,守规守纪,容忍谦让;另一方面通过自己的善恶观、道德观形成自己的教规来控制人们的行为。

在政教合一的情况下,宗教发挥着极强的控制作用,宗教承担了对世界的解释、司法审判、道德培养和心理安慰等功能,宗教统治就是政治统治,宗教教规就是法律,就是人们行为的最高准则。而在现代国家,随着宗教的世俗化,其控制力量在减弱,作用仅限于教徒中间。不能否认的是,宗教对于社会秩序的维持也起到了一定的辅助作用,宗教教义中的一些思想反映了一定的社会道德规范要求,如佛教戒律中的"不欺诳"、"不偷盗"、"不奸淫",基督教戒律中的"勿恋他人妻,勿贪他人财"等。

社会的各种控制方式从不同的领域、不同的层次对人们的社会行为进行指导、约束和规范,每一种控制方式都有自己的功效范围。社会是复杂的,人们的行为也是复杂的,要对人们复杂的社会行为进行有效的控制,不能单纯地依靠哪一种社会控制方式,必须充分发挥社会控制体系的整体作用。

第三节 越轨行为与社会控制

社会控制包括引导社会成员做出符合社会规范的行为,对触犯社会规范的行为进行限制、惩罚和矫治。因为个体的差异性和社会生活的复杂性,人们的行为不可能是统一的,总会有些行为超出社会传统的范围与标准,导致越轨行为发生。因此,在任何社会,对各种越轨行为的控制都是社会控制的重要内容。

一、越轨行为的含义与类型

(一) 越轨行为的含义

越轨行为是一种常见的社会现象。最早对社会越轨现象进行研究的社会学家是迪尔凯姆。他提出了社会失范论,并在其《自杀论》一书中运用实证的方法研究

---

① 《马克思恩格斯选集》第 3 卷,北京:人民出版社,1995 年,第 666~667 页。

了这种社会失范行为,为越轨行为研究奠定了基础。人们开始从社会而不是从个人的角度去认识越轨行为。一般来说,所谓越轨行为就是偏离或违反公认的社会规范或价值观念的行为,包括违反法律、纪律、道德规范和社会习俗等的行为。越轨行为的判定是复杂的,要想正确判定越轨行为,需要明确以下几点:

首先,越轨行为是违反了社会规范的行为。

越轨是指超出了社会的正常规范,有触及他人利益的危险,这种行为是社会上多数人所反对的。在日常生活中,有很多人的行为虽然是"不正常"的,或是特殊的,但只要不与社会规范发生冲突就不属于越轨行为。比如有的人喜欢单数,无论房间里的摆设、走路的步数、排队的号码等,都要是单数,这种行为虽然怪异,但并没有违反社会规范,没有损害他人或社会的利益,所以不属于越轨行为。

其次,越轨行为是一个相对的概念,即它总是在特定的条件下才成为越轨行为的。这表现在以下一些方面:

第一,越轨行为的判定与社会规范和社会文化相联系。社会规范具有历史性和阶级性,有具体的适用范围。因为社会规范或文化的差异,在某一社会或群体中被认为是越轨的行为,在另一社会或群体中却被认为是正常或正当的行为。

拓展阅读

体重过重是否是一种越轨行为?

在美国和许多其他文化中,对外表和身材的不切实际的标准或期望,往往带给人们关于外表的巨大压力,特别是对于成年妇女和女孩。新闻工作者娜奥米·伍尔芙(Naomi Wolf 1992)采用"美丽神话(beauty myth)"这个词,表示只有少数女性可以达到,却被过分夸张而带来不幸后果的理想美女典型。美丽神话可能会带来不幸的后果。为了摆脱"越轨"形象并服从(不实际的)社会规范,许多妇女和女孩变得沉迷于改变外表。

对于美丽和身材的普遍期望,可能会妨碍那些被视为丑陋或肥胖的人们发展他们的能力。过胖和患厌食症的人被假设为有人格缺陷,是食欲或媒体形象的奴隶。因为他们没有服从美丽神话,所以被视为外观"难看"或"奇怪",承担着戈夫曼所称的"被损害的身份"。然而,外形缺陷是一种诠释。在美国,每年有100万次的整容手术,绝大部分是发生于可被客观视为有正常外貌的妇女。而且,女性社会学家已经明确指出,美丽神话让多数妇女对自己的外貌觉得不舒服的同时,男性也对自己的外观缺乏自信。近几年来,选择接受整容手术的男性数量大大增加,男性在这样的手术中占了21%。

资料来源:〔美〕理查德·谢弗著,赵旭东等译:《社会学与生活》,北京:世界图书出版公司,2011年,第91页。

第二,越轨行为的判定还与行为发生的情境相关,即要看这一行为是在什么情况下发生的。在社会规范和文化不变的情况下,某一情境下的越轨行为在另一种情境下可能是非越轨行为。比如在一般情况下,毁坏他人财物是越轨行为,但当一个人发现被父母独自锁在家中的小孩发生紧急情况有危险、破门而入解救时,就是英雄行为。

第三,行为发生的时间或地点也是判定越轨与否的标准之一。比如在中国,一对情侣在公共场所表现亲昵,会被视为"不合习俗",是"越轨行为",但在非公共场所,没有人会去评判。

第四,同一社会中对不同群体的不同规定也会影响越轨行为的判定。比如在中国,中学生恋爱被视为"早恋",是"越轨行为";而在成年人那里,"恋爱"是正常现象,没有"恋爱"反而是"非正常现象"。

再次,越轨行为可以是个人行为,也可能是群体或组织所为。

某些类型的越轨行为并不一定是某个人行动的结果,或者说不一定多数人的行为或群体的行为就不是越轨行为。比如集团犯罪。

最后,越轨行为在一定条件下具有正向功能。

有些社会规范是不合理的,或是落后的,这时针对这些规范的越轨行为就具有顺应社会发展的正向功能。如社会变革时期的越轨行为,就有加速变革、除旧立新的功能,在主张变革的人中,这种守旧者称为"越轨"的行为被称为"革命"。

总之,越轨行为作为一种社会行为,不同时间与文化下,人们对它的解释是有差异的。对越轨行为的判定不是一件简单的事情,要综合考虑诸多因素。

(二) 越轨行为的类型

越轨行为形式多样、内容广泛,根据越轨行为的性质、主体、程度等的不同,可以对其进行分类认识。最常见的分类方法是根据越轨行为的性质和程度将其分为四个等级:

1. 违俗违德行为

违俗和违德行为是指违背人们共同生活及其行为准则的行为,它们属于轻微的越轨行为。违俗行为就是违背社会习俗的行为,这种越轨行为违背的并不是维护社会公平与正义的基本规则,只是不符合人们的行为习惯而已,所以对社会的危害不大。但因为它打破了人们的惯性思维,伤害了人们的感情,所以仍会受到人们的议论和谴责。违德行为就是违反社会道德规范的行为。道德是社会公众为了维护大多数社会成员的利益而形成的、用来规范人们的观念和行为的准则。所以违反道德规范就会触犯大多数社会成员的利益,破坏社会秩序,其后果要比违俗行为严重,惩罚也更重。违德行为通常会受到大众舆论的谴责,从而使行为者感受到来自社会的心理压力,直接的惩罚就是行为者的名誉会因此而受到损失,被贴上"不道德"的标签,在人际交往中成为"不受欢迎者"。

> **拓展阅读**
>
> **《民法通则》中违反公序良俗的行为**
>
> 违反良俗的行为包括:(1)反人伦和有违正义的行为,(2)有损人格尊严的行为,(3)非良心交易行为,(4)危害家庭关系的行为,(5)违反道德风俗的行为,(6)有伤风化的行为,(7)违反职业道德的行为。
>
> 违反公序的行为主要包括:(1)违反国家安全、国家和社会公共利益、社会经济秩序的行为,(2)不正当竞争行为,(3)垄断行为,(4)暴利行为,(5)赌博行为。
>
> 资料来源:《民法通则》。

2. 违规行为

违规行为是指违反特定场合或组织的管理规则,但对社会并无重要损害的行为。管理规则一般都是明文规定的,告诉人们可以做什么,不可以做什么,对违反规则的行为处罚也有对应的、明确的规定,并一视同仁。管理规则是在特定场所由组织的管理者制定并实施的。违规行为一般会受到物质处罚,或影响个人职业前途。比如在规定不准吸烟的室内吸烟会被罚款,在规定不准外宿的学校外宿会被记过等。处罚行为由管理机关执行。

3. 违警行为

违警行为是指违反公安部门制定的维护社会治安和公共秩序的各种治安管理条例的社会行为。如违反交通规则闯红灯、赌博、在公共场所酗酒闹事等。这种行为会影响社会秩序的稳定和社会成员的安全,直接损害社会成员的基本利益,比违规行为更为严重。在各种治安处罚条例里都明确规定了对各种违警行为的处罚尺度和方法,一般有警告、罚款、行政拘留、吊销公安机关发放的许可证等形式。对违警行为的处罚由公安机关及人民警察执行。

4. 犯罪行为

犯罪行为是最为极端的越轨行为,是指触犯刑律、具有刑事违法性和严重社会危害性的、应当受到刑罚惩罚的行为。法律是由国家制定的正式社会规范,由政府执行并依靠国家强制力保证其实施。我国《刑法》规定:"一切危害国家主权、领土完整和安全,分裂国家、颠覆人民民主专政的政权和推翻社会主义制度,破坏社会秩序和经济秩序,侵犯国有财产或者劳动群众集体所有的财产,侵犯公民私人所有的财产,侵犯公民的人身权利、民主权利和其他权利,以及其他危害社会的行为,依照法律应当受刑罚处罚的,都是犯罪,但是情节显著轻微危害不大的,不认为是犯罪。"法律是反映统治阶级利益的,是统治阶级为了制约危害其阶级利益和统治秩序而制定的社会规范,而刑罚是对违规者的惩罚措施。它在对越轨行为的各种处罚措施中弹性最小,即所谓"法不容情"。但刑法也会随着社会的发展而不断有所调整,以适应社会的发展变化。比如中国 2011 年通过的新的刑法修正案,取消了包括"走私普通货物、物品罪"罪名在内的,近年来较少适用或基本未适用的 13 个经济性非暴力犯罪的死刑。犯罪的发生既有犯罪者个人的原因,也有其生活环境的因素,对犯罪的控制要综合考虑。犯罪是危害正常的社会生活秩序和社会正常运行的现象,任何社会都极力避免犯罪行为的发生,对已经发生的犯罪行为进行严厉打击。刑罚是国家最严厉的一种社会控制方式。

不同性质的越轨行为对社会的影响各不相同。有的越轨行为会对社会的共同生活和社会发展起消极和阻碍作用,有的却会起积极的推动作用。但犯罪行为所起的都是消极的作用,应该坚决予以制裁。

二、越轨行为产生的原因

对于越轨行为产生的原因,不同领域的学者给出了不同的解释,概括起来主要有三种,即生物学的解释、心理学的解释和社会学的解释,它们涵盖了人类所能触及的所有对人类自身和对社会的认识。

(一) 生物学的解释

一些生物学家试图从人的生物、生理特征的差异中寻找越轨行为发生的原因。他们认为社会越轨是由于人的体质中的缺陷造成的。这一理论具有先天决定论的色彩。

1. 天生犯罪人理论

最早从生理方面寻找越轨行为原因的是意大利犯罪学家龙勃罗梭(Cesare

Lomborso,1835~1909)。龙勃罗梭非常重视对犯罪人的病理解剖的研究,试图找出人的外部形态与犯罪行为之间的关系。他作为一名监狱医生,对几千名犯人作了体质人类学的测量调查,并进行了大量的尸体解剖。以此为基础,在1876年出版的《犯罪人》一书中,提出了"天生犯罪人"理论。认为犯罪者的体质异于常人,具有原始人和低等动物的特征,如额头扁平、眼窝深陷、牙齿不齐、头部不对称等。他认为这是一种返祖现象,并具有遗传倾向,即两个犯罪家庭联姻后,其后代犯罪的可能性更大。

龙勃罗梭的天生犯罪人理论因缺少足够的实证支撑,自形成之初,即遭到来自各方面的质疑。英国犯罪学家查尔斯·巴克曼·格林(Charles Backman Goring, 1870~1819)经过长期研究,更证实龙勃罗梭的所谓"犯罪人的特异体质"统计与在普通人那里是一致的,并无差异,从而驳斥了其"天生犯罪人"理论。但龙勃罗梭的理论始终拥有一些信徒。

2. 犯罪染色体理论

1965年英国细胞遗传学家雅各布斯(P. A. Jacobs)提出了"犯罪染色体"论。她在研究了197名男性罪犯后发现,其中61%的人有染色体异常,更有36%的人具有XYY染色体(正常男性的性染色体为XY),比例高达20‰,而在正常人群中,这一比例只有1‰。据此,雅各布斯提出一些人所具有的异常染色体是他们犯罪的主因。之后的许多相关研究也进一步肯定了雅各布斯的观点。具有XYY染色体的人被医学界称为太"超男",认为他们太过男性化,具有如身材高大、智力偏低、人格发育障碍等生理特征,容易发生精神疾患或反社会行为。统计分析证实,这类染色体异常者在精神病医院和监狱中占有的比例较大。许多社会学家和犯罪学家认为,正是这条多出的染色体,使他们容易犯罪。但是他们的研究都只是反向地证明了罪犯中具有这种染色体的人比例较大,却未能证明是这种情况导致了犯罪行为,而且多数罪犯也并没有这种异常的染色体,因此这一理论也一直被怀疑。

除以上两种生物犯罪理论外,比较有影响的还有如胡顿、劳伦兹等人提出的"雄性侵犯行为是生物固有特性"理论,日本学者铃木芳正的血型说,德国精神病专家雷奇默的体型说等等。

尽管生物犯罪的理论一直受到社会的批判和质疑,但是人们对于生物因素与犯罪行为之间关系的研究从未停止过,并随着学科领域的扩展,不断诞生出新的生物犯罪理论。人们不再武断地相信"遗传犯罪"等理论,但某些生物因素会增加犯罪的可能性这一观点已被人们广泛接受。

(二) 心理学的解释

20世纪上半叶，人们对越轨行为原因的探讨从生物学转向了心理学，试图从人类的心理方面去寻找越轨行为的原因，并形成了一些影响较大的学说。

1. 人格缺陷理论

弗洛伊德的精神分析理论认为，人的人格是由本我、自我、超我三部分组成的。其中"本我"是生物性的我，由本能控制，按照快乐原则行事。本我希望"随心所欲"，不受任何生物规律以外的约束。而"超我"则是完全社会化了的我，是完美的社会个体的表现，按照道德原则行事，体现的是社会需求。"自我"介于"本我"和"超我"之间，起平衡作用，协调人的本能欲求与外界现实，使人能在社会允许的范围内满足需求，即不被社会所驱逐，也不过分违背本能，按照现实原则行事。弗洛伊德认为，健康的人格是这三部分的平衡，一旦本我或超我过于强大，就会产生越轨行为。本我过度膨胀，失去控制，过于追求自我满足，就会损伤社会或他人的利益，触犯社会为控制本能而制定的规则，从而越轨。超我过于强大，过度压抑本能，会使人时刻感到紧张和焦虑，失去生存的愿望，从而做出非正常的举动，导致个人越轨行为的产生。

弗洛伊德认为，不健全的人格都是源于一个人幼年时期的社会化未能正常进行，如遭遇某种社会化的中断、社会化不足或社会化缺失，从而不能接受、内化或遵守社会规范，从而产生越轨行为。

2. "挫折—侵犯"理论

挫折—侵犯理论是由社会心理学家多拉德(John Dollard)提出来的。该理论认为，越轨行为是一种源于挫折的侵犯行为。所谓挫折，是个体需求未能按预期被满足时的一种心理感受，是对阻碍因素存在的一种体验。如果需求预期被满足，就不会产生挫折。侵犯总是作为挫折的结果存在的，即侵犯行为的发生总是以挫折的存在为前提的，但并不是所有的挫折都会导致侵犯行为。人在社会生活中总会不断遇到各种各样的挫折，只有当某一种挫折的积累达到一定强度时，才会唤醒侵犯行为。挫折是否会导致侵犯，取决于两个条件：挫折的强度和侵犯行为预期会受到惩罚的强度。导致侵犯的可能性以及侵犯的强度与挫折的强度成正比，与侵犯行为预期会受到惩罚的强度成反比。挫折导致的侵犯行为可以指向自我，表现为自虐甚至是自杀行为；也可以指向外部，表现为对他人或社会的侵犯。

3. 性格类型理论

这一理论认为某些类型的个性与越轨行为有着更密切的关联，其代表人物是英国心理学家汉斯·艾森克(Hans Eysenck)。艾森克认为没有人生来就是越轨者，但是具有某些性格的人确实可能比其他人更容易越轨，最具对比性的就是具有

"外向性格"的人和具有"内向性格"的人。外向性格的人喜欢交际、爱冒险,对刺激和变化有着强烈的需求,自我控制力弱,因而也就更容易和有更多的机会可能越轨。内向性格的人喜欢保持较小的社交圈,喜爱稳定和安静,往往选择回避刺激和变化,自我控制能力较强,所以也就较少会出现越轨倾向。

4. 观察学习理论

社会心理学家班杜拉提出,人类行为尤其是复杂行为主要是后天习得的观点。越轨行为研究者在此基础上形成了观察学习理论,认为越轨行为可以通过观察学习到,即人们不需要有越轨行为的直接经验来获得越轨行为模式,人们可以通过观察和模仿示范者的行为来习得越轨行为。学习能力越强,通过观察学习获得越轨行为模式的可能性就越大。至于学习者是否会表现出习得的越轨行为,取决于行为的结果,主要是示范者行为的后果对学习者有重要影响。如果示范者的越轨行为得到了奖励或者是没有受到惩罚,那么学习者就倾向于在类似情况下实施越轨行为;如果示范者的越轨行为受到了惩罚,那么学习者就倾向于不表现出习得的越轨行为。但值得注意的是,不管学习者是否在类似情况下实施了越轨行为,他都已经习得了这种行为方式,一旦出现合适的环境,就很容易表现出越轨行为。

心理学对越轨行为的解释看到了后天环境对人的影响,比生物学的解释更合理,在社会教育和越轨行为矫治等领域都有广泛的应用。

(三) 社会学的解释

生物学的解释和心理学的解释都是注重从个体的角度探讨越轨的原因,虽然都有一定的合理性,但都忽略了人的社会性。人的本质属性在于其社会性,这也决定了越轨行为不仅仅是一种个人行为,必然还有着更深层次的社会原因。这表现为越轨行为在不同社会的不同领域里出现的频率是有差异的,甚至在不同的社会或同一个社会的不同时期,越轨行为的发生也有很大的差异。社会学家在讨论越轨行为出现的原因时,把重点放在导致越轨行为产生的社会性因素上。不同的社会学理论对越轨行为原因的解释也有差异,影响比较大的理论有以下几种:

1. 结构功能理论

迪尔凯姆认为社会是一个整体,社会各组成部分之间的关系平衡而稳定。一旦由于某种原因打破了社会的这种平衡状态,社会就会失序,表现为社会规范崩溃、多元化或社会规范控制力不足。这时人们就会因为得不到明确的回应或无法适应已经迅速改变了的新规则而显得无所适从,从而容易产生越轨行为。

美国社会学家默顿进一步发展了迪尔凯姆的理论。默顿认同迪尔凯姆的观点,即如果社会的整体性遭到破坏,社会将陷于失范状态,从而引发越轨行为。默顿同时认为,这种越轨是由于社会所提供给个人的目标和手段不一致造成的。社会文化为人们提供了统一的价值观,即社会所提倡和认可的目标是一致的,同时社会也界定了人们达成目标的手段和途径。在一个理想的社会里,目标和手段应该是一致的。比如一个社会的文化不倾向于认为,能过上物质富足的生活,是个人成功的标志,而努力工作是达成这一目标的合法手段,那么只要一个人努力工作,他就能过上物质富足的生活。但是在现实社会中,却并不是只要努力工作就能过上富足的生活的。因为社会并没有把平等的机会分配给社会成员。比如有的人无法找到工作,或在他的工作领域里即使努力工作也无法获得足够的物质回报,这时就会感受到社会的不公平,产生"相对剥夺感",从而引发越轨行为,试图通过非规范手段达成目标。所以越轨是社会目标与手段不一致的产物。

2. 冲突理论

功能主义者认为,社会成员服从于统一的社会价值观,认可一致的社会目标。而冲突理论学家则认为,社会的价值观和目标不是唯一的,不同社会群体的利益差异使他们遵循不同的行为标准,追求不同的目标,从而在相互接触中产生冲突,出现越轨行为。

文化冲突论和马克思主义冲突论是其中的两个重要学派。美国社会学家塞林(Thorsten Sellin)首先论证了文化冲突与越轨之间的关系。这一理论认为,不同文化之间的冲突是导致越轨行为的根源。社会是由众多的亚文化群体组成的,每一种亚文化都有自己独特的目标和价值,具体表现在他们的宗教、职业、传统等方面,在一种文化中被认为是可接受的行为,在另一种文化中可能是越轨行为。问题在于,一个社会的文化规范是根据主文化确定的,它可能跟某些亚文化的规范相冲突,那么亚文化群体的某些行为就可能被主文化界定为越轨行为。所谓主文化是较为强大的亚文化,它可以利用自己所控制的社会资源有效地将许多与自己不符的亚文化的价值界定为越轨。所以越轨是社会的一种常态,而非特异现象。

马克思主义冲突论则认为广泛存在的越轨行为是阶级冲突的表现,而不是一般的文化差异。法律是由特权阶级制定的,它会把有利于自己阶级利益的越轨概念强加给社会其他阶级,从而把社会的注意力集中在这些下层阶级的越轨行为上,而忽略权贵阶级的犯罪给社会造成的更大的损害。

3. 差异交往理论

差异交往理论是由美国社会学家埃德温·萨瑟兰(Edwin Sutherland,1883~1950)提出的。萨瑟兰认为,越轨行为是社会化的结果,是人在与他人交往的过程中学到的,这种学习包括两方面的内容,即越轨的技能,越轨的动机与态度,而且这种学习主要是发生在亲密人群中。交往对象的差异将会影响我们行为的选择。①社会环境中同时存在着遵纪守法和越轨两种示范行为,一个人经过社会化以后,是习得遵纪守法行为还是习得越轨行为,取决于他在社会化的过程中受哪种行为示范的影响更大。一般来说,人们与日常交往的群体,尤其是初级群体发生面对面的、直接的、持续的交往的几率更大,其群体对个人行为的影响也更大。如果他所接触的群体中认同社会规范的观念压倒了不认同社会规范的观念,他就倾向于遵纪守法;相反的,如果他所处的群体中认同违法的观念压倒了认同遵纪守法的观念,他就倾向于越轨。也就是说一个人越轨的可能性,是由他与越轨行为模式接触的频率和持续性决定的。

4. 标签理论

与其他理论不同,标签理论不是从越轨行为与正常行为之间的区别,而是从社会对越轨行为的认定上去研究越轨行为产生的原因。标签理论者认为社会的反应即社会对某种行为所贴上的"越轨"的标签才是越轨行为的成因。标签理论的代表人物是美国社会学家贝克尔(Howard Becker),他在1963年出版的《圈外人》一书中对标签理论作了系统的阐述:"越轨"并不是某种行为的本质属性,而是由于社会对其的主观认定。当有权制定规则的人制定了某种规则,就把违反这种规则的行为定义为"越轨",从而产生了越轨行为和越轨行为者。比如在社会没有将近亲结婚定义为违法行为时,近亲结婚者并不被看做是不正常的,他们的结婚行为也不违规;但当社会将近亲结婚视为违法时,近亲结婚者就变成了越轨者。也就是说一个行为及行为者,只有当被社会标记为"越轨"时才成为越轨。而且,一旦越轨者被标记,社会就会对他作出相应的反应,将其作为"不正常者"加以疏远、隔离,而被标记者也会遵循"镜中自我"原则,根据社会的反应修改自我认识,使自己的行为符合社会的定义,从而让标签支配了自己的行为,而成为真正的"越轨者"。

可以看出,标签理论更注重对有权制定规范者或者说社会控制管理者的研究,认为正是他们的决定制造了越轨行为,这是一个全新的视角。但是应该看到,并不是所有被标记为"越轨"者都会成为越轨者,或者说没有被标记为"越轨"者就不会有越轨行为出现,而且这一理论也无法解释最初的越轨行为形成的原因。这是标签理论的局限性。

---

① 尹斐:《萨瑟兰的不同交往理论及对我国的启示》,《湖南行政学院学报》,2010年第6期。

三、越轨行为的社会控制

越轨行为特别是犯罪行为是对社会规范的背离,虽然越轨行为是一种普遍的文化现象,但如果一个社会的越轨行为不能得到有效的控制和惩罚,社会运行的机制就不能正常运转,社会也就不能正常运行和发展。

对于越轨行为的社会控制主要两种形式:预防和惩治。

对越轨行为的预防指通过调整社会政策等手段优化人们的生存环境,引导和激励人们遵从社会规范,从而防止越轨行为的发生。对越轨行为的惩治是通过充分运用各种正式和非正式的控制手段形成外在的压力,制裁、约束和改造越轨者,纠正他们的越轨行为。

预防首先是利用人的社会化的内化过程,通过宣传、教育等手段,将社会规范植入社会成员的价值观念,使之与社会保持一致,从而拒绝越轨行为。这其中最关键的就是要制定正确合理的社会规范,使之能够反映社会成员的真实需求,并保护绝大多数社会成员的利益。在这样的社会里,社会成员只能够通过遵守社会规范达成目标,反之,违反社会规范就会远离目标。这样,社会成员就会积极主动地遵循社会规范来控制自己的行为,并自觉维护社会规范的权威,从而预防越轨行为的发生。这里的社会规范包括社会政策的制定、权力的规范、法制的建设、社会安全阀制度的建立、社会道德的引导和规范等多方面的内容。

当然,预防也离不开惩治手段的警示作用。对越轨者尤其是对罪犯的惩治,会对社会成员形成一种负强化,使之因惧怕惩罚而选择遵从社会规范,从而远离或放弃越轨行为。

对越轨行为的惩治是应用外在的控制手段强迫越轨者放弃越轨行为。外在的控制手段有正式和非正式两种。非正式的控制手段如社会舆论等,它们可以通过剥夺人的归属感、降低人的声誉,异化和孤立行为者等来惩罚越轨者,使轻度越轨者感到越轨成本高,从而被迫放弃越轨行为。非正式控制手段的作用范围很广,深入社会生活的各个方面,全面监控个人,但其效果是有限的,因为其制裁是不确定的,往往会因人因事因时而异。比如一个学习不好的孩子撒谎,老师可能会当众给予其严厉的批评,而一个学习好的孩子同样撒谎,老师可能只是私下里给予警告。

因为非正式控制手段的局限性,对越轨行为的惩治主要还是依靠正式的控制手段,如规章制度、纪律、法律等。正式控制手段的一个重要特征就是制裁的确定性,对越轨行为的制裁要视越轨行为本身对群体或社会的危害大小而定,并不是因人而异,因此,任何一种越轨行为的代价都是可预期的。

本章小结

1. 社会控制有广义和狭义之分，广义的社会控制泛指对一切社会行为的控制；狭义的社会控制，特指对偏离行为或越轨行为的控制。
2. 社会控制具有明显的超个人性，社会控制的方式具有明显的强制性和互动性，社会控制发挥作用的过程具有多元性和多重性。
3. 社会控制按照不同的标准可以分为不同的类型，如依据控制是否依靠外在力量可以分为外在控制和内在控制，依据有无正式规则可以分为正式控制和非正式控制等。
4. 社会控制的功能主要有维护社会秩序、促进社会进步和纠正越轨行为。
5. 社会控制的基本形式有政权控制、法律控制、纪律控制、习俗控制、道德控制、社会舆论控制和宗教控制等。
6. 在任何社会，对越轨行为的控制都是社会控制的重要内容。
7. 根据越轨行为的性质和程度可以将其分为违俗违德行为、违规行为、违警行为、犯罪行为，其中最严重的越轨行为是犯罪行为。
8. 越轨行为产生的原因有生物学的解释、心理学的解释和社会学的解释。
9. 对于越轨行为的社会控制主要有预防和惩治两种形式。

主要术语

社会控制(Social Control)：社会运用各种手段和措施控制社会成员的行为，促使社会成员遵从既定的社会规范，以保持社会的相对稳定和必要的社会秩序。

习俗(Custom)：是特定文化区域内的人们在长期的共同生活中自发形成，历代相传，并为本区域的成员所共同遵循的行为方式和思维习惯的总和。

道德(Morality)：一定社会用来调整人们之间以及个人与社会之间关系的价值观念和行为规范的总和，它以是非善恶评价为中心。

法律(Law)：由国家的立法机关制定，由国家政权强制实施的行为规则。

越轨行为(Deviant Behavior)：偏离或违反公认的社会规范或价值观念的行为，包括违反法律、纪律、道德规范和社会习俗等的行为。

犯罪行为(Criminal Behavior)：最为极端的越轨行为，指触犯刑律、具有刑事违法性和严重社会危害性，应当受到刑罚惩罚的行为。

练习题

仔细观察自己生活中接触到的和听到看到的越轨行为,考虑一下,它们分别属于哪一种越轨行为?

思考题

1. 什么是社会控制？它有哪些特征？
2. 简述社会控制的类型。
3. 社会控制的功能有哪些？
4. 简要介绍社会控制的基本形式。
5. 什么是越轨行为？越轨行为都有哪些类型？
6. 对越轨行为产生原因的社会学解释有哪些？

阅读文献

1. 〔英〕哈特:《法律的概念》,北京:中国大百科全书出版社,1996年,第196页。
2. 〔美〕E.A 罗斯著,秦志勇等译:《社会控制》,北京:华夏出版社,1989年,第96～112页。
3. 〔美〕杰克·D.道格拉斯,弗兰西斯·C.瓦克斯勒著:《越轨社会学概论》,河北:河北人民出版社,1987年,第445～449页.
4. 梅德衡等:《预防犯罪与对策》,北京:中华工商联合出版社,1995年,第3页。
5. 〔德〕韦伯:《经济与社会(下册)》,北京:商务印书馆,1997年,第264～270页。
6. 魏平雄,赵宝成,王顺安:《犯罪学教程》,北京:中国政法大学出版社,1998年,第7～10页。

参考文献

1. 边燕杰等主编:《市场转型与社会分层:美国社会学者分析中国》,上海:三联书店,2002年。
2. 蔡禾:《城市社会学:理论与视野》,广州:中山大学出版社,2003年。
3. 邓伟志:《家庭社会学》,北京:中国社会科学出版社,2001年。
4. 丁元竹:《社区研究的理论与方法》,北京:北京大学出版社,1995年。
5. 费孝通:《乡土中国生育制度》,北京:北京大学出版社,1998年。
6. 冯钢:《社会学》,杭州:浙江大学出版社,2004年。
7. 风笑天:《现代社会调查方法(第四版)》,上海:华中理工大学出版社,2009年。
8. 郭玉锦,王欢:《网络社会学》,北京:中国人民大学出版社,2005年。
9. 何雪松:《社会问题导论:以转型为视角》,上海:华东理工大学出版社,2007年。
10. 侯钧生主编:《西方社会学理论教程》,天津:南开大学出版社,2007年。
11. 贾春增主编:《外国社会学史》,北京:中国人民大学出版社,2008年。
12. 金盛华:《社会心理学》,北京:高等教育出版社,2005年。
13. 李培林,李强,马戎主编:《社会学与中国社会》,北京:社会科学文献出版社,2008年。
14. 李芹:《社会学概论》,济南:山东大学出版社,2009年。
15. 陆学艺主编:《社会学》,北京:知识出版社,1991年。
16. 陆学艺主编:《当代中国社会阶层研究报告》,北京:社会科学文献出版社,2002年。
17. 陆学艺主编:《当代中国社会流动》,北京:社会科学文献出版社,2004年。
参考文献社会学概论。
18. 罗荣渠:《各国现代化比较研究》,西安:陕西人民出版社,1993年。
19. 彭华民等主编:《社会学概论》,北京:高等教育出版社,2006年。
20. 邱泽奇:《社会学是什么》,北京:北京大学出版社,2002年。
21. 孙立平主编:《社会学导论》,北京:首都经济贸易大学出版社,2004年。

22. 王思斌主编:《社会学教程》,北京:北京大学出版社,2010年。
23. 王养冲:《西方近代社会学思想的演进》,上海:华东师范大学出版社,1996年。
24. 韦克难,沈光明等:《社会学概论》,成都:四川人民出版社,2003年。
25. 吴增基,吴鹏森,苏振芳:《现代社会学》,上海:上海人民出版社,2009年。
26. 奚从清:《社区研究——社区建设与社区发展》,北京:华夏出版社,1996年。
27. 徐永祥:《社区发展论》,上海:华东理工大学出版社,2000年。
28. 杨善华,谢立中主编:《西方社会学理论》,北京:北京大学出版社,2005年。
29. 杨淑琴主编:《社会学导论》,上海:上海交通大学出版社,2009年。
30. 于海:《西方社会思想史》,上海:复旦大学出版社,2007年。
31. 袁方主编:《社会学研究方法教程》,北京:北京大学出版社,1995年。
32. 赵连文,张玉玲:《社会学导论》,北京:中国社会科学出版社,2010年。
33. 郑杭生主编:《社会学概论新修(精编版)》,北京:中国人民大学出版社,2009年。
34. 郑杭生主编:《中国社会学30年(1978～2008)》,北京:中国社会科学出版社,2008年。
35. 郑茂良:《社会学概论》,北京:经济科学出版社,2006年。
36. 周运清等:《新编社会学大纲》,武汉:武汉大学出版社,2004年。
37. 朱力等:《社会学原理》,北京:社会科学文献出版社,2003年。
38. 朱力:《当代中国社会问题》,北京:社会科学文献出版社,2008年。
39. 〔法〕阿隆著,葛智强等译:《社会学主要思潮》,北京:华夏出版社,2000年。
40. 〔美〕彼得·布劳著,李国武译:《社会生活中的交换与权力》,北京:商务印书馆,2008年。
41. 〔美〕戴维·波普诺著,李强等译:《社会学(第十版)》,北京:中国人民大学出版社,1999年。
42. 〔英〕安东尼·吉登斯著,赵旭东等译:《社会学》,北京:北京大学出版社,2009年。
43. 〔美〕格尔哈斯·伦斯基著,关信平等译:《权力与特权:社会分层的理论》,杭州:浙江人民出版社,1988年。
44. 〔美〕吉尔伯特·罗兹曼主编,国家社会科学基金"比较现代化"课题组译:《中国的现代化》,南京:江苏人民出版社,1992年。
45. 〔美〕杰克·D.道格拉斯,弗兰西斯·C.瓦克斯勒著,张宁,朱欣民译:《越轨社会学概论》,石家庄:河北人民出版社,1987年。

46.〔美〕L.科塞著,杨心恒等译:《社会学导论》,天津:南开大学出版社,1990年。

47.〔美〕L.科塞著,石人译:《社会学思想名家》,北京:中国社会科学出版社,1990年。

48.〔美〕理查德·谢弗著,刘鹤群、房智慧译:《社会学与生活(插图第九版)》,北京:世界图书出版公司,2006年。

49.〔美〕鲁思·华莱士等著,刘少杰译:《当代社会学理论——对古典理论的扩展》,北京:中国人民大学出版社,2008年。

50.〔美〕桑德斯著,徐震译:《社区论》,台北:黎明文化事业出版公司,1982年。

51.〔美〕威廉·J.古德著,魏章玲译:《家庭》,北京:社会科学文献出版社,1986年。

52.〔美〕亚历克斯·英克尔斯著,陈观胜等译:《社会学是什么？——对这门学科和职业的介绍》,北京:中国社会科学出版社,1981年。

后　记

"社会学概论"历来是社会学和社会工作专业的专业必修课,是教育部社会学指导委员会指定的十门主干课程之一,也是高校素质教育的重要阵地。自20世纪80年代初期社会学专业在中国重建以来,以《社会学概论》、《社会学原理》、《社会学教程》等名称出版的教材达几十本,本人也曾经于2009年在山东大学出版社出版了普通高等教育"十一五"国家级规划教材《社会学概论》。在社会工作专业快速发展的今天,为了更好地培养学生,山东省10多所高校社会工作专业教师决定策划出版一套《高等院校社会工作专业精编通用教材》,受编委会之邀,更由于来自这些高校长期讲授社会概论课程的老师的积极参与,我们在该套丛书中增加一本《社会学概论》。在写作过程中,作者们力图密切结合中国社会实际,在充分吸收社会学最新研究成果的基础上,全面、系统地介绍社会学学科的主要领域、基本范畴、基础理论和研究方法。为了方便学生阅读,还加入了一些实例解释,突出其启发性和应用性,每章均设有拓展阅读、主要术语、练习题、思考题、阅读文献等。

参加本书编写的作者是：

第一章　李芹　山东大学

第二章　社会学发展简史　赵新彦　青岛大学

第三章　社会及其构成要素　赵新彦/王冠　青岛大学/山东师范大学

第四章　人的社会化　王冠　山东师范大学

第五章　社会互动　孙静琴　山东建筑大学

第六章　社会群体　王文静　山东女子学院

第七章　社会组织　王文静　山东女子学院

第八章　社会分层与社会流动　张乐　山东大学威海分校

第九章　社区　邵金华　济南大学

第十章　社会制度　李芹/张乐　山东大学/山东大学威海分校

第十一章　社会变迁与社会现代化　邱莉　济南大学

第十二章　社会问题　杨彦　山东财经大学

第十三章　社会控制　李晨光　泰山医学院

全书的通稿工作由李芹、赵新彦、孙静琴通力合作完成。在写作本书过程中,作者们参考了不少社会学名家的专著以及学界同行编写的社会学概论教材,在此表示深深的谢意。山东人民出版社编辑王海玲和马洁女士,对本书的编写给予了热情的指导与细致的帮助,在此谨向她们表示诚挚的感谢。

  由于水平有限,本教材难免存在一些错误和不妥之处,恳请学界同仁和广大读者批评指正,以便今后进一步修改和完善。

李芹

2011年12月于山东大学

图书在版编目(CIP)数据

社会学概论/李芹主编. —济南:山东人民出版社,2012.1(2023.7重印)
高等院校社会工作专业精编通用教材
ISBN 978-7-209-05789-9

Ⅰ.①社… Ⅱ.①李… Ⅲ.①社会学—高等院校—教材 Ⅳ.①C91

中国版本图书馆 CIP 数据核字(2011)第 111867 号

责任编辑:马　洁
封面设计:蔡立国
版式制作:侯地霞

社会学概论

主　编　李　芹
副主编　赵新彦　孙静琴

山东出版传媒股份有限公司
山东人民出版社出版发行

社　　址:济南市舜耕路 517 号　邮　编:250003
网　　址:http://www.sd-book.com.cn
发行部:(0531)82098027　82098028

新华书店经销
山东华立印务有限公司印装

规　格　16 开(169mm×239mm)
印　张　22.75
字　数　360 千字　插　页 2
版　次　2012 年 1 月第 1 版
印　次　2023 年 7 月第 6 次
ISBN 978-7-209-05789-9
定　价　36.00 元

如有质量问题,请与印刷厂调换。　电话:(0531)76216033